教學社會學

社會學

華勒 WILLARD WALLER

著

白亦方、薛雅慈、陳伯璋

譯

THE SOCIOLOGY OF TEACHING

目 次
Contents

導讀 ⋯⋯⋯⋯⋯⋯⋯⋯⋯⋯⋯⋯⋯⋯⋯⋯⋯⋯⋯⋯⋯⋯⋯⋯ 5
簡介 ⋯⋯⋯⋯⋯⋯⋯⋯⋯⋯⋯⋯⋯⋯⋯⋯⋯⋯⋯⋯⋯⋯⋯⋯ 45
前言 ⋯⋯⋯⋯⋯⋯⋯⋯⋯⋯⋯⋯⋯⋯⋯⋯⋯⋯⋯⋯⋯⋯⋯⋯ 47

第一篇　緒論

第一章　簡介 ⋯⋯⋯⋯⋯⋯⋯⋯⋯⋯⋯⋯⋯⋯⋯⋯⋯⋯ 52
第二章　學校即社會有機體 ⋯⋯⋯⋯⋯⋯⋯⋯⋯⋯ 57

第二篇　學校與社區

第三章　社會過程中的學校；垂直性流動 ⋯⋯⋯⋯ 68
第四章　學校與社區：概述 ⋯⋯⋯⋯⋯⋯⋯⋯⋯⋯ 86
第五章　社區中的教師 ⋯⋯⋯⋯⋯⋯⋯⋯⋯⋯⋯⋯ 104
第六章　家長與教師 ⋯⋯⋯⋯⋯⋯⋯⋯⋯⋯⋯⋯⋯ 125
第七章　學校的小人物 ⋯⋯⋯⋯⋯⋯⋯⋯⋯⋯⋯⋯ 138
第八章　學校與社區的其他面向 ⋯⋯⋯⋯⋯⋯⋯⋯ 153

第三篇　有關學校生活的一些詮釋

第九章　學校的不同文化 ⋯⋯⋯⋯⋯⋯⋯⋯⋯⋯⋯ 164
第十章　學校的文化：儀式 ⋯⋯⋯⋯⋯⋯⋯⋯⋯⋯ 180
第十一章　學校中的四個願望 ⋯⋯⋯⋯⋯⋯⋯⋯⋯ 194

第十二章　學校中的人群和群眾心理學 ················· 219

第十三章　學校兒童中的初級團體 ················· 236

第四篇　師生關係

第十四章　教學即制度化的領導 ················· 252

第十五章　決定教師威望的特質 ················· 273

第十六章　各種威望和壞名聲 ················· 304

第十七章　社會距離；緩衝措辭 ················· 338

第十八章　情境的定義 ················· 351

第十九章　教室情境裡的態度與角色 ················· 378

第二十章　學生—教師對立的聚焦點 ················· 401

第二十一章　充斥種種要求的戰場 ················· 420

第五篇　教學對教師的影響

第二十二章　職業型態的決定因素 ················· 444

第二十三章　教師型態；教師刻板印象等 ················· 479

第六篇　結論與建議

第二十四章　制度無法運作的主要理由 ················· 516

第二十五章　建議 ················· 523

導讀

　　本書所敘述的種種，其實每位老師都知道：學校世界就是一個
社會世界。共同生活在學校裡的人，雖然某個角度來說有著深深
的隔閡，但是仍然糾結環繞成一張互聯關係網；這張關係網和深
陷其中的人，構成了學校的社會世界。它不是一個寬廣的世界，
但是對於了解它的人來說，它充滿意義、獨一無二。

—— Waller, 1967

　　華勒在《教學社會學》（*The Sociology of Teaching*）〈前言〉中的這
段話，清楚點出本書的特色與意義。無論就當年政治經濟社會背景或
教育研究成果來說，本書在教育史上的定位與價值，無庸置疑。本書
最早於1932年出版，經過八十六年，重新翻閱，仍然可以充分感受華
勒想要傳達的種種教學世界觀察與信念。他旁徵博引社會心理學、人
類學、統計學、社會學、教育學等理論與概念，淋漓盡致地顯示出學
校社會的複雜性與性格互動，傳神而豐富地提供多元的學校習俗、師
生家長等人物、校風傳統、行政管理與社區關係故事，除了感受治學
之深、筆鋒之健、關照面向之廣，更能夠深深體會華勒想要透過本書
傳遞的種種信念。一篇導讀除了帶領讀者汲取《教學社會學》精華，
也應該介紹華勒在學校教育以外的相關思想，以效法華勒互聯關係網
的「形貌」（configuration），以寫實方式，協助讀者塑造自己對於教
學社會學的理解與想像。當然，這段旅程中，讀者仍然難以免除導讀
者的詮釋與篩選作用。以下分別說明華勒的生平事略，分析其代表作
品、特色與關注議題，再匯整相關評介，彰顯本書之貢獻與教育啟示。

一、生平事略

> 今天學校該如何改善、哪些缺失需要補救,種種說法汗牛充
> 棟,但是我關注的是說明,而不是改革。……我們必須達成某種
> 文學的寫實主義。因此,我把這本書視為一種寫實主義的冒險。
> 我認為,所謂的寫實,就是要具體;所謂的具體,就是用某種方
> 法呈現素材,使得角色人物不會失去人的特質,情境也不會缺少
> 了原有的人類現實。真實的社會學,必須是具體的。——Waller,
> 1967,〈自序〉

　　華勒(Willard W. Waller,1899-1945)出生於伊利諾州墨菲斯嶓若
市(Murphysboro),逝世於紐約市——就在46歲生日的前幾天。華
勒是家中長子,父親曾擔任過校長、局長,但是常換工作。父母感情
不睦,華勒對父親充滿同情,也懷念自己的童年。全家不斷遷徙的日
子,直到父親退休後才安定下來。他小時候就讀伊利諾州的公立小
學,長大後先進入麥肯迪學院(McKendree College),再赴伊利諾大
學就讀,受到黑斯(E.C. Hayes)的社會學啟蒙。華勒海軍服役後,
於1920年取得伊利諾大學學士學位,在摩根公園軍事學院(Morgan
Park Military Academy)教了6年的拉丁文和法文;之後才進入社會學
領域,對人文學科特別有興趣。他在軍事學院任教時,認識了第一任
妻子蒂瑪(Thelma),於1922年結為連理。後來幾年內,伴隨著成家
的歷程與變化,華勒發表了有關追求行為、離婚等主題的文章。他的
高中教學經驗,讓他認為師生可以彼此容忍,教師可以透過個人興趣
或仁慈的表達來軟化本身的權威。華勒樂在教學,經常獲得教學傑出
獎項(Goode, Furstenberg Jr., & Mitchell, 1970:1-13)。
　　華勒後來與蒂瑪分居,於1925年取得芝加哥大學碩士學位。他的

論文題目是《英國十一至廿世紀罪犯懲罰嚴重性的變化》（*Fluctuations in the severity of the punishment of criminals in England from the eleventh to the twentieth centuries*），主張社會重視的價值、懲罰的行為以及懲罰的嚴重性，三者之間是有關聯的。當時的芝加哥大學，先後出現法利斯（Ellsworth Faris, 1874-1953）、斯摩（Albion Small, 1854-1926）、帕克（Robert E. Park, 1864-1944）、薩皮爾（Edward Sapir, 1884-1939）、博傑斯（Ernest W. Burgess, 1866-1966）等知名社會學者（Goode, Furstenberg Jr., & Mitchell, 1970:20）。1926年9月，華勒揮別軍事學院高中教師身分、首任妻子與芝大，到費城的賓夕法尼亞大學（University of Pennsylvania）攻讀博士，並擔任社會學講師。與蒂瑪離婚三年後的華勒，寫完有關離婚過程與適應主題的博士論文，後來出版成為華勒的第一本著作——《舊愛與新歡》（*The Old Love and the New*, 1929）[1]。當時華勒努力進入學術界的決心，可以從他的自述中清楚得知（Goode, Furstenberg Jr., & Mitchell, 1970）。之後華勒應聘至內布拉斯加大學（University of Nebraska）擔任助理教授，第二年就完成了大半的《教學社會學》一書。他在該校的教學很受歡迎，但也頗受爭議，受到同事的嫉妒，關注他是否超越師生分際。1931年，華勒因為家中聘用保母的私人事件跟社區家長發生衝突，遭到解聘，全家（第二任妻子及一子）搬回芝加哥大學附近租房子，完成了《教學社會學》一書（Goode, Furstenberg Jr., & Mitchell, 1970:39）。該書跟之前的《舊愛新歡》不同，也跟自己稍早與萊斯（Stuart Rice）共同完

---

1 當然後人對於華勒的思想也有專書問世。例如由Donald J. Willower & William Lowe Boyd所編之 *Willard Waller on Education and School*（1989）一書，參見http://www.ucea.org/catalog。而同樣由賓州州立大學教育政策研究系William Lowe Boyd個人所寫〈學校改革政策與政治：來自華勒的啟示〉（*School reform policy and politics: Insights from Willard Waller*）一文，為其代表。參見http://www.personal.psu.edu/faculty/i/6/i6b/vita.htm。此外，華勒對於婚姻與配偶選擇標準的時代變化，也有所著墨。參見http://www.marriageinstitute.ca/pages/courtship.html。

成的刻板印象實驗不同，屬於一種成熟的社會學分析。他的教師經驗是在一所小型軍事學院，而人父的經驗則是在一個中西部小鎮，書中很多個案素材來自於內布拉斯加大學學生的生活經驗。這種地方特性（provinciality）在書中呈現得最明顯的部分就是小鎮道德嚴格控制對教師帶來的影響（Goode, Furstenberg Jr., & Mitchell, 1970:39-40）。

　　1931年5月，華勒應聘到賓夕法尼亞州學院（Pennsylvania State College），擔任經濟系社會學組副教授，並於1933年成為正教授。華勒興趣廣泛，婚姻與家庭相關著作也跟社會學科際整合密切相關。華勒想要成為社會學教授，只是當時的研究所訓練機會少而且缺乏制度，學術生涯發展機會有限。即使到了最後任教的哥倫比亞大學（Columbia University），情形並未改善。儘管知名度大增，華勒仍然無法建立自己的學術領域。最後幾年他始終被大眾媒體糾纏，公開演說、諮詢顧問等工作有增無減。1944年，也就是華勒去世的前一年，他應邀擔任巴納德學院（Barnard College）的經濟學與社會科學系副教授（The faculty, 1944）。1945年7月26日，華勒準備到芝加哥進行一場演講，跟兒子彼得相約哥大的地下車站入口碰面，卻戲劇性地被發現倒地不起，死於心臟病突發（Goode, Furstenberg Jr., & Mitchell, 1970:110）。

　　華勒在1920年代進入社會學領域，當時的社會學者很少，領域定位也不明確。前輩們多半從其他社會科學領域汲取經驗、方法，身分則包括新聞記者、傳教士、改革者等。華勒不同於他們的是，他兼具了詩人般的品味、經驗，以及科學家的嚴格分析精神（Goode, Furstenberg Jr., & Mitchell, 1970）。華勒英年早逝，出身平凡，結交的朋友中很少是功成名就、著作等身，也沒有教出傑出、著述豐富的學生。過世時，他很快就被大眾遺忘，而他在社會學上的突破，當時並未受到學界的肯定。二次世界大戰以後，社會學領域由哈佛大學的帕

森思（Talcott Parsons）等人領軍，難怪有人認為華勒出生得太早，又過世得太快，來不及參與社會學的蓬勃發展（Goode, Furstenberg Jr., & Mitchell, 1970:2-3）。

在華勒短暫的學術生涯中，其畢生研究包括家庭、教育與戰爭[2]等主題。其原因來自本身的離婚，以及與父母親長期的緊張關係；而教育的研究興趣或許來自他那擔任校長、局長的父親，以及本身的高中任教經歷。至於對戰爭及退伍軍人的研究，也許跟他在第一次世界大戰尾聲的短暫海軍服役、任教軍事學院有關。他對學校的現實描述，在一些人看來，也許顯得比較嚴酷（Boyd, 2003:2661）。

二、代表作品與特色

（我們）希望（這本書）具有二個功能：1.促使未來的教師及學校行政人員，能夠在紛擾的學校社會生活中，更快速、正確地找出方向；2.針對學校的重新建構，提供參考建議和實驗。

——Waller, 1967:3

教育社會學研究的層次可分為巨觀（macro）層次與微觀（micro）層次，而教學社會學和傳統教育社會學之研究不盡相同。就研究方向言，教學社會學受到現象學理論影響，偏重於「微觀」和「質化」研究；而教育社會學一開始受到實證主義理論影響，偏重「巨觀」和「量化」研究，直到1970年代新教育社會學興起，才有所

---

2 就戰爭主題而言，華勒探討的主題是「家裡的陌生人」（Strangers at home），也是他在二次世界大戰後以退伍軍人身分返家的描述。參見華勒所編《二十世紀的戰爭》（*War in the twentieth century*）；此外，華勒亦著有《退伍軍人返鄉》（*Veteran comes back. NY: Dryden Press*）。以上資料2004/12/21取　自http://www.historians.org/projects/GIRoundtable/Propaganda/Propaganda_Reading.htm，http://mailer.fsu.edu/~cfigley/PSDAMPM.html，以及http://www.littera.waseda.ac.jp。

調整。就研究內容言，教學社會學偏重師生關係、學校文化、教室生活、教學歷程、學生同儕互動等主題，教育社會學則偏重社會變遷、社會結構、社會階層化、社會流動等主題。

華勒的代表作品《教學社會學》是教育社會學領域的早期作品，其首度將學校視為社會脈絡中的組織來加以分析。該書問世時並未受到應有的重視，反而到了1960年代，華勒首創的學校社會學特質分析才受到學界認同[3]。後來美國也設置以華勒為名的教育社會學終身成就獎[4]，於美國社會學協會（ASA）年會時頒發（Boyd, 2003:2661）。

密西根州立大學的C.S. Brembeck（1967）在《教學社會學》的〈簡介〉中指出：「本書所揭示的主題，不斷激發學者之間的對話，以及教師的一般討論。這些構成了學校研究的持續日常工作事項。」「或許華勒的顯著貢獻在於他教導我們如何將學校視為一種社會機構。」Brembeck提醒我們：「（其中的）危險性在於，我們開始把新的技術發展當作教育目標本身，而不只是一個促進更佳人類學習環境的方法。」誠哉斯言！

華勒在1932年本書第一版前言中自陳：「本書所陳述的是每一位教師都知道的，也就是學校是一個社會世界……一個充滿意義的獨特世界。本書的目的就是要探討那個世界。」華勒認為，年輕教師之所以失敗，是因為他們不知道如何維持秩序；聰明的專家之所以表現

3　國內相關研究，可參考台北大學社會學系蘇國賢教授個人網站（http://ccms.ntu.edu.tw/~khsu/）及台中師院初教系「教育的理論基礎經典研讀會」，後者導讀資料為 *What teaching does to teachers: Determinants of occupational type*（1932/1984）一文，但評介部分付之闕如，請參考http://www.ntpu/social/su/edu/lecture5/ppt，以及http://www.ntctc.edu.tw。

4　這些獲獎者學術地位崇隆，諸如2001年倫敦大學知識社會學者伯恩斯坦（Basil Bernstein）；1996年、2013年芝加哥大學學校教育與社會規範學習學者德里本（Robert Dreeben）；1988年伊利諾大學教育機會均等研究學者柯曼（James S. Coleman）等人。該獎項設立於1986年，以表彰得獎者對教育社會學的學術貢獻。2018/7/14取自http://www.asanet.org/communities/sections/education/award-recipients。

差勁，是因為他們不了解教室中的人類本質。他剴切指出：「如果我要幫助其他人獲得任何有用的啟示，我必須向他們展示學校的實況。我不能攻擊學校，也不能說太多的應該怎麼怎麼做，但只要呈現實況……我關注的是剖析（expository），而不是改革（reformative）。我也不想掩蓋缺點，或是為既存的事物道歉。如果要這樣一種展現發揮作用，它就必須是沒有偏見的。」「要呈現學校實況，只有排除偏見是不夠的。它必須發揮某種的文學寫實主義（literary realism）……我認為，想要真實，只要具體就好……這種偏好，使得我對統計方法相當不信任。」華勒解釋說：「這本書是針對學校人們生活的一個研究，而採用的分析觀點主要是社會學取向。……採用的搜集、詮釋資料方法，是實證和觀察的。而不管如何運用，本書的目的是針對典型學校的具體典型情境，提供啟示。」華勒的研究儘管偏重質化分析，但是重點是讓讀者深入理解學校本質上屬於一種社會機構，教學即制度化領導，必須透過人員與機構、人員與環境的互動，在此過程中探討此一獨特機構如何組成，互動方式又如何受到文化遺緒以及習俗傳統的影響，在具體而厚實的描述中，其實量化分析也呈現在讀者眼前。

> 每所學校中的傳說與虛構人物、傳統、禁忌、巫術、各種儀式、集體象徵、幽冥參與等，無所不在；它們偶爾躡手躡腳地潛伏上樓，成為正式學校生活的一部分。——Waller, 1967:103

　　針對教師，華勒在書中特別提到：「學校再造必須從教師開始，如果方案沒有納入教師的個人更新（rehabilitation）[5]，想要壓制舊有秩序的消極抵制，是不可能的。」（1967:458）至於一些議題諸如：改

5　這裡的更新，強調讓教師恢復以往的健康、信心與榮譽感，而非一般指稱的身體殘疾復健或病態心理矯治；華勒之所以選用這個字眼，可能跟他涉獵犯罪學以及任教軍事學院有關。

革學校的最佳方式是什麼？要從內而外、從上而下，還是從下而上？如何改進教學，提升專業？[6]哪些因素妨礙教學與學習的品質？哪些情形證明了學校目標的錯置現象？在控制、權威與自由、自主的二端，如何執兩用中？在經營管理學校時，如何在學生、老師、行政人員、家長和納稅者之間，取得平衡？（Boyd, 2003:2662），以上在在證明華勒運用質化研究，進行學校教育社會學分析的遠見與開創性。

　　從該書的章節架構來看[7]，華勒嘗試由外而內、由遠及近，漸進地帶領讀者探討學校之所以成為社會有機體的緣由與證據；以及構成這個有機體的學校、社區、家長、教職員、學生等要素，如何彼此關聯運作。華勒深入分析學校文化，從社會學的階級、性別、群體等面向，探究兒童初級團體的特徵與學校儀式的存在作用，進一步了解教師教學、課程內涵、學生學習，以及教室情境中的師生、同儕互動與對立。最後，華勒重申社會學作為學校體系分析的必要性與可能的貢獻，盼望社會大眾能夠重新審視教師在教育改革中的重要性與侷限性；書中表達的，並非高遠的教育願景，或者浪漫理想主義的夢幻誇浮，而是社會學家關注學校／社會機構真實面貌的嚴謹態度，以及透過質量並重的研究方法，鉅細靡遺地描繪教育體制與社會關係中的衝突本質。

　　根據郭丁熒的歸納，華勒此書透過社會學來探討教學，其環繞著四個重要的社會關係（1998:211），有助於我們進一步理解社區、學校、教師、學生等社會團體的交互作用：

6　有關教師必須代表某些理想性以及教師契約的相關議題，可參見Kennedy（2004）。
7　其中第六章家長與教師的關係，曾被華勒形容為「天敵」，參見Globe staff（2003）；第二十一章教室中「必修科目之戰」，有關師生對於何者列入必修的持續協商過程，Natriello等人（1998）曾以此書進行討論。

1.社區與學校的關係：此包括社區對學校的一般關係，透過社區中的傳統和政治秩序來傳達；社區對個別或全體學生的關係；社區對教師的關係；社區中特殊的個人對學校的關係；以及特殊的個人對學校的關係。

2.不受教師所影響的學生與學生之關係：例如學生對學生、學生對學生團體，以及學生團體對學生團體的關係。

3.教師與學生的關係（包括受教師所影響的學生與學生的關係）：包括教師對學生團體、教師對學生、受教師所影響的學生與學生的關係。

4.教師與教師的關係：例如教師對教師、教師對教師團體、教師團體對教師團體、教學勢力對行政官員的關係。

依華勒的看法，學校本質上是一種強制性組織，教師與學生在此組織中只是處於暫時平衡的狀態；師生之間基本上存在一種必然的衝突現象，因為教師是成人社會的代表，為了教導學生學習、維持班級秩序、增進學習效果，必須採取權威、命令和控制方式，學生不得違逆、反抗。然而學生有其自發性的想法與主體性，不願處處受到壓迫和宰制。這種長期存在的矛盾關係，形成了師生對立和衝突。因此，華勒分析師生關係時，提出了體制的主從（宰制—順從）形式（a form of institutional dominance and subordination）論點，以此說明師生之間存在著潛在的對立情感。此觀點影響到後來課堂及班級研究；例如，傑克森（P. Jackson）經過多年觀察班級教室生活，於1968年出版《教室生活》（*Life in Classrooms*）一書，該書亦教育社會學知名作品。其中特別提及教室生活中，教師要控制一群學生（群眾crowd），必須訂定明確規範，並運用權威發揮影響力，使學生心無旁騖；學生在此環境下生活，自然而然學到了遵守規範和應付權威的潛在規則，更完成學校教學的社會化功能。

幾乎所有的古典社會學概念，都可以應用在教室生活、戰爭、
長期爭鬥、訴訟、理想的衝突、勝利、調解、妥協、改變信仰、
調適，以及同化。我們不見得可以目睹所有這些衝突──至少看
到的不是衝突，但是社會學家必須學習看見社會脈絡的隱形世
界。──Waller, 1967:351-352

　　華勒對往後教育學術研究的社會學啟示，遠大於當時他企圖
帶給社會情境的貢獻。有人將華勒列為教學研究衝突論的代表人
物[8]，這是因為華勒認為學校屬於一種處於暫時平衡狀態的專制組織
（despotism）。學校面對各種力量的影響時，必須不斷調適以求平
衡。學校本身是一種強制性組織，學生只能服從教師的權威；教學是
一種制度化的領導，而師生關係是一種制度化的支配與從屬關係（陳
奎憙，1990:16-17； 郭丁熒，1998:241-242）。傳統認為應該攜手並
進的親師同盟夥伴關係，在華勒筆下，強調的卻是二者間的「敵意」
（enmity）本質（Lightfoot, 2003）；而班級社會體系是由對立與強制
的關係──而非和諧的價值觀─所構成（陳奎憙，1990:17； Hurn,
2002:112）。
　　華勒另一個受到推崇的學術研究領域開拓，則是學生次級文化
（Bidwell, 1965; Shouse, 2002:521）。他認為學校文化是獨特的，而學
校文化的存在，是要讓學校的組成分子（尤其是學生）受到規範與影
響，除了滿足自身需要，也要從事適當的學習。教師為了維持紀律、
提升學習，必須採取適當的控制方法；師生雙方都不喜歡這種體制上
的對立、強迫狀態，但是他們無從逃避。有些學生因而違反校規、無

8　惟Parelius & Parelius（1996）指出，多數社會學者未必同意將華勒歸為衝突理論派，只是衝突觀
　　的主軸在華勒分析教室動態學中，是比較明顯的。

心上課，並從課外活動與非正式同儕關係中[9]，獲得成就與滿足（陳奎熹，1990:241-243）。

華勒（1967）自承受到Clow、Smith、Snedden及Peters等人著作的影響。評論者認為，《教學社會學》對於學校的冷默以對，以及學校、教師難以進行改革的悲觀預言，能夠未卜先知（Boyd, 2003: 2661）。Michael-Testa（1998）提醒讀者，本書不但提供教師心理及教學內在經驗的新穎論述，也強調師資培育課程應該協助初任教師了解本身的社會化過程；此外，該書的確是今日質化研究的雛型，也成為學校民族誌研究的標竿。

陳奎熹認為（1990:17-19），華勒所主張的班級師生關係衝突論，在解讀上未必適合不同的國情文化情境。華勒的理論研究，仍然採取結構功能論（structural-functionalism）觀點，視學校為一個社會體系；而巨觀與實證研究在1970年代以後受到嚴厲批判，因此改用現象學、象徵互動、俗民誌等方法來探索學校教育的過程（陳奎熹，1990:253）。

或許，《教學社會學》1967年版書背的一段評述，是對華勒的最大肯定：「（他）選擇了學校與周遭環境的人類生活共通事件，然後進行檢視。將這些事件從裡到外地加以翻轉……令人想不到的是，學校例行生活染上了興奮與魔法，以及洞察與展望的恩賜。」「他讓我們知道如何把學校當做一個社會機構來看待。」教師與學生並不是「教學機器」或「學習機器」，全體人類都在一個人類關係網絡中彼此關聯。「正是這個網絡以及個體關係與角色，真正地決定了教育的結果。」

---

9 有關課外活動、課程與華勒的討論，可參見Quiroz（2002:262）一文。

三、關注議題

　　華勒的學術興趣與才華，不只展現在《教學社會學》一書；也因為另一本由芝加哥大學出版，經 W.J.Goode 等人（1970）收集華勒已發表及未發表的23篇文章所編選的《家庭、教育與戰爭》（*On the family, education, and war*）文集，在在流露華勒對於學校（尤其高等教育）、社會議題的關注。在這本文集中，編者群以超過百頁的篇幅，對華勒生平及作品，進行詳盡的素描（portrait）。該文集分成五大部分：

第一部分 方法論
- 有關 Charles Horton Cooley
- 啟示與科學方法

第二部分 社會問題
- 社會問題與習俗
- 歷史哲學補述
- 有關犯罪成本的批判論點（與 E.R. Hawkins 合著）

第三部分 家庭[10]
- 評價與約會情結
- 討價還價與剝削的態度
- 求愛就是一種社會歷程
- 婚姻的穩固性
- 婚姻的衝突性

---

10 Waller & Hill（1951）這本書比華勒1938年版本多了8篇文章，也針對其餘17篇中的7篇進行大幅修訂。該書從雙親家庭及其強制關係出發，詳細探討追求行為、婚姻、父母身分、家庭解組等議題。此外，C.D. Bolton（1961:236）認為，該書頁263-275中所呈現的象徵互動論觀點，顯然承襲自芝加哥大學社會心理學者G.H. Mead與密西根大學社會學者C.H. Cooley等人。

- 離婚問題[11]

第四部分 教育

- 有關教師轉變的看法
- 學校即一種社會有機體
- 學校與社區 I
- 學校與社區 II
- 教學即體制化的領導
- 教學對教師的影響
- 機構何以無法發揮功能的一個主要理由
- 有關高等教育的看法

第五部分 戰爭[12]

- 戰爭與習俗
- 軍隊就是一種社會機構
- 退伍軍人返鄉
- 退伍軍人的態度

　　文集編輯者指出，這本文集原來只是單純編輯、重新出版華勒一些代表性著作，但是後來認為他的生命歷程同樣值得關注。編輯者不斷寄出信函、問卷，訪談華勒的老友，企圖重現、重建他平凡但散發熱情的社會學先鋒形象。尤其，表象的大學教授生活往往會掩蓋當事

---

11 有關離婚問題與重新適應過程，可參見Waller（1930）運用心理分析技術，彙整33個個案研究所出版的專書。

12 華勒對於越戰退伍軍人其經驗態度以及戰爭原因理論的描述，亦可參見Waller（1980）、Waller（1940）、Waller（1943）、Waller（1945）等文章。舉例來說（Waller, 1945:174-179），研究者可以透過現職軍人、退伍返鄉者、曾經參軍者三種研究證據，預測二次世界大戰退伍軍人的態度；而退伍軍人的問題態度包括怨恨百姓、依賴他人、談話缺乏耐心，以及對性及家庭產生扭曲態度等。當時擔任哥倫比亞大學巴納德學院社會學系副教授的華勒，盼望規劃出某種概括性方案，讓退伍軍人能夠優先就業，以平等的立足點跟其他人競爭，盡快適應社會。

人的人格、婚姻與衝突等私人細節。大眾往往以為，學者在愛情或戰
爭議題上的探險，並非來自心智的探索，而且個人經驗隱私無助於科
學成就。Goode 等人認為，華勒在這點上提供了一個絕佳反證。即使
是不屬於教育領域的犯罪主題，華勒也展現了社會學家思維，認為罪
犯不僅僅是犯法的個人，其角色不僅是由他人一套逐漸（或突然）產
生的反應所創造出來，同時也經過與他人的互動而有所界定（Goode,
Furstenberg Jr., & Mitchell, 1970:4）。以下搭配相關文獻內容，分項說
明華勒的關注議題。

1. 教師角色與高等教育

> 在教師的心靈世界中，課業學習是崇高的價值，也是生活的重
> 心。所有人都將依照個人過去或當前的學業成就來評斷。除了能
> 夠併入科目、考試得以涵蓋的知識，其他知識都不是知識。唯一
> 值得做的就是努力改善學習。狂熱追求教室的盡善盡美，成為教
> 師最醒目的特徵。——Waller, 1967:357

探討教師角色時，不能與時代脈絡脫節。美國1930、1940年代的
教育現場，受到政治經濟社會紛亂與戰爭影響，教學專業難以維繫。
華勒短暫的學術生涯在那樣的動亂年代中成熟，自然深受社會重建主
義影響，但是在他自己以及社會重建學派的文章中，卻很少提及彼
此，原因不得而知。Murrow（2011:311-314）透過1934-1943年發行
的《社會新領域》（*Social Frontier*）雜誌[13]，描繪當時經濟蕭條、共產

---

13 這本雜誌於1934年由哥倫比亞大學教育學院一群學者主導創刊，共發行了九年，首任編輯委員
　包括社會重建主義代表人物科奧茲（George Counts）與方案教學法提倡者克伯屈（William Heard
　Kilpatrick）在內。標榜「集體主義」（collectivism）的這份刊物，常被誤解成宣揚共產主義，受到
　右派陣營的攻擊。當時一些作者負有盛名，例如杜威(John Dewey)、赫欽思(Robert Hutchins)、若
　格(Harold Rugg)等人。請參考https://www.peterlang.com/view/title/21410

主義與法西斯主義盛行、美國捲入二次世界大戰期間，所呈現的教師角色圖像。Murrow認為，主流的歷史學論述將社會重建主義陣營形容成一個同質性團體，具有共享的社會、政治、經濟與教育進程，然而標榜「教育批判與重建」、每月發行的教育雜誌分析結果，卻非如此──特別是教師在改革中的適當角色；那些角色往往是多元、彼此重疊的，而且在提升重建社會理論與策略的主張上，有所衝突。在那些打著「改革者」、「進步主義」與「社會重建主義」名號的學者與激進分子之間，存在路線之爭。1930年代初期，社會重建陣營認為想要實現民主，一定要特別關注學校的社會、政治與經濟環境；教育的主要任務是創造出一種「具有見地、考慮周詳的公共意見」，支持計畫經濟發展，以滿足所有人的需求。這種見解跟當時進步主義陣營受心理學影響，強調兒童經驗的主張不同，也跟多數美國人維持現狀，追求安全、壯大、繁榮的想法背道而馳。對多數社會重建陣營來說，顯然自1929年以後，資本主義造成美國的衰敗，學校必須揚棄資本主義，朝民主集體主義發展。

在教師結構上，1930年代的女性教師占了4/5，許多仍然非常年輕，多數高中畢業之後只接受二年的師資訓練就投入職場。行政人員藉由效率之名，排除教師在教育政策、執行的影響力，強化學校與社會保守商業利益的結盟，教師自然顯得消極、順從。即使有些教師實際參與改革論戰，卻經常把目標放在改善工作條件（Murrow 2011:332）。有鑑於此，華勒（1967:459）主張：「教師的訓練應該著重教師離開訓練機構後所面對的任務。教師最重要的任務是處理教室的動態社會情境。情境是由師生共同建構的，教師的目標應該是以提昇兒童性格價值的方式，來處理那種情境。因此，教師訓練的核心應該是設法讓教師洞察社會現實──也就是學校──的本質。」當時學界普遍同意美國社會需要改革，對他們來說，巨大的經濟不平等令人

難以接受。經過訓練的學術分析，有助於理解、處理貧窮以及其他社會問題。他們也認為，必須透過對話、教育與行動來改變社會，而對話與教育可以在學校中產生，教師則是可能的改變代理人（Murrow 2011:333）。

以教師刻板印象來說，Rice與Waller在1928年的研究指出（McGill, 1931:642），刻板印象的確存在，而且跟職業類別有關；此外，刻板印象作用可以用統計方式來測量，也受到個人特質評估（例如心智能力與巧妙程度）的影響。在McGill設計、141位大學生參與的實驗中，證明教學行業的確會在教師臉龐上留下難以遮掩的印記，McGill認為這樣的研究結果代表了一種嚴酷、痛苦與禁忌（pp.648-650）。在另一份文獻中，華勒指出（1936a:556）實習老師性格研究的重要性[14]。他認為，只有初任教師研究才能彰顯最重要的教學初期調適過程，而那種過程會發生在在教師性格首度面對比較特殊的文化與社會現象時。華勒發現，實習教師花在備課的時間快速減少，教案和筆記內容越來越簡單，容易忽略管教細節；實習初期，也特別容易感覺疲勞、飢餓，逐漸養成解釋所有細節的習慣；言語措詞方面，在實習一段時間後有所改善，而缺乏自信、動作不自然的情況很快消失，性格上則逐漸調適為權威角色（pp.559-561）。對此，華勒的解釋是，這些新手之所以慢慢成為典型教師，一部分是因為她們不想成為典型教師，而實習期間的教師夢境，多半跟監督管教有關（p.563）。[15]

從某個觀點來說，教師持續關注教學，會讓人充滿希望，因為塑造年輕人的工作是最好的內在興趣之一。這種說法當然沒有

---

14 這篇文章的研究對象是華勒當時任教賓州學院，進行九週教學實習的28位大四學生；華勒透過訪談學生、輔導教師，分析實習教師的日誌與生活史資料，探討實習教師性格在此過程中的變化與適應情形。

15 有關教師夢境的細部、傳神描述，可參閱Waller（1967）一書第22章，頁401-407。

錯，而且掌握世代命運的教師，有權利討論他們的工作。但部分
原因也來自於教師不願意表達教學以外的想法，這預告了教師的
心靈視野會形成不良的窄化現象。——Waller, 1967:431

在探討教師轉變（transformation）的文章中，華勒關注大學新進
教師的態度調適。華勒坦白指出[16]，新進教師有時會受到群體的無情
壓抑，因此有必要了解大學教學情境如何影響他們的預設態度。華勒
推估，大學之所以形成難以控制的自由主義，原因之一是教師本身缺
乏安全感，無法認可所處大學的社會情境。教師工作需要保持社會距
離，而且大學社會情境要求教師必須設限於事實教學，避免受到情緒
的干擾。此外，社會學界同儕執著於科學規則，無形之中灌輸新進
教師一種「笨蛋社會學者才會想要傳遞價值判斷」的觀念。這樣一
來，討論戰爭議題時，年輕的社會學自由主義者傾向於只進行贊成、
反對雙方的論證比較、分析，而不會表達堅決反對的立場（Goode,
Furstenberg Jr., & Mitchell, 1970:233-235）。

華勒直言，大學教學工作為許多無法面對現實的人提供了絕佳庇
護所。因為這些人腦袋瓜裝滿一廂情願的想法，不去面對現實，因
此可以稱為理想主義者。即使是在學院教書的教師，接觸到現實面
時，理想也會受到打擊。而當理想受創時，理想主義者往往忿忿不
平，常常會從正面的理想主義——人人皆天使，轉為負面的理想主
義——人人皆惡魔。這樣的負面理想主義，可稱為犬儒主義（Goode,
Furstenberg Jr., & Mitchell, 1970:237）。

就教學層面來說，大學教師之所以無法順利向學生傳遞知識，是
因為學生不當真，也可能因為教師的知識沒什麼了不起。一旦教師受

---

16 此處呈現的例證與場景，不難發現在在顯示華勒個人的親身見聞與體驗。

到挫敗，就變得更為尖酸刻薄，後續永無止息的師生戰爭可想而知。在課程上，大學的學術內容不再是學習未知事務，而是學習他人的說法；這會製造出冷酷無情的學者，只會引用他人持反對意見的二手資料，也是大學學術情境中經常出現的一種曲解誤用型式（form of perversion）（Goode, Furstenberg Jr., & Mitchell, 1970:238-241）。以文學為例，華勒並非不認同文學價值，而是他認為文學這個科目無法在教室裡有效傳達（Goode, Furstenberg Jr., & Mitchell, 1970:239）。

針對學術圈的次級文化，華勒指出學術生活為大學教師帶來一種合理目標──如果依照遊戲規則過日子、執行工作，再加上壽命夠長的話，就可以成為大人物（Goode, Furstenberg Jr., & Mitchell, 1970:243）。教師幾乎都有一種迷信，認為一門課要發揮效果就不應該大幅度修訂；如果一門課很受歡迎，那樣的信念尤其強烈。這些教師通常終其一生都在寫類似的垃圾文字，因為對他而言，那樣的東西可以輕鬆地製造出來，這也許是因為他知道那些東西容易賣掉，也因為自己身上沒有其他值錢的東西。這些教師年輕時很聰明，但是教學採取講述方式，形成一種逃避困難問題的習慣（Goode, Furstenberg Jr., & Mitchell, 1970:244-245）。

在高等教育圈子中，華勒注意到中心與邊陲之地理／社會心理因素造成大學文化的種種差異。華勒指出，學術和專業文化會從某些文化宰制的大學散播（diffuse）到其他學術機構；某些大學是學術創發中心，擁有研究所訓練所需的先進設備。那些居於領導位置或中心的學校，是最重要的文化創發者，但也是最微不足道的文化散播、傳遞者。從中心越往邊陲，評估教師生產力、支持研究的重要性遞減，但是散播、傳遞的重要性則遞增；此外，道德考量的重要性會增加，但是效率卻減少。這種情形會帶來無謂的競爭。邊陲學校教師的價值判斷和聘僱標準，不在於他們能做什麼，而是無法做到什麼。華勒認為

這種機制導致邊陲大學始終無法產生有價值的學術產物。大型大學固然樂意投注情意教育，但是除非萬不得已，他們很不願意過問學生的私人生活。還有一種現象是一本書由一群研究生出版，掛的卻是教師的名字，而學生只出現在前言中（Goode, Furstenberg Jr., & Mitchell, 1970:306-314）。

華勒的觀察是，中心學校的近親繁殖比例頗高，他認為這些學校經常招募外來學者是為了避免聘用較差學校畢業的教師（Goode, Furstenberg Jr., & Mitchell, 1970:307）。對年輕學者來說，畢業於中心學校的好處不少；一方面可以近距離接觸該領域的傑出學者，而教授比較關心發明、創造層面，這讓他可以事先排除單純的教師事務或制度主義政治學（institutional politics）事務（Goode, Furstenberg Jr., & Mitchell, 1970:310-315）。邊陲學校教師的特質是語無倫次，這是因為他們缺乏優秀同儕的刺激。即使是邊陲學校裡的傑出教師，幾乎都與世隔絕，因為同儕無法批判其想法，很快就喪失了共同討論嚴肅事務的習慣（Goode, Furstenberg Jr., & Mitchell, 1970:312-313）。

2.學生文化與生活

某種文化在學校中滋長。這種文化一部分屬於不同年齡兒童的產物—來自於成人文化被分解為更簡單的結構，或者兒童遊戲團體中某種舊有文化的遺緒；一部分則由教師設計，以引導兒童活動往某些年齡發展。學校周遭的整套複雜儀式，或許可以視為學校固有文化的一部分。──Waller, 1967:13

相對於初級團體概念，學生次級文化是華勒教學即制度化領導理論的核心要素之一。Cowley & Waller（1935:132-133）開宗明義指出：「大學生們如何活力十足地埋首學業、可能選擇哪些男女朋友、穿什

麼衣服、想去哪裡吃飯以及吃什麼，以上這些還有許多其他學生生活，大多來自於許多團體、次團體的社會遺緒，而學生是這些團體的一分子。」哪些環境影響力對於社會學、人類學研究者來說，的確是個豐富而值得挑戰的領域。Cowely & Waller 想要針對文化情結與學生生活過程進行檢視分析，除了供社會學家闡述社會學原則、進行相關研究，也企圖讓教育行政人員覺察某種影響力，以便控制教育環境。大學生生活具有獨特研究價值的理由有三項：

- 大學生生活的社會過程只有短短四年，加上校園傳統快速變化，因此學校扮演某種經驗實驗室的角色——就像生物學家實驗室裡的白老鼠、天竺鼠與果蠅。
- 每個世代的先行者不但不會消逝，反而十分活躍、想要表達意見，我們必須重視那些擔心古老傳統消失的校友。
- 對社會科學家來說，相較於其他團體，大學社區（包括異質性的大學）是比較小型、定義清楚的單位，比較容易做為社會學與人類學的研究場域。

　　舉例來說，美式足球比賽結束後，獲勝隊伍會將門柱拆下來，而搖擺的蛇舞顯然跟部落打勝戰的習俗有關。1852 年，哈佛大學與耶魯大學首度舉行校際運動競賽，之後其他大學紛紛跟進。1920 年，達特茅斯大學美式足球隊到西雅圖跟華盛頓大學舉辦區際賽，達大球隊在火車站受到華大的熱烈歡迎，球賽期間深深感受該校 Hook 騎士社[17] 無微不至的接待，返校後也成立類似社團，專門接待來訪的球隊（pp.134-135）[18]。

---

17 該社屬於學生社團。
18 更詳細的例子可參閱 Waller（1967:103-131）有關學校其他文化的描述。

　　探討學生文化，有助於我們了解社會控制的過程，也就是整體互動模式會經由哪些行為規範來建立。以往許多模式形塑了大學生的行為，由某個學生世代傳遞給下一世代，而下一世代並未加以反省就一體遵守。Cowely & Waller（pp.135-137）認為這就是透過灌輸來進行控制，而灌輸還會利用許多其他規範來達到目的；例如非正式的小道消息、入會儀式與其他同化慣例、具有明確功能的儀式、社團的強迫性與選擇機制（諸如兄弟會、運動隊、校刊與其他課外活動等），以及一些不曾明說的規則等。以普林斯頓大學於1893年創立的榮譽制度來說，儘管沒有監考人員在場，但是作弊行為在學生團體高度榮譽標準的管理下不曾發生，這就是透過灌輸來進行控制。幾十年來，這些模式主導了學生的整體社會生活，而且在文化意義上，顯然態度傳遞決定了外在行為。循此，校園社會階層呼應外在世界的社會階層，耳聞校外政治腐敗之餘，校園選舉活動如果看到大學生採取相同做法，我們應該不會感到訝異。Cowely & Waller（pp.138-140）的基本觀點在於，所有學生組織的功能，必須從實現人類目的的角度來加以評估。

　　在學生文化中，華勒注意到大學生中常見的追求異性行為，這在許多教育社會學著作中比較少見。雖然追求行為做法有別，但在華勒眼中，其功能都跟文化的整體形貌以及人類動物的生物需求有關（Waller, 1937:727-729）。他指出眼前道德結構敗壞，導致了追逐興奮感，衍生出剝削關係。過去的道德觀認為一個吻代表某種事物、某種愛的宣稱與承諾，但在今日卻一文不值。以大學生來說，關鍵在於他的中產階級生活型態；上大學主要動機是晉升更高社會階級，而要完成這個目標，必須延後結婚。對大學男生來說，追求異性很快就會導致婚姻，嚴重妨礙生涯規劃，然而大學生仍然受到性與興奮感的強烈吸引。以約會來說，那不是真正的求愛，而是一種調情，它的主要模

式是追求興奮感，認為那是一種樂趣。

在許多大學中，約會通常受到某種文化情結的影響，華勒將它稱為「評價(rating)與約會情結」。約會幾乎是學生次級團體中最富代表性的兄弟會成員專利，而大一新生是不被允許的。學生們很清楚這些社會區隔以及自己在社會階層中的地位。年輕男性的評價來自個人在校園價值上的等級，例如知名兄弟會成員、風雲人物、多金、穿著體面、行為與外表和善、擁有某種技能、擅長跳舞、擁有車子等。女性則為衣著、擁有才能、擅長跳舞以及具有眾星拱月的特質，而其中最重要的是最後一項：大家都想跟她約會。這種充滿興奮、競爭的過程，會讓學生彼此產生許多基本對立，而單一性別團體又會讓對立更為嚴重。對於一些條件不利者來說，這種競爭的約會過程往往造成創傷，也帶來有趣的行為適應與合理化過程（Waller, 1937:730-731）。

就理論層面來說，華勒建議可以透過人類學者Ruth Benedict的「文化形貌」（configurations of culture）概念來探討學生文化。大學生提到各自的校園傳統時，指的不是傳統細節與眾不同，而是傳統形貌不同，而且各校明顯有別。在研究方法設計上，必須兼顧結構與功能，利用量化與個案研究法來進行。檢視學校機構時，要注意規模大小與複雜性，因為大型都市學校的文化過程跟小型鄉村學院迥然不同，我們必須考量它們的創立時間、學生社經地位，以及宗教、政治關係。而且除了綜合分析這些因素，也需要個別解讀。華勒追問，探討學生文化固然可以讓我們了解某些文化特色的擴散，但是基本態度可以擴散到什麼程度？美國學生傳統本質上是保守的，某種解釋是那代表了美國文化，但是歐洲大學是創新觀點中心，為什麼會有這些差異？學生傳統在廣大社會生活中扮演獨立變項的程度有多少？教師控制、操縱學生傳統的程度又有多少？華勒認為大家對以上問題的答案，仍然不清楚（Cowely & Waller, 1935:140-142）。

3.社會問題與社會控制

> 學校需要一種自然的社會秩序。這裡指的不是混亂或失控的社
> 會秩序,而是師生在變化情境中為自己想出來的社會秩序。這種
> 秩序本來就存在於相關人員的性格中,它來自於自發、無法避
> 免、真誠的性格互動。——Waller, 1967:446

在華勒看來,社會問題不僅是一種觀察到的現象,也代表觀察者
的心靈狀態(1936b:922)。他認為我們的價值判斷系統會將某些人類
生活狀況、行為類型,界定為社會問題。在此,華勒同意L.K.Frank
的定義:「社會問題似乎就是那些我們想要從眾人身上移除或矯正的
所有難題或不良行為。」處理社會問題時,華勒主張透過組織道德觀
與人道主義道德觀二組概念的互動來解釋(pp.924-925)。他認為社
會秩序建立在組織(或基本)道德觀之上,這包括私有財產與個人主
義、一夫一妻制、基督教義與民族主義等道德觀。人道主義道德觀則
出自於某種迫切要求,想讓世界更美好或者拯救他人的不幸。界定社
會問題的價值判斷來自於人道主義道德觀,它會跟組織道德觀產生衝
突。社會問題是道德問題,而某種道德問題存在,正是聯結所有社會
問題的那條線。所有重要社會問題,來自於個人的道德衝突以及團體
中的社會衝突。

衝突道德觀可以讓我們理解,處理社會問題的進展為何如此緩
慢。華勒(1936b:928-932)坦率地指出:「社會問題之所以無法解
決,是因為人們不想解決。」而這樣的結論,出自於隨手可得的種種
證據,包括改革運動史、改革者傳記與自傳、政治學、和平會議紀
錄、社會工作場域、私人對話,甚至是激進團體的辯論等。華勒認
為,即使是最關心社會問題的人,都未必有意解決社會問題,因為這

需要某種組織道德觀改革，而那些人正是在那樣的道德觀中成長的。人道主義者固然想要改善窮人的情況，但是不願介入私有財產。除非他們願意不再與組織道德觀結盟，或者在某些情況下直接與之對抗，否則他們只會繼續處理衍生出來的症狀，而不會從根本原因下手。華勒分析，自由陣營的人道主義者所面對的難題在於，他所哀悼的人類苦痛正是社會秩序中不可或缺的一部分，而且似乎可以為自己帶來好處。以戰爭為例，和平主義者並非真的想要付出和平的必然代價，他的和平做法是維持既有一切秩序，而這必然會帶來戰爭。這麼一來，人道主義者在表達感受時，就必須透過口頭表達──而非展現行動。華勒以為，這是因為我們本質上就是一個貪婪、佔有的社會：「沒有人會因為對人道主義採取口頭表達方式而受害……但是許多人會因為將人道主義付諸實踐而受傷。」必然受到傷害的有力人士，當然會群起反對改革。

　　人道主義道德觀與組織道德觀固然有所衝突，但是也有所關聯。這二套道德觀是同一種文化形貌的互補，也是單一有機整體的相關部分。要解決這個難題，華勒主張社會學者要遵循第三套的科學道德觀（pp.932-933），徹底避開來自人道主義或其他陣營的道德判斷，讓所有其他價值隸屬於心智、科學誠信之下。身為社會學者，應該了解人道主義與個人主義的長、短期互動情形，確定本身想要貫穿兩者的程度，以打造一種真正全面的社會變遷理論。

　　以犯罪問題來說，華勒認為犯罪成本指的不是所涉及貨品、服務的金融價值，而是假設因為沒有犯罪而得到的額外貨品與服務（Hawkins & Waller, 1936:683）。犯罪與一般「生產性」工作的差別在於道德層面，而非經濟；經濟學家分析問題時，不應該參雜道德考量，他必須指出許多犯罪是具有經濟生產力的。比方說，投入非法釀酒業的金額必須計入全國收入，而不是加以扣除。大家理所當然地認

為犯罪跟高度浪費有關，但是犯罪與經濟浪費的關係以及經濟系統中的浪費定義，始終缺乏詳細的分析。法律、犯罪與浪費的彼此關係很複雜，不容易系統化說明（pp.684-685）。犯罪跟其他企業一樣想要賺錢過活，它跟所有其他機構、活動彼此糾結、互相依賴。犯罪企業直接聘用幾千名員工，否則員工就得在勞動市場上參與競爭，而犯罪企業也間接提供設備製造業、銷贓者報酬。就生產者角度來說，犯罪所涉及的浪費跟合法消費同樣有用。犯罪改革運動之所以遭到反對，未必完全出自於利益受損的自私作用。如果我們採用某種方式馬上消除所有犯罪，那就會像其他類似規模企業的崩盤一樣，對整體經濟結構帶來災難性影響。實務上，我們很難在對抗犯罪戰役中全面獲勝，而且很快就會引發企業危機。我們可以評估犯罪成本的某些要素，但是無法評估其整體成本。我們不必找出犯罪成本有多少，只需要探討犯罪的經濟效果。我們需要知道某種犯罪運動所帶來的可能立即結果，了解其本質與影響程度，更要清楚知道犯罪的永久後果屬於整體社會的一部分。最後，華勒提出一些值得深思的問題：如何經營犯罪活動，才能向新價格階級推銷昂貴商品？犯罪如何影響全國收入的重分配？搶劫、挪用公款、偽造、敲詐勒索等犯罪活動，對於廣泛的社會秩序帶來哪些非預期後果？誰支付了被偷竊、破壞商品的費用？這會帶來哪些連動問題與影響？合法企業中的犯罪根源是什麼（pp.693-694）？可惜對於這些問題，華勒同樣沒有提供答案，只是使用透過人類心靈力量的字眼，一筆帶過。

　　華勒（1929:88-101）在解釋犯罪問題時，提出決定論與自由論二種觀點。前者主張人類行動存在因果關係，人類行動的科學研究可以顯示其服膺法則與規律性。後者則主張無論整體或部分人類行動，都不屬於因果關係的操控範圍，強調人類經驗具有獨特性，不會重複出現，而且與主體生活各自獨立。信守決定論的犯罪學者，只能透過

研究犯罪者與他人的關係來預測其行為、決定怎麼做。華勒堅信，唯有科學才能提供心智或實際的控制。他認為科學決定論的合理化基礎在於成果，抽象自由論的合理化基礎則是信仰。決定論的概念潛藏在許多日常社會生活中；即使大家認為行動自由很普遍，但是「行使自由的方式可以預測」此一假設同樣常見，而這正是科學、決定論詮釋的本質所在。科學嘗試將人類行為中的某些規律性加以區隔、描述，而所有根據過去預測未來行為的做法，其核心本質都屬於決定論。換言之，因果關係就是道德秩序的基礎。應用在犯罪議題上，開庭時我們該問的不是：「這個人該為他的行動負責嗎？」而是「為了保護社會，我們該怎麼處理他？」人們的種種選擇與做法，都會受到自我以外事物的牽引，而且目標是由人們存在的社會團體決定的，而不是個體；同樣地，各種選擇也隱藏在文化形貌中。綜合來說，華勒顯然認為決定論有助於理解人類經驗、控制人類行為，在犯罪學領域中更是如此。

4.洞察與科學方法

　　如果我們將性格發展視為一種日趨複雜的調適——基於獲得更高層次的洞察、產生新的知覺形貌或改善新的行為類型，可能就會發生轉移。——Waller, 1967:449-450

　　針對學校教學世界研究的理論與方法，華勒在《教學社會學》中多次提出洞察（insight）與科學的概念（1934:285）。他主張科學方法的本質在於得到洞察。在方法上，我們可以直接觀察人類、人際之間的行為，也可以探討從現狀中抽取出來、理應與現狀維持常態關係的某些表徵，或者透過擬情的敏銳性來達成。就匯聚、組織擬情洞察力的功能來說，個案研究是最有效的寫作形式。科學方法的要旨就在於

努力獲得洞察力，而這樣的主張強迫我們必須承認，所有科學只不過是一半的藝術，要靠想像力將知覺予以重組、搭配，賦予事件某種的藝術性再造。這對社會學來說，更是如此。在方法論上，華勒借助完形心理學的洞察原則，認為心理事件並不是個別、殊異的感覺，而是有組織的整體；在某些情形下，有關事件因果互賴關係的直接感受是存在的。洞察讓我們得以察覺我們的知覺世界是彼此聯繫的。華勒認為，方法論必須建立在外在世界以及知覺心靈本質的某些假設上。就外在世界來說，所有科學方法論學派都同意決定論的假定，也找到某種方式，某種程度上將感覺資料視為現實世界的真實再現（p.286）。簡單來說，科學方法的本質就是設法察覺資料本身如何安排成為具有因果關係的形貌。華勒強調，我們必須藉由已知形貌的外觀來檢視新奇事物，直到它們變得熟悉；相對的，我們也要檢視熟悉的事物，直到看出它們因為新形貌而變得新奇。不斷檢視事件，直到清晰可見，這就是科學方法。科學方法的試金石不是量化，而是洞察（p.288）。

　　華勒指出，應用洞察做為試金石，可以適度評估想像在科學方法中的角色。科學過程就像藝術，是一種篩選經驗要素的過程，而那些經驗可以在心靈中彼此搭配、重新組合。華勒並不否定統計方法的有效性或僅考量它的侷限性，他在意的是統計能否帶來新奇感。在他看來，統計已經背離既有的洞察，而只有追求更進一步或更正確的洞察，才能發揮統計的價值（pp.290-291）；社會事件觀察的重點在於某種過程與改革概念，而統計技術往往無法提供這些概念。此外，華勒借助C.H. Cooley的見解，認為擬情敏感性來自於透過溝通去接觸他人心靈，屬於一種類似思維與感受的過程，藉由分享對方心靈狀態以求理解。這種個人或社會知識是透過設身處地得到的，它是一種具體行為，伴隨著對應心理過程的想像。雖說如此，結合「科學」洞察與藝術洞察的個案研究，仍然具有危險性。華勒的解釋是，多數所謂的

個案研究之所以無法達成目的，是因為它們的概念化形式。溝通洞察的方式並不是採取抽象的口語表達，而是描述或指出現象。一本好的小說與普通個案研究的差別，在於小說描述了虛構或不存在的現象，以便溝通真實的洞察，而個案研究則將真實現象概念化，使得對方完全沒有辦法了解洞察是什麼。因此，能夠進行良好個案研究、提供正確且具說服力圖像（包含個體與機構）的人，本質上都是藝術家；他們也許並非學富五車，有的時候甚至不聰明，但是具有想像力，知道如何運用文字來傳達事實。華勒的結論是，無法預測的洞察會讓學習科學方法的學生產生困惑。這也就是為什麼真正的社會學大師，沒有「方法」。他們的確有方法，那就是追尋洞察。他們「透過猜測、透過上帝」來進行研究，找到了某些東西，也費盡心血地用洞察來感受事物（pp.294-297）。華勒認定洞察即為科學方法，它不同於可測量、可量化、可概念化的統計方法；華勒主張洞察的藝術意涵以及想像的重要性，經由新洞察、新形貌，達成因果關係的理解，以進一步控制或預測性格發展的可能性。

5.家庭功能

　　家庭是最重要的社會團體，我們之所以要處理家庭議題，主要原因有二個：一，它不但在其他團體接觸兒童之前就開始塑造兒童，更在其他團體淡出後仍持續發揮影響力。二，家庭的重要性不在於它在每個發展時期的強大影響力，而是兒童在某些時期更樂於參與家庭以外的同年齡團體生活。——Waller, 1967:178

　　1915-1926年期間，人類學田野研究增添了原始部落的相關知識，也修正了人類學理論。有關家庭的社會問題研究仍然不少，只是方法與素材更為豐富，官方與民間機構的資料也更為正確。在方

法層面，研究者越來越能夠將科學與道德加以區隔，把重點放在實徵性——而非僅邏輯性——驗證，量化研究方法也比以往更受青睞（Komarovsky & Waller, 1945:445-446）。這段期間的女性問題研究仍然普遍，性別主題也在第一次世界大戰期間受到矚目。此外，家庭生活社會心理學崛起，Freud、Adler、Jung等人的心理分析作品開始流傳。就社會學來說，Cooley、Thomas、Park等人的互動與過程取向，逐漸廣為人知；E.W. Burgess提出的「家庭是一種互動人格統一體」概念，經常受到引用，使用人類文件與個案研究的人也越來越多。到了1927-1944年，受到政治、社會、經濟局勢影響，家庭研究主題仍環繞於家庭解體、婚姻難以得到快樂、親子關係緊繃，以及家庭功能難以發揮等。

此外，心理分析家、人類學者與社會學者彼此借用對方的專業知識與技術（p.449）進行家庭研究，而令人好奇的是，親子關係研究卻很少從父母的立場來進行。Komarovsky與Waller認為，由於研究者往往都是大學教師，促使家庭的社會學研究趨於保守，缺乏敏銳性。例如，同性戀議題儘管重要，卻具有危險性[19]；有關未婚者的求愛、性行為研究，仍然被視為禁忌。另一個受到忽略的研究主題則是正常婚姻。Komarovsky與Waller指出，我們花了許多心力去研究婚姻失調原因，卻很少質疑二個獨立而不同的人為什麼應該和睦相處（pp.450-451），而這樣的婚姻適應概念，當然反映出當下的社會價值。Komarovsky與Waller提醒學界，家庭的社會心理學研究集中在都市、中產階級，以及具有中等教育程度的家庭，其原因不難理解。因

---

19 有關高等教育階段非異性戀者的研究狀況，可參見Renn（2010:133）的文章。該文引用Tierney and Dilley（1998）的看法，認為在1970年代以前，華勒的《教學社會學》（1932）就是此議題的奠基作品。儘管缺乏研究方法基礎，但是對於同性戀與同志教師研究，仍然具有引導作用。只是在華勒眼中，同性戀屬於一種不正常、具有傳染性、危險的疾病，應該（也可以）加以避免；而且，如果教師的語調、說話方式、癖好、姿態，表現出同性戀特質，學校就必須予以開除。

為社會心理相關資料不容易取得，社會學者必須仰仗對象本身的內省資料、學生的生命史，以及擁有教育背景、能夠清楚陳述，並且對這類研究具有同理心的人，這當然會造成我們對於低社經地位家庭，以及地區、出生地與城鄉差異的認識有所不足。

華勒在另一篇探討家庭與其他機構的文章中，寫實地描繪當時美國社會動亂對於學校、家庭的衝擊（1943:107-115）。華勒主張，所有社會機構會相互依賴，所以改變其中一個等於改變全體。1940年代，戰爭影響了所有社會機構，人力嚴重短缺。女性離開家庭，進入工廠，兒童乏人照料；有的被鎖在車子裡，有的託鄰居照顧，有的離開學校在街頭遊蕩，一些充滿野心但缺乏效率的托育計畫應運而生。許多女性擔心懷孕影響工作，只好流產。在政府層級，除了某種程度的通貨膨脹，加上基礎經濟系統混亂，政府於是擴張權力，以求控制；人民自由逐漸減少，工會與媒體受到管制。影響家庭最大的是年輕人受徵召入伍，戰爭影響所及，道德標準下降，及時行樂與個人主義廣受歡迎。政府控制生產、分配機制，設法控制價格、規範消費，立法、司法功能萎縮不彰。在學校層級，原來的知識傳播功能產生變化，課程尤其受到重視，高中階段更以灌輸為手段；學校流失大量學生，成為戰爭附屬品與社區的代理機構，以實現國家目標為主要功能。教師行業如同被閹割般地欲振乏力，全民國防課程成為當務之急。男性教師參戰，女性教師也進入國防工業；在師資不足的窘境下，當局只能降低標準，緊急聘用一些資格不符的人手，以應付全國至少75,000個教師缺額。學生焦躁不安，暴力事件時有所聞。1942年12月，紐約教師協會甚至得尋求警方的保護，維持正常教學。大學院校同樣無法置身事外，成為另一種軍事學校；技術類課程普遍受到重視，博雅教育消失不見。教堂雖然仍然保留了原來的神聖特質，但也失去它的隔絕性，陷入矛盾意識型態的混亂中，成為社區組織與

戰爭灌輸的工具。在社區層面，戰爭帶來人口大量移動，原有社區的生活架構解組，造成的傷害前所未有，包括種族階級糾紛、醫療設施不足、交通運輸與居住問題；社區缺乏領導者、教師、律師、醫生與社工。以上這些社會動亂與惡化局勢，都對家庭生活系統帶來重大的影響，導致個人與家庭解組。對此，華勒也顯得悲觀而束手無策（p.116）。

四、貢獻與啟示

　　或許華勒的顯著貢獻在於他教導我們如何將學校視為一種社會機構。跟著他，我們開始觀察構成學校的那些人，發生了什麼事；或者，哪些人被它感動──這就是學校裡最重要的一件事。就像華勒指出的，這些人並不是「抽離的心智」、「教學的機器」或「學習的機器」，而是人類關係網絡中，彼此連結的全人。正是這樣的網絡、個別關係，以及其中的人們角色，真正決定了教育的結果。──Brembeck, 1967,〈序言〉

　　華勒（1967）不厭其煩地提醒我們：「學校是一個社會有機體，是一種建立在專斷原則上的人為社會秩序，而且處在一種危險的均衡狀態。」要因應這種危險的均衡狀態，「學校必須停止扮演機器的角色，努力實現它成為社會有機體的天命」，更積極的是，我們「必須對教育進行安排，讓孩子針對自己文化團體中可能遭遇的生活情境，培養適應的態度。唯有讓孩童面對真實情境，這種態度教育才能進行。」（pp.445-452）

　　有鑑於華勒的學術成就與思想特色，Willower and Boyd（1989）特別邀集七位知名學者，針對半世紀以來華勒的教育理論進行分析

（Tesseneer, 1990:190-191）。其中賓州州立大學的D.J. Willower呼籲教育界對於華勒的主張要同時加以欣賞、批判，因為儘管社會、教育變動激烈，他當年的一些主張（例如連結學校文化、環境影響以及學校應有願景等）仍然跟當前的學術研究密切相關。芝加哥大學的C.E. Bidwell比較了《教學社會學》與其他社會學者主張的差異，除了肯定華勒的全面性學校社會學分析，也指出其社會學研究影響力在1960年代後，逐漸落後分配正義與教育公平議題。波特蘭州立大學的R.B. Everhart檢視華勒在科學研究中所面臨的二難情況，設法在真實性與（科學家洞察力）重要性之間，找出某種平衡。密西根州立大學的David K.Cohen認為華勒的代表作顯然屬於憎恨學校傳統的一部分，其原因來自於我們信守教育，而正由於擁抱教育學習，所以才會抨擊教學；同時，華勒隱約指出教育與學校之間的古老敵對狀態，如果可以加以轉變，Cohen認為應該可以帶來更多收穫。史丹佛大學的David Tyack分析華勒所抱持的嚴酷教育觀，他認為這可以追溯其父擔任校長的成長背景以及本人的任教經驗；他透過華勒的學術特色，探討社會學的早期發展以及在教育上的應用。內華達—雷諾大學的Elizabeth Hansot探討華勒如何分析教學妨礙教師作為一個人的全面發展，她聚焦於體制角色導致教師成為具有嚴重缺陷的人；Hansot也好奇這樣一本書如何能夠吸引讀者未來選擇成為教師。至於賓州州立大學的William Lowe Boyd則把重點放在華勒的洞察概念，探討它對今日學校教育改革現場的啟示；Boyd認為關心改革的團體與州議員，過度忽略借鏡過去，他同意華勒的最終結論：「我們如果要教師們做一些不同的事情，效果會很差。」關鍵在於讓教師成為與眾不同的人。以上這些分析，有助於我們對於華勒主張的進一步批判認識，當然，更重要的是如何形成自己對於學校社會體系的健全信念與可行主張。

我們必須找到比現有教師更堅強、獨立的教師。……我們該
問的問題是如何讓那些具備堅強、珍貴性格的人,願意選擇教
學……一個教育系統如果不讓學生接觸強大、具有鼓舞力量的
心靈,是無法成功的……這是教育改革問題的核心。──Waller,
1967:453

　　從教育社會學的學術發展來看,1950年代屬於規範性的教育社會
學時期,1950至1970年代則為證驗性教育社會學時期,而1970年代以
來新教育社會學興起,研究內容從巨觀層次(探討有關教育的結構)
發展到微觀層次(探討社會關係與互動)及教育知識社會學。華勒開
啟了微觀師生生活世界觀察的研究領域,也帶來研究方法上的轉折。
《教學社會學》一書中除了一般的文件分析、參與觀察、訪談法,更
有許多章節運用了生命故事、敘事探究、傳記研究、教室民族誌等,
協助讀者了解學校生活世界各種關係的互動性與文化形貌,佐以社會
學思考,提供教學社會學研究者豐富的研究方法。更有趣的是,華
勒在每章結尾都提供各種作業建議,這些建議不外乎觀察、記錄、述
說、描述等,可提供教育實務界一種多元而細膩的觀察視角,也讓一
般修讀教育社會學或課程教學的學生與現場教師,透過各章理論論述
後作業省思的帶領,可以針對教育現場各種人事物情境定義與現象,
進行多樣化的質性探究,從事兼具系統性與藝術性的社會學思考。
　　至於研究領域與教學實務方面,本書可以提供以下微觀教育社會
學啟示:

1.各級學校教師研究

　　教學社會學注重學校教師角色、職業聲望、社會地位、教師文
化、教師組織、教師教學倫理、教師教學行為、教學信念和教師性格

等議題的探討。因此，研究者可以因應各級階段教師的前述面向，進行探究，分析其異同，確認各級教師的教學制度領導特色。

2.各級學校學生研究

教學社會學注重學校學生社經背景、學生經驗、次級文化、班級文化、班級風氣、校園文化等問題的探討，研究者可以應用多樣化的質性研究方法，對學生進行課堂或課後的參與觀察、訪談、文件分析等，進行學生生活世界的質性研究，以了解學生在學習歷程、結果中的各種社會影響因素與作用，並從社會面向來理解、思考，謀求改善學生所處的社會環境，提高學習效果。另外，華勒認為團體活動與正式課程看似對立，但都屬於學校活動，其影響力甚至超越正式課程，而非正式友伴關係亦是潛在課程研究的領域，不應漠視。

3.師生互動與師生關係研究

教學社會學重視師生互動與師生關係的觀察研究。師生互動在媒介研究層次上包括口語互動及非口語互動（表情、姿態、肢體語言等）；在空間研究層次則包括教室、班級、課堂及周遭環境。互動內容涵蓋教學互動及社會互動，因此各學科、年級、班級、課堂等不同層次，都可分析多元的師生性格互動關係。而華勒對於師生關係（即體制支配與從屬關係）的獨到見解，也讓研究者增加衝突論述及體制化的詮釋理解；師生在正式課程與非正式課程（活動）中的關係，都是未來研究者可以關注的題材。

4.學校文化、社區及家長研究

教學社會學注重社區環境或特徵、社區與學校關係、社區文化與教育功能、家長因素等問題的探討。每一所學校所處的社區條件、學

校與社區的關係、家長社經背景與社會發展情況不盡相同，與學生情境定義進一步交織的結果，更形成不同的校園風氣與學校社區文化，這些都屬於教學社會學關注多元關係的範疇，也豐富了研究者對於班級、學校的文化理解與多元詮釋。

5.教學實務理解啟示

在各級學校教學實務上，最令教師頭痛的往往是班級經營、師生關係良窳等課題。特別在今日少子女化、家長積極參與校園事務、教師地位轉變等社會環境變遷下，許多教師經常面對管教與維護秩序等實務上的教學困境。然從華勒的角度，師生關係從過去到現在始終無法避免衝突，因為代表兒童世界的學生文化與代表成人世界的教師文化，永遠存在著體制上的從屬關係，衝突乃勢所必然。或許在教學實務上，教師應培養更開放的思維素養，勇敢踏入學生的青少年次文化與同儕文化世界，與學生在保持合宜社會距離的前提下，充分溝通互動，才能進入一種新的師生關係──亦師亦友的境界。

華勒《教學社會學》不滿足於僅描述教學的「應然」面，更企圖透過質性分析具體呈現、塑造教學的「實然」面。由於該書帶來教育社會學上從巨觀到微觀視野的轉折，從量化到質化的研究典範轉移；它超越了結構功能論對於微觀世界從和諧觀轉向衝突論的詮釋，帶來多樣的質性研究方法、教學實務研究領域，以及校園師生、家長、社區生活世界的多元理解，對於學術研究及實務理解，可說都有創新多元、理論實務兼備的啟發。

總之，華勒成功呈現一種詳細描述的社會結構中，某種特別但又變動的人類角色關係。以教育領域來說，教師經常與學生面對面互動，但是這樣的互動，總是來自於一套由全國社會、地方社區、學校

董事會、行政人員與同事所定義的各種影響力量;而師生、行政人員、家長、社區人士等角色受到本身心理需求的驅動,但又受限於其所處的社會結構。這樣的社會學過程,創造出學校社會機構不同於其他類型組織的特性。華勒把這些關係與學校本身,定位為一種緊繃關係。他不認為社會結構可以交由規則來適度定義,或者可以透過規範來確認;教師生活同樣無法完全涵蓋在某種身分的嚴格定義中。相反地,華勒認為每一種社會安排以及某種預設固定結構中的日常互動,充滿了偶發性與潛在衝突。讓華勒好奇的是,既然如此,為何系統沒有崩解?哪些因素讓它得以持續運作(Goode, Furstenberg Jr., & Mitchell, 1970:40-41)?1970年代的社會學比較關注社會變遷,關注某個社會角色的各種展現途徑,而不是某種身分的共識權利與義務;關注偏差的社會慣例,而非順從;主張緊繃和張力是任何社會系統普遍存在的元素,而衝突和崩解是可以預期的。社會行動充滿了不確定、不穩定、偶發與不可測。華勒的想法和資料,多半來自社會行為的直接觀察(Goode, Furstenberg Jr., & Mitchell, 1970:3-4)。而華勒當年關注的多數問題,經過八十多年,似乎仍然還沒有出現確切的解答。

目前台灣教育改革前仆後繼,社會各界對於各級學校教育(尤其高等教育)的績效與成果,日益提高期待;師資培育多元化帶來的利弊得失,有待全面科學評估;學生與教師互動模式的研究方法、取徑與影響,必須有效深化拓展。華勒對於學校教育即社會體制、學生次級文化、教師與社區家長的微妙關係分析,伴隨社會學意味的批判與解讀,促使《教學社會學》經典譯注的這趟漫長旅程,饒富意義。如果本導讀除了讓讀者了解華勒的生平、學術理論精華,獲得研究方法論啟示之外,同時也能促進學界、實務界對於學校社會情境的真實掌握,把握學校改革的本質與初衷,讓所有教育利害關係人能夠在控制

與自由二個極端之間，尋求適度平衡；也讓選擇從事教育工作的初任
與一般教師重新體察自身社會角色、找回教學熱情，而從事嚴謹學術
研究的象牙塔學者不再迴避困難的道德議題，勇敢挑起知識分子的應
有承擔，面對既和諧又衝突的高教場景突圍而出，如此，《教學社會
學》就會有極大的可能性，在另一個社會文化時空關係中，找到實踐
的少許空間。

參考書目

郭丁熒（1998）。教學。輯於陳奎熹主編，現代教育社會學（頁207-250）。
　　台北：師大書苑。

陳奎熹（1990）。教育社會學研究。台北：師大書苑。

Asanet (2001). Past Willard Waller Award Recipients. 2004/12/21 Retrieved from
　　http://www.asanet.org/soe/newsletters/fall01.htm#2.

Bolton, C.D. (1961). Mate selection as the development of a relationship. *Marriage
　　and Family Living*, 23:3, pp.234-240.

Bidwell, C. (1965). The school as a formal organization. In J.G. March (Ed.),
　　Handbook of organizations. (pp.942-1022). Chicago: Rand-McNally.
　　2004/12/21 Retrieved from http://listproc.ucdavis.edu/class/200410/
　　soc295-f04/0056.html.

Boyd, W.L. (2004). Vita. 2004/12/21 Retrieved from http://www.personal.psu.edu/
　　faculty/i/6/i6b/vita.htm.

Boyd, W.L. (2003). Waller, Willard W.. In J.W. Guthrie (Ed.), *Encyclopedia of
　　education* (2nd ed.) (pp.2661-2662). NY: Macmillan Reference USA.

Cere, D. (2001). Courtship today: The view from academia. 2005/11/30 Retrieved
　　from http://www.marriageinstitute.ca/pages/courtship.html.

Cowley, W.H. & W. Waller (1935). A study of student life. *The Journal of Higher
　　Education*, 6:3, pp.132-142.

Globe staff (2003). In parent-teacher conferences, 'enemies' can be friends.

2004/12/21 Retrieved from http://www.boston.com/news/education/k_12/articles/.

Goode, W.J., Furstenberg, F.F. Jr., & L.R. Mitchell (Eds.) (1970). *Willard W. Waller: On the Family, education, and war—Selected writings*. Chicago: The University of Chicago Press.

Hawkins, E.R. & W. Waller (1936). Critical notes on the cost of crime. *Journal of Criminal Law and Criminology*, 26:5, pp.679-694.

Hurn, C.J. (2002). Conflict theory. In D.L. Levinson, P.W. Cookson, Jr., A.R.

Sadovnik (Eds.), *Education and sociology*: An encyclopedia (pp.111-114). NY: RoutledgeFalmer.

Kennedy, M. (2004). Teacher contract: "I promise not to fall to in love, to become engaged or secretly married". 12/21 Retrieved from http://fcis.oise.utoronto. ca/~daniel_schugurensky/assignment1/1932wallard.html.

Komarovsky, M. & W. Waller (1945). Studies of the family. *American Journal of Sociology*, 50:6, pp.443-451.

Lightfoot, S.L. (2003). The essential conversation: What parents and teachers can learn from each other. 2005/11/30 Retrieved from http://www.kinkaid.org/main.php？menu_id=3165.

McGill, K.H. (1931). The school-teacher stereotypes. *The Journal of Educational Sociology*, 4:10, pp.642-650.

Michael-Testa (1998). Willard Waller's "sociology of common sense"：A tribute at sixty-six. *Teachers College Record*, 99:4, pp.758-778. 2005/11/30 Retrieved from http://www.tcrecord.org. ID Number: 10288.

Murrow, S.E. (2011). Depicting teachers' roles in social reconstruction in the Social Frontier, 1934-1943. *Educational Theory*, 61:3, pp.311-333.

Natriello, G. et al. (1998). Beyond the battle of the requirements: Accommodation and motivation in adjustment in high school teachers' grading criteria. 2004/12/21 Retrieved from http://www.columbia.edu/~gjn6/battle.html.

Parelius, R.J. & A.Parelius (1996). Willard Waller on conflict in the classroom. 2004/12/21 Retrieved from http://www.rci.rutgers.edu/~robpar/SOE_page_13.html.

Quiroz, P.A. (2002). Extracurriculum activities. In D.L. Levinson, P.W. Cookson, Jr., A.R. Sadovnik (Eds.), *Education and sociology: An encyclopedia* (pp.261-266). NY: RoutledgeFalmer.

Renn, K.A. (2010). LGBT and queer research in higher education: The state and status of the field. *Educational Researcher*, 39:2, pp.132-141.

Su, Kuo-hsien (2004).Sociology 2004. 2004/12/21 from http://ccms.ntu.edu. tw/~khsu/.

Shouse, R.C. (2002). School effects. In D.L. Levinson, P.W. Cookson, Jr., A.R.

Sadovnik (Eds.), *Education and sociology: An encyclopedia* (pp.519-524). NY: RoutledgeFalmer.

Tesseneer, R. (1990). Reviewed work(s): Willard Waller on eucation and schools: A critical appraisal by Donald J. Willower and William Lowe Boyd. *British Journal of Educational Studies*, 38:2, pp.190-191.

The faculty (1944). From 1944 Mortarboard of Barnard College. 2004/12/21 Retrieved from http://www.barnard.edu/amstud/history/1944_faculty.htm.

UCEA current catalog. 2004/12/21 Retrieved from http://www.ucea.org/catalog.

Waller, W. (1929). Deterministic view of criminal responsibility, A. *Journal of Criminal Law and Criminology*, 20:1, pp.88-101.

Waller, W. (1930). *The old love and the new: Divorce and readjustment*. Oxford, England: Liveright.

Waller, W. (1934). Insight and scientific method. *American Journal of Sociology*, 40:3, pp.285-297.

Waller, W. (1936a). Personality changes in practice teachers. *The Journal of Educational Sociology*, 9:9, pp.556-564.

Waller, W. (1936b). Social problems and the mores. *American Sociological Review*, 1:6, pp.922-933.

Waller, W. (1937). The dating and dating complex. *American Sociological Review*, 2:5, pp.727-734.

Waller, W. (1940). War in the twentieth century. In W.Waller (Ed.), *War in the twentieth century* (pp.3-35). New York, NY: Random House.

Waller, W. (1943). The family and other institutions. *The Annals of the American*

Academy of Political and Social Science, 229, pp.107-116.

Waller, W. (1945). The veteran's attitudes. *The Annals of the American Academy of Political and Social Science*, 238, Postwar jobs for veterans, pp.174-179.

Waller, W. & R. Hill (1951). *The family: A dynamic interpretation*. Ft Worth, TX: Dryden Press.

Waller, W. (1967). *The sociology of teaching* (3rd printing). NY: John Wiley & Sons, Inc..

Waller, W. (1980). The victors and the vanquished. In C.R.Figley & S.Leventman (Eds.), *Brunner/Mazel psychosocial stress series*, No. 19. Stranger at home: Vietnam veterans since the war (pp.35-53). Philadelphia, PA: Brunner/Mazel.

Willower, D.J. & W.L. Boyd (Eds.)(1989). *Willard Waller on education and schools: A critical*

appraisal. Berkeley, CA: McCutchan Publishing Corporation.

簡介

　　經典書籍的特質之一，在於它持續地協助最新一位讀者——就像它一開始有效地幫助第一位讀者那樣。華勒（Willard Waller）的這本《教學社會學》，一直以來不間斷地提供了啟示。在第一版的前言中，華勒如此描述其目的：「為一所具有代表性學校的典型具體情境，提供啟示。」他的作品的確不斷展現重大的影響力。此外，作為一種早期學校社會生活的指標性研究，本書在當下也提供了洞察。不論時間、地點，華勒所選擇討論的學校，都必須把它當做一種社會機構來檢視。本書所揭示的主題，不斷激發學者之間的對話，以及教師的一般討論。這些構成了學校研究的持續日常工作事項。

　　但是，《教學社會學》一書的價值，不僅僅在於它前述的啟示與洞察特質，它將那些特質傳授給讀者，或者，更正確地說，它教導讀者們自我傳授。閱讀本書，是一種觸動人心的經驗——即使讀過好幾遍。鮮活的啟發與觀點不斷湧現，讀者也一如華勒預期的：自己成為自己的教師。讀者幾乎是不自覺地發現自己不斷跟本書對話。

　　從某個角度來說，華勒讓每個教師成為教育社會學者。他找出了學校與周遭環境人類生活中的共通事件，以及許多教師可能忽略的地方，然後就像好老師那樣提出來加以檢視。他把這些事物從各種角度，從裡到外地加以檢視、描述，並聯結到教師、學生與家長身上；他將這些事物放在許多學校、教師、學生、家長的廣大脈絡中，然後突然之間，學校的例行性生活呈現出興奮、神奇，以及啟示與洞察的恩賜。

　　或許華勒的顯著貢獻在於他教導我們如何將學校視為一種社會機

構。跟著他，我們開始觀察構成學校的那些人，發生了什麼事；或者，哪些人被它感動——這就是學校裡最重要的一件事。就像華勒指出的，這些人並不是「抽離的心智」、「教學的機器」或「學習的機器」，而是人類關係網絡中，彼此連結的全人。正是這樣的網絡、個別關係，以及其中的人們角色，真正決定了教育的結果。

　　此刻是上述提醒的最佳時機。對六〇、七〇年代來說，這是一種恰當的教育意涵。有可能在這二十年間，它的教育特色是那些更偏離人性化教學、學習的種種產物。在美國，廣受歡迎的教育年代還沒有到來，但是大眾教育的年代才剛剛啟動。來自合法的種種要求，要我們研發大眾教育的技術，這必然會讓教育過程更為非人性化。其中的危險性在於，我們開始把新的技術發展當做教育目標本身，而不只是一個促進更佳人類學習環境的方法。從某個角度來看，對於現代教育科技、課程變革與行政再造的真正考驗，在於它們如何重新調整對人的平等看待，促進更有效的學習。如同華勒的警示：「不要欺騙任何人；重要的是，那些發生在學校的事，來自於人格的互動。」今天的教育人士，不管是學生、初任或資深老師、大專院校學者，都可以在本書找到人類和大眾教育各層面的新穎觀點。因此，《教學社會學》不只是之前提到的代表作，它也是一盞教育明燈，幫助我們持續擁有經過良好訓練的眼光，看出哪些是重要目標，並且分辨出達成重要目標的方法。

　　我們不需要特殊能力就能預測，本書新版的讀者，會像見老朋友那樣把書再讀一遍；對那些沒有讀過的人來說，本書也會吸引一批新讀者。如同以往，讀者和本書之間的新對話不斷湧現，提供了新的啟示與觀點——就像華勒的睿智般。

Cole S. Brembeck

密西根州立大學

前言

　　本書所敘述的種種，其實每位教師都知道：學校世界就是一個社會世界。共同生活在學校裡的人，雖然某個角度來說有著深深的隔閡，但是仍然糾結環繞成一張互聯關係網；這張關係網和深陷其中的人，構成了學校的社會世界。它不是一個寬廣的世界，但是對於了解它的人來說，它充滿意義、獨一無二。這正是本書的探究目的。

　　我相信所有的教師——不管偉大或渺小，都有洞察學校生活其社會現實的需求；而老師如果缺乏這種洞察，就會遭到淘汰。年輕教師之所以失敗，是因為不知道如何維持秩序。絕頂聰明的專家之所以表現拙劣，是因為他們不了解教室裡的人性本質。我們在培訓教師時，花了很多工夫去改善一般教學的運作，但是如果能夠讓初任教師擁有社會洞察能力，就可以做得更好。因為當學校、社區依附著過去，卻又敵視新事物，教學便需要洞察能力，將先進的教育理論付諸實踐。洞察能力可以幫助教師維持一所好學校，也可以幫忙他們保住飯碗。

　　如果我想要某人得到任何有用的啟示，我必須向對方展示學校的實際情形。我不能攻擊學校，也不能費太多唇舌來說明它應該怎樣做，我只要說清楚整個的情形。今天學校該如何改善、哪些缺失需要補救，種種說法五花八門，但是我關注的是說明，而不是改革。但是我也不想掩飾缺點，或者為既有的事物道歉。如果這樣的呈現與說明要有效果，它必須是沒有偏見的。

　　但是如果想要如實呈現學校情況，光光消除成見是不夠的。我們必須達成某種文學的寫實主義。因此，我把這本書視為一種寫實主義的冒險。我認為，所謂的寫實，就是要具體；所謂的具體，就是用某

種方法呈現素材，使得角色人物不會失去人的特質，情境也不會缺少了原有的人類現實。真實的社會學，必須是具體的。就我的例子來說，這種對於具體的偏好，使得我對統計方法相對不信任——因為它對我的研究目的似乎幫助不大。或許，對於人類生活的了解，可以透過直接研究社會現象，得到長足的進展——就像我們根據那些現象抽離出來的數據符號來進行研究一樣。

這本書是一個有關學校人們生活的研究。分析的主要觀點是社會學取向。從某個角度來說，它將社會學與社會心理學的概念，系統性地應用在學校生活的社會現象。本書的主要用處可能是當成教育社會學的教科書，但是我希望對於一般學門也有吸引力。我的確嘗試要寫這麼一本書，提供給所有老師。書中用來蒐集、詮釋資料的方法，是實徵性的，也是觀察性的。它的型態是非技術取向，以避免失去基本意義。

無論使用本書的目的是什麼，這本書的目標在於為典型學校的具體情境，提供啟示。這是我謹守的原則，別無其他。所有可能提供類似啟示的內容，都收錄在本書中；而所有其他領域都不會納入——無論具有什麼價值。我會加入一定份量的小說素材，而這種素材必須以小說的標準來判斷；它必須是好的小說，而且如果它根據的是良好啟示，就會跟本書的主要論點產生關聯。書中出現一些非典型的例子，是因為它們有助於闡述說明。

這種提供啟示、強調應用於學校日常生活實況的組合，似乎讓人很容易聯想到方案教學法。因此，我用方案來涵蓋本書的主要論點。此外，這種教學理論同樣主張，教師與文本可以提供學生初步的啟示，讓學生在應用資料時，能夠加以檢視、補充、重組與消化。最後，每個學生產生本身對文本觀點的評斷，改變他原來認為適用的分析，並保留那些經證明對自己有益的事物。我如果直接教導學生，這

就是我希望達成的目標。每位教師可能也想提供許多自己的方案，而那些文本中的方案，應該只能當做建議。我的進一步建議是，基於個人使用本教材，並且把這些方案應用在教育社會學課堂上的教學經驗，讓學生寫出或者向全班詳細報告那些方案，效果很不錯。我希望本書的方案教學法特色，能夠得到採用，因為我覺得有效的社會學教學，有賴於找到某種方法，讓學生成為文本作者與教師的夥伴。但是，本書跟方案教學法的結合，並非牢不可破；因為這個領域的範圍廣泛，不管教學法是什麼，都能夠提供師生活動很大的空間。我深信，教育社會學是一種有效、又有挑戰性的觀點，我想要把有關這種觀點的證據，呈現在這本書裡面。

很多各地不同職級的老師，對本書貢獻了他們的洞見與經驗；有些老師則不知情。對於做出貢獻的老師，我心存感激，只是似乎最好的做法是維持匿名。我對一般的社會學領域虧欠太多，而虧欠的緣由對本書的第一批讀者來說，卻是了然於心的。對教育社會學這個專門領域來說，我特別受惠於 Clow, Smith, Snedden, Peters 等人的著作；以 Peters 來說，他在對談中提供了許多有用的建議。此外，Harold Alderfer, James W. Woodard, Clifford Kirkpatrick, Duncan Strong, Albert G. Dodd, Kenneth McGill, Henry Pratt Fairchild 以及其他人，幫忙試讀整本書或部分草稿，更提供了建設性的建議。

賓州學院，1932 年。

第一篇

緒論

第一章　簡介

自從《胡厥的男老師》（*The Hoosier Schoolmaster*）[1]、「鞭子與學習」（'lickin' and 'larnin'）和「讀寫算 3R」的時代以來，美國教育已經走了很長一段路。再也不會有人懷疑，師資培訓及其品質的改善，跟美國的學校改革密切相關。

這裡的意思不是輕視師資培訓，畢竟教師仍然會透過實際的教學活動來學習如何教學。教師從經驗中得到某些東西，但是那些經驗不會包含在他的「專業」科目中；而那些難以捉摸的東西，很難透過一本書或一堂課去獲得。那些難以捉摸的東西，就是一種社會洞察。教師從經驗中得到的是一種教室社會情境的理解，以及個人人格對於環境需求的調適。這就是為什麼有經驗的教師會比生手更有智慧，我們必須讓渴望成為教師的人具備那些特質。

教師從學校人際互動過程的經驗中，得到粗淺而實際的洞察。為了不讓任何人受騙，學校裡發生的重要事物，來自於人格的互動。兒童和教師不是脫離現實的心智，不是教學、學習的機器；他們存在於複雜的社會關聯迷宮中，是一個彼此緊緊的整體人群。學校是一種社會世界——因為人們居住其中。

這就是本書的出發點。

一般人和現場教師所得到的洞察是片斷的，它必須放在更寬廣的

1　譯者註：這本杜撰的小說為 Edward Eggleston 於 1871 年所寫，描述一位初任男老師在印地安那州某社區，運用其智慧、經驗，扮演英雄角色，頗具傳教的意涵。這本小說在英語系國家極為暢銷，也翻譯成法文、德文、丹麥文等文字。它的特色在於創意地運用真正的地區方言，這也是後來許多國家舉辦拼字比賽的原因之一。

圖像中，然後運用更徹底的知識來求其全貌。那樣的洞察經常是粗糙的，必須加以篩選、分類、修正。也許最好的方式是，描繪一幅學校中的社會互動全貌，儘可能地加以分析，然後搭配教師的實際洞察，進行以下任務：

(1) 描述學校內外人們社會生活所有可能的關注點和完整性。
(2) 分析上述這些描述性的素材（尤其是從社會學、社會心理學的角度）。
(3) 設法將人類互動所涉及的偶發作用加以區隔，聚焦在學校制度。

偶發作用的許多最佳線索，可以透過教師教學經驗中點點滴滴的實際洞察來取得。我們會設法運用這樣的素材，毫不猶豫地把它呈現在教師日常對話所自然伴隨的用語中。

在嘗試描述學校的社會生活時，我們將藉助所有的有效方法。在某些情形下，我們將以文化人類學者的方式來描述社會行為，企圖兼顧超脫與關注細節。在某些情形下，為了傳神表現社會行為的內在性，我們將毫不遲疑地採用現實小說家的技術或素材。除此之外，我們將透過自行發現或文獻閱讀，大量參考有關學校群體生活的描述與分析；為了了解群體生活的各個面向，我們會蒐集生命史、個案紀錄、日記、信函，以及其他個人文件。在我們的分析中，我們會借重心理學、精神病學、社會學等明顯相關領域的科學概念，一方面在詮釋的時候避免拾人牙慧，一方面在尋找有效解釋時，不至於無法跨越學門疆界。

這本書是從教師的角度出發的，主要是為了現職教師及未來教師而寫。影響本書的二個稍有不同的問題是：第一，以科學方法來了解學校問題；第二，教師控制的問題。我希望這個二元目標不會引起困

惑。跟第二個問題有關的建議,主要是為了說明更為嚴謹的科學特質。作者嘗試將實際問題分成二個階段:問題一:「教師應該如何考量所有人員的最佳利益,以引導學校生活?」以及更為迫切但倫理意涵較淡的問題二:「教師真的可以控制學校生活嗎?」

對於重要但受到漠視的教育領域來說,我希望這本書可以視為一個首度坦誠的實徵研究。這種首度研究,必然是粗糙而不周延的;但是這種實徵研究必須在規劃更精緻的探究之前,先著手進行;質性研究向來必須比量化研究提早進行。在此,我們不敢奢言本研究的正確性或完整性。本書是一個系統思索的結果,而不是高度客觀的研究。它只是一位極度敏銳的觀察者,透過上述角度檢視學校之後的必然結果。

如果本書有任何價值,那就在於它的老生常談。就目前的科學進展來說,一個社會學者不能期望大幅領先常識;一般而言,不落後就算幸運了。基於此,我們這裡所呈現的,是一種應用在日常話題上的常識社會學。我們認為,有時候確實會發生一些以前不常拿出來討論的情形;其原因可能是因為不值得討論──有時的確是如此──或者它們非常明顯,只是人們看不到。

然而我們的做法是很有野心的。它的範圍不但廣泛,也包括複雜的社會生活層面。如果我們順利完成學校社會生活的第一手研究,這本書會很有用處。尤其我們希望它具有二個功能:

(1) 促使未來的教師及學校行政人員,能夠在紛擾的學校社會生活中,更快速、正確地找出方向。
(2) 針對學校的重新建構,提供參考建議和實驗。

本研究的素材主要來自較高年級和高中生活的描述,但也偶爾引用大學生活的例子。同時,我們的討論範圍主要是傳統學校,因為我

們的基本主張是，任何大規模的學校方法改革，不能只靠課程改革和教學技巧改善——儘管我們不會小看這二者，同時必須了解教室的社會互動，以便教師在過程中做出明智的修正。本研究所討論的學校與社區關係個案素材，主要來自於郊區與小鎮；這麼做的理由或許是，都市學校只不過是一個移植的鄉村學校，但是我們認為更重要的理由是，那些郊區個案展現了更清晰的人類態度和社會互動機制。我們對學校和社區關係的推論，涵蓋了都會情境的核心事實，只是在轉換應用前必須大幅修正。都會生活中的學校場域，有待社會學家檢視。我們之所以納入一些私立學校的例子，是因為雖然其他學校頗為常見，但是某些做法似乎在私立學校最為明顯。

　　這項任務的本質是具有建設性的；它企圖針對學校建立一種新理解，透過它找到治療既有苦痛的方法。不分青紅皂白地維護既有秩序，那是沒有建設性的——因為我們對於那樣的秩序，總是大加撻伐。但是新理解根據的是一種社會改良主義的基本哲學；其信念是，有助於理解人類生活的事物，將來都必須有助於它的再建構。社會研究者的責任，有一點像醫生；靈巧地進行診斷並說出事實。如果他做到了，沒有一個醫生、社會研究者會因為偶爾提出模糊的診斷結果，而被扣上悲觀主義者的帽子。

作業

1. 描述一位年輕教師第一堂課的行為。學生看得出來他沒有經驗嗎？怎麼看出來的？將他的行為跟有經驗的老師加以比較。

2. 觀察並記錄一群高中生的班級行為。其中有多少行為似乎跟教材有關？多少行為跟其他師生的社會互動有關？

建議閱讀

Betts, G. H., *Social Principles of Education*.

Chapman, J. C., and Counts, G. S., *Principles of Education*.

Finney, Ross L., *A Sociological Philosophy of Education*.

Hart, J. K., *A Social Interpretation of Education*.

Zeleny, Florence, "An Aitempt to Relate Sociology to Teachers' Aetivities," *Journal of Educational Sociology*, Vol. V., No. 7, March, 1932, pp. 430-437.

第二章　學校即社會有機體

　　學校是一個人格互動的單位。所有校內遭逢的人格,都以一種有機關係聯結在一起。所有人的生活,存在於各個部分;然而缺少任何一部分,整體就無法存在。學校是一個社會有機體[2];這個學校社會生活中首要而且最為普遍的層面,正是本章探討的內容。學校作為一種社會有機體,展現了各部分有機依賴的特質;只影響某部分而不影響整體的情形,不會發生。作為一種社會有機體,學校也顯示了各部分的差異以及專精的功能。這個以全貌呈現的有機體,也得到社區的滋養。

　　如果稍微改變一下學校的樣貌,它可以視為一種封閉的社會互動系統。我們無須賣弄學問,就可以指出這項事實的重要性;因為,假如把學校當做一個社會實體來探討,必須清楚區分學校與非學校。事實上學校顯然是從它的社會環境分化出來的。學校的存在,衍生於一種社會互動的特殊模式。無論何時何地,只要教師、學生因為教學的施與受而相逢,就會產生一所學校。教師的教學,通常是正式的課堂教學,但是這點未必是真的。教學的施與受,構成我們目前所認知的學校核心。在核心的四周,聚集了很多比較不相關的活動。

　　當我們分析現有的學校時,會發現它們具有以下不同的特質,可以被當做社會單位來研究:

　　(1) 它們具有一個明確的對象群體。

2　我們這裡指的當然不是Ward等人有效反駁的組織體謬誤(organismic fallacy)。我們這裡所採用的比喻,只是為了方便說明。學校就像一個有機體,但不是真正的有機體。

(2) 它們具有一個明確定義的政治結構，而這個結構來自於學校社會互動特質的模式，並且受到許多小型互動過程的影響。

(3) 它們代表一種緊密社會關係網絡的聯結。

(4) 它們瀰漫著一種群屬感。

(5) 它們具有一種明確的自我文化。

學校在呈現、組合上述特質的程度、方式上，會有很大的差別。私立寄宿學校在所有特質的展現上，最為明顯。這類學校具有一種穩定、同質的群體；而那些源自於經濟、社會選擇的初始同質性，會因為親密交往與共通經驗而提高。這類學校具有一種清晰、明顯的政治組織——有時候出現在規範手冊與一長串的前例中。學校人員彼此的生活非常密切，而且透過一種微妙混亂、複雜交叉的社會關係，彼此約制。舉凡交往的親密性、群體的穩定性、基於獨特衣著以及不受其他文化影響的群體區隔性，共同構成這類學校一股強烈的結盟感；而私立學校常常被認為具有一種家庭凝聚力。學校與社區隔絕，成員們由於親密交往而展現的精采生活，使得這種學校所發展出來的文化鮮明且獨特。

私立的日間學校有時候可以代表這種封閉組織，而且清楚展現它的社會單位特質。只是有時候對富家子弟來說，私立日間學校只不過是公立學校的無害替代品，所以未必能夠展現上述特質。但是就理想狀況來說，在這個世界上，私立日間學校這個社會單位的運作會比公立學校更突出。

公立學校的各種類型與情況，會因為這些社會單位可供辨識、界定的程度而不同。單一教室的鄉村學校，顯然就是這種單位。同樣的，大規模的市郊高中以及《中途鎮》（*Middletown*）書中描述的小型城市高中，也是同一類型。但是有時候，公立學校會分化成各種社

會群體，使得潛在的統一性多多少少被隱蔽了。當學校群體來源紛歧，而且課程無法整合這些群體時，這種情形就可能發生。

就像我們之前提到的，學校具有一個明確的對象群體，它是由一些參與教學的施或受、「擔任教學」或「待在學校」的人組成。它是一個相當穩定的群體，它的淘汰、更換速度緩慢。學校群體的活動會根據計畫，可以事前預測、按圖索驥。雙峰的年齡分配，區分出教師與學生，這就是學校中最明顯的鴻溝。

學校裡的學生，可能已經因為家長社經階層而進行某些篩選和分類。私立學校挑出某些學生，而私校又各有所長；事實上有些學校是富裕家庭子弟的感化院，有些會嚴格要求學生的品格和學業。就讀高級住宅學區公立學校的學生，通常來自於某些社會類型的家庭。貧民學校為貧民子弟而設，鄉村學校則為農民子弟服務。以普通學區以及僅有一所學校的小鎮來說，學生的同質性最低，也最能代表整個社區。

相較於學生，教師的差異可能比較少。一部分原因是因為教學要成功，必須限制教師的類型差異。只是無論就各校、各地區來說，教師的培訓和能力差異很大。鄉村學校的老師，主要來自偏遠地區以及中下階級家庭的子女。在某些學校，教師比學生待得更久，但是流動率還是很高。

學校社會互動的特殊模式，是一種以教學施與受為核心的互動；它主導學校的政治秩序。教學內容主要是事實和技能，以及學生自發興趣往往無法形成學習動機的其他事物。然而如果學習來自於學生的自由選擇，教師會期望學生精熟這些學科達到某種程度——而且比教師更精熟。對社區來說，教師的責任是讓學生精熟這些學科。因此，學校的政治組織是讓教師取得主導性，教師的工作就是利用這個主導性，促進教學與學習過程；而這個過程正是學校社會互動的重點。

尤其，學校由某些獨斷原則所組成。組織的種種細節顯示了最大的多元性。教職員的彼此關係，深深影響著師生關係。當教師與行政單位彼此支持，這種獨裁成為寡頭政治，而教師團體儼然就是一種穩固、結構完善的統治階級。照這樣看起來，在這種寡頭政治中，最好的實務做法會盡可能延續教師的成員資格，避免尾大不掉或失去主導權。在一些最順暢運作的學校中，所有教師和某些優秀學生，都覺得他們在處理學校事務時擁有真正的話語權。

學校管理人員和教師互不信任時，控制會變得更為獨斷。當教師人數超過一定數量，顯然會衍生必要的專制系統。學校管理人員的弱點，也許會讓他變得獨裁，或者在極端情形下，被某些人取而代之。教師與學生之間的關係，一部分會受到教職員彼此關係的影響；而作為一種學生成就狀態，順從的社會必要性以及左右師生彼此態度的一般傳統，則限制了差異的程度。但是這種差異，絕對無法推翻以下的事實：學校的組織來自於權威原則，理論上長官被賦予權力，然後向下輻射到系統中最底層的代理教師。這種權威性瀰漫在校園中，也提供了區別學校、非學校的最佳實務做法。能夠讓教職員和學校董事會施展權威的地方，就是學校。如果權威性涵蓋學童的上學、放學、學校舞會，以及各種旅行，那麼學童當時所在的地方，就是學校。

學校擁有一種獨斷政治結構的推論，似乎適用於各類學校，而且情形差不多——事實上理論層面的重大差異並不大。我們很難看到真正的自我管理，往往它就是一種偽裝的教師寡頭政治規則。就它的極致自由形式來說，學生寡頭政治的規則，必須經過教職員的慎重篩選與監控。想要擺脫權威的實驗學校，會不斷地發現，為了維持必要的學習成就標準，在傳授某些基本技能時，必須借重不同的權威原則；或者實驗學校發現它們必須挑選、聘僱表面上不是——但事實上是——專制的教師。那些學校同樣很難找到能夠有效排除其他學校之

權威偏見、把兒童當做獨立個體的教師。位居最權威那端的軍事學校，也許會學習掩飾它們的專制或所訂定的規訓；它們可以增加師生之間的放鬆時機與親密來往；它們也可以授予學生幹部更多的權力與責任。因此，比起組織方式大不同的學校，它們可能不是那麼專制；而且有時候相較於一些正式結構不太嚴謹的學校，它們的專制意味還少了一點。這種權威原則的展現，多少有所差異。單一教室鄉村學校的社會結構，必然不同於擁有五千名學生的都市高中，但是權威、宰制以及順從的基本事實，在這二類學校中仍然是事實。

　　單單指出學校屬於一種專制政治是不夠的。這種專制政治處在一種危險的平衡狀態。它受到內部的威脅，而且即使不受威脅，也會遭遇種種規範與干預。這種專制政治會在短時間內被推翻，立即失去它的穩定性與優勢。社區家長會對學校提出強烈要求，但是特別的是，學校也會運用這些要求，作為維持穩定社會秩序的方法。這種專制政治的基礎是兒童，而兒童則馬上成為最溫馴、最不穩定的社區成員。

　　或許有人看到堅固磚瓦蓋成的學校建築物，井然列隊的兒童在教室中坐姿筆直、謹守規矩，或者精神抖擻地穿過走廊，不禁懷疑學校處在一種不穩定的平衡狀態。事實上也許一所學校經過了好幾年，仍然維持高度的紀律，所以在社區人士眼中，這項紀錄不會受到任何意外事件的影響。但是——比方說——對於10位以上教師的學校來說，有哪一位老師不會因為班級秩序問題而面臨工作不保的危機？在過去三年中，有多少這類的學校沒有發生過違反教師規範的事件？又有幾位學校行政管理人員膽敢規劃大型的學生集會活動，而且不需要教師在場？或者活動脫序時，很快就可以找到教師幫忙？

　　想要了解學校的政治結構，我們必須知道學校的組織來自於權威原則，而權威經常備受威脅。學校行政管理階層和教師的權威，始終陷入各種危險中：(1)學生；(2)家長；(3)學校董事會；(4)學校成員；

(5)團體的馬屁精和外圍成員；以及(6)校友。由於這些團體成員會對行政管理人員、教師的權威造成威脅，於是某種程度上，他們成為權威代表與執行權威者的敵人。教師或行政管理人員維持權威的難度，會因為教學專業的低度社會聲望、多數社區普遍蔑視而大增。權威系統中的各項要素，不斷互動；學校因為它的專制而持續受到威脅，它也因為受到威脅而必須專制。劍拔弩張的勢力由於捉摸不定的均衡——也就是規訓——而得以平衡。

在廣泛的學校政治秩序中，存在著許多補充、修正或支持母機構的次級機構；它們接受母機構的滋養並給予回饋，以求永續生存。這些機構未必是政治結構的一部分，它們提供學生更自由的社會表達機會，也多少降低了結構的嚴謹程度。這些從屬機構屬於課外活動組織，由辯論社、合唱團、朗誦社、文學社、戲劇團、運動隊、校刊編輯社、社交俱樂部、榮譽社、兄弟會等團體組成。它們從來就不是完全自發性的社會團體，但卻具有規劃性組織的特質；這是因為這些組織的原動力來自於教職員——通常是那位被指定擔任「教師顧問」的成員。這些「活動」源自於學生生活文化的一部分，或者因為教師陶冶學生而創立。相較於教室活動，這些團體比較不會受到教師的控制；目前的趨勢似乎是，這些機構的成果被廣泛的社會結構取代，形成科目並納入課程。如果這些組織被視為學生自發性的自我表達機會，也許最糟糕的狀況是把它們移交給班級。但是行政人員的想法通常不一樣；從他的角度，最糟糕的狀況反而是它們變得活潑而且自動自發。這是因為那些團體找到了宣告自主的管道，這對學校規訓來說是很不利的。

學校的政治秩序特徵，來自於三種層次的控制。粗略地來說，包括：

(1) 理論層次。透過學校董事會、理事會等組織控制學校。

(2) 實際層次。學校管理人員透過教師群——或直接——控制學校事務。

(3) 終極層次。由學生控制學校事務。這種統治的基礎在於多數沉默受統治者的同意。

　　學校是許多交織社會關係的匯集點。這些社會關係是社會互動的依循途徑，也是發揮社會影響力的管道。這些團體的交會與互動，構成學校的現貌。學校周遭的社會關係，可以透過校內互動團體來分析。其中最重要的二個團體是教師團體和學生團體；它們各有自己的道德、倫理規範，以及慣性對待其他團體成員的態度。這些團體很容易變成衝突團體。在教師團體中，次級團體會因應不同人格，依據職級與職務、派系與夥伴、意氣相投與黨派組合而成。學生團體中的各種次級組織，代表廣泛社區中的許多團體；包括一些未經規劃且依年齡拾級而上的初級團體、黨派、政治組織，以及團隊、幫派之類的專業團體。學校的社會影響力，就是這些團體對個體採取行動、提供素材給個體生活組織的結果。

　　更重要的學校社會關係粗淺概念，或許可以用以下圖示來理解：

I. 社區一學校關係

1. 社區與學校的一般關係。（透過傳統與社區的政治秩序來折衝）

2. 社區與個別學生、團體學生的關係。家長關係以及社區長者與年輕人的一般關係。

3. 社區與教師的關係。

4. 社區特別團體與學校的關係。（學校董事會、親師組織、校

友、主動成立的諮詢團體等）

5. 特殊個體與學校的關係。（贊助人士、離職教師、主教、諂媚者等）

II. 不受教師在場影響的學生與學生關係

1. 學生彼此的關係。
2. 學生與學生團體的關係。
3. 學生團體與學生團體的關係。

III. 師生關係（包括受到教師在場影響的學生與學生關係）

1. 教師與學生團體的關係。（常見的教室情境）
2. 教師與學生的關係。
3. 受到教師在場影響的學生與學生關係。

IV. 教師彼此的關係

1. 教師與教師的關係。
   a. 不受學生在場影響的教師與教師關係。
   b. 受到學生在場影響的教師與教師關係。
2. 教師與教師團體的關係。
3. 教師團體彼此的關係。
4. 教學人員與行政人員的關係。

注意：所有這些關係都是交互影響的。

　　學校與世界的另一個差別在於周遭瀰漫的活力。那種感覺使得學校成為一種社會統一體。對於認同學校的人來說，學校群屬感一部分是自發性產物，一部分來自於細心的呵護與敏銳的成長；而後者多少

少被認為是運動科系的特色。當然，團體精神會在一些壯觀而迷人的運動儀式中達到最高潮。團體精神也會自行擴展到家長與校友的身上。

我們之前曾經提到，某種文化在學校中滋長。這種文化一部分屬於不同年齡兒童的產物——來自於成人文化被分解為更簡單的結構，或者兒童遊戲團體中某種舊有文化的遺緒；一部分則由教師設計，以引導兒童活動往某些年齡發展。學校周遭的整套複雜儀式，或許可以視為學校固有文化的一部分。向來被許多年輕人視為最重要學校生活的「活動」，就是種種的文化類型。年輕人的特殊文化非常真實，也讓那些生活在其中的人得到滿足。這種特殊文化，或許是最能有效結合人格、組成學校的動力。

作業

1. 花一年時間去探討某所學校的變動人口數。學生或教師的流動率是否影響教學品質？各校、各社區的流動率有何不同？在學校行政人員眼中，學生流動率高代表什麼問題？

2. 畫出某所學校的政治組織圖。適度描述該結構運作原則的制度做法，以及該校的內規。

3. 敘述自己學區中的某個事件，以便確認學校的界限，或者證明學校權威真實擴展的程度。

4. （口頭）說明某所學校的社會關係輪廓，指出哪些人與他人處於特殊關係、哪些事件顯示出關係的本質等。

5. 說明自己學校的校歌、歡呼、傳統等，如何表達出**群屬感**。

6. 探討某所學校的以下情境：真正的領導者並非理論上的領導者。

7. 教師與上級交惡時，他跟學生的關係會產生什麼變化？舉出一些例子。

8. 描述一所自我管理學校的真實運作情形。把它跟一般學校做比較。那所學校的教師不必擁有管教能力嗎？

9. 畫出某所學校所有隸屬組織與機構圖。哪些由教師主導？哪些是自發性的？這些組織與單位的應有功能是什麼？它們是否展現出那些功能？

10.追蹤學校政策的某個關鍵決定。這個決定尚未成為該校的運作傳統時，曾經聽取哪些人的意見？那些人是如何產生的？站出來反對該政策的是誰？之後反對者的校內職務是什麼？

建議閱讀

Cooley, C. H., *Social Process*, pp. 4-28.

Dawson, C. A., and Gettys, W. E., *An Introduction to Sociology*, Chapters XIV, II, and III.

Dewey, John, *Democracy and Education*, pp. 22-26.

Park, R. E., and Burgess, E. W., *An Introduction to the Science of Sociology*, Chapters VI and III.

Peters, C. C., *Foundations of Educational Sociology*, Chapter II.

第二篇

學校與社區

第三章　社會過程中的學校；垂直性流動

　　從第一個削鑿燧石的先人[3]到騎著自動車的我們，二者之間的因果關係讓彼此得以聯結。我們依賴著無數世代的前人，才能存活到今天；憑藉著前人及其成果，造就了今日的我們。在自然經濟中，事物不會消失；在社會經濟中，事物消失得很少。人類為惡固然遺臭萬年，但大多時候，行善也會流芳百世；由善變惡，由惡變善，遲早會發生。一句優雅的語句，永久流傳；美好的圖片、音樂以及品格，也是一樣。運輸特許權從驛馬車時代延續至今；本來的好事，變成壞事。人們及其子孫始終具有相同的特質。這就是我們所謂的社會過程。

　　無所不包的社會過程經過分析，可以分解成一些小型過程。我們或許會注意到其中幾個比較重要——而且跟學校有關——的次級過程。我們討論這個層面時，必須相當扼要。

　　Park與Burgess特別強調政治過程與社會過程的差別。衝突是政治過程的基礎，其最終產物是一種順應，一種生活安排。文化過程則是個人與團體的交互滲透，其最終產物是經驗與歷史的分享。

　　　順應一直被形容為一種調整的過程；也就是說，人類、團體各有其興趣，進行日常生活活動的方式也不同；而某種社會關係與態度組織，會嘗試避免或減少衝突、控制競爭，以保障安全的社會秩序。站在衝突局勢的角度，順應必然是政治過程的目標。

3　譯者註：作者這裡嘗試說明原始人類運用打火石與交通工具技術演進二者之間的因果關係。

　　同化是一種交互滲透與融合的過程；人們與團體獲得記憶、感受、對他人或團體的態度，並透過彼此經驗與歷史的分享，形成一種共通的文化生活。就同化所代表的這種分享傳統以及共通經驗的親密參與來說，同化成為歷史與文化過程的核心。[4]

　　如果我們試著把學校納入這些相關過程，將有助於理解學校就是一種社會制度。嚴格來說，我們必須假定這些過程正在學校內部發生——而且就算沒有學校也會發生，同時把學校當做一個反映大世界的小世界。我們關注的是大世界，而且學校位處於大世界之中。

　　當政治過程仍然處於明顯衝突階段，各種衝突團體企圖利用學校，將本身認定的事實傳遞給不帶偏見的年輕世代。之所以設立立場偏執的學校，多數是基於上述目的；但是或許就像 Ross 的警語，最糟糕的一點是，那些學校反而成為有效帶領孩童進入社會的方法。經濟團體顯然左右了目前的學校政策，有時候還會推選系主任和學院宣揚其理念。在東部一所知名學院中，有一位系主任負責教導學生有關社會主義的謬誤；另一所一流商業學院之所以成立，至少部分原因是為了排除有關保護關稅的各種邪說。

　　衝突團體也會染指公立學校。企圖利用支持稅制學校宣揚其理念的團體數量，幾乎跟磨刀霍霍、推翻稅制者一樣多。舉凡禁酒論者、專業改革者、政治黨派、公共事業、宗派主義者、道德家、開放商店支持者、工會、社會主義者、反活體解剖者、侵略主義者、沙文主義者與偽愛國主義者，都想要控制課程、教師結構以及教學方法。所有這些團體的成功程度，相差很多。各地的情況既複雜又矛盾，但是學校一向都是社區衝突的焦點。要了解學校衝突，某種程度上可以從上

4　參見 Park, R.E. & Burgess, E.W.，《社會學科學概論》（*Introduction to the Science of Sociology*），頁 735-736（1924）。（芝加哥大學出版社許可重印）

述的激烈衝突中，窺知一二。

　　對立團體想出許多妥協方案，讓學校得以被各團體接納。這麼一來，學校充斥著各種順應，有些歷時很久，使得原先的目的被拋到腦後。一旦衝突團體完成整個社區的順應，就會暫時中止政治過程，而這些順應則馬上轉移到學校。當國家憲法之類的順應被納入學校課程並進行教學，就已經屬於文化過程了。

　　Park & Burgess認為，文化過程的特色在於群體之間的同化作用，而學校扮演最重要的角色。尤其，一個國家的學校——就像我們的國家那樣——會試著將各種代表性文化混合為一。美國化的主要重擔由學校一肩扛起，而且這種情形很可能還會持續下去。學校推動美國化的做法，是引導年輕學子盡可能參與美國各地的活動，讓他們沉浸在國家傳統、文化之中。外籍子女在學校、街頭、上學前、放學後所學到的東西，通常會跟父母想要傳遞的傳統衝突。孩子學習說英語的效果，總是比父母好，而且他們看起來更快熟悉美國生活，所以孩子常常覺得自己比父母優秀，極度排斥他們的建議。由於家庭在培養孩子守法態度的過程中，扮演重要的角色，而這些孩子吸收到的美國生活觀點，是不完整而且扭曲的；因此透過學校推動美國化，對於第二代移民來說，往往是混亂失焦的。移民的成人教育也一直都是大規模辦理。雖然沒有辦法馬上產生效果，它仍然是一種引導移民者參與美國文化——源自於美國化的結果——的有效方式。親子共讀教育和家長、子女的美國化，或許可以稍微補救社會學者、社工人員一再譴責第二代移民道德敗壞的現象。有趣的一點是，就讀夜校的移民父親，其子女的犯罪率，是否會跟整體犯罪率一樣高。

　　在任何情境下，一群人的共同生活經驗，提供了一種假性的合一感；團體成員覺得彼此擁有共同的過去——這是同化的指標。時間是文化過程的基本要素，然而文化過程中包括許多面向的交流：態度、

情境定義、文化要素的相關技術和知識等。我們從這個角度去討論文化過程時，必須特別注意這種傳遞、交流的過程。學校在這種交流過程中扮演媒介的角色。

我們可以把這種傳遞文化心靈、物質客體的過程，大致分成二個階段：

(1) 社會整體文化財的分配，以及群體、地區、人際之間客體與態度的轉移。文化人類學者已經設法從發明與散播過程的角度，描述文化財的生產與分配。發明會產生新的文化特色，散播則是文化財擴及整個社會的過程。

一般學校的功能並不是發明——儘管許多高等教育機構透過實驗、研究來接手這個功能。一般學校不會這麼做，而是在文化散播過程中，扮演很重要的配角角色。地區學校的任務之一，是讓社區**趕上時代**，或者盡可能在廣大社會中負責示範新事物與補充資訊。教師在文化散播的過程中，扮演不可或缺的角色。

尤其在文化的心靈層面上，學校的職責是為地方社區媒介新事物。商業組織則負責提供更新的物件——這是它們最拿手的。社會學者研究發現，現代社會中許多無法改變的事物，可以追溯到眾所皆知的文化停滯現象，以及非物質或適應性文化趕不上物質文化快速改變的事實。因此，我們的法律、宗教以及道德系統是真正的古董，汽車、收音機與有聲圖片，則是現代產物。很多的社會適應不良，來自於社會控制機制趕不上快速的機械文化變化。

目前文化停滯可以歸納為幾個因素。首先是非物質文化的低度進展。同樣地，新觀念之所以散播緩慢，是因為它們常常違反風俗習慣而遭到抗拒。學校可以設法加速非物質文化的散播，只是它們通常不太在乎這種功能。

　　(2) 第二個階段的文化過程，是將態度、技術與知識，傳遞給社區裡的年輕人。這個過程伴隨著世代遞嬗，也因為所有人生而無知的事實，使得這個過程有其必要性。許多培育年輕世代的工作是由其他機構完成的，而且，兒童時期的家庭當然比學校重要，只是學校在文化過程中的重要性，似乎與日俱增。學校的正式角色始終居於核心，而且證據顯示，學校在兒童生活中的重要性一定不會降低。

　　社會過程的另一個面向是社會流動；這裡我們特別探討垂直性流動。在我們的社會中，個體在各階級之間快速移動。出生於低階的人，往高階移動；有些人出生的時候比較幸運，但後來因為種種因素而降階許多。我們不妨把階層化社會中個體的垂直性流動，當做一種社會對流。這種垂直性流動概念，是社會學中最具有啟發性的洞察之一。有關這個概念的充分發揮以及最權威的說明，必須歸功於 Pitirim Sorokin 教授[5]。基本上，我們可以借重 Sorokin 的模式，分析學校在助長、抑制個體垂直性流動中所扮演的角色。

　　兒童接受各級學校教育的人數，相差頗大。Ayres 博士曾經算出學校體系的淘汰率。就一年級每 1000 個兒童來說，

　　二年級剩下 723 人
　　三年級 692 人
　　四年級 640 人
　　五年級 552 人
　　六年級 462 人
　　七年級 368 人
　　八年級 263 人

5　譯者註：P.A. Sorokin（1889-1968）為俄裔美國人。他以社會循環圈理論（social cycle theory）著稱，並創設哈佛大學社會學系，代表作為《社會與文化動態學》（*Social and Cultural Dynamics*）。

高一　189人
高二　123人
高三　81人
高四　56人[6]

就總人口數的死亡與增加來說，八年級與一年級的比例應該是871：1000，但事實上只有263人，其餘的608人被放棄了。[7]

兒童接受學校教育的時間，預告——有些人認為是決定——了他們未來的賺錢能力以及社會生活等級。於是學校進行一種殘酷的選擇作用，而這種社會選擇注定了哪些人履行某些預設的社會功能。

這有部分原因來自於學校的選擇作用。兒童的天賦智力為他們的成就設下某種絕對限制。不管接受多少份量的學校教育，都無法讓傻瓜超越命定的層級，達到良好的程度。學生必須精熟課程，才能繼續往下修習；而學校藉由課程，一再篩選學生的人類材質；雖然學校選擇的主要依據是智力，但也充分考量學生的其他特質，例如某種愉悅態度、情緒穩定度，以及勤奮等。

學校必須將所有學生的人類材質加以分類，但是不會讓所有學生接受同樣的分類過程。如果其他事物維持不變，至少學校比較能夠將兒童提升到某種心智等級，讓學生像他們的父母親那樣，在相同的經濟、社會階層中發揮所長。富人子弟搭乘預備學校的特快電梯，一路直達大學。最蠢的富人子弟的確有時候會搭不上電梯，但是即使如此，他們或許藉由許多家教以及人脈關係，終究還是會攀上更高的階層。但是窮人子弟容易早年輟學，而且往往不是因為學習能力不足；

---

6 Ayres, Leonard P.，《學校中的落後者》（*Laggards in our schools*），頁13，紐約調查協會（New York Survey Association），1913年。

7 參見Sorokin, Pitirim，《社會流動》，頁190。

他們輟學是因為家庭需要人手，不好意思穿破舊衣服上學；此外，周圍的同儕從來沒有人能夠取得比識字階段更高的學歷。家庭的社會資產跟經濟因素同樣重要，這包括社區地位、文化參與程度、傳統以及抱負等；這些因素同樣限制了窮人子弟的社會流動。

　　學生的本質和能力，顯然不是決定學校成就的唯一因素。然而不管兒童的在校表現是否受到其他因素影響，它往往大致正確預測了未來的成就。在進行這些推測時，我們必須同時考量許多因素；例如，眾多的在家自我教育者；學童雖然吸收相同的教材，但卻產生重大、難以估計的學習差異；以及影響學校扮演分類機器的種種外在因素。但是即使我們考量上述所有因素，事實上學校分類過程所產生的結果，仍然大致符應了個體（其文化或內在）的特質；而且，個體的學校成就與社會功能的發揮層級之間，似乎存在滿高的一致性。於是，學校的功能之一就是，依據適合某些職業、社經地位的程度來篩選學生。Sorokin最後指出，這種分配功能就是學校的基本社會功能。[8] Hornell Hart證明我們最近在運用個體能力方面，已經有所進展。

　　學校扮演文化過程與垂直流動管道代理機構的兩種角色功能，有時候會彼此混淆。的確，個別來看，這兩種功能往往是分不開的。教育使得個體接觸到主流文化，而有遠見的學生認同這種更廣泛的文化參與，可以讓自己稍微與眾不同。[9]但是這種期望跟擁有不同社會位置緊密相連。大學把資優新生視為豐饒的文化財富，學生則可以運用

8　Sorokin, Pitirim，《社會流動》，頁188：「換句話說，學校的基本社會功能不僅僅是了解學生是否學會教科書的某一部分，也要透過所有的考試與道德監督，及早發現學生的天賦與劣勢、全體學生都具備的能力與程度，以及其適合立足的道德、社會層面。其次，學校必須剔除那些缺乏良好心理、道德特質的學生；第三，對某些社會領域來說，學校至少要排除掉無法阻止學生社會晉升的可能性，然後促使具有一般與特殊能力——又剛好是聰明——的學生，往那些社經地位發展。無論能否達成，這些目的都是學校最重要的一些功能。從這點上來看，學校主要是一個測試、選擇和分配的代理機構。」（Harper & Brothers公司允許重印）
9　參見Martin, Everett Dean，《博雅教育的意義》。

這些財富，並在學習使用的過程中了解自己。每個世代必須更新的文化過程，會自動把人們分配到適當的位置。人類吸收文化遺緒的方式和程度，決定了他與社會結構相容的合適位置。

　　學校的重要功能之一，是將個體大致符合某些職業、社會階層的程度，分成幾個階級。就實際情況來說，那樣的結論似乎已成定局。或許有人想知道，這種教育觀點是否呼應了眾所熟悉、屬於民主理論的社會哲學；而且，那種社會哲學也是我們討論社會政策時的基本方針。

　　如果民主理論是一種平等理論，那麼它跟以下信念：「學校必備的一項功能是，依據指定的社會責任來分類個體。」是背道而馳的。但是平等主義並不是民主的要件。或許比較好的民主理想，基本上是柏拉圖式的；這種社會安排企圖利用社會作用中的每個個體，發揮出最契合自己的能力。競爭是民主的靈魂，它可以導致人類的各種差異。但是它必須公平，不會受到世襲階級或家庭經濟資源的偏見影響。如果期待競爭帶來良好效果，就必須跟功能聯結。民主不是一個沒有階級的社會，但它是階級開放的社會。出身最寒微的人，必須有機會爬升到最高層。每一個世代必須根據本身的特色價值來重新篩選。理論上，民主中的垂直性流動，是很常見的。

　　目前沒有一個社會達到上述這種理想的社會組織形式。有關某個社會或社會中的某個時期，是否比其他社會、時期更民主，長期以來一直辯論不休。理論上各國社會結構組織的真正差異應該很大，但實際上也許很小。優秀能力讓個體在貴族社會中崛起，拙劣能力則使個體向下沉淪。家庭背景、傳統，以及財富可以購買的文化同化機會，在民主之中影響深遠。資本主義社會存在許多的不公平和不正義；整體來看，不負責任的人掌握了太多主宰他人命運的權力。在社會主義社會中，存在著許多專制權力；要讓能力得到認可，似乎跟其他社會

一樣困難。唯一持平的結論是，沒有一個現代社會是完全民主的。

　　以美國來說，階級的確某種程度開放的最佳證據來自於充分的教育機會。學校的社會階梯對所有人開放，而且攀爬的費用非常划算。很多人不想使用，有的人則無力負擔，所以並非所有人都擁有相同的教育機會。但是教育階梯擺在那裡，它的存在就代表某種意義。教育——或者看起來像是教育的事物——不但免費，初等教育階段甚至是強迫性的。國家所提供的教育，在理想上並不適合用來發掘、培養學生的能力，但是它對所有人一視同仁。在高等教育階段，學生可以輕鬆就讀州立大學，收費也不高。某些都市大學不但提供高品質的教學，而且免費。夜間部、進修推廣學院以及通訊課程，更拓展了這些大學的低成本服務。學生自力升學的機會很多，一些調查結果也不斷顯示，有高比例的男性大學生能夠自己負擔全額或部分學費；學生不一定會因為自食其力而失去社會地位，公立學校也經常會多方協助。每一所學校都有許多學生獎助項目，例如獎學金、學術獎金以及助學貸款。目前看起來，我們大規模設立、遍布四處的學校，或許的確是一種廉價品。但是它對所有人來說，幾乎是一個模子的產品，而且毫無偏見地摧殘或栽培所有階級的兒童。

　　如果我們接受Sorokin教授的論點，學校扮演選擇性代理機構的重要性，會因為接受學校教育可能性的事實而增加。因為，如果教育的代價昂貴，那麼從眾多候選者挑出極少數人的決定因素，會是學費而不是學校。或者，如果教育是一種世襲種姓制度的特權，那麼世襲身分就會比學習更能決定一個人的社會組織地位。在我們的社會中，學術選擇性的重要性，會因為缺乏其他選擇代理機構而提高。

　　學校中的選擇類別，深深影響社會階級的意涵，以及社會階級發揮不同功能的方式。因此，我們必須思考學校裡進行的是哪一種選擇。

　　學校的社會選擇依據多半來自於智力。個人的討喜特質以及伴隨的特色——例如多數源自於個人組織模式的穩定性、決心、勤奮以及專注力——往往最為重要，然而事實上，學校的選擇型態多多少少過度強調智力。我要再重複一遍，學校最重視的智力很可能並不是最高等級那種，而是一種不完整、馴服的同化以及重複的善辯——而非豐富、不受羈絆的創造。太多的明星學生成為分數追求者和機械模仿者，而不是思考者！因為這涉及的不單單是教師給一些乖男生高分；比起反抗者，乖乖牌左右逢源，而且拿到更多好處。智力之所以在學校最有用，是因為它可以讓學生背得滾瓜爛熟，而且通過測驗。

　　我們不妨簡單推論，在學期間過度強調智力，會對某些人格帶來嚴重後果。愚笨或者只是稍微落後的學生，當然會受到傷害，而且作用會持續下去。沒什麼大志的聰明學生，或者有前途但尚未經過考驗的學生，可能在大學階段會自認為在這個辛苦世界中，無法承擔緩慢的爬升任務；這種人也經常苦惱於以下事實：一些比較不聰明的人擁有、操控這個世界。此外，多數有才華的學生也因為屈居低階而干擾既有的秩序。

　　在美國學校裡，過度強調智力的情況會因為重視活動而得到紓解；聰明學生受歡迎的程度，永遠比不上美式足球隊隊長或學生報主編。甚至在學業上，學校的選擇不完全屬於智力範圍；某種程度的堅持以及面對艱難工作不放棄，才是學術成就的先決條件。這種一定程度的執著，會顯現在各階段的學術成就上；這是因為隨著教育階段提高，碰到困境時越需要執著。有一位說話尖酸的教授強調，大學學歷證明了最重要的一點：那個人能夠忍受四年的折磨。也許創造性智力的特色之一是容易感覺無聊，很難忍受執著；某種學術宰制關係，強迫愚笨、聰明二者以相同的步調前進，而且還強迫聰明者接下一堆乏味的例行工作，好讓平凡人淘汰掉許多聰明絕頂的人。

　　學校的選擇性深受學術獎金、獎學金、其他助學金的影響。幾乎所有的獎學金都有一套嚴格規範，只能頒授給某種類型的學生。就垂直性流動的角度來說，這些規範條件很重要。它們包括政治類、運動類、偽運動類、未經授權的運動類、學業傑出類、英勇類、特殊才能類、勤奮類及進入特定專業類等。獎學金是很棒的東西，但是如果從Sorokin的觀點來看，我們不免疑惑：合理適度是不是不好。例如，有些人就認為，神職學生的才華會隨著職前牧師津貼的增加而下降。

　　我們很難兼顧學校的選擇以及它的其他社會功能。教育機器的選擇功能經常被理論家忽略，但是這種功能顯然必須納入所有學校社會意義的真實評估中。設計課程者應該仔細考量這種必然跟學校生活有關的篩選、分類過程，思考它跟社會福利的關係。關心高中階段有關大學入學必修科目論戰的人，可以從這個角度來探討，發掘出新的題材。

　　目前西方文明中，有些證據顯示，學校扮演選擇代理機構的角色比以往更為重要。首先，理論上民主信條要求教育機會均等，必須根據個人能力提供教育給每一個人。因此學校必須參與決定具備能力的特定個體，應該得到哪一種教育。第二，降低入學年齡以及強迫入學，已經大幅降低家庭這個代理機構在決定兒童教育數量、種類上的重要性。它們固然減少了家庭的影響力，但無疑地也毀掉了家庭，這是因為家庭背景和傳統關係重大。家長設法讓平凡子女得到最好職位的能力也在下降；不幸地，大家仍然認為許多私立學校的功能，就是讓能力不足的孩子擠進大學。

　　由於學校為社會執行選擇功能，學校測驗機制的寬或嚴當然具有極高的社會重要性。Sorokin認為，盛行於美國的測驗簡直過於寬鬆。

　　總之，舉凡加速製造畢業生、讓畢業垂手可得、盛讚畢業的偉

大意義、忽視道德教育，以及無法將畢業生擺到適當位置，我們的大學在緊急狀況下，可以為所有激進、革命運動提供領導者，也正在從這些畢業生中，培養一批不滿現狀者（那些人詛咒現有的社會制度，直接、間接地造成傷害）。即使到了現在，這群人對於激進「重建」「極端保守、財閥當道之美國」抱持同情態度的比例，似乎遠高於其他團體。「沙龍─社會主義者」、「左傾派」以及「激進派」，主要來自於這類團體。如果想要抑制這種「過度生產」菁英分子或偽菁英分子的結果，就必須替他們找到對應的位置，或者提高大學或其他社會「篩網」的通過難度。相反地，增加研究生、文學士、碩士、博士等，可能沒有辦法造福社會，反而會造成傷害。或許這對許多思想家來說是一種矛盾，但有可能也是真的。[10]

　　Sorokin 提出的事實不容置疑。他據此提出的結論非常具有說服力，但也許未必如此。他的論述預設了現有社會的穩定性，是教育目標之一；很多人──例如受到杜威信念影響的人──質疑這樣的預設。我們不在意那種質疑，只是想指出，從另外一個角度來說，教育固然應該普及，但是不良效應也許可以避免。但是 Sorokin 控訴目前的傳統做法，清楚點出學校所面臨的重大、艱鉅任務，包括安置與特殊化教育、能力的發現與培養，以及如何充分運用能力以造福社會。Sorokin 語焉不詳的是，讓每一個個體在其生命位置上得以盡可能滿足的道德教育任務。

　　要討論這個主題，我們必須同時指出學校選擇功能對其內在結構的影響。有些學校──特別是州立大學──感受到學生帶來的壓力，

10　Sorokin, Pitirim，《社會流動》，頁 201。（Harper & Brothers 公司允許重印）

他們每年必須淘汰不少的大一學生。其他學校淘汰學生是為了維持高
學術標準，那些學校則是按照預定時程自動淘汰學生；這是因為刷掉
多數學業表現不好的學生，應該可以確保其餘同學的高智商，讓懶散
的學生自我激勵。身陷在這種系統中的教師，在學期結束時應該會有
一定程度的挫敗感，促使他建立一套力求客觀——但卻常常高度人
為——的標準；他在必須畫出「散佈圖」與透過某些合理效標證明本
身標準之間掙扎。我們或許不確定學校在淘汰壓力之下，是否做出妥
適的選擇。可以確定的是，這種做法所得到的好處，其實大大犧牲了
人類的價值。同時，淘汰學生的壓力會讓教學枯燥乏味、著重事實、
過度結構化，並且到處都是人為的障礙。所有這些都是麻木的；但是
真正的學習是鮮活的。

　　統計數據顯示，教學專業的水平性流動令人訝異。由於缺乏統計
資料，我們不知道這代表多少進展，但是確定的是，對教師、學生來
說，學校都屬於一種垂直性流動管道。教師在學校中產生，他們依循
的路，之前已經有好幾個世代的教師走過。事實上大家都知道，測驗
機制決定了誰會進入教職、依循哪些路徑，以及前進的速度。如果借
用 Sorokin 的說法，我們可以把這些測驗設計分成三種：

（1）決定那些人是否適合教職。
（2）決定那些人是否適合教師的社會位置。
（3）決定管道和前進的速度[11]。

　　（1）決定某人是否適合教職的主要測驗機制，包括學術訓練、專
業科目、教師考試、證書要求、推薦函以及未來雇主的觀察等。許多

11　同前，參見 Sorokin，頁 182。

人被這些關卡淘汰出局：並未充分具備學術或專業訓練、無法取得大學學分，或是雖然取得但拿不到推薦函、沒辦法確保職位、無法通過教師考試等。值得一提的是，以上這些主要都是心智類型的關卡。資優生拿到最好的成績與推薦函，於是確保最佳位置，找到通往教學菁英之路。

　　某些明顯不符合要求以及被認為人格有問題的人，會經由未來雇主觀察後加以淘汰。但是教師是否適合教職的社會測驗，多半必須透過工作本身來進行。除非我們能夠找到某種方法檢測其社會適合性，否則初任教師中一定會有可觀的失敗者。探討教學失敗者與教師人格的關聯性，似乎最值得進行。就這種關聯性來說，我們必須注意很多教育人士認為，一定有某種方法可以淘汰掉見風轉舵、教學使命感不足的教師。對此，Smith指出，我們必須重新設計教師的薪水結構，讓起薪低一點，具有教學經驗的人高一點。他認為這樣做，就可以在職前教師與真正的教學酬賞之間，加入一段「挨餓期」。

　　(2) 教學不只是一種職業，也是一種身分。它真正的意思是一種「職位」；事實上，擔任教師就是把一個人恰如其分地安置到世界中。教師職位包含某些社會特權與責任，以及大家耳熟能詳的限制。許多勝任工作的教師之所以失敗，是因為無法滿足教師職位所需要的社會要求。黑人只能在黑人學校找到工作，而且那種工作機會還不一定有。對猶太人和新移民來說，工作的窄門只不過稍微放寬了一點。激進分子無法永遠保有教職，即使是適度的複雜觀點，也會對教師的工作選擇帶來不利影響。

　　學校行政人員如何確保教師符合某些特殊類型，始終是設計測驗機制中最微妙的一環。某些機構必須確保教師信奉宗教，並將那些社會問題視為家庭問題或黑人問題。有一所宗教大學要求應徵者簽署一

份聲明，主旨是：到目前為止，並沒有足夠證據可以支持進化論。相較於比較自由的信仰，不同類型的社會接受度或許是更基本的門檻。有些私立學校和學院校長在還沒有跟新老師共進晚餐之前，不會決定聘用與否。有些學校則會設計一些策略向應徵者介紹學校概況、向全體教職員介紹新進教師，或者派他去訪談教職員。如果應徵者通過這些測驗，其判決就是：那位新手可以為各位服務。如果沒通過，判決就會變成：「我擔心這位老師的磁場跟我們不合。」如果找出更多這類的測驗，而且應用得更徹底，也許可以進行更睿智的教師甄選。

學校董事會成員對應徵者的詳細考核，就屬於這類測驗。成員的每個偏見都可能形成一場聽證會。就連「世故的城市佬」都會覺得過程很難熬。有位備受敬重的鄉村女前輩說：「你很清楚，為什麼那個留個好笑小鬍子的傢伙，找不到一個鄉下學校的工作。」髮型、握手方式、聲音、衣著、禮貌、態度以及癖好等，都會被記錄下來，然後再評分。

我們很少會全面了解某位教師的工作成敗。這常常是一個可供辯論的問題。教師同儕很重視最終的判斷。或許應該重視是最好的。社會大眾對於如何評斷教師，缺乏正確的方法；基於某些基本的對立（這點後面會討論），社會大眾也不太可能做出公正的評斷。因此，由同儕來進行評斷有其必要，只是這也有難度，因為教師對同儕的評斷往往來自體制的觀點。他們的判斷方式來自於受評者的工作是否符合體制標準。他們確實很難把教師群體中的社會接受度問題[12]，跟比較客觀的成功教學方法問題分開處理。教師對同儕的接受度，有賴於對方謹守教師禮俗、與學生保持距離，以及接觸其他教師時所展現的應對進退。

12　譯者註：這裡所謂的社會接受度，指的應該就是人緣。

（3）教師的晉升速度同樣重要，而其展現同樣多半要靠個人和社會因素——只是那些因素大部分都不是嚴謹的學術性質。教師的工作效率的確會影響其調薪速度。但是顯然這種效率的界定，會因制度情境而異。通常一個維持良好班級秩序的教師，會被認為是有效率的——即使他的教學對學生心靈無法帶來重大成效。但是如果教師經常讓上級因為管教問題煩心，自然會被認為沒有效率。管教能力是最常見的測試。「左右逢源」的能力以及操控社會環境——其中最重要的是教師團體——的熟練技巧，都是大家所熟知、有助於領先同儕的特質。最後，教師的晉升有賴於本身伴隨職位成長的能力，但是那種健全成長必須社會魅力與專業技能並進。

個人特質中更重要的是心智能力和執行能力，這些特質當然會主導教師的晉升方向。個人特質也受到傳統、家庭關係，以及進入教職後種種機緣的影響。

有趣的是，我們可以記錄鄉村學校行政人員，對於一位教師從任教低年級轉換到高年級的職涯進展有什麼看法。因此，有時候教師會在違反個人意願的情況下得到「晉級」。當然，大致來說，從某個教學階段晉升到另一個階段——就像從小學到高中，確實代表一種晉級。

教師垂直流動會廣泛影響學校的社會氣氛。既然有生涯，就會有事業狂，而教學也有各種生涯。過度關注本身進展的事業狂，可能體制效率高，但是也許有人認為他在處理人類事務時漫不經心，造成某種傷害。我要再次重申，一所學校的教師如果認為自己的職涯晉升始終受到欺騙，另一所學校則屬於定期、良好的職涯晉升，那麼這二所學校的道德風氣是不一樣的。詭計、對抗、政治花招以及陰謀的主要意涵，同樣來自於它們與教師垂直流動的關係。的確，我們似乎可以下一個安全的結論：撰寫當代學校的社會歷史時，教師生涯會是一篇漫長而有趣的章節。

作業

1. 探討一些造成學校政策改變的社區衝突。

2. 列出某個時期，有關學校改革的公開建議。這些建議代表什麼程度的衝突團體活動？

3. 探討某所學校的學童團體組成。這些團體足以代表成人團體的程度有多少？失真的程度又有多少？

4. 撰寫一份個案史，呈現美國學校對移民家庭子女的影響。

5. 探討25名大學生的就讀動機。多少人是純粹因為經濟因素？多少人是因為「文化」的目的？哪些例子不能這樣分類？

6. 以圖表呈現20名大學生的家庭背景。列出一些例如父親職業、年收入、家長的求學時間等特質，並跟學生的職業目標、可能收入加以比較，然後加以詮釋。

7. 針對一群現職老師製作相同圖表，然後加以詮釋。

8. 針對一群有收入的成年人，用圖表說明他們年收入與求學時間的關係（請班上每位同學提供10個例子，呈現在同一張圖表中），然後加以詮釋。

9. 針對同一群人，以圖表呈現其職業與求學時間的關係，然後加以詮釋。

10. 以圖表呈現貴校所有的學生補助、基金、獎學金、助學貸款等資料。這些做法嘉惠了哪一種的社會選擇？

11. 整理學校應該進行更嚴格選擇的正反主張。（參考Sorokin, Pitirim《社會流動》一書中的進一步建議）

12. 針對預備學校與未經選擇管道就讀大學的二類男生，比較其智商、社會背景及以上因素，然後加以詮釋。

13.針對一群應徵教職者，就以上特質加以比較，並顯示其是否取得教職的相對位置。

14.以圖表顯示教師專業的進展，再把它與可以衡量的人格特質相聯結。

15.針對「事業狂」教師進行個案研究。

16.透過人口普查報告確認全國教師的來源，包括國外出生白種人以及外籍本土白種人的比例。再依據社會學的同化概念，解釋前述的人數分配。那些數據顯示了教師在文化過程中的什麼角色？有沒有可能根據這些數據，針對不同國籍人士的美國化速度達成結論？

建議閱讀

Cooley, C. H., *Personal Competition*, American Economic Association, Economic Studies, Vol. IV, No. 2. Reprinted in Cooley, C. H., *Sociological Theory and Social Research*.

Cubberley, E. P., *Public Education in the United States*, Chapter VI.

Dawson, C. A., and Gettys, W. E., *An Introduction to Sociology*, Chapters VIII to XIII.

Lewis, E. E., *Personnel Problems of the Teaching Staff*, Chapters XIII to XVII.

Lindeman, E. C., *Community Conflict*.

Martin, E. D., *The Meaning of a Liberal Education*.

Ogburn, W. F., *Social Change*.

Park, R. E., and Burgess, E. W., *An Introduction to the Science of Sociology*, Chapters IX, X, and XI.

Sorokin, Pitirim, *Social Mobility*.

第四章　學校與社區：概述

　　如果有人思考學校與所在社區之間的關係，很快就會用一種愛因斯坦式的幸福計算法，去回答各種公共政策問題。這個問題之所以難以回答，是因為學校和社區的目標常常不一致。我們理所當然地認為學校應該為社區服務，但是當學校與社區的意見不同時，我們很難決定該聽誰的。一般說來，學校當局的觀點常常比社區好。學校人員已經探討過自己的問題，因此可以合理期待他們比外人更了解自己。但是社區通常比學校更有智慧，因為社區是整體性的，而學校只是局部。學校是普通生活的一小部分，也是制式主義的獵物。制式主義導致學校忘卻本身的目的；它讓學校變得為教育而教育、為教學而教學——或許只是為了教師；簡單來說，就是邏輯上一個原本只供達成目的的方法，變成了目的。社區之所以不會有這個問題，是因為它是一個整體，而不只是一個老師教、學生學的地方。社區之所以是一個整體，是因為所有人都生活其中。有時候社區完整生活知識的智慧，超越了學校知識。於是，社區應該如何決定學校政策、學校應該如何自我決定，成為公共政策的重要問題之一。這個問題至今還沒有找到解答。

　　另一種狀況更為複雜。事實上，一般社區——或許特別是美國社區——已經決定把學校當做某些理想的貯藏庫。應該在學校裡找到據點的理想，有好幾種類型。普遍的看法是，年輕人應該接受訓練，相信世界還算美好，而且比現況好很多——就像他們應該認為，一般男人比自己更誠實，女人則更善良。高中生必須知道誠實永遠是最好的做法；也許他的父親私下認為自己懂更多；也許男孩會在商場上學到

很不一樣的東西，但是以誠實假設作為起點，不會為他造成傷害。我們可以盡量教他誠實，讓他終其一生跟監獄絕緣；往後他就可以視情況修正我們的原則。所有學生必須知道，美國是歷史上最偉大、最美好的國家，自有史以來它的財富或美德無人能及。也許學生相信世界越來越美好沒什麼不好，但是如果有人長期這麼想，就是一種非常危險的教條。

在那些理想中，多數成人對於某些道德原則可能會公然拒絕接受，但卻要求別人做到；那些理想是為了無可救藥者、教師、學生而存在。有些理想則因為人們不再相信而近乎絕跡。雖然多數成人把這些理想拋諸腦後，最後還是不想捨棄。學校必須讓理想存活。學校必須成為美德博物館。

在我們的文化裡，存在一個專屬年輕人的深奧理想主義系統。在年輕人還沒接觸到可能汙染他們的世界之前，我們盡可能地不讓他們受到汙染。有些事情不適合年輕人。有些人類本質的事實，是年輕人不該學到的。有些實際情況是他們不能接觸的。我們認為有些歷史事實最好不要教給他們。大家的想法是，最好還是將理想化的世界觀傳達給青少年。這種不宜全盤告知的觀念，常常延續到大學的教學，明顯影響許多大學教授的觀點。對年輕人隱藏一些難以教導的事實，顯然很有技巧地在大眾心目中被合理化成為常態性的做法。經常有人爭辯，品格訓練是否要從難如登天的美德灌輸開始，以發揮個體的其他美德。當然，世界極力主張不要對年輕人說出所有的實話；告訴他們假話，好讓世界更有吸引力，或讓自己更聽話或更善良。

我們在前面已經指出，傳統上認為年輕人必須被保護，不應該接觸天地萬物中的不愉快與不道德；年輕人必須禁錮在特別保守的環境中。這些理想可以因為預防年輕人道德淪喪而合理化；對於這點，我們希望保持一顆開放的心胸。可以確定的是，學校必須成為理想貯藏

庫的想法，侷限了學校的發展空間。如果教育的目的是為世界生活做準備，學校就必須提供那樣的世界，讓學生自行準備生活其中。事實上學校是無法提供的；無論哪一種情況，如果學生在學校接受的訓練要有效果，就必須是一種正確的模擬或忠實的呈現。學校生活與外在世界生活的隔閡越少，提供學生的生活訓練效果越好。任何理想如果剝奪了學校複製現實的能力，就會干擾為學生進行生活預備的真實功能。從道德的角度來看，這種理想的實用性甚至會受到質疑；有一種正面的反駁說法是，如果我們在學生身上強加一個過度理想的世界觀，當學生接觸到毫不完美的世界時，就會比有過真實世界經驗的人更容易崩潰；這就是古老的預防接種原則。在幾乎所有的情形下，如果學校人員贊同那種隱瞞實情，好讓年輕人保持善良個性的做法，他對其他人的持續影響力就會明顯受限。難怪有這麼一句挖苦的玩笑話：所謂的學校老師，就是聘請他來向小男生說謊的。

到目前為止，我們對學校與社區關係的分析，仍然屬於相當一般性的分析。這種分析的價值很有限。我們可以期望藉由個體生活，透過學校與社區聯結，讓分析更為具體。如果我們想讓分析更貼近現實，就必須探討學校生活相關成員的整體社區根源，發掘校內外生活的關聯性。每個個體代表一種交互影響管道，也是一種社區對學校、學校對社區的影響力。因此我們必須透過人的研究來探討學校與社區關係，並且嘗試了解人們在往返社區、學校之間所背負的重擔。我們現在就開始進行這種分析。

我們之前已經探討過學生扮演社區年輕人的角色。社區對於年輕人通常抱持傳統──兼具保護與規範性質──的長者態度。讓孩子住在玻璃屋，希望他們接觸世界時不會受到汙染，這也是教師在社區中受到許多限制的一個原因。無論自己有沒有兒孫，每個老人家對社區裡的年輕人似乎都表達出一種準父親的興趣。於是，公立學校的學生

在社區中佔有一席之地，而社區對這點的看法，深深影響了社區所支持的學校類型。

　　但是，只說年輕人在社區中佔有特殊地位是不夠的——而且完全不夠。每個孩子都有專屬的位置，孩子也以獨特的角度來觀察生活。傍晚時，一群孩子離開教室，有些騎著腳踏車回到山丘上的大房子；其他人走路回到鐵路沿線的貧民區。社會和經濟差異隔開了這兩群學生。有些孩子走向黑人區的破房子和窄巷；白人對那些孩子的態度，把自己和孩子一分為二。有個孩子左轉進到波蘭安置區，另一個右轉進入「小義大利村」。最後每個孩子都找到自己的家和街道。他的根在家庭，但是他的生活總是跟「互動人格的統一體」背景格格不入。[13] 即使在家中，每個孩子都有特別的位置，這是因為沒有二個孩子會佔有同一個位置。兒童的學校環境確實多元，他們的人格也是多樣性的；但是教師對他們應該一視同仁。

　　社區位置的差異，深深影響了學校中的差異。學生如果是特殊人物的兒子，就會影響他在學校中的地位，以及他對學校的態度。社區重要人物的女兒，不會想要得到普通孩子的待遇。對老師來說，這樣的例外是危險的，會衍生出很多困擾。以下是一個典型例子：

　　　　學校董事會委員那個三百磅重的女兒也在那班——她們二人都不喜歡我。也許因為體型關係，她有一種自卑情結，還帶著一種討人厭的自負。她是個好學生，但你必須知道怎麼把她擺平。那也是一件麻煩事。她幾乎一天到晚給我找麻煩。就我的觀察，唯

13　學生應該了解家庭對人格的影響。有關這個主題的絕佳論述，參見以下資料：
　　(1) Mowrer, Ernest R.，《家庭》。
　　(2) Reuter 和 Runner，《家庭》。
　　(3) Goodsell, Willystine，《家庭問題》。

一可以做的就是讓她單獨一個人，直到事情落幕。

有一次我出作業要學生製作睡衣。那位委員的胖女兒馬上火冒三丈。她拒絕這項作業，我堅持要做，後來她告訴媽媽，媽媽叫她不用作，作了也不會讓她穿，更不想看到那些東西之類的。我試著跟家長合作——特別是那個班級，這是因為鎮上都是窮人。我告訴那個女生要做二件睡袍，而不是睡衣。她的作業總是遲交。我已經拿她沒辦法了。她多多少少認為學校是因為她而存在。她到了年中就是一年級學生。過完聖誕節，我是高年級派對的主辦人，碰上她，麻煩事情就來了。

回到縫紉課。我們的成品不錯，也辦了展覽，房間布置得很有味道。我威脅那個胖學生，如果不把所有作品帶來，我就會把她當掉。她站在那裡跟我一再爭辯，我委婉地讓她消氣，但是沒有用。我好幾次對她不客氣，要她閉嘴。她就勃然大怒，到處講我壞話。她想用話激我。我不確定她知不知道我們在背後嘲笑她。她很幼稚，而且認為自己很成熟。（自傳文件，〈我教書的第一年〉，某位女老師提供）

我們不知道這種親師障礙，是否會給孩子帶來不好的差別待遇。小鎮上最有名的銀行家千金，由於老師偏心而發生令人作嘔的事件；從這個例子看起來，比起公正對待，偏心的老師更會徹底失去學生對她的敬意和善意。

學生的態度使得貧富之間的殘忍界線異常清晰。許多兒童利用家長的經濟資源或聲望，輕易獲得不當的領導地位。由於上述的界線，高中生形成許多黨派與社團；這種競爭並非好事，因為它依據的不是競爭者的優點。許多不幸成為有錢人或知名人物的家長，希望把孩子從這種氣氛中抽離。私立學校剛好提供了一種逃離方向。在華盛頓，

國會議員與一般人沒什麼不同；私立學校擁有富裕家長，往往不足為奇；因此，競爭必須提升到另一種層次。

　　窮苦小孩和卑微家長的體驗剛好相反。他們不被教師疼愛；他們跟特權絕緣。這些孩子到了高中，經常因為無法跟富裕子弟競爭而輟學。[14] 衣著造就出學生。有時候教師為了一些缺乏文化優勢與經濟支援的孩子煞費苦心，而這些努力也偶爾帶來成就非凡、令人振奮的結果。

　　學生可以因此獨立成人。高中階段的運動英雄在學校裡備受矚目，他的傑出表現通常在社區裡也廣為人知。聰明學生同樣可以在校內得到不錯的地位，而這種效果有些會延續到一般社區中。所有涉及醜聞的女生，在校內、社區都會特別受到注目。這種注目通常是想要傷害她，也總是得逞。

　　以上這些都是社區對學校的影響——也就是透過學生性格來傳達。學校影響社區的相反過程同樣重要。學校透過它對個體的影響，對社區發揮可觀的影響力。我們經常可以在文獻中找到這種過程的詳細論述，在此只是點到為止。學校的長期影響力可以很大。它或許很難影響孩子成長過程的內在形塑，但是可以深度影響某些特定信念。因此主張戒酒的人，會很有技巧地結合他們的信條與學校課程。也許當下讓幼童觀看胃潰瘍和嚴重受損的肝臟照片，好像沒有用，但是兒童長大後可以投票時，就會把禁酒規定納入憲法。同樣地，公共事業委員會代表會選擇教師方便採用的教案形式，提高宣傳效果；有些極端例子是替教師批改學生報告。文化傳播過程有時候會透過教學加速進行；美國過去25年以來牙刷的迅速推廣，就是絕佳例子。

　　但是學校不一定要等到新世代掌權，才能發揮影響力。有時候兒童會抓住某些信念，再透過足以讓教師下不了台的傳教士熱誠來傳播

14　參見The Lynds, *Middletown*, p.185。Harcourt Brace and Co., New York, 1929。

信念。大家都知道，兒童在某些事情上常常會用老師的話來糾正父母。有些學校採用最有效的做法，就是熱衷於教導簡單但重要的事物：個人的清潔和衛生方法，然後再以剛剛轉變的學生為輻射中心，快速推廣那些信念。偶爾，家長和子女會因為孩子在學校學到的事物而發生激烈衝突。有時候這些衝突會抹煞了家庭扮演控制代理機構的效果。對那些不幸的移民家庭來說，尤其如此。孩子得到學校教育的好處，也比父母更快適應表象的美國文化。因此，他們自認為各方面都比父母聰明；歧見衝突的結果，摧毀了家庭身為灌輸道德倫理標準代理機構的價值。這種社會控制過程的斷裂，未必來自於學校、家長在道德層面的直接衝突；學校在各種價值世界中訓練孩子，而這是家長不熟悉的領域，於是孩子想要掙脫家長的束縛。孩子比父母更快陷入主流的美國生活，因此會把多數的倫理、宗教規範拋在腦後；失調之所以產生，就是因為擴散到連續世代的速度不同。

有時候，學校和社區的信念會格格不入。導致有些社區成員想要教訓那些犯錯的教師。以下的例子不勝枚舉。

在探討 Caedmon 的作品時[15]，我要學生閱讀聖經版的創造故事，然後跟自己的故事做比較。我特別提醒他們要把它當做文學來讀，比較時也是如此。我要學生隔天交報告，結果只有三篇；我冷淡地再次指定作業，並追加一份。結果第二天一篇都沒有。我提醒他們不要忘記交。最後，過了一、二天，我收到一些不同教派版本的創造故事。這不是我要的作業，我告訴學生那些報告不能當作業。

有一天晚上放學後，會議室門口傳來敲門聲。門口站著三位怒

15　譯者註：Caedmon 為英國中古時期的宗教詩人。

氣沖天的女士，其中一位是一個女生的家長。她冷冷地問我「教授」（每個人都這麼叫他）在不在。我無辜地以最親切的態度帶她們到校長室。Ｖ小姐和我開玩笑地說，一定要有人能夠忍受那些發瘋女士的沒完沒了。我作夢都沒想到！第二天校長竟然告訴我他是如何坐立難安地說服她們，我的用意絕不是想讓她們的女兒道德墮落。（自傳文件，〈我教書的第一年〉，一位25歲的女老師）

這個事件自然衍生出以教師人格為核心，去考量社區與學校關係。我們可以用以下形式來說明教師與社區關係中，最重要的二個推論：教師身為一個支薪的文化傳播代理人，他的位置很特別；教師理應代表貯藏於學校之理想的事實，深深影響他們在社區中的位置。

教師是支薪的文化傳播代理人。聘請他們的用意是希望他們能夠將光明帶往黑暗的地方。為了確認教師具有點亮事物的特質，教師的資格標準不斷演變。他不僅要知識豐富，能夠根據社區標準來教導孩子，而且能力要比社區高一點。就這點來看，他當然總是對所住的社區有點不滿。教師就是文化傳播的殉道者。

教師如何著手進行並不重要，他必須不斷接受充足的訓練，以便對任職的社區表達不滿。他要做到什麼程度也沒關係，因為對多數人來說，本來就沒有終點。有位農夫的女兒決定要當老師。對她而言，似乎在一所鄉下學校教書就對了；她習慣鄉下的生活，鄉村生活也讓她很開心。但是到鄉下學校教書必須要有高中文憑。當她在附近村莊完成培訓課程，到鄉下任教的意願不再如以往熱切。她進入一所師範院校，學習適應那種等級的文化中心生活。之後，她到小鎮上的高中教書。後來她又進入屬於一流學習中心的州立大學。她的大學所學，使得高中的教學生涯有點乏味，而小型社區的生活也不好過。除了大學、都會地區的公立學校教師有點不同，其他教師的遷調歷程很少會

有終點。教師必須始終嫻熟教材、揮灑自如，否則會教不下去。他必須不斷接受比任教階段高一等級的教育。他也必須盡可能地自我調適，進入一個比目前任教學校規模更大的學習中心。教師必須藉助鼓舞人心的作家、教師為文化價值傳遞人的事實，而得到撫慰。

這種近乎普遍的適應不良，也影響教師行業的成功標準。成功的教師會有所進展；也就是說，他偶爾會轉換學校，而且總是往更大的社區調動。這就是為什麼教師倔強地要去學校的理由之一。他們希望有一天品味和機會能夠一致。但是事實上這個目標很難達成，有一部分原因是他們很少在一個社區中落地生根。他們永遠做足準備，遵循萬有引力法則，邁向一個生平所見最高等級的教育中心。這也是為什麼教師屬於適應不良的過客——而非公民——的原因之一。儘管兒童初級團體的階梯等級，一定比教師態度更能影響教師的適應不良，但是這種適應不良現象也許有助於說明一個事實：每個階段的學校都在模仿更高等級的學校；小學模仿高中，高中假裝成大學，而大學則設法變成研究所。

也許有人不同意教師普遍不滿所住社區的解讀，但是這個事實似乎不容置疑。教師一再被要求敘說自己在某些社區的經驗故事，但他們說的都是相同的故事。尤其令人印象深刻的是，教師對第一所任教學校感到失望。年輕教師剛踏出師資培育學校大門，進入第一所學校服務。他在受訓期間累積了很多理想主義；他對工作及其代表的自我實現，充滿期待。他總是因為終於領到薪水而對未來志得意滿。當他到達想像中閃閃發光的——就像烏托邦式的浮華——職場，看到讓他躊躇不前的事物；社區好像不毛之地，骯髒而死氣沉沉；學校本身也讓人厭惡。「學校教室裡來自一個世代左右的兒童，因為精神萎靡而顯得特別單調、無味；建築物也因為孩子不想就讀而變得陰沉、憂鬱。這讓我想起一位衣衫襤褸、面容蒼老的年輕女子，愁容滿面，擔

心自己該如何照顧那麼多兒童。」那位老師努力維持她的勇氣；決定要讓自己開心。這是一個典型情況。有一位女老師簡單地這麼說：「開學的前二週不像我想像的那麼有趣。我去過鎮上之後，當初的夢想就破滅了！我試著維持我的勇氣，然後告訴自己：『一切會比妳想像的更好。』」但是不要搞錯，夢想破滅已經是事實。現在缺的就是學校董事會的斥責、跟家長爭論以及同事的口角；也許再加上幾個禮拜的後續研究，發現社區並不支持她那種漸進的教育方法，讓曾經充滿熱誠的業餘人士，成為一個不滿的專業人員。

　　許多有關學校生活的小說都以此為主題。教師滿懷理想主義踏出校門，決心要把自己的價值傳遞給他人，急著在天地萬物的取捨之間找到自我定位。但是他發現世界不了解他的價值，也沒有辦法接受它們——只對於乏味、挑剔者所安排的粗劣事物有興趣。剛開始的時候，他試著解釋他的價值，後來發現很困難。他在理想破滅中掙扎，但是徒勞無功，最後終於屈服。當初以救世主自居的精神消失了，對理想的堅持也煙消雲散，於是淪為一種固執、過度的不滿。有時候這些小說裡的英雄，如此懦弱、自憐，讓人很難給予同情。《樂鐘》（*Chimes*）這本書就在探討這種軟弱的個性。主角確定自己在哈佛接受某種啟發，他微弱地希望社會也能得到同樣啟發。他深陷在中西部大學——應該是芝加哥大學——的新鮮事物中。垂頭喪氣、不快樂，有點難相處，但是從來不曾設法改善。他永遠被人誤解、迷失方向、充滿仇恨，還因為別人跟他不一樣而非常痛苦。

　　在教師想要「迎頭趕上」的掙扎過程中，出現一種更為真實的憐憫因素。年輕教師細心維護心中的微弱火花，讓它繼續燃燒。教師知道自己孤立於主流文化之外，當他們閱讀一本好書或嚴肅雜誌而得到某種宗教意義時，會流於一種心智層面的無病呻吟。他們因為努力迎頭趕上而產生的悲劇，就是永遠沒辦法「往上」。想要別人同情那些

專家更是困難，因為專家們不但要求自己生活在文雅社會中，還要求別人的學習類型要跟自己完全一樣。這不代表專家跟同儕的關係特別融洽，因為競爭會讓他跟同儕一分為二。就像一位風趣朋友的暗示，有出書的大學教授會批評另一半沒寫東西的同事。新進教師的文化孤立現象，會因為調動時人際關係斷裂、城鄉行為規範衝突，以及新進教師的身分而變得更複雜。

　　第二個主要推論是教師應該代表社區的某些理想。這些理想在不同社區中儘管不同，但是仍然存在某種潛在的相似性。這套最廣泛的理想模式，清楚呈現在一所南方社區公立學校的教師合約中。合約是這麼寫的：

> 　　我承諾對於所有主日學校的各種工作保持應有的興趣，而且不吝惜奉獻我的時間、服務和金錢，以促進社區進步和福祉。
>
> 　　我承諾戒除所有的跳舞與浮誇衣著，以及任何身為老師和淑女的不當行為。
>
> 　　我承諾不跟任何年輕男子外出——除非外出或許有助於主日學校的工作。
>
> 　　我承諾不談戀愛、訂婚或偷偷結婚。
>
> 　　我承諾不鼓勵或容許跟班上所有男生保持最低的熟識程度。
>
> 　　我承諾每晚至少睡足八小時，小心飲食，盡可能維持最佳的健康和精神狀態，以提供學生更好的服務。
>
> 　　我承諾謹記自己對於支付我薪水的鎮民負有一種責任；我也應該尊敬聘用我的學校董事會和校長，而且任何時候都心甘情願地成為學校和鎮民的僕人。[16]

16　引自 T. Minehan，《尋找工作的老師》，*The Nation*, 1929, vol. 124, p.606。（*The Nation* 允許重刊）

上面這個合約非常罕見，對於不熟悉一般教師應符合道德資格的人來說，似乎不可思議。比較了解事實的人，願意替這份合約的真實性背書。不管怎麼說，合約寫得如此清楚，評論它也沒有什麼必要了。

小型社區會對教師的時間、金錢不斷提出要求。教師必須撥時間投入教堂、寄宿、公共活動、演說，以及各式各樣的教誨工作。要他說明自己跟某個宗教團體關係密切，並且積極投入「教堂工作」的期待，從來不曾中斷。學校主管比下屬更受到關注。然而在非常小型的社區中，某些不信邪的校長可以找出折衷之道，既滿足社區的需求，涉入時又不至於犧牲自己的信仰。有一位手腕高明、信奉不可知主義的校長，婉拒參加所有的教會服務工作，但會特別留意出席所有的教會晚餐、「社交」以及非宗教性質的典禮。要發揮這種效果，還需要高超的迴避、拖延技巧；教師不但要避免這個情形，為那些要求出席教堂活動的壓力耗費心力，還得避免對方有被冒犯的感覺，或者被貼上魔鬼信徒的標籤。此外，教師肩膀上也扛負著為良善目標做出巨大貢獻的壓力。困難在於教師並不是永遠都有權力判斷目標的善惡。期待教師為良善目標做出貢獻的複雜性，不但屬於一種判斷因素，還會嚴重耗損他的資源。

對教師的這些要求經常會讓人生氣，而且生氣是有道理的。但是教師與社區聯結，產生一種有趣的兩難狀況。解決教學專業問題，一部分要靠教師與社區的同化作用。徵召老師從事教誨工作，不就是邁向同化的目標嗎？要求教師參與社區，很少是強制性的——雖然有時候確實是，只是這種要求似乎滿有效的。但是這種參與絕對沒有辦法讓教師真正與社區同化，因為那不是正確的參與方式。教師總是以教師的身分正式且**依據職權**參與——但往往不甘不願、受到強迫。我們需要的是，教師必須有意願以一個社區團體成員的身分參與。如果教師想要有真正的歸屬感，他必須以John Jones的名義——而不是學校

校長——加入地方團體。

　　伴隨學校教學的道德要求特別重要。有一次某位大學同事半開玩笑地說，美國學校是道德、宗教教學的主要代理機構。如果有人接受這個命題所設下的挑戰，那位同事便點出一項事實：我們未必能夠解聘一個完全沒有能力的教師，但是如果他有任何的道德輕忽，就會讓合約立即失效。無疑地，社區已經普遍接受教師必須成為各種道德楷模的事實，這種強制作用使得教師在很多方面並不及格。在性這方面，社區往往真的很殘忍。一部分原因是美國宗教信條認為，學校教師是無性繁殖的。任何一種職業對於年輕單身漢尋找另一半，都不會給予絲毫的譴責；但是證據顯示，男老師追求異性根本就不對。社區比較喜歡已婚的男老師，但是如果未婚，就會禁止他們追求婚姻。至於女老師的品行方面，有些社區的嚴格程度令人難以想像。年輕、美貌是一種缺點，獵捕丈夫則罪不可赦。這種荒謬的傳統態度以及完全不合理的社會意涵，單從合約內容就可以看得出來；在探討學校教師的性歧視主題時，更重要的是我們總會指出，在現代生活中幾乎找不到第二個類似情況。女老師成為我們侍奉女竈神的處女。

　　對於年輕女企業家而言，品行問題無關痛癢，但是換成年輕女老師就非同小可。很少有整個社區去關注一個19歲速記員的私事，但是就像以下事件所顯示的，一旦對象變成19歲的女老師，整個社區就變得沸沸揚揚。

　　　到了夏天，我們的教育局長Blank先生會去渡假。Jones小姐來這裡應徵教職。她是一個很漂亮的年輕小姐，19歲，剛從一所小型的宗教大學畢業。她本身也信奉那個教派。學校董事會裡有人同屬那個教派，而且就像校長說的，另外二個同事對年輕美女有好感。Jones小姐被錄取了。Blank先生想安排她跟另一個年輕男

老師共用辦公室。

Jones 小姐是這群高中老師裡唯一跟年輕男老師隸屬同一教派的，她選擇單獨一間辦公室。從一開始大家就注意到那位年輕男老師，經常在早晨、中午與晚上上課前後的時間，出入她的辦公室。於是耳語開始流傳：聽說 Blank 先生一開始本來不想聘她，她最好小心一點。有些老師經過走廊或她的教室，還會說她的班級很吵。

有幾個老師找她談，想要取得她的信任。接下來其他老師就知道發生了什麼事。她說她跟鎮上所有的單身男性都約會過。有幾次還搭高中生的便車。如果中午時間跟其中一個男生上街，就會引發更多的謠言。聽說有位老師曾經警告她，最好不要招惹她的紳士朋友，否則她會挖出 Jones 小姐的眼珠。

有位數學老師的值班位置剛好在 Jones 小姐的走廊門外，每一天她都回報 Jones 小姐的最新小道消息。

前六週的教師考核時間到了。資料被送到辦公室印刷。Jones 小姐的問題被提出來檢討了一番。她當然更為不滿。她說她知道局長和校長想要把她弄走。據說她的行為越來越變本加厲。值班老師說她聽到校長把幾個男生從 Jones 小姐的房間趕走。很顯然校長和局長經常待在走廊上。

Jones 小姐的一舉一動都被監管、記錄下來。有個老師告訴其他同事，在一次班級派對中有幾個男生禮貌性地問她喜不喜歡這個派對；然後轉頭邀請 Jones 小姐結束後跟他們一起去兜風。

到了年底 Jones 小姐開始跟一個據說品行不好的年輕男人交往。好像有一位學校董事會委員提醒她不要跟那個人交往，她說她會「讓他知道該怎麼做。」

根據傳統，教師不能公開跳舞，但是好幾次有人看到 Jones 小

姐公開跳舞。

　有一次她告訴一群老師自己不適合當老師,她不會再回來教書了。

　學校的老師、校長、局長都因為這個不幸事件,不得不受到社會大眾的矚目。小鎮在這個問題上選邊站,整個學校和社區也騷動不已。(此文件由一位教師提供)

　也許Jones小姐應該得到一點點關注。但是這樣的故事每年或每隔幾年,就會在全國幾乎所有的都市、鄉村一再發生。經由某些例子,更能夠清楚呈現其中的特殊意義。一旦個別教師受到更多的不公平對待,或者一般社區對教師更不友善,我們就可以輕易地找到上述那些例子。這個社區的某些因素值得關注。另外一些複雜因素,包括年輕女性的宗教信仰,以及她與其他同事的隔閡及敵意。但是這個例子足以顯示一場風暴如何降臨在一位擔任教職的青少女身上,而且儘管如此,她的行為表現仍然無法比照同年齡的青少女。

　這個故事讓我們想到有許多老師都有類似的本質。例如,有一位老師工作很有效率——這並不罕見,她謹慎地跟學生相處,但是習慣在教室與學校生活之外,過著一種不太受到束縛的生活。這位以「俐落」聞名的老師也常常成為事件的颱風眼。有時候她的名聲只不過來自一些明確的事實:她偏好住旅館而不是民宅、不上教堂、會玩撲克牌,或者有時候週末會去渡假。類似的禁忌清單不勝枚舉;南部有一所師範學院的校長就因為反對男、女老師在校外聯誼而聲名大噪——雖然他明顯不干涉同仁的其他戀愛生活安排。這種差別做法看起來似乎不錯。抽菸也是一個重要議題。但有時候甚至男性也被禁止抽菸,某些社區中的保守成員仍然認為,「一個老師毫不在意地含著一根大雪茄走在街上」,是一件很可怕的事。這樣的社區一定偏愛不抽菸的

男老師，只是他們對於這種道德惡習的敏感性，還是比不上女老師的菸癮。最近一個不屬於非進步主義陣營的東部社區，正在熱烈討論女老師抽菸的道德議題。不久前，密西根州一所師範學院的校長宣布，他不願推薦任何一個會抽菸的女子。這可能會讓那位女子永遠無法得到教職。中西部有一所州立大學還發生一件可笑的事情。有幾位教師的太太在教師舞蹈社團聚會時抽菸。有位好事之徒向校長打小報告，還提供了名單。

作業

1. 回想某次學校當局和社區領導者有關學校政策的爭論，並分析它的啟示。

2. 完整說明某位參選的學校行政人員如何向社區介紹一項必要的學校改革，並加以詮釋。

3. 請明確說明某社區期望兒童遵守的道德規範，並與成人社區的現行規範做比較。

4. 向一群老師徵詢以下問題：「什麼時候有必要或者可以對兒童說謊？」

5. 針對某位年輕男性如何學會某位年長男性的嘲諷風格，進行個案研究，並詮釋你的資料。

6. 透過個案觀察，了解理想主義者碰到理想破滅時會怎麼辦。你的結論會根據哪些學校政策原則？

7. 隨機挑選10個兒童，然後描述、比較其家庭環境。

8. 分析某一所高中的社團成員背景。家長社經地位對於入社資格的影響程度有多少？

9. 針對最近由於學校教學影響風俗習慣而引發的改變，加以列表說明。

10. 你知不知道高中的「大學代表隊」？它代表什麼意思？

11. 學校教師的不滿有一部分來自他們在文化傳播過程中的特殊位置。請針對上述推論進行觀察與檢視。

12. 敘說某位老師因為「非專業」行為而丟掉飯碗的故事，並加以詮釋。

13. 記錄一個月內，社區對某位小鎮教育局長所提出的時間（非上班時間）與金錢要求。

14. 教師參與教會工作屬於老謀深算嗎？請用具體證據支持你的論點。

15. 分析某位以「過於俐落」聞名的教師人格。他的名聲從何而來？然後加以詮釋。

16. 隨機找出20個成人，探討他們對男、女教師抽菸的態度。然後詮釋你的研究結果。

17.「描述某一個經確認教師被視為**社會菁英**的社區。」「描述某一個教師被視為低等階級的社區。」（引自 Clow）

建議閱讀

Hart, J. K., *A Social Interpretation of Education*, Chapters VII to XI.

Herrick, Robert, *Chimes*.

Lynd, R. S. and H. M., *Middletown*.

Park, R. E., and Miller, H. A., *Old World Traits Transplanted*.

Steiner, J. F., *The American Community in Action*.

Steiner, J. F., *Community Organization.*
Wissler, Clark, *Man and Culture.*
Young, Kimball, *Social Psychology*, pp. 347-52.

第五章　社區中的教師

　　有關教師在社區中的一般角色，已經有許多相關討論。我們不難理解教師在所居住的社區中，多少是孤立的。他之所以孤立是因為他是外來者，接受聘僱，然後傳達某些技能和特定的專門知識給社區裡的年輕人。在心理層面上，教師的態度類型固然使他孤立，但是最重要的是社區對他的孤立。社區讓他成為某些超越世俗價值的承載者，並且在他身上強加一些導致卑微地位的限制。社區堅持教師比上帝重要，但卻比不上一般人，所以社區永遠都不可能認識他。簡單來說，教師之所以在心理層面上與社區隔絕，是因為他必須生活在教師的刻板印象中。

　　教師刻板印象是一片單薄但無法穿透的紗，它介於教師與其他人之間。教師永遠不知道對方的真貌，這是因為當教師注視著對方，眼裡看到的並不是真正的對方。社區從來不知道教師的真正模樣，這是因為社區並沒有提供教師正常的社交機會。以下紀錄清楚呈現教師一旦在場，自發性的社會生活就會中斷，取而代之的則是刻意而優雅的交談：

　　　我在理髮店聽一群人說些常見的笑話，外頭有人往門口走來。理髮師馬上停下手邊的工作，然後說：「噓！噓！各位，高中校長要進來了。」所有人都安靜下來。校長走進來，然後坐下來。理髮師打破沉默說：「教授啊！我猜你很高興學期就快結束了吧？」
　　　「是呀！」他回答。

理髮師說：「如果你像我兒子那樣急著想放假，就不會覺得假放得太早了。」那位校長是來付帳的。他離開的時候，理髮師說：「教授，你不用趕，只剩一個客人了。你是下一個。不會超過20分鐘的。」

「喔！我等一下回來。」校長說。

「好的，大概12點15分再來。那時候比較空，我可以馬上幫您服務。」

校長離開後，理髮師轉向眾人說：「哇！各位，我有個很棒的故事，但是這是公開場合，我們得尊重那位剛離開的人。**而且，我有很多女客人。**這對她們來說也是很尷尬的。這是我的責任。你們知道我在講什麼。好，現在繼續說你們的笑話和故事吧！」理髮師笑了。（未出版的手稿，Charles Zaar，《理髮店的社會心理學》，對話速記）

舉凡不斷使用「教授」的稱呼、明顯的刻意交談、教師對於多次的陳腔濫調興趣缺缺、教師對理想女性特質的同化，以及教師進門時正常活動的壓抑等所有事物，都讓上述事件變得有趣而重要。有人說，女人和黑人一向不可能徹底融入白人男性的世界。也許我們也應該把男老師加到排除名單中。

教師不僅僅在公共形象上跟其他男性隔閡，當教師必須住在私人住所，刻板印象仍然會讓他孤立於室友。有位女老師敘述了以下事件：

不久就要吃晚飯了，那家人和我都到餐桌就坐。他們家有個三歲的小男生，很多話題都會圍著他轉。他的爸媽要小男生表現好一點，因為有老師在場。事實上我在那些人心目中，似乎最重要的就是老師的身分。許多證據顯示，老師和社會之間存在很多的

障礙。我是個老師。外人對我多半採取一種緊繃的態度。我不常
跟那家人碰面，因為他們一吃完飯就會去做自己的事，做完後就
全部去睡覺了。（學生報告，〈我教書的第一年〉）

有關教師孤立於社區的客觀討論，Lynds的《中途鎮》論述得最好：

　　今天談到中途鎮的教育，我們的確應該重視整個社區對老師視
若無睹的事實。250位以上老師被託付承擔訓練年輕人的重任；
他們並不是那些睿智、有技巧、受人敬重的長者。以城市領導者
最有興趣的議題和活動來說，多數老師不是菁英分子，我們也很
少在每週商業私人俱樂部的午餐會議上碰見他們；他們大多也不
喜歡出席這些權貴配偶主持的會議場合。中途鎮用雜貨店員的待
遇聘僱這些老師教導他們的小孩，也將整個學校的經營交給三個
商人——透過政治機制任命——組成的學校董事會。可想而知，
當一個特別關心孩子的母親跑到學校，想要「知道Ted跟大家相
處的情形」，因為她很難碰見那位老師，從此之後就可以少跑一
趟了。教師經常自我解嘲，自己在當地日常來往生活中缺乏地位
與肯定，旁觀者很容易就了解為什麼一個世代以來，在這個商業
文化中，「老師」和「教授」從來都不曾佔有一席之地。[17]

　　教師在小型社區中找不到安身之處的困難，可以從他四處尋找一
個房間得到證實。對教師來說，許多關鍵在於選擇住所以及寄宿家
庭；儘管他在社區中一無是處，但可能在社區派系、敵對的交戰區
中，得到一種象徵性價值。以下的故事具有一些特點與普遍性：

17　The lynds，《中途鎮》，頁209。（Harcourt, Brace & Company 允許重印）

　　這個時候我的房間問題必須解決。我不能待在以前的地方，那個房子太小了，只有一個房間和餐廳裡的一張床。過了一段時間，我開始習慣在同一個房間吃早餐。房東那位長太快的12歲女兒，張開四肢，大剌剌地橫睡在床上。那一年後來有一陣子，在鐵路局工作的大個子房東生病後，我們就開始跟他那癱在床上的龐大身軀共進三餐。不行，我不能待下去了。那個女生會讓每個人神經緊張。我待在自己的房間，她不斷進進出出，只為了滿足好奇心。我阻止不了她，那是家裡唯一的一間臥室，而且他們的東西都擺在那裡。

　　局長盡量幫我安排跟一些X家的成員住——如果他們大發慈悲，願意收留我的話。我發現他無法處理派系問題，把我當成一張「牌」。我拒絕了，但是我好像沒有地方可以待。最後，那位低年級老師（C太太）要我搬到她那裡去。我很高興。我欣賞他們夫婦，因為他們人很好，年輕、高水準，這在鎮上很少見。

　　那個房間不但寬敞，而且日照充足。他們的家很可愛，有一台大鋼琴吸引我的目光。遺憾的是我發現它走音了——就像鋼琴底下的其他地方一樣，但是那還是比什麼都沒有要好。我的房間裡有一台爐子，剛開始還有一個煤油暖爐。有一個禮拜天下午午睡時，我差一點被暖爐嗆昏。有一次它冒煙，把樓上的新壁紙和我所有的衣服都燻黑，還差一點把房子給燒了。浴室沒有熱水。有個週末我家庭訪問回來，發現浴室對面的洗手間被風吹垮了。之後好一陣子才有水。我們要從井裡打水。我裝了二個水壺擺在房間，有一年冬天，它們還幫忙撲滅了一場垃圾火災。那場火燒掉了引來大批老鼠的玉米穗，而且我被老鼠吵得沒辦法睡覺。直到一月份C先生離開前，他早上都會過來幫我升火。起初這種情形讓我很困擾，但是後來就跟其他事情一樣，慢慢習慣了。

　　剛搬去跟Ｃ家人住的時候，我注意到分開住勢在必行，只是我認為至少要一年以後。Ｃ太太沒有用心經營這個家，甚至房子常常是髒兮兮的，有一股腐敗、發霉的味道。我讓我的房間保持通風、乾淨，好對抗那股味道。Ｃ太太很有錢，大可不必教書。她把自己每一分錢都存起來，由老公支付房子的所有開銷——甚至郵票錢。本來都是她保管房租，等到我來的那一年，才改由先生保管。

　　她嘮叨不停，讓我精神緊繃。她一再重複她為先生所做的「犧牲」。我聽最多的就是：「佩姬，我都是拿那瓶有點酸臭味的牛奶，把甜的留給老公。真愛就是那樣，佩姬。」我當做沒聽到，只是讓我的第六感幫忙，每隔一段時間適度地點點頭表示贊成。

　　後來她爸爸也搬來一起住。他在早餐之前會進來我房間，早餐後也會進來；只要一放學，晚餐前後的幾個時段都會進來。如果Ｃ太太下班還沒有回到家，老先生就會纏著我，進進出出或者打電話（這是Ｃ先生堅持要裝的，免得每次打電話都要到老先生的房間），一直到她回家為止。這場戰爭很精采，Ｃ太太有時會板起臉孔、連續幾天罵個不停。

　　我必須向老先生示好，因為他是學校董事會的成員。他習慣在院子裡對我引述聖經句子——尤其發生麻煩事件之後。以前我自認為還算虔誠，但是他會糾正我。他每一次都會在樓上對我大呼小叫，說個不停。我很快學會只要老先生一來，就找藉口溜回房間。他不喜歡這樣，但是我只好敷衍他，說我不想介入。

　　一開始整個家爭吵不斷，夾雜著緊繃的沉默、摔門，以及其他一切。我盡可能視若無睹，守著我的房間。Ｃ先生開始每天晚歸，然後有一次乾脆不回家。戰爭終於引爆！

　　Ｃ太太一直抱怨心臟有毛病，我也才了解了一些心臟病的症

狀。在這之前，我只知道心臟病患者連快步走路都不敢。有一次我突然發現自己爬了一段階梯之後，也發生類似症狀，而且這些症狀始終困擾著我。照理說，我對Ｃ太太應該會有同理心。只是經過九個月日以繼夜的疲勞轟炸，我已經不在乎她父親是不是學校董事會委員了。

如果只是單純的心臟病症狀，我是不應該抱怨的。當她發現自己的先生避不見面，她開始嘗試其他策略。其中一種是精神恍惚、摔下樓梯。她求我不要告訴別人。她說，病因是一張Ｃ先生寫給一位高年級老師（Ｂ太太）的字條。她定期檢查他的口袋，還說：「佩姬，這是我追蹤他的唯一方法。」

Ｃ先生拒絕跟老婆說話，這引來更多麻煩。Ｃ先生找我說話，Ｃ太太也找我說話；她也找他說話。她設法讓我跟她先生講話，找出問題在哪裡──就好像所有女人都看不出來一樣！我拒絕蹚這趟渾水。接下來她的爸爸也來求我去跟他說。每天晚上我一吃完飯，就會目睹Ｃ太太的可怕場景；她求我去跟她先生說話，找出癥結點。他們一再告訴我他們的立場，問我做得對不對。我害怕回家。

我也有自己的問題。我真的開始害怕路上那座橫跨急流的大型舊橋。我打算辭職，局長卻告訴我一旦辭職，他就不會推薦我到其他學校。他想要強迫我搬走，因為現在鎮上到處都是傳言。我沒有地方可以去，沒有人有空房間或者需要房客。我也擔心一旦搬走，Ｃ太太會搬弄是非。如果我離開，她會說她趕我走是因為她開始懷疑我。雖然我在這個事件中自認為沒有偏袒誰，但是這個事實就足以讓她起疑心。Ｃ先生在一月份時離家出走，說要離婚。我還記得那一幕。有一天晚上Ｃ先生在家（他回來升火），她要我進去跟他講話，我拒絕了。她推了我一把，害我摔到房

間裡。

她開始對外放話，效果還真好！整個鎮在我知情以前已經吵成一團。我在學校忙了一整天，回到家一直到深夜，還聽得到她吼叫、流淚、抱怨、呻吟。每天晚上就在這樣的吵雜聲中入睡。找她談也沒有用。

她也到銀行刺探，看看有沒有「另一個女人」。我記得有一天晚上，她叫我跟她一起到鎮上某條大街逮人。我很快就知道是怎麼回事。他跟她在鎮上的樂團一起演奏，她堅持我跟她一起去練習，這樣她就不用單獨去。我因為害怕自己一個人待在那棟大房子，就去了。她晚上待在朋友家。我還是很高興可以用這個藉口出門。

局長告訴我不要再跟她去樂團。他說有關她的傳言很恐怖，別人會因為我跟她出去而「看不起」我。我抗議說每天晚上待在大房子沒人作伴。後來因為沒有什麼差別，我就留在家裡。這讓 C 太太很生氣，疑心更重，她又以為她老公會來看我，其實並沒有；但是她叫隔壁的太太在她外出時，監視我的一舉一動。有一天晚上，我看到她站在院子裡瞪著我的窗戶看。天曉得！我才看不上那個男人！

我幾乎每個週末都回家。我不在的時候，C 太太幾乎都睡我床上，甚至找人陪她。我發現 C 太太不在時，C 先生也睡我的床。這件事發生在他離家之後。有個禮拜一的早上，局長進來告訴我：「我聽說週末妳有訪客留下來過夜。」我嚇呆了，我說沒有。C 太太跟我搭同一輛火車到城裡拜訪朋友。她把這件事告訴好幾個人，後來傳聞就變成我請她去我家一趟。局長說每個人都在討論這件事，他無法理解我為什麼這麼做。我氣炸了！

同一天早上，局長告訴我有人開始謠傳我要嫁給「Tabby」，也

就是Ｃ太太的弟弟。因為他們家正在進行裝潢，鎮上的人以為我要嫁給他。我跟他根本沒有出去過。到了春季尾聲，局長的太太告訴我，如果我單獨跟他出去，我就得離開這個鎮。

　　整件事情從頭到尾，傳言和說法變得越來越離譜。我儘可能安靜地依照自己的方式過日子。雖然有人想要打聽，但是我不跟任何人討論。我比鎮上所有人都清楚真正的事實，其他人聽到的都是Ｃ太太的片面之詞。我之所以害怕跟別人說，是因為我不知道對方相信哪一個版本。但是從來沒有人責備我──即使是學校董事會裡的那個惡霸。

　　Ｃ太太自認為找到更多Ｃ先生跟Ｂ太太有染的證據。她一再告訴我所有的下流細節，直到我可以倒背如流。我試著保持中立。她卻認為我在背後搞鬼，所以也防著我。但是在我面前，她還是盡量說些好話。她會說些奇奇怪怪的故事，毀謗Ｂ太太。最後Ｂ太太經過多次溝通，利用放學後的某個晚上逮住Ｃ太太，釐清事情的來龍去脈，並威脅提出告訴。這個做法成功壓制了Ｃ太太的公開舉動，因為她害怕上法院。只是這仍然無法制止她在背後興風作浪。

　　在學校裡是很痛苦的。Ｂ太太不理Ｃ太太，但是Ｃ太太卻費盡心思不讓Ｂ太太如願。Ｃ太太糾纏那位中年級老師，一遍又一遍告訴她所有事情，都快把人逼得走上絕路了。我負責學校的管弦樂團。Ｂ、Ｃ二人都是團員，也都不讓對方脫身。這使得氣氛非常緊張。最後，Ｃ太太以「工作太多」的理由退出樂團，接著Ｂ太太也因生病退出。Ｃ太太問過我很多次，之後她又加入了。她總是堅持坐在第一排，不過她的薩克斯風吹得很難聽。樂團沒有人可以遞補，因為規模已經夠小了。

　　這個時候，所有學生都知道這件事，等著看好戲。不管是哪一

個細節，一些流言在我的縫紉課堂上傳開來。上課的女生利用那門課作為全鎮的八卦情報交換站。我一開始想要阻止，後來決定既然學生對課業沒有興趣，只要她們小聲講話、做事情，我就不管。我認為一個班級如果建立了輕鬆、友善的關係，就可以完成很多事……

　　牧師是個小個子的老好人，但是他太太造成的傷害比他的講道更嚴重。她和C太太聯手在背後中傷我，類似的情形不勝枚舉。我一直被蒙在鼓裡，直到有一天我下班前聽說了——事實上那天我忙著處理其他事，也就是擔心高年級戲劇排練的最後一天。我認為自己再也沒辦法繼續下去。就在我聽說之前，牧師太太要我去她家吃晚餐。我那時候還沒有找到寄宿的地方，而當時我寄宿的女士家，她那個禮拜剛好要出城。我痛苦而自責地接受邀請。有一天晚上我經過她家，她要我進去坐一下；最近都沒有人來她家，她覺得很寂寞。我知道每一次她看到我都想打聽C太太的內幕消息，但是我因為孤掌難鳴，所以決定省略所有有關C的部分，然後稍微打住。當天一個字都沒提。第二天早上局長的太太在我上班的路上把我攔下來，她說昨天我離開去參加委員會會議後，牧師太太到她家，告訴她我去尋求諮商，跟她講了一些事情。局長太太要我解釋，她說C太太不是我的朋友。我否認，有關C太太的事我一個字都沒說。於是局長太太每天早上都把我攔下來，告訴我一些新發展以及C太太麻煩事的新謠言。這成為一天的美好開始。接下來一直到早餐前——我也實在吃不下——那些話始終糾纏著我，還得走一段路到學校。（自傳文件，〈我教書的第一年〉，由某位25歲的女老師提供）

這個故事具備一些不尋常的特色，但也有助於說明一些常見的機

制。這個例子的進一步發展是，學校董事會對於是否聘用音樂教師產生歧見，引發激烈衝突。這位年輕女子在還沒有接受聘用前，就已經成為社區的爭議焦點；就社區衝突來說，她已經得到一種少見的好處。局長引誘她跟Ｘ家庭的某個成員共住──如果可能的話，把她當做自己政治版圖的護城河，這是典型的政治權術層級。她搬進決定寄宿的家庭後，再次捲入衝突情境中。她那種成為社區衝突焦點的象徵性，隨著她與Ｃ太太關係的類似聚焦現象而增強。要不是她明顯位於槍林彈雨的中心點，要在社區竄紅是難以想像的。值得一提的是，她對兩邊陣營敬而遠之，想要保持中立，卻讓雙方更想知道她的八卦。同樣具有代表性的是，無法從她身上打聽內幕的人，就根據自己的想法捏造故事。也許對於經歷過這些危機的人來說，最煩人的是那些自認為良師益友、傳遞社區八卦消息的警告者和好事者，藉此自抬身價，卻讓痛苦的故事主角付出代價。同樣有趣的是，在這位年輕教師的故事中，不斷出現一些文字、措辭，透露出若干端倪。它們包括整個故事中的「牧師太太」、「局長太太」等。有人認為在這些封閉、小型社區中，對於女性和其配偶正式職位的結盟，不能只把它當做形式上的連結，而是非常接近化學組合，屬於一種重組部件的混合。

　　就社區不願意將教師當做一般人的觀點來說，教師組成派系不足為奇。至少在其他教師社團中，教師可以自在地相處（假設他們是親密的朋友，而且地位相當）。教師社團中的自由雖然有所限制，但是社團總會提供最佳機會，將教師視為一般人予以接納。因此教師團體會組成一種密切的小集團，形成夥伴關係（這種傾向會因為以下事實而更明顯：系統中的所有教師會共同對抗社會秩序與學生的敵人）。這群人旗幟鮮明，跟一般社區不一樣；他們年輕、受過良好教育、多半未婚、存有過客心態、不滿現狀。他們是陌生人。

　　教師之家由社區負責經營，服務對象則是未婚教師。它的目的是

以最低價格，提供缺乏依附感的社區成員一個合理的美好住所和相當舒適的環境。有趣的是，社區中一些類似教師之家的產品開始蓬勃發展。有的場所剛開始只開放給一、二位老師，獲得好評後，很快地所有老師紛紛搬過來或寄宿同一個地方。這類安排有它的好處，但也強化了教師派系的趨勢。未經規劃的教師之家如雨後春筍般設立，也常常變成對立小圈圈的大本營。以下是一個相當無辜的例子：

> 我抵達任教的鎮上時，找到一個與三位高中老師共住的房間。還沒有找到住所的高中女老師，只能住在幾乎所有高中老師都會去用餐的地方。有人建議我對所有老師釋出善意。我比較常接觸的是那些住在那裡——而不是只吃晚餐——的老師。我很快就注意到同住的老師開始向其他人發牢騷。F小姐很笨，也的確受到排擠，還有人對她罵髒話。「她好可憐，」她們說：「她就是那種什麼都不懂才會上教堂的人。」F小姐和J小姐以前是大學同學，F小姐因為不夠靈光，沒有辦法加入女聯會。S小姐很漂亮，但是也很笨——雖然比F小姐好不到哪裡去。她們討厭M小姐，只因為她長得不怎麼樣。最後她們告訴我，如果我要跟其他人來往就請便，但是我從此就不是她們的人。後來我們的女房東決定提供早餐，我跟其他房客因此更為親密，於是無意中我就被當做房客，而不是那群寄宿老師了。（某位教師提供的生命史文件）

教師與其他教師結盟會有好處。無疑地，這些結盟有助於教師忍受較少敵意的社區生活。有了其他教師作伴，比較不會感受到一般人歸咎於教職的汙名。Bagley甚至肯定這些結盟，認為有助於培養工匠精神。教師的初級團體會針對教師對學生與社區的態度，給予一種次

級團體認可；他們支持他追求精熟教學，在受挫時給予安慰，並針對未來努力方向和做法提供建議。但是這個事實會導致這些團體對教育以及社區服務帶來威脅；機構成員的歸屬感變得比所處社區的人際關係還重要，制度化也隨之而來。教師為教師而教，學校為學校人員而存在。但是就像某位宮廷詩人所暗示的，如果不是為了廚師才去調理食物，味道可能更棒。

　　討論教師低社經地位的文章已經很多。身處於我們文化中的教師，向來都是可有可無；幾十年來，地位不曾好轉。大約五十年前，有人曾經主張教師在社區中之所以沒有地位，是因為他們會打小孩；這種說法無疑具有幾分真實性。但是鞭打以及所有其他的嚴重體罰，在現代學校中大多已經消失，只是教師社會地位提升的證據仍然少之又少。也有人認為，所有行業的社會地位真切地反映出它的經濟地位，所以教學工作的低經濟報酬足以說明它何以被視為一種不太受到尊崇的生涯目標。但是，這種解釋不能過度推論；它固然具有某種真實性，但也受到其他事實的限制。在一些小型社區中，教育局長通常比多數村民擁有經濟優勢，但是村民不但同情他，也看不起他（或許也忌妒他的輕鬆日子）。於是，教師群中最受尊崇的大學教授，多半只不過比中等學校行政人員稍微有錢一點——有些則更窮；然而除了任職大都市的例外情形，其餘社會地位都不高。Lynds提出一個簡單的經濟學解釋：在這個商業文化中，教師與教授沒有容身之處。

　　分析一般人對教師的看法時，必須考量教師刻板印象，因為它部分反映、主導了上述看法。這種刻板印象顯然是一種針對教師控制兒童方法的反諷，也代表教師解決控制問題時所產生的性格。當然，這種控制問題衍生自一種假設：管理學校必須遵循教師宰制、學生服從的法則。教師必須運用方法控制學生並加以維持，由此產生一種推論：這種教師形象會一直保留在所有畢業生的心中。這是一種理想

化，但不是事實的寫照，因為記憶無法讓人類軀殼保存那麼久；一般
印象固然保留下來，但是細節淡化了。那種理想化的概念很容易變成
一種反諷，而且是不愉快、輕蔑的反諷；因為真正的敵意存在於師生
之間，而且會將記憶變質為反諷。按照這個說法，每個世代的教師都
在償還前一世代的罪孽；它需要幾十年合理而友善的教學，才能消除
教師的汙名。證據顯示，此一過程已經啟動，但是反抗教師仍然普遍
存在。那種敵意參雜著某種敬意，但那是一種真正的敵意，而且顯然
跟學校一樣，舉世皆然。在《歸途》（*The Road Back*）那本書中，[18] 有
一段市長跟村民想辦法灌醉新老師的情節，可能經過某些修改後，出
現在《胡厥的男老師》（*The Hoosier Schoolmaster*）一書中。

　　由於教師刻板印象存在於教師與他人之間，其實社區並不尊重教
師。刻板印象是一種反諷，它的特徵來自於事實上教師必須成為控制
兒童瑣碎事務的暴君。教師與受教者的關係是不友善的，反諷可能是
尖銳的，這也是以下論證的基礎之一：學校開始減少使用獨裁、殘忍
的手段來執行管教，教師受歡迎的程度就會提高。不管這個推論有多
合理，這項原則的適用性很低，因為還有更深層的原因導致教師與同
儕隔離。教師越成功，就被同儕隔離得越遠。教師必須生活在青少年
態度與價值的世界。他的確可以在教學之餘維持基本的成人角色；但
是那樣一來，他就必須在自己與學生之間劃下一道鴻溝，師生關係變
成一種最嚴格的宰制與服從關係。如果教師想要合理控制學生，就必
須犧牲自己某些的成年性質。我的意思不是說，一個具有充分洞察能
力的人或許沒辦法魚與熊掌兼得；在這個例子中，我指的是以男孩的
層次，將男孩當做目標去進行調整；同時，也用稍微不同的層次，往
成人方向調整；只是我們很少看到這種洞見，而且它可能導致個體與

---

18 Remarque, Erich Maria，《歸途》（譯本），pp.227 ff. Little, Brown, & Co., Boston, 1931。

社會在情感上完全隔離。

　　教師必須跟男生討論他們有興趣的東西。他必須了解青少年角色，並鮮活呈現出自己那種不完全符合青少年的角色。在這些角色中，最快樂——或許最能成功扮演——的是那些從來不曾完全脫離自己以前的青少年、大學英雄、足球員與歌星角色，以及從來不曾忘記自己大學模樣的人。這些人可以快活地享受青少年角色，因為在他們的生活中，這些角色始終沒有中斷過。更具有自省能力的教師，也許不喜歡自己必須扮演的角色，但是他永遠必須嚴謹看待教誨、控制兒童的社會系統。討論考試、成績、學分、晉級、犯錯、責罵、學校儀式、成功等概念時，必須謹慎——甚至虔敬地——發言。要教師嚴肅看待這些事物，又不讓它們潛入自己的心靈，實在不容易。基本上，想要成為更好的教師，就得讓那些事物更深入心靈。

　　教師固然必須擁有一些稍微貼近男孩世界的社會特質，但是同樣的特質卻使他被男人社會排除在外。銀行家和律師或許會一起討論利率、盈餘，這是因為他們生活在同樣的價值世界；但是，要專業教師跟他們任何一位討論，一定更困難。教師要跟對方談些什麼？教師彼此碰面時會討論商店，但是對象換成銀行家就不會談這個了。開場白之後，二人的話題可能是陳腔濫調，也許是政治；也很可能無疾而終。個別教師會學習跨越這些界限，但是對教師階級來說，那些界限始終存在。

　　一般來說，事實上很多的男性交流屬於某種惡習或運動嗜好，而這些對教師來說多少是個禁忌，會使情況更惡化。不抽菸、不喝酒、不發誓或者不說黃色笑話的人，會被排除在一般男性協會、所有理髮店、撞球間，以及男子俱樂部之外。此刻對所有身為人類的人來說，身上只有一點點惡習，也許似乎是一種糟糕的優點。但是事實上，這些惡習影響他人好感的程度仍然很高；原因在於它們開啟了人際接觸

之門。有些教師知道這些惡習很重要，而且還沉溺其中。他們解釋自己不是尼古丁成癮，但是偶爾會嘗嘗高檔的雪茄。看著他們品味高檔雪茄，實在令人難過。

　　除了教師專業不受尊重，在所導致的常見偏見中，還有一個因素來自於教學往往被認定為失敗區。這種想法還算公道。幾年前有一句流行的反諷詩：教學是賣不掉東西的男性與嫁不掉的女性的避難所。這句反諷詩對很多人來說並不公平——就像一竿子打翻一船人，但也正確反映出一種普遍信念。不管公平與否，教師的低社會地位以及教書是各種職業中的失敗區——同屬於低社會地位的一部分，在在都讓教師地位低於一般人。教學的這些社會障礙固然剔除一些不好的教師，但很難否認也把許多具有明顯特質的教師擋在門外；如果可以引導這些人選擇教職或繼續任教，就可以有力地協助學校。至於教職究竟是不是失敗區，我們必須存而不論。當然對許多教師而言，它是個失敗區，因為他們認為教學是一種不愉快或單調的行業，他們沒辦法自我解脫。對他們來說，教職是第二選項。

　　還有一個影響教師在多數社區中地位不高的關鍵因素，值得一提。教師對於能否獲得長聘資格始終忐忑不安。這種不安全感不僅讓他們跟權貴相處時更為屈意奉承、缺少自信，也強迫他們討好商人以及社區有力人士。為了維持地位而諂媚逢迎，摧毀了教師的自尊，也造成他人不再尊重。教師之所以無法保住地位，還有更重要的因素。也就是教師常常沒辦法長期待在社區，好讓類別的來往能夠過渡到人際（或者擬情）的來往。前面提到教師刻板印象，在缺乏特定教師其真實個人知識的情況下，社區對他的觀感幾乎完全取決於普遍的刻板印象。如果教師在某個團體待得夠久，他會逐漸形成自己的一套個人印象；儘管教師刻板印象會影響這些印象，但是這些印象中的人性與個人價值會越來越多，刻板印象就會減少。John Jones以教師身分進

入社區時，鎮民一開始幾乎就把他整個人當做一位老師。但是他慢慢認識了鄰居，鎮民越來越把他當做一個普通人；當社區把他當做剛好擔任局長的 John Jones，而不是名字剛好叫做 John Jones 的局長，過渡期就宣告完成。但是如果 John Jones 只在社區待一、二年，他的人脈就會大大受到正式職位的限制，而鎮民永遠沒有機會從人類特質的角度，對他進行公正的評估。從類別來往過渡到人際來往的歷程，也永遠無法完成。這麼一來，教師的低社會地位有一部分會受到以下事實的影響：教師從來不會在某些社區落地生根，因此社區也沒有辦法從人的角度去理解教師的價值。解決教師缺乏社會地位問題的部分方法，可以透過二項事實的綜合考量：1. 教師刻板印象對此問題尤其不利；2. 教師很少長期待在團體中，無法用個人來往取代刻板化的來往。

　　所有教師的確都會發現，探討陌生人角色是值得的；對於即將前往小鎮的教師來說，那樣的探討別具意義。社區中的陌生人可能很重要，但是那種重要性不屬於個人性質。陌生人的重要性經常來自於他不是普通人的事實；這就是為什麼陌生人容易產生自信心。「新人」是一種特別的陌生人。Blumenthal 曾經討論到關注新人與新人確實微不足道之間的明顯矛盾。當新人是一位老師，關注的理由可以是尊重職位，以及對他的文化學識、個性隱私感到好奇。在新老師來到新社區的前幾天，社區成員偷偷看著他，想要測試他。他們在窗簾背後暗中監視，透過孩子打聽探老師的一舉一動，心中一堆疑問。今年有哪些新的文化產品？新老師會不會引起爭執，成為社區衝突的焦點？他會不會符合大家長期渴望的模範？可不可以滿足社區的所有以下要求：有教養但不做作、言語有味但符合常規、討人喜歡但不奉承、投入自己的任務但不會製造麻煩；此外，他會不會拿掉自己所有的衝動，去過眼前的社區生活？由此可見，教師即陌生人與新人的身分，

跟他身為一般人的低階地位是不一致的。[19]

　　教師職位的分配，制約了教師獲得長聘資格的不安全感。學校董事會和一些人可能對教師很嚴苛，因為他們知道他之後會離開社區。商人想要解僱店員必須更小心，因為那個遭受不公平對待的舊員工還會留在社區，而且只要留下來就會一直是他的敵人，同時還會不斷聯合其他敵人來對抗他。但是同樣兼任學校董事會委員的商人，在處理遠高於店員位階的員工時卻不必那麼謹慎，因為他知道雖然當時可能不滿，但是教師離開小鎮後風波就平息了。社區沒有教職缺額時，教師總得離開小鎮或辭職。如果教師習慣留在失去工作的社區，學校董事會的解聘決定就會猶豫再三。（以下事實可以證明這個結論：土生土長的教師通常比外來的教師更容易保住飯碗。）要解釋教師獲得長聘資格的不安全感，當然還有很多其他因素。其中之一是傳統因素。在某些社區中，長期以來教師異動頻繁——至少編制內職務是如此。教師無法調適，導致很難在某個地方落地生根。另一個因素是不良的學校人事管理。這是因為管理人員被擺在一個樹敵眾多、朋友過少的位置。教職員內鬨是個事實。那些把教職視為暫時職業的教師一向都有他們的影響力；他們輕而易舉地佔住職位，使得其他教師的卡位機會降低。還有一個因素是高難度的教師道德、社會條件；在某些社區中，有些條件似乎嚴格到連最容易教導、最遵循指示的聖人都做不到。

　　曾經有人主張，應該要讓教學成為一種真正的專業，以矯正教職地位低落的問題。提出上述補救方法的人認為，假設大家都知道教學是一種高難度藝術，需要很多年的昂貴訓練，大家就會尊敬他們的教師。這種方案的部分內容是增加教職所需的培訓分量。這有一點「以

19　有關這個主題，可參考Park and Burgess，《社會學科學概論》（*Introduction to the science of sociology*），頁294-298,322-327；Blumenthal, Albert，《小鎮二三事》（*Small town stuff*），頁121之後。

毒攻毒」的治療意味。教師受到輕視的部分原因來自於教師無法讓自己被同一時代的人視為一般人。部分原因則是教師的狹隘社會、心智訓練，事實上已經抹煞了人類的一些基本特質。或許解決之道是反其道而行；最有效的方法可能是讓教師休假——包含受訓期間以及就職之後，暫時離開他的專業，以平等的立場與他人交往。

教師群中的特殊成員會跟社區維持一種特殊關係。學校系統的主管必須經常跟社區保持密切關係——在負面事務上一向必須如此，正面事務則未必。學校的主要領導者必須跟社區代表組成的學校董事會共事，協助領導者的次要行政人員也必須如此。局長及校長們經常與家長以及所謂的「贊助者」來往。在那些跟社區維持特殊關係的教師名單中，我們當然要把教練放進去；就社區的運動事務來說，他是校內最重要的人；而且對校友而言，代表隊一旦獲勝，教練總是成為眾星拱月的英雄，但是如果戰績不好，面對理髮店那些牙尖嘴利的傢伙，教練就很難抬得起頭了。

教師在自己的家鄉任教時，社區與學校之間矛盾的社會關係會因為涉及教師而更為複雜。這些教師由於長期熟識社區人物、朋友、家族以及親屬的影響力，往往擁有穩固的地位。也許他享有的最大好處，只不過是成為社區圈與特殊小型團體的成員。這些好處有一部分也受到以下事實的牽制：同樣面臨競爭以及歷史更悠久、勢力更龐大的家族世仇。更大的缺點是，那些一路看著他從小男孩長大為男人的社區居民，不願面對這個事實。雖然小鎮的社區居民不會因為他笨就排斥他，社區還是不願意特別標榜某人，所以土生土長的傑出教師總是無法擁有異鄉教師般的聲望。但整體來說，本地教師還是有他的優勢。對外地來的局長而言，這些本地教師常常是他的眼中釘。第一，局長們往往（或自認為）沒有發展出一種真正有效的學校系統，這是因為事實上學校董事會會推翻他們的建議，改聘或留用一些只符合極

低門檻的「本地傑出」教師。相對地，那些傑出教師也經常涉入局長任用的政治技倆。他們的社區人脈使得詭計容易得逞，而他們的社區地位無須仰賴局長，所以比較不會像外地教師那樣效忠他。只因為他們在社區待得比較久，他們的勢力常常比學校系統中的高階教師大。基於政治上的高度影響力，他們常常強人所難地向學校管理人員提出影響公平性的要求。如果局長也是在社區長大的教師，也是特別有趣的事。他會比外來的管理者擁有更大的號召力，但是也有更多形形色色的對手與敵人。而且，他的職位有可能部分來自於人脈，所以沒有什麼政策決定權，或者成為一個無須履行義務但會徹底落實任務的人。事實上，整體來說，如果有人到了一把年紀，還是沒辦法在自己從小成長的社區確保成人地位，而且本地的局長因為揮之不去的妒忌與私人恩怨而比外來者更容易受到攻擊，我們就必須認定他的處境不值得羨慕。

　　靠著背地裡動手腳佔據職位的人，總會設法用一些策略來維持社區地位。其中最明顯的是教會工作，而且無疑地，這類活動大大提高教師身為一般人的知名度，也增加一些社區追隨者。教堂是地方勢力的匯集點，但是如果教師坦誠交代他跟某宗教團體走得近，最後的結果常常是有得有失。教會與正確搭配人選與否所產生的結果更是明顯；這時候教師必須跟對人，或者跟所有人都劃清界線。有人則利用集會所來建立人脈。在集會所工作有二個好處，一個是讓教師有機會在共通人性的基礎上，跟社區成員來往；第二個是教師可以在社區成立一個組織嚴密的後援會。如果縮小範圍，教師可以透過深思熟慮的「娛樂」來自我吹捧，也藉此了解社區中的類似社會活動。某些教師則會運用奉承和服從技巧來影響有力人士。

作業

1. 跟一位陌生人進行街角談話。盡可能引導他自由表達。進行到一半時表明你的教師身分。把結果記錄下來。重複觀察並加以詮釋。

2. 記錄社區成員對教師的評論，並加以詮釋。

3. 舉例說明商人跟教師之間的「刻意」交談，再跟自由交談做比較，並加以詮釋。

4. 敘說一個教師派系故事並加以分析。

5. 敘說一個你當年教書時跟某個寄宿家庭的互動故事，並加以分析。

6. 描述一段發生在某位教師身上的社區衝突，並加以詮釋。

7. 請一群住在小型社區的教師列出好朋友清單，並註明其職業。再請住在大型社區的教師列出清單。你的結論是什麼？

8. 分析某位教師的社會交往情形。他是「陌生人」嗎？

9. 列出一個小型城市中知名男性俱樂部成員的職業。有多少人是教師？試加以詮釋。

10. 蒐集近幾年某個學校系統解聘教師的統計數字，並加以詮釋。

11. 記錄教師的職場用語，其中有多少個跟「青少年態度與價值世界」有關？

12. 分析某位運動教練的人格。從他的回答中了解他最自豪的事情是什麼？是自己嗎？記錄社區成員對他的觀感，並加以分析、詮釋。

13. 分析某位專任、知名教師如何宰制社區。

14. 撰寫某位教師的個案史，說明他從類別來往過渡到擬情來往的

過程。

15. 撰寫一段爭取學校新建築的歷史。

16. 詳細說明某位局長為何工作不保。

17. 分析某位「本地傑出」教師的情境。

18. 分析某位局長與學校董事會成員的關係。

19. 分析教師在社區中的「新人」地位。閱讀Albert Blumenthal所寫的《小鎮二三事》，頁122之後。

20. 你能舉出幾位大家公認能力不足但卻繼續任教的教師嗎？他們靠什麼方法保住飯碗？

建議閱讀

Blumenthal, Albert, *Small Town Stuff*.

Park, R. E., and Burgess, E. W., *An Introduction to the Science of Sociology*, Chapter V, particularly pp. 294-298 and 322-327.

Sumner, W. G., *Folkways*.

Young, Kimball, *Social Psychology*, Chapters XVII, XVIII, and XIX.

Young, Kimball, *A Source Book for Social Psychology*, Chapter XVI.

第六章　家長與教師

　　探討家長與教師關係的文獻，顯然缺乏清晰的思考和坦白的說明。從理想面來看，家長與教師有很多共通點，照理說雙方都應該尋求兒童的最佳利益；但是事實上，總是彼此猜疑、仇視。雙方都希望孩子好，但是不同類型的好必然會讓衝突白熱化。家長和教師是天生敵人的事實，注定為彼此帶來挫敗。挫敗的裂縫常常被掩蓋起來，雙方都不想承認因為憎惡而帶來不安，但有時候卻又刻意凸顯。

　　很少承認敵意的原因不難理解。前面提到的事實是，家長和教師希望孩子成功的方向不同；他們根據不同的福祉標準，期許孩子有一個好的未來。他們在孩子的身上各自費心。教師也許用激烈或強迫的手段，促進兒童心智發展。但家長不想這麼做，因為他眼前看到的是完整的孩子，他認為孩子不快樂是因為某一階段的發展被犧牲掉了。但是家長理應支持學校，而謹慎的家長必然常常無法理性看待學校的方案。就某種意義來說，這是以往組織和社區的個別衝突。教師身為組織成員，為了兒童的學業利益，他甚至想要賠上兒童發展其他層面的代價；家長總是偏向較和諧發展的立場（這不代表不會發生相反的情形。當家長的自我感受或者投射出來的野心，涉及某位兒童的學業排名時，就會特別不可理喻）。

　　學校、家長之間的根本性衝突，會因為家長、教師涉入兒童各種群體生活而更惡化。對家長來說，兒童是所有初級團體中最親近的成員，於是他對兒童抱持一種溫馨的態度。但是不管教師多麼努力，他仍然把兒童當做次級團體成員，必須藉由次級團體生活機制來加以控制。進一步來說，家長對兒童的態度會根據本身參與社會團體的經

驗，對兒童採取一般常見的態度。教師參與的是教師團體，而那些團體的態度缺乏人情味。因此，推動親師工作基本上是徒勞無功的。一般來說，親師工作的目標在於協助學校得到家長的支持，也就是讓家長多多少少能像教師那樣看待孩子。但是如果親師工作真的達到這個目標，這對童年生活來說實在是一種遺憾。親師衝突是自然、無可避免的，而且或多或少可以發揮作用。只要家長提供所需的個人態度——至少是當代學校實務所根據的理論，也許兒童在學校接受缺乏人情味的待遇，對他的未來發展比較好。但是，如果教師將家長的觀點順利轉換成自己的——也就是協助學校獲得每位家長的完全一致支持，必然令人遺憾。這不代表某種親師工作效果有限。如果家長與教師能夠經常充分討論，培養對彼此的初級團體態度，再加上坦誠，就可以修正學校措施與家長的教養方式，讓各種兒童生活產生徹底改革。

親師的對立有時候很明顯，在這種情形下會出現一些棘手問題。具有一定教育程度的家長仍然會與教師對立，但是會以偽裝的形式出現。有時候還會出現非常有趣的固化作用與態度對立。以下是一些典型例子：

在我的私立學校生活中，最困擾的就是家教問題……我一向反對如果自己擔任家教，班上那個男生跟他的父母就會期望能夠通過那門課——即使事後男生忘了他的本分工作。我也覺得家教有點丟臉，那個男生會因為有能力聘我去做我不喜歡的事情而對我頤指氣使。我很確定有經濟能力的家長會覺得有權要求我隨傳隨到。因此我想出一種最低家教人數的方法。我不喜歡家教，那是一種非常枯燥的教學，但是更糟糕十倍的是，把時間花在更笨的學生身上，一遍又一遍地教一些聰明男生從教科書就可以學會的東西。

　　在以下典型例子中，事情是這樣發生的。有一個遲鈍但也許還不是無可救藥的男生，會蹺幾天的拉丁文課。我會馬上「逮到」他，但效果總是不好。也許他會來上個幾天課，但是很快又比之前落後更多。他生病也許會請假幾天，但這會讓他得寫二份作業。我跟他的學業導師碰面，他會督促他完成拉丁課作業。事情就這樣進行一、二個月，然後那個男生放棄了。接下來我準備叫他退掉這門課，因為我知道，在這樣一門進度很快的語文課，只要耽擱幾個禮拜就足以讓他吃不消。

　　時間拖久一點的話，家長就會收到學校寄來的例行報告。他們會到學校跟我討論孩子的拉丁文課業問題。家長同意對孩子「施壓」，讓他及時趕上。這時我開始對整件事情感到厭煩，想要趕快解決，只是我不想說出來。我也答應提供孩子所有可能機會——而且我必須說我一向都這麼做。接下來幾天，那個男生會認真上課，但是他只求應付。月底的時候他的成績掉更多，我認為他肯定沒救了。也許我的決定太快，但是畢竟還有其他學生要我照顧。

　　一旦第二份不及格報告送到家裡，男生的爸爸就會回信問說可不可以針對Tommy的拉丁文做一些特殊安排，以便趕上進度。Tommy的學業導師打電話給我，問我可不可以當他的家教。我很難有立場直接拒絕。我請學業導師寫信給家長解釋我的家教立場。這時候事情就有點形式化了。我先說明如果家長有需求，我願意擔任家教，但是我覺得一般來說家教是行不通的。第一，孩子不應該依賴家教；在多數情形下，它會傷害孩子的鬥志。第二，家教的花費不少，沒人有把握它可以產生預期效果。我會陪學生一起複習，但是除非他另外花時間自我督促，否則不會進步。人只要付得起就可以買一套衣服，但是想要學業進步就必須

特別努力。在開始家教前，我想要向男孩解釋以上種種情形。如果他了解家教只是提升成績的額外機會，而不是老師送他學分的方法，我就會點頭答應。

如果以上正式程序都完成了，我就會開始進行家教。我通常同時教二、三個男生的初階拉丁文。我把他們集合在一起，然後盡可能在短時間內複習以前沒學到的東西；不過時間長度通常會符合一個適當規模家教班的經營門檻。我寫信給每一個家長，告訴他們家教已經開始，並會持續到學生趕上進度或者各種努力證明無效為止。

家教結束時，我並未提出收費要求。有時候家長會給我酬勞（但不常發生），但是最後我幾乎都拒絕了。我發現那些費用很難收，因為家長的確認為這種特殊費用應該已經包含在他們繳交的學費中，所以理所當然不用付錢。只不過事實上，我們不是──也不會假裝是──一所家教學校。所以我不會真的因為拒絕酬勞而吃虧，而且還從家長那裡得到很多好處。至少，他們不會再要求我擔任家教，也不能要求任何的特殊優待。由於堅持家教的家長很少，這似乎是最好的解套方法。花的時間不多，也許每學期只要教一群男生，而且從結果來看，我覺得時間的花費很划算。

一般來說，我對家長採取稍微含蓄、冷淡的態度。我覺得他們跟我打交道是為了孩子。我很討厭這樣，所以會對他們擺出受到敬重但又顯得冷漠的姿態。

我不一定每次都贏。事實上有些堅決的家長可以卸下我的心防。我必須承認，只要他們付諸行動，我就會對孩子採取更為人性化的態度；對他們我總是扮演孩子父親的朋友角色。即使我精心策劃家教的防禦之道，也未必一直佔上風。事實上，我跟那些

習慣在商場、政界叱吒風雲的家長交手，一位卑微的教師很難在攻擊中保持誠信。舉凡下指導棋、對某個男生該怎麼做、怎麼帶班等等直接攻擊都會失敗，這是因為我有辦法在我的地盤上作戰。但是間接的攻擊可能成功。舉例來說，有些家長說服我不要拒收家教費用，他們也許正確評估出我對家教的態度：抗拒私人恩惠，以免對方進一步提出要求。了解之後，他們有時候會試著用禮物、邀約等難以拒絕的方式來消除我的義務感。

儘管我嘗試用冷漠來維持主導權，有些家長還是可以逼我就範。我可能很清楚他們在做什麼，但是在面對孩子的態度上，我還是無法擺脫他們的重大影響力。我的解釋可能是：我總覺得應該擺脫那樣的影響力，因為為了維持秩序，我必須對學生冷淡，而且我總希望對所有學生都公平——我知道如果跟某些學生建立親密關係，就會前功盡棄。我現在知道這二種態度都不對，但是當時的我非常年輕，而且自以為是。

對我的隔絕家長策略來說，最具有決定性，而且也是最愉快的挫敗經驗，來自於一位有名的物理學家，他也是一位高年級才轉到本校就讀的男生的監護人。那個男生叫Reiman。我們開學第一週就槓上了，而且持續好一段時間。儘管他的學分數已經足夠，他還是堅持要修我第三年的拉丁文，但我知道其實他的能力不足。我建議他退選，但是他還是想要試試看。我決定讓他知道自己實力有限，於是展開無情的折磨。因為班級人數少，他無處可逃。我糾正他的每個錯誤，次數多到數不清了。我指定補救作業，而且要在短時間內完成。他身軀笨重，這更激怒了我，讓我更想攻擊。我要他承認沒有能力修讀那門課。我當然可以當掉他，但是他會想辦法低空掠過，我也不想不公平。

結果我把他逼得很緊，開始覺得有點丟臉；但是他仍然維持挑

戰的態度，讓我無計可施，只能繼續上下去。但是我也對那個男生感到很難過；我知道我一定讓他有點不好受，我的良心過意不去。就在聖誕節前夕，他的監護人剛好進城，想到學校拜訪我們，也看看孩子。我聽說他到了學校，但我刻意躲著他，不想讓他有機會要我說明 Reiman 的處理方式。當然，我的說法是我想讓 Reiman 努力，只是我自己都不相信這樣的說法，更別說別人了。

但是他們還是逮到我了。就在晚餐前局長來找我，告訴我 Reiman 的監護人來了，而且特別問起我。在冷淡態度的掩飾下，我帶著恐懼跟對方見面。我的臉上毫無笑容，預期聽到一連串的抱怨。雙方碰面後，我發現對方是個善良、開朗的紳士，看起來他的確很高興見到我。

他說：「你就是 Reiman 的拉丁文老師吧？」我準備迎接緊接的一頓指責。他繼續說：「是這樣子的，自從 Reiman 寫信回家提到妳之後，我就一直想跟妳碰個面。妳比他以前的所有老師做得更多。從他上學以來，我想妳是第一個把他嚇得去寫功課的老師。我得恭喜妳，請繼續保持，這樣就是幫了大家的忙。」

整件事情就是這樣，但是已經綽綽有餘。在那個人的影響下我變得開朗起來。對 Reiman 來說，事情也改觀了。這讓我有理由調整一下做法。我仍然逼他念書，但現在變成一種友善的動力。我不認為這些改變完全來自於那位監護人的介入。因為就像我說的，我已經在尋找管教那位特殊男生的更好方法，但是他的介入成為一個轉捩點。我心裡想，如果我有一個改讀私立學校的男孩，我會怎樣處理老師的問題。其他家長使用類似的技巧，也很少完全無效。但就我目前所知，還沒有一個家長可以透過跟我直接討論這個議題，來改變我的做法。

　　學校有個退役的陸軍軍官特別擅長應付家長。有一天他給了我一個有生以來最棒的實務心理學示範。校內有個男生的媽媽，脾氣暴躁，偶爾會對老師或行政人員吹毛求疵。有一天或更早之前，我的那位軍官朋友狠狠教訓了她的兒子一頓，而且顯然就等著他媽媽打電話來。有一天下午他跟我坐在他家聽收音機。突然間他跳起來，穿上外套，開始找大衣。我問他為什麼這麼趕，他說：「H太太來了！」我同情地看著他，猜他可能溜之大吉；換成是我，也會這麼做的。然後你可以想像我有多驚訝！我看著他出門，朝著H太太走過去！他們交談了一下子，然後他輕碰帽沿，走回房裡。後來我向他請教。他說：「我要在她點燃戰火前先發制人。如果她剛好在校園碰到我，我們會稍微聊一下那個男生的問題。但是如果我讓她來我家，走到我的門口，她就會準備跟我大吵一架。她是來提出正式的申訴。她必須準備作戰，而我必須跟著防守。但是我在她開火前先抓住她，於是我們沒有吵架，只是友善的閒聊。我之所以趕著出門，是因為她每走向我家一步，她就會更抓狂。」（生命史文件）

以上資料似乎包含一些完整、真實的經驗心理學。對我們眼前的目的而言，它的意義相當明確。

　　學校系統中的專職人員都需要良好技巧，才能成功處理憤怒的家長。那些家長不只是文獻中的人物；更是教師涉入社會生活的事實之一。有關親師衝突的許多笑話，應該被視為真實的衝突情境。有時候這種衝突來自教材與學校課程觀點，我們之前也稍微提過。但是目前為止，親師歧見最多來自於管教問題（這包括學業要求，而且方式跟管教問題差不多。）在這點上，家長和教師的態度存在最嚴重的對立。教師必須把兒童當做學校群體的一部分，同時也是涉入學校情境

的一分子；教師必須稍微冷淡處理學生問題，也許還必須施加某些打擊，以便對其他學生維持一貫立場。至於家長，明顯是為了某個孩子的眼前福祉著想。某種程度上，親師衝突是整個社區與學校組織之間的長期衝突；教師眼中的學生是片段的學校情境，他必須從那個角度來判斷學生，而家長則想從局部的學校人格來解讀整個兒童；教師代表學校，家長代表社區。學校、社區之間，存在一種長期的調適過程，親師衝突就是長期過程的一部分。

　　只發展出一套衝突哲學還是不夠；如果想要幫助別人了解學校，我們必須注意人際互動的細節，以及可以控制的技巧。首先，學校主管必須學習運用鎮定、友善的氛圍去迎接不滿的客戶，有效化解對方認定為私人口角的情境定義。卸下武裝的技巧不少，主要關鍵在於願意聽取他人的觀點，嘗試引導對方共同找出解決方法。有時候必須劃清界線；當然最好是用一種友善的方式去接納抱怨，一開始就確保對方可以得到公平的傾聽；但是如果教師表現出一絲一毫的畏懼，或是想要討好那位有權有勢的憤怒家長，那就完了。（好的主管需要穩定的血壓控制系統。）也許我們可以總結，那些不得不聽取抱怨的人，必須學習用最鎮靜、平衡的態度來面對；他必須看起來樂意傾聽，但是不能放棄自己的觀點。一定要了解事情的原因，而且細節要完整。許多主管都能夠成功運用簡單的技巧去面對生氣的家長，讓對方坐下來，好好說明事情的來龍去脈；說完故事之後，家長已經經歷一番澄清緩和，對學校的態度也好轉了；有時候會發生類似移情作用的現象。當然，危險一向存在；一個人處在這樣的情境中，情緒高漲，會脫口說出一些原來冷靜時不會說的話，然後變得敵意十足。為了改善這點，可能的話，面談之前應該建立友善的支持關係。有時候也可以運用聽取抱怨的方式，或者觸及爭議點前先有一個小型對話，以達到前述目標。

　　然而，許多想讓憤怒家長理性、合作的嘗試都徒勞無功。畢竟，嚴重的情緒混亂會讓一個家長丟下日常工作，跑來向教師或主管抗議。對教師來說，最重要的是在過程中避免情緒被挑起。如果教師控制不了自己的情緒，就會流於個人爭吵，而雙方建設性態度的可能性大大降低。憤怒的家長在抱怨時，教師應該充分保持沉默、尊重與同情，一方面讓對方的情緒完全宣洩，一方面也讓自己隔絕，避免涉入。任何一位面談者都應該避免在特殊觀點上旁生枝節；不管指控有多荒謬，此時都不要反駁。他應該謹記，必須透過心理學技巧──而不是論證──去證明自己的觀點；甚至在最有可能獲勝時，都要自我克制。機伶的辯士無法成為優秀的「和平使者」。

　　抱怨的家長可以盡情陳述他的不滿，這時面談者應該試著把話題引導到怎麼做。（在此他開始運用「從今以後」取向，去取代可能激化抱怨的「嘉勉與懲罰」取向。）這可能涉及忽略過去種種──雖然對對方來說不應該刻意這麼做。接著可以針對未來做法平心靜氣地討論，而不是激烈辯論無法彌補的過去。這麼做可以逐漸營造一種共同為未來打算的氣氛。這種討論讓教師有機會在大眾面前，間接解釋自己的立場，分析自己認知的學校目標、若干教師問題與特定兒童的學校問題，或者其他可以說服、打動家長的相關資料。經過這樣的討論，親師雙方對一般事項達成某些共識，或者至少彼此多少了解對方的想法，此時面談就可以再度導向個人議題，問題可能就容易解決了。

　　通常教師在這種情形下所犯下的錯誤，就是讓自己深陷其中。他們覺得受到攻擊，必須馬上迎戰。他們認為自己或學校受到不公平的荒謬指控，唯一做法就是直接反駁指控。教師看到敵營嚴陣以待，覺得除了以牙還牙，沒有辦法維持應有的尊嚴。最重要的是，他們擔心如果容忍對方惡言相向而不還擊，就會失去主控權。這當然大錯特錯。鎮定的人才能控制大局。在這種情境中，穩定以及友善、公正的

態度，會比世界上所有的憤怒還要有效。說也奇怪，比起其他生活類型，教育界說服不滿客戶，使他們成為滿意客戶的做法廣受歡迎。企業界很早就知道原始假設的優點：「顧客永遠是對的」。我們必須先找出抱怨的原因，然後設法擬定滿意的妥協方案。當然，還有許多因素使得教師以及替教師公開出面的主管變得無法理喻。事實上，學校是一種人為的社會系統；這個系統由某些勢力維護，也因此獨斷系統會受到獨斷手段的捍衛。事實上教師處理學生問題時，會運用獨斷的方法，發展出傳達其觀點的技巧；不管那些方法是否適用所有情境，他們面對跟自己一樣的成人時，當然不會使用同一種方法。再加上教師在社區中地位不高的事實，任何攻擊都會讓他拚命防衛。他對於確保地位缺乏信心，所以無法面對攻擊而不馬上回擊。此外，許多受託處理微妙公關問題的人，本身就是問題，他們盛怒迎戰個人一些有意激怒但微不足道的意見。

　　除此之外，我們還要指出某些特例，以及一般原則的限定條件和推論。有一個特例是學校主管聽到某位老師私下抱怨。這個例子凸顯了某些問題。依照學校傳統，主管要為部屬辯護。教師圈的不成文規定是「局長必須為教師撐腰」。全體教職員對外必須口徑一致。通常那是一條不錯的規則，因為如果少了那樣的支持，教師就毫無指望。例外的情形很多。學校主管可能對外駁斥教師的做法，公然犧牲部屬以保住自己的面子。或者更常見的是，主管設法讓抱怨的人了解自己也不贊成那種做法，但是表面上似乎又站在教師這一邊。因此他會在背後陷害教師以求自保；對那些八面玲瓏的主管來說，這是稀鬆平常的做法。主管為了滿足自我、受人愛戴，於是制定許多規矩，嚴格禁止下屬有所例外，然後自己卻帶頭製造例外。這樣一來，主管因為寬宏大量而得到快感。風波平息時，得到好處的人覺得部屬總是不可理喻，而高層很有人情味。我要再強調一遍，這就是主管要的東西。

　　主管必須為傾聽牢騷做好準備，而且要心存敬意。他必須盡可能滿足對方。但是如果想維持教師忠誠，他也必須當著社區的面為教師辯護。他必須採取一種微妙策略，但又不可以激起雙方對立，或者讓某一方懷疑他使用那種微妙策略。就所有的合理標準來看，有時候教師錯得很離譜。在交際手腕中就有一個極端例子。最好的解決方法似乎是主管在會議中果決地掌握狀況，把討論內容導向他認為適當的方向。

　　對於抱怨，我們應該接納而不膽怯。願意傾聽他人意見，厭惡不分青紅皂白地爭論，同時適度確定對方也進入狀況——這些考量並不代表漠視道德。一個人不會因為允許對方陳述立場而妥協；某種職位如果多次遭到攻擊但仍然能夠堅守，通常就會更加壯大。教師或學校主管也不應該覺得，慢半拍的防禦就是懦夫。這麼一來，他就可以忽視他人的羞辱，適切展現自己的正式職責。

　　即使教師抱持最為友善、理性的態度，有時候家長還是想吵架；這種情形在多數社區經常發生，也讓最勇敢的教師有機會展現骨氣。碰到那樣的家長，教師必須盡量避免粗俗的爭吵，但也要堅定立場。這類的教師挑釁者在中型社區中廣為人知，也總是不受歡迎。一些年輕教師因為成功對抗鎮上惡霸，出乎意料地很快就在社區取得一席之地。

作業

1. 分析父母親與教師對你這位學生的要求。這些要求有哪些類似、不一樣的地方？
2. 綜合分析一群家長對教師的看法，以及教師對同一群家長的看法。

3. 完整敘說某位家長與某位教師的爭論或吵架故事。分析並加以詮釋。

4. 引導一群教師說明憤怒家長對他們提出的要求。記錄並分析他們的技巧與結果。

5. 概述一套親師方案。

6. 透過個案觀察，了解教師態度是否會因為家長與教師熟識而修正。

7. 分析教師面對家長的自我防衛策略。

8. 觀察百貨公司、電話公司、電力公司等企業處理抱怨的方式。你如何將這種技巧運用在教學上？

9. 學校主管發展出哪些成功處理抱怨個案的口語準則？並加以分析。

10. 據說某些人已經「消氣」了。仔細觀察他們，分析他們消氣的性質，並跟那些還沒消氣的人做比較。

11. 描述某社區中，因為局長無法支持教師而造成的社會情境。

12. 何謂鎮定？觀察、分析那些鎮定的人。出現歧見時，鎮定的價值是什麼？

建議閱讀

Bingham, W. V. D., and Moore, B. V., *How to Interview*, Chapters VII to IX.

Butterworth, J. E., *The Parent Teacher Association and Its Work*.

Chapman, J. C., and Counts, G. S., *Principles of Education*, Chapter XIII.

Hart, Hornell, *The Science of Social Relations*, Chapter XVIII.

Oppenheimer, J. J., *The Visiting Teacher Movement*.

Peters, C. C., *Foundations of Educational Sociology*, pp. 290-293.

Scott, Eleanor, *War Among Ladies*.

Sherman, Rita, *A Mother's Letters to a Schoolmaster*.

Young, Kimball, *Source Book for Social Psychology*, pp. 374-379.

第七章　學校的小人物

　　我們之前曾經提到，學校社區存在一些依附者。有些小人物從某個角度看，屬於社會群體的學校成員，從另一個角度看卻是徹底的外人；有些人雖然在團體中沒有任何正式地位，但是往往具有影響力。這些學校社區裡的小人物對於學校與社區關係尤其重要。

　　工友在任何學校系統中都微不足道，但是在小型社區中可能是一股力量。工友的理論地位的確很有限，但是他在學校系統中的真正影響力卻不成比例。這種不成比例的重要性，多半來自於事實上工友向來就是當地社區的一分子，教師才是外來者。社區的初級團體和小型社會單位雖然未必擁有權力，但是他們是工友的後盾，有時也比教師更能為本身利益奮戰。工友的重要性也來自於他是個八卦中心。他經常自詡為社區的官方守門員；他想試看看自己的能耐，一五一十地向親朋好友打小報告。在大型學校中，大家都知道工友是校長、局長的線民。有關工友暗中監視的例子，不勝枚舉。

　　工友有時候能夠否決一項學校政策。以下就是一個例子：

　　　另一所新英格蘭學校中心幾乎被一個老工友給拖垮，他結合一票當地人，聯手公然反對所有的事情。他站在走廊辱罵支持者；把教室上鎖，即使當局下令打開，他還是拒絕；而且在第一次大型里民會議中，他把實物投影機鎖上，把電線藏起來，讓會議差點中斷。他吹牛說學校不敢拿他怎麼樣，因為他有很多朋友，而且他是對的。當主管威脅用公務人員服務法來辦他，一些社區知名人物卻進行反威脅，要杯葛那個中心。個人忠誠於是勝過了公

共精神。

這個難題有一段時間被一位新任命的女總監——她的社區人脈比工友強——解決了。她認識那些人，也等待機會出手。有一天她顯然逮到麻煩製造者的小辮子，突然大聲斥責他，對方狠狠地回瞪她，說不出一句話來。後來工友轉向鄰居爭取同情，才發現多數人已經倒戈。但是一年之後女總監結婚了。接手的人對於鄰里狀況毫無所悉；工友輕鬆地打敗他，把中心又搞得亂七八糟。（引自 Barrow, E.M.，《後院的戰場》，The Survey，51 期，1923 年 10 月 15 日。）（The Survey Associate, Incorporated 授權）

學校商店的管理員和大學生、高中生時常「流連」的場所，在學生的生命史中經常佔有一席之地。這些人很少是高社經背景，對學生的影響力也常常是青少年犯罪的原因之一。有時候他們設法腐化年輕人，藉由提供違禁品得到收入與個人滿足；有時候他們相當無辜，認為提供這群頑皮孩子場地，只不過是一番好意。有時候這些小人物對學生的影響力遠遠超過教師，甚至家長。要解釋這種影響力並不容易，因為它可能來自於微妙、矛盾的因素。那位冷酷的大學社區餐廳老闆——幾乎每所大學都有這號人物，往往比大學校長還重要。在這種情況下，我們可以詳細觀察他如何跟男孩們打交道，發揮影響力，完成暫時性的推論。

Phil B 的餐廳在 Blank 大學的近代發展史上，是一個知名景點。它雖然藏身在大學附近商業大樓的地下室，但是很多人都來過，也都記得它。「Phil 餐廳」很小，只能容納 12 個人，但是它的常客寧可在大學附近一間大型餐館排隊，等候進入。Phil 餐廳總是氣氛狂熱、髒亂不堪，地板髒兮兮的，碗盤好像從來沒有洗

乾淨過。客人們擠在櫃台，坐下來時衣服就會被弄髒。但是忠實客戶總是不斷光顧，讓人嘖嘖稱奇。

Phil吸引顧客的高招是低價提供優質、純粹而營養的餐點，這也有助於客人省下小費。但是主要的賣點還是Phil。他以前是個酒保，性格中混雜著粗獷、義氣、粗暴、下流、同情、好勝、鬥嘴等特質——這使得某些酒保的「個性」人盡皆知。Phil不免俗仍然有個大肚子，身上穿的是圍裙而不是白色外套。他隨時可以講一段粗俗的故事、賭上一把、辱罵別人，或者把錢借給一個倒楣鬼。很少人會奇怪那些在大學校園找不到溫暖和人性場合的男孩們，為什麼一窩蜂地跑到Phil餐廳尋找友誼。

Phil對顧客的服務方式也是獨一無二。顧客進門時，他會粗暴地問他：「喂，你要點什麼？」在他又圓又胖的臉上，沒有一絲笑容。

如果點菜慢了點，Phil會走到顧客旁邊，挑釁地問：「喂！喂！快決定，快決定。你是——怎麼回事？你還以為是服裝店啊？」

客人必須機靈地應付「Phil餐廳」的待客之道，否則會惹來一頓罵，而且連學校老師或大一新生都無法倖免。所以即使是一句無辜的問題：「Phil，今天的湯怎麼樣？」都會讓他勃然大怒，他會說：「喂！你是——的怎樣？你以為我給你的湯有毒是嗎？今天已經有好幾個傢伙喝過了，我還沒看過哪個有喝死的。」

但是Phil的辱罵，同樣得到那些自認為伶牙俐齒學生的回報。他年復一年聽到同樣的故事，禮貌地假裝沒聽過。他也是個運動迷，不只自己賭很大，在許多場合也當起中間人和賭金保管人。

很多學生跟他借錢，或者賒帳熬過幾週甚至幾個月。幾乎每個人都把Phil當做銀行，而他把幾百元支票兌換成店裡食物的每一塊錢。對學生來說這是一種真正服務，因為學生常有兌現支票

的困難。Phil總是二話不說就換給他們；每年總有幾次他會收到空頭支票，他也從來不打官司或向學校抱怨：「我為什麼要向那些傢伙抱怨？」「那只會讓那些男生惹上麻煩，我也拿不回我的錢。我如果要拿錢，我會扭斷＿＿＿的脖子。」儘管社區沒有人記得Phil是不是曾經用這種暴力方式討債，但是他總是有辦法拿回欠款。

Phil餐廳是許多學生真正生活的地方，它也是學生在校園中可以放鬆、徹底融入的地方。男生們很喜歡「開Phil的玩笑」，大夥陶醉在一股淫穢辱罵的狂熱中，很容易就發生衝突。

顯然很多學生把Phil當成父親，但是他不是普通的父親替代品；他是可以完全親近的替代品，讓他們可以完全不受嚴厲譴責、欺騙、強迫與輕視。似乎Phil可以在這方面填補學生的生命，讓他們擁有隨侍在旁的父親，但又不必忍受父親的箝制——有時候還可以讓舊帳扯平。對男孩來說，Phil的性格很有趣，因為事實上他代表一種冒險世界的翻版，而這個世界的教養方式讓孩子既陌生又好奇。

在Phil餐廳，男孩們可以享受完全的自由。他們彼此認識，融為一體。對學生來說，這裡或許是校園中最符合人性的地方。這顯然更能解釋Phil對顧客的影響力。但就像之前提過的，他的影響力也來自於他是一位沒有惡意、沒有心機的父親替代品；他讓年輕人和長者保持一種情緒性的支持，同時又維持平等地位。[20]

---

20 Pop Jenks是報紙連環漫畫 *Harold Teen* 中「糖罐子餐廳」（The Sugar Bowl）的主人。他似乎在那群青少年中扮演類似的角色。
譯者註：這套自1919年於《芝加哥論壇報》開始連載的連環漫畫，作者為Carl Ed。它以高中生Harold Teen為主角，是爵士時代與小型文化的代表；它在當時受到全國的注目，一直連載到1959年。

　　所有大學或學院都有個傳統：聘請一位年長女性擔任所有宿舍的「監護人」或「女舍監」。幾乎大家公認這個做法的目的就是讓她擔任母親的替代品，她的身分有點像高階僕人；通常沒有什麼社會背景，也不太需要什麼成就。

　　校警在學生眼中是個了不起的人物。學生會跟他發生友善的衝突，但也知道必要時可以借助他的同理心。根據最近《**紐約時報**》的一篇報導，紐約大學的校友回到母校時，總會問起校警John the Cop的近況。

　　以高中以上的學校來說，校友的影響力很可觀——儘管這會有點問題。校友們通常關注母校的運動優惠措施、大筆捐贈，也企圖干預令人矚目的學校政策。對大學、學院以及私立預備學校的募款及招生來說，校友非常重要。因此許多策略會針對校友設計，例如校友刊物、校友日、同學會、週年紀念等。公立高中也開始設法組織自己的校友，只是最近才有一點起色。

　　以下這種內在的必然性似乎的確存在：越優秀、越聰明、越有成就的校友，總會巧妙迴避校友組祕書的探詢。當然也有例外的情形，但是這個規則仍然適用。一個人回到母校——不管是預備學校還是最高階的專業學校——開同學會，他的目的是回味年輕歲月的種種歡樂。但是如果他在成人階段獲得良好的調適，可能就不會渴望恢復青少年的夥伴關係。因此一般說來，生活適應不良、遭遇挫敗的人，最熱衷於維繫學校人脈；如果他們適應成人生活，他們的興趣與渴望就會從校園歲月記憶中永遠消失。事實上也可以說，畢業五年後還在津津樂道當年成就的人，可以說是一事無成。他未必沒有工作或缺乏專業進展與財富，但是如果他的情緒與心智沒有融入那些遠比校園更有趣的生活情境，就算是一事無成了。如果沒有其他干擾因素，其實只要一些有關沉醉於完整、有趣生活的報導，校友們就不必擠在同學會

餐宴告示牌旁邊敘舊了。所以後來籌辦同學會與家族聚會的人，對於缺席與出席的人都有所不滿。但是籌辦同學會是一種高難度藝術，它的重點在於運用校友人脈。個人利用它提高政治、商業知名度，學校則用來招生及拓展財源。

　　主動關心母校發展的大學、高中或預備學校校友，各有不同。關心預備學校青少年運動與社交活動的人，相較於繼續推動大學運動的人，幾乎可以確定他們的年級比較低。倒是從高中升上大學的高年級校友，後來成為該所大學的校友；他們自然認同比較有知名度的大學。仍然停留在青少年心態的校友，多半在乎預備學校的認可與讚賞，想要成為母校的活躍校友。這種地位動機比大學校友更為明顯，也比較不會跟其他動機混淆；由於這類校友想要凸顯的學校生活偏向少年兒童階段，他們的活動也一定比較幼稚。大學值得關注的理由更多了。大學畢竟是年輕成人的生活，有時候也是生命中最自由、最具有創造力的一段時間；我們不應該把汙名加在那種無可厚非、堅持大學時光價值的做法上——有些也許應該歸咎於無法形成其他依附。如果想要針對校友進行推論，應該說明以下二者的重大差別：只因為生命中一段最有趣的時光而認同學校生活價值的校友；以及離校後被引進一個快速拓展成人興趣的世界，後來在拓展的社會世界中巧遇母校的校友。第二類校友包括許多傑出人士，他們儘管受到1001種興趣的挫敗，仍然堅持服務母校，以回饋廣大社會。一些非教育專業的顧問與行政人員，也都是從第二類校友招募而來；少了他們，所有學校的運作都很難進行。

　　每個社區中都有人自認為站在學校、教師這一邊。這種想法也許部分來自於本身認同生活中更美好的事物以及學校應該傳遞的文化價值。這種態度或許部分反映出個體對於學校以及學校應盡社區職責的真實興趣。有時候支持學校的欲望，會採取一種父執輩或保護某些

（或某位）教師利益的立場，而這或許來自真正的情感或享受美好果實的欲望。我們不難看到這些人保護教師不受攻擊，但是私下竟然想要加以宰制。這個支持者常常是學校董事會成員，但是他未必跟學校有正式的職務關聯。以下是某位擁有豐富鄉村社區經驗的教師所提供的故事，它清楚呈現了上述情境的某些層面。

在 Williams 的教學生涯中，曾經發生過一個既開心又尷尬的情形：學區裡有人以 Williams 的父親自居。這個被 Williams 戲稱為「老爸」[21]的人，自認為像父母親或溺愛的親戚般照顧 Williams，而 Williams 也從來不確定對於這種教師支持者關係應該感到慶幸還是懊惱。他想知道其他人是不是也有類似情形。受到學區這位中年男子或有力人士的關照，固然備感榮幸，也讓他更了解社區的態度，但是有時候這位慈祥父親就像繫在小雄馬嘴邊的馬勒。

Mart 學區的 Walt Maxson 就是第一個扮演 Emmet Williams 父親角色的人。Williams 當時是初任老師，他對於那種關係的種種跡象和力量，還不是很清楚。Walt 是個五十歲的小個子傻瓜，七個孩子中有四個在學。他沒有什麼成就，只是一個替人幹活的自耕農。講起話來滔滔不絕，但是因為沒有內涵和主見，所以只能把別人說過的話拼拼湊湊，變成自己乍聽合理的說法，鄰居們也都不會把他的話當真。

Walt 從來沒有像父親般地照顧過任何一位老師，只是他常常很想試看看。那位新老師對於教師世界缺乏經驗，輕易就接受了 Walt 的情境定義。這等於是替 Walt 製造機會。Walt 得到特權、地位；他可以跟老師密切接觸，一看見老師就親切而神祕地交談，

21　譯者註：此處為原文 "teacher's pappa"（「老」師的「爸」爸）之直譯。

而且還可以一路協助老師、照顧老師！

Williams還沒到Mart學校任教前，就認識Maxson的前四個小孩，但他從來沒有見過Walt。Williams第一次感受到Walt的態度，是在開學前的一個禮拜六，Walt在隔壁鎮上跟一位朋友及Williams剛好碰到。

「嘿，你就是Emmet Williams吧？我是Walt Maxson。你認識我的小孩，我也認識你爸爸。我們住在Mart學區。你知道我的小孩會去讀你們學校吧！天啊！你們學校很不好待耶！學生都無法無天。就像去年春天那次，他們為什麼要用折疊刀打架呢？……但是啊！他們不是壞孩子；是老師沒有讓他們有事做，這就是個大麻煩。還有The Marts和the Sistons那二群小孩，他們成群結黨，聯手欺負其他孩子。如果你可以壓得住那些領頭的，就沒有問題了。你沒問題的。不管怎麼說，我們都希望你一切順利。」

Williams以前就聽過一些傳言，但這次是一手消息。下週一他就把Walt的話帶到學校，而且流傳了一整年。結果他強勢地處理問題，維持學校秩序，得到鐵腕執行者的封號。Walt是一個絕佳的社區代言人。每次他看到老師，就會停下來跟老師討論。從他的談話中，Williams了解到社區對學校的態度，自己也得到同理心與鼓勵。當Williams知道Walt在社區中的地位，加上Walt驕傲地告訴Williams父親說他如何如何幫忙William時，Williams開始不滿Walt的態度。此外，社區在學校開會或者老師到鎮上時，多少都會遇到Walt Maxson這個討厭鬼滔滔不絕的情況。但是老師不能對他的支持者無禮——尤其在老師聲望建立之前，以及遇到Walt Maxson這類熱心協助的支持者時。Williams在學校需要家具時，Walt就會提供。Honidays因為老師無法阻止他的孩子跟邋遢的Farney家孩子玩，打算把孩子帶走，這時Walt把內幕消息洩露

給老師。Williams到處尋找能在二個學校派系中保持中立的房東時，Walt推薦了Kraders家。還有幾次Walt幫忙處理事情，也逐漸透過這個如父般的角色，讓自己成為學校的依附者。

Williams第二次任教是在距離Mart四哩路的Arizona學校。這個社區對於參與學校事務很有系統性。Williams目前已經在大學進修一年，他在這所每個年級二位老師、組織井然的鄉村社區學校擔任高年級教師。他所累積的教學經驗、跟Walt Maxson的關係、所受的大學訓練以及擔任高年級教師，使得他比較不會受到如父親般學校支持者的意見干擾。儘管如此，他還是受到關照。John Speck是一位友善的老人家。因為他家一直都有教師寄宿，於是他始終對Arizona的老師照顧有加。Williams跟他任教低年級的妹妹每天要開六哩路上班，這等於是把John Speck一腳踢開。今年的「學校老爸」必須換人。但是奇怪的是，後來換成Ed. Wixer女士，她體型不小，也不小氣。她像母親那樣更照顧William的妹妹，只是Williams也偶爾分享她如慈母般的關照。

Wixer太太婚前當過某個醫院的護理長，現在則是農夫的太太。雖然她先生在社區是個知名人物，但是她並沒有發揮她的管理能力。因此她把興趣移轉到就讀Arizona學校的女兒Betty、老師、學校以及鄰居的身上。她像母親般照顧村裡每個人、每件事情。她原本的生活整個被打亂，空虛之餘必須用某種家長型態、慈善、擬似社會福利的工作來取代。Wixer先生曾經是學校董事會的成員；拜他之賜，Wixer太太聽說Williams管教任性孩子的事蹟後，就跟他那位知名的低年級教師妹妹，近乎強勢地要求社區聘用二位來自Williams家族的教師。接下來，她必須讓她的選擇合理化。她經常拜訪學校，讓社區知道學校的成果。因此，Williams家族的人進入學校後，她的興趣就轉移到那些人身上。

她扮演中間人角色，設法穿梭了解學校狀況，把學校跟老師推銷給社區。她不會把學校支持者的真實態度傳達給老師；她只說好話。只要聽到學校的壞話，她就假裝沒聽見。在她眼中，學校是完美的。

Wixer太太會使用稱讚技巧。她會說：「哇！你們二個小朋友的學校真棒！為什麼呢？我從來沒看過這樣的一所學校。我小時候從來沒有做過這些事情。我只要坐下來看Williams小姐教學，就可以很放心。她教得很輕鬆，Williams先生也教得很有系統。你們二個下禮拜一定要讓我請吃晚餐。McGinty夫婦也會來。」

她的做法不像Walt Maxson（他後來搬到Arizona學區；要不是活力十足的Wixer太太搶了他的「老爸」風采，他還是會使用同樣的方式）；她稱讚教師，鼓勵他們自我肯定。教師不能讓那樣的感受破滅。

到了冬天，Wixer太太希望老師寄宿她家，但是偏偏老天爺只給她一棟小房子。她只好退而求其次。每隔二個禮拜，她會邀請Williams一家來吃晚餐，同時招待一位具有影響力的支持者跟他的家人。客人在她家氣氛愉快，跟老師實際接觸，以後自然會大力支持。年底Williams家族由於隔年無法加薪而拒簽合約，Wixer太太就強迫二位負責凍薪業務的董事會委員辭職。

Wixer太太熱衷扮演教師母親的作風，既不會出現在Williams一家搬來Arizona之前，也不會在他們搬走之後消失；而且應該再加上一句話：Williams教師家族在搬進社區之前並不認識Wixer太太。

Williams對教學角色更為熟悉，比較不會受到父親角色的影響，只是那種角色仍然持續存在。到了第三年，他在只有二位教師的Blackstone郊區高中擔任低年級教師。這個社區可以說是一

片混亂，孤陋寡聞，待人刻薄，又喜歡搬弄是非。在這個社區中，有二個瘦高的中年男子把Williams當成自己人，Williams則把高年級教師當做父親。

Carl Willy和Bill Lemon都自認為是Williams的父親。Carl Willy是傳統的「老爸」，也是好管閒事的大嘴巴。他喜歡別人聽他說鄰里間的醜聞。在照顧老師方面，剛開始他勝過對手Bill Lemon，這是因為Williams寄宿他家。Williams以前不認識Willy，但是Carl是他父母親的老朋友。Williams和Willy家人晚餐後圍坐在客廳，Carl點起菸斗，眼神發亮地告訴大家他聽說Clarence Hanson之所以離開學校，是因為跟Neerey小姐處不來；她太嚴格，而且不講道理。其實真正的狀況是Williams比較嚴格。Carl只是想讓Williams知道Blackstone地區的反學校、反教師氣氛。他從來不會提到力挺學校的事。「跟別人說那些好事一點都不好玩，因為這些事情從來不會給他們困擾。」Carl似乎對他人的惶恐有點高興。Blackstone高中從以前到現在一直都有各掃門前雪的心態。當Williams和Neerey小姐想要塑造一所紀律良好、企業導向的學校，學生和家長就群起抗議。Carl把那些心聲傳達給Williams。這位年輕人總是被那些閒話弄得很苦惱，但是他還是照常去學校，盡可能地把支持者的意見跟閒話整合在一起。這樣一來，就可以讓學校和自己都有好名聲。到了年底，學校要他回來繼續任教，但是卻沒有通知Neerey小姐。Carl的兒子Ronald就讀那所高中，他會告訴Carl有關教師政策的修正做法，這當然讓Carl很高興。但是更讓他樂在其中的是，那些閒話——而不是Carl說的事實——才是Williams努力為學校爭取社區支持的原因。

寒冷氣候迫使Williams搬到距離學校更近的地方，也就是Bill Lemon那個出嫁的女兒家。Bill有二個女兒在當老師。這使得

他比較會傾聽，不至於喋喋不休。Bill 年初時就滿欣賞 Williams 的，說他是個「好孩子。」年輕的 William 對於學校問題總是三緘其口，後來很快發現他可以自在地跟具有同理心的 Bill Lemon 談天。Williams 不確定某種做法是否恰當時，Lemon 就用以下哲理來回答：

「喔！不要理附近的那些──笨蛋。那些人我全都認識。對他們不必有任何期待，有一半的人什麼都不知道。什麼東西！你們那所學校不錯。Alice（他那位就讀高中的女兒）跟大家處得不錯，其他孩子也是一樣。放手去做吧！如果他們不喜歡，就告訴他們全部去──吧！」

這就是 Bill 的如父作風。但是這樣就綽綽有餘了；直到今天，在所有自認為是 Emmet Williams 父親的人當中，Williams 最懷念的還是他。

Blackstone 高中的校長 Neerey 小姐缺乏行政經驗，她很快就把所有問題丟給 Williams。Williams 可以藉由校長的名義想出真正解決問題的方法。但是他因為某種理由沒有那麼做，他只是提出建議，再由校長設法解決，以維持她在學校系統名義上的領導地位。Neerey 小姐個性孤僻，社區裡沒有人會想扮演她的父親角色。她的未婚夫在遠方的城市大學就讀，讓她有時候會特別喜怒無常；唯一的治療方法就是跟 Williams 這位年輕人談一談。所有這些情況使得 Williams 把校長當做兄弟──而不是父親。這麼一來，經常同時受到讚美與譴責的 Williams，也開始上癮了。

接下來二年，Williams 到 Riverview 高中任教。第一年還是講師的時候，他就受到校內「大男孩」的照顧。那位高三學生叫做 Wilbur Carrol，小 Williams 八歲。Williams 幾年前就認識他了。由於這層關係，Wilbur 剛開始認為這位校內朋友會允許他搗蛋。

誰知道Williams不假辭色；出乎意料的做法加上尖酸的語調，Wilbur開學第一天就在全班面前掉下眼淚。這等於是給學校及Wilbur Carrol上了一堂管教課。Wilbur恨死Williams了，但他必須忍耐。最後這位「學校小老爹Williams式的熱情」激起一種真正的情感。無論如何，Wilbur一向都會照顧別人或處理事情，他也就自然而然地照顧老師了。

他主要關心Williams的身體狀況。在公開集會時他會說：「嘿！Williams，你上台以前不會想把頭髮梳一下嗎？都亂掉了。你又在煩惱窗簾的事情了，要怪就要怪低年級學生。看起來他們什麼都沒做。」清潔日的時候他會大吼：「喂！你們這些傢伙！抓緊這台鋼琴。難道你們以為Williams做得還不夠，不用幫忙抬嗎？」有一次郊遊，他對一群小男生開罵：「你們這些小鬼聽好，不要那麼隨便。向我們高中生丟泥土沒關係，但是那個人是我們的老師；如果打到他，我們就會修理你們。」不管Williams有沒有在場，Wilbur都是這個樣子。有一次Williams還沒到達派對現場，Wilbur就說：「把那個東西關掉，否則會被你弄壞，而且Williams也會被處分。」

Williams在Riverview高中第二年就當上校長，旁邊也有一群自認為是他父親的人。這些年輕人與孩子——將來有一天會升上高中——儼然把自己當做校長的父親。在一次公開會議上，Williams提到學校建築物可以用燈泡來取代過時的瓦斯系統。這項改善計畫沒有通過，也給這些年輕人帶來很大的打擊。他們說服年輕校長推動學校建築現代化的計畫，Williams同意了。但是年長的居民和教會人士——這個社區多多少少是由有錢的老人和教會組成——堅決反對。Williams和那些年輕人合作無間，最後達成一種願意為對方作戰的默契；更準確地說，他們即使被修

理，也會力挺到底，不願眼睜睜地看他失敗。Williams很感激他們的支持。那些年長者和教會人士擁有數量、團結及既得利益的優勢，他們百般阻撓Williams擔任Riverview高中第三任校長。他的那些「爸爸們」對於Williams「成為犧牲品」，深表不滿。最後他們掌控學校董事會。Riverview高中如今終於擁有一棟現代化建築物。董事會在Williams的推薦函中，對他讚譽有加。每年還聘請他督導所有的Riverview公立學校。

　　我們可以確定，每個社區都有一個人、一些人或一群人，會像父母、兄弟那樣對待（關照並協助）教師或社區裡的教師。這些父親們也許只是學校的裝飾品，但是他們真實存在，也跟教師、學校及社區維持重要的關係。有時候他們的影響力有好有壞。他們可能是教師的親戚或朋友，也可能在教師進入社區之前根本就不認識。他們也許透過常見的職務來進行，也許是在某個期限內完成。他們可能跟學校有正式關係，也可能一點都沒有。他們經常因為社區中教師生活種種事件而密切接觸。由於支持任務的目標不同，使用的技巧也五花八門。他們或許提出建議、給予稱讚、說閒話、傳播謠言、哄騙、支持、取笑、威脅、或是一旦自認為是教師的父親，就心甘情願地為他完成上百件事情。但是無論是什麼，我們都必須將學校老師的老爸當做學校社會系統的一部分。（研究生，《學校老師的老爸》，未發表的原稿）

作業

1. 針對一名工友進行個案研究，清楚指出他跟教師、行政人員、學生以及社區之間的關係。

2. 針對一個廣受男生歡迎「聚集地」的社會氛圍，進行追蹤研究。

3. 探討一位校警的性格。他在學校裡代表什麼？

4. 描述校友對貴校發揮影響力的種種管道。

5. 說明過度強調美式足球與校友態度之間的關係。

6. 研究幾期的校友季刊或其他校友刊物。它們會採取哪些機制維繫校友？

7. 密切觀察一位高中校長在校友日的行為表現，分析並加以詮釋。

8. 針對在地方社區面前力挺某位教師的特定人士，進行個案研究。

9. 貴校校友返校時會關心哪一種學校特色？探討這位校友與學生的關係。

註：小人物與團體影響學校生活的情形，似乎並未得到嚴謹、深入的處理。參考文獻因此省略。

第八章　學校與社區的其他面向

　　理論上，學校系統的最高權威屬於學校董事會，而董事會由當地社區選出的居民組成，目的在於監督學校。事實上，學校董事會最重要的功能通常是聘請教育局長。這位經過特別訓練的教師被授予管理其他教師的權威，名義上也是學校的領導者；他一旦接受聘任，就會跟董事會重要成員在學校政策主導權上產生嚴重摩擦。就目前這個議題來看，由於局長具有專業，比起那些缺乏相同或相當訓練的人，他會佔上風，可以主張專家權，落實自己的想法；事實上他是學校名義上的領導者，面對社區承擔所有的可能風險；他必須經常待在學校處理許多小事情，除了事後的例行性核備，他未必需要徵詢委員會的意見，而且總是獨力處理師生問題，也因此他在兩邊都擁有可觀的聲望。

　　學校董事會透過行政人員傳達社區對學校行政的看法，這種法定功能不會干預行政人員在專業上的主動權或效率。教育局長的技巧之一是認清本身和學校董事會的當前處境，大家針對控制學校系統進行持續、痛苦的對抗，是沒有必要而且徒勞無功的；他應該同意局長必須擁有充分權威，以適度處理所有學校情況，而且不應該受到上述合法功能的干涉；他應該理所當然地運用權威，而其他人也同意合法賦予。避免跟學校董事會嚴重衝突的技巧，顯然類似於教師避免跟學生發生爭執；這包括迅速搞定小事，確保不會發生任何有關個人能力或者誰有權處理更大事件的問題。這是宰制和從屬問題，在多數情形下事情都可以擺平；或者當事人提出變通方案，透過保證與完整的細節來讓爭執落幕。這方面就跟其他許多情形一樣，似乎存在著重大的性

格差異。許多年來，有些局長會自己想辦法應付學校董事會，沒有人會質疑他們的主張；事實上，權威是在從容的狀態下取得、賦予的。有些局長總是跟董事會處不好，因此我們得到的必然結論是，個人技巧不同，結果也不同；這就是我們這裡想要嘗試分析的內容。（我們也可以說，愉快主導學校董事會的能力，會比管理師生學校系統的能力，更能決定個人生命之旅的結果。）睿智的局長能夠藉由微妙而不易察覺的手段，避免任何政策衝突，並且全盤掌控局勢。接著，他可以讓學校董事會體認學校經營屬於一種合作企業，引導董事們跟著他熟悉企業實務各種路線，因此不僅避免衝突，也可以運用董事會的集體智慧和社區人脈，讓他們覺得自己是主體。只是區別這種做法和另一種容易導致衝突的徵詢方式，以及允許成員介入但最後卻讓執行者動輒得咎等做法，並不容易。差異確實存在，很多人也都知道，但是這需要依據個別情況，敏銳觀察並加上充分的機智。

有些董事會成員吹毛求疵，有些局長會讓關係失控；此外，很多社區都有干預學校運作的傳統，這足以有效限縮學校行政人員的自主空間。夾在中間的局長於是想出許多有趣做法，既可以按照自己的意思，又可以相當程度地維持自己跟董事會的地位。有個年輕、缺乏經驗的「校長」跟董事會談到自己曾經犯過的錯誤：「為什麼那樣做，我是想說那樣做沒問題，就去做了。」有個委員急著想要維持掌控所有政策的權利，就嚴厲地回應：「我們不是聘你來想的。我們是要你擔任這所學校的校長。從今天起你把想的工作留給我們，我們會替你把全部都想好。」於是他採取大張旗鼓的作秀方式，每件小事都徵詢董事會的意見；其實他在徵詢之前就已經把關鍵事項拿掉，只剩下一種可能決定。他的立場有點像總統：讓國家捲入戰爭，但自己不能宣戰。

另一種廣受青睞的方式是在董事會製造派系。死對頭和商場敵手

同時受邀擔任委員，那是家常便飯；此時長袖善舞的人就可以趁機善用這些個人恩怨和敵意。一個人就可以控制整個委員會的狀況，屢見不鮮；局長的問題就是如何掌控那個人。就這點來說，飽受困擾的局長會採取好幾百種方法。這些方法幾乎涵蓋所有的可能性，包括皈依資深委員所屬的教堂、向資深委員的商店進貨，或者讓支票跳票。有個小鎮的局長總會從委員中挑出一個大盤商，並且多方照顧他的生意，希望得到對方的支持；以那位局長的性格來說，這種方法絕對不會成功。看起來局長可以試著威脅對方不再惠顧，以便在委員會裡佔上風——或者至少不要讓大盤商認為他比局長聰明。另一種比較不明顯的做法是，有個小鎮局長藉由拒付支票來牽制銀行家主委。雖然主委一開始就討厭這位老師，但是他想要把他留在社區，直到支票兌現；因為他是董事會裡最有影響力的委員，只要支票不兌現，局長的職位就可以確保。許多管理人員另一種更普遍的做法是，對於社區有力人士子女的學業和福利，展現濃厚興趣。

　　要替社區風雲人物找到接班人並不容易，這項事實也往往影響接任學校重要職位者（例如局長、高中校長、教練等）的命運。朋友們不會馬上忘記某個人，而且常常以為把事情弄得像燙手山芋丟給繼任者，就是替他著想。一個馬虎的局長很難讓人服氣，因為他會讓學校空轉，威信蕩然無存。接任者總是煩惱怎麼樣可以透過內、外管道，讓學校步上正軌。此外，那種局長通常會有許多當地朋友，儘管人數未必眾多或者有權有勢到足以保住他的職位，他們仍然隨時高喊局長下台是被冤枉的，準備對接任者採取報復手段，以凸顯其中的不公正。因為接任的是圈外人，在所有人當中他一向是最無辜的犯錯者。這種做法在教師圈中很常見，而舊部屬的忠誠是接任者必須面對的最大挑戰之一。有時候那些眷戀前任局長的教師，會團結起來對抗新的領導者；這些爭端總會擴大到整個社區，變得非常激烈。以下這個有

點小說意味的例子，就在描述這種情形。

　　在那一年中，我們常常注意到那些「老傢伙」特別團結。Woof
先生一家不跟別人來往，Please小姐跟Out先生因為支持行政人
員，所以受到排擠。他們的態度可以這麼形容：不完全支持當時
的局長Adams先生，但他是長官，也是學校系統的領導者。因此
他們應該盡可能跟他合作，至少不必公開槓上。

　　這種情形持續到春季的年度教師複選猜謎大賽。經過一番吹毛
求疵，學校董事會同意Adams先生續任。在眾人要求下，他給每
位老師一張紙條，要求寫下以下資訊：

「你是教師複選的候選人嗎？」

「如果是，你要求的薪水是多少？」

「如果薪水是那樣，你會馬上簽約嗎？」

「請提供意見。」

　　這時會讓人聯想到引爆炸彈。我們很難想像這種小事會讓人勃
然大怒，但是對一些老師來說不足為奇。Saith先生承認去年董事
會也要求原來的局長Laxman先生做同樣的事，但是他不肯。

「那你對這份問卷有什麼看法？」

「嗯，我會告訴他們一件事：我不會鞠躬哈腰地拜託他們讓我
續任。如果我在這裡待了四年還沒有辦法得到認同，我就會到其
他地方。如果他們要我離開，為什麼不明說？」

　　每位老師填好紙條交給Adams先生後，董事會決定複選結果之
前仍然猶豫再三。拖了很久，合約陸續送到Blough小姐、Please
小姐、Out先生，以及其他老師手上——除了二位。

　　氣氛的確越來越緊張。每位老師都不想去董事會那裡打聽原
因，也無法向委員說明由於局長惡劣做法所受到的委屈。

整件事情到最後就是召開董事會與教師特別聯席會議。從那年的所有事件看起來，學校董事會顯得很軟弱。每個委員似乎都很害怕說真話，也許是擔心惹禍上身。每次 Adams 先生做了「詭異」的事，就有老師跑去向董事會主委打小報告，讓他知道 Adams 先生應該對董事會成員、教師及其他人做出哪些回應。一直到指控主委酗酒的說法出現，主委終於採取行動。為了解決這些問題，他召開董事會與教師聯席會議。

憤怒教師們的不滿，累積到任命局長的那天。經過複選，有些教師得到加薪，有些沒有。Please 小姐加薪 50 元，Out 先生是 100 元，Blough 小姐一毛錢也沒有。這些等於火上加油。

各種謠言逐漸在教師與學生圈中傳開來。有一個廣為流傳的荒誕故事是那位引起爭議的 Out 教練，將在第二年執掌美式足球隊兵符。許多學生向他詢問，但是當事人完全不知道。

到了攤牌那天晚上，主委正式召開聯席會議。他用一種卑微的態度向大家說明，如果大家有什麼不滿，不妨利用這個機會表達看法。

會議剛開始的時候進行緩慢，但是沒多久就硝煙四起。會議進展像是小孩子扮家家酒。「我知道有人說我怎樣怎樣──我想知道這是不是真的。」然後那個人就站起來鄭重否認。

有位老師被迫採取行動，捍衛自己的名譽。「我想知道 Adams 先生是不是說我一直跟高中男生走得很近？我想說的是我沒有。是，我承認有跟他們去跳舞，但是我不覺得那比玩撲克牌或撞球還糟糕。」最後這句話是衝著 Out 先生說的，因為他偶爾會跟那些男生撞球。

有人提出以前私下告訴董事會委員主委的酒醉事件，同樣遭到反駁。

　　Blough 小姐站起來，眼睛發亮，好戲上場了！

　　「我只要董事會回答一個問題。」（她的態度讓人很清楚她希望聽到否定的答案。）「Adams 先生到底有沒有推薦我進入複選？」

　　主席說：「有。」

　　這個答覆讓 Blough 小姐不知所措，但是她很快就提出自己為什麼沒有得到加薪的問題。她問了一些顯然自認為很尖銳的問題──不管當天會議議程是否包含薪水或加薪辦法。

　　所有那群「悲傷」的老師都想知道自己申請案的投票結果。每次都是 4 比 2。

　　Out 先生再也受不了這種幼稚鬧劇。他站起來說：「今天的會議是為了讓每個人表達意見，雖然我知道我還不了解所有的狀況，但我應該說點話。」

　　「首先，我認為這次會議像小孩子玩家家酒。每個人都要求知道別人對自己的評語，而被指責的人馬上否認。這樣有什麼好處？照這樣下去，我們可能會一直在繞圈圈，一點收穫都沒有。」

　　「我提議直接切入事情背後的動機，聽聽我對學校目前情況的分析。一開始我們有幾位老師是在 Laxman 先生任內聘進來的。至少對老師們來說，顯然他四年來受到大家的肯定與尊敬。我確定有些老師覺得他去年沒有得到續聘，是一種『不公平待遇』。事情也許是那樣，而我什麼都不清楚。但是透過這些老師的看法，加上偶爾跟幾個學生和社區人士聊天，我想大家都對 Laxman 先生很肯定。由於他這麼受肯定，事實上大家期望新的局長能夠蕭規曹隨，完全照做。而當新局長沒有這麼做，這些人就會找他麻煩了。也許他們就是想給新人下馬威。至少，他們現在已經在做了。他們無所不用其極地跟 Adams 先生作對，毫

不掩飾地表達他們的不同想法與做法，而且理所當然地拒絕合作。」……

　　會議結束幾天後，Out 先生到學校咖啡廳想找一些老師談談，讓對方知道說真話跟人際關係是可以兼顧的。於是他挑了 North、Blough 及 Saith 那桌。

「各位好。」Out 先生說，然後坐了下來。

（一片沉默）

（前一天晚上有個全校性派對是由 Out 先生負責籌劃，所有老師整個晚上都沒有現身。）對話如下：

Saith 說：「昨晚的派對如何？」

Blough 說：「比往年還要安靜。」

Saith 說：「我頭痛不想出門。」

Blough 說：「我不知道合約到底要不要簽。我想做的就是回去搞它個雞犬不寧。」

Saith 說：「對啊！Laxman 對這些事情不會上癮嗎？」（小說式的學生報紙。）

　　上面這種對立狀況就是前任局長為繼任者留下許多社區敵人。前任局長的那些敵人——尤其董事會成員或社區知名人士——會馬上把自己跟新局長歸在同一國，就好像一定要證明自己不是麻煩製造者，新局長可以跟他們愉快相處，因此前任局長也應該可以這麼做。如果學校領導者活力十足、積極進取，這種情形就會經常發生。這種領導者積極推動計畫，爭取所需資源、設備與薪資，也堅持事權集中。他以授權部分單位自主的代價，統合整個學校機器。但是這個積極領導者會帶來敵人，而這些敵人遲早會把他趕走。他的繼任者找到一個組織完善、運作順利的學校系統，以及熱情相迎的社區。當小型社區爭

取一棟學校新建築，上述這種情形特別容易發生。舉例來說，局長同意必須興建新大樓，或者舊建築需要大幅改善。他努力為申請案辯護，加入新建築戰役。雖然成功了，但是過程中製造了許多敵人。這些敵人把他趕下台，接下來他調到另一個新社區，重複同樣的過程。重要的是，在教學與行政部門裡，某些人早就擁有「建商」的封號。

事實上有時候我們注意到有些社區，也許每隔二、三年就會換學校系統主管。（有時候一些教師牽涉其中，並因此離職──雖然這不一定是真的。）社區趕跑一個才剛要認識社區的新人，這種現象飽受抨擊，但是沒有人分析其中的原因和結果。我們似乎應該指出，學校行政人員的這種不安感，源自於他跟社區關係的本質。局長跟所屬社區的疏離關係，總是曖昧不明；一旦局長出現在社區，那種疏離感馬上就會啟動，但在二、三年後才會到達巔峰。

我們可以說，局長在社區中擁有一種典型生命史。這種生命史在某位行政人員的生命中一再重演，也在社區不同行政人員的身上重演。它似乎可以這樣描述：當行政新手接掌學校系統，就幾乎得到整個社區的支持（除非像前面的例子：即將離職的主管為新主管留下一批組織健全的反對者）。董事會通常會挺新局長，而這種全力相挺會延續到因為一個偶發事件，引發新局長跟某人或某社區團體衝突。這種現象不用多久就會發生；例如，領導者提出部分家長反對的管教方式、（拒絕）支持涉及類似事件的教師、不認同社區人士所主張的方案，或者推動一個的確不受師生歡迎的政策。領導者的基本弱點就是樹敵多於交友。讓他令人討厭、近似惡名昭彰的機會很多，但是獲得友誼的機會卻很少。

局長的生命起迄點都在春季。比如說，第一年年底時，他製造了一些敵人，但是多數社區人士仍然認同他的治校方式。顯然他已經無可避免地製造了一些厲害敵人。那些敵人對他毫不留情，只是還沒有

能耐動他。到了第二年，局長仍然被同一批敵人不斷騷擾，而且變本加厲。也許他跟那群人有世仇；但不管如何，反對團體變得更為嚴密有序。到了這個階段，局長已經跟一些董事會成員交惡，那些人成為社區裡更明顯的反對者。但是很重要的事實——也是局長生命中無法改變的悲劇——在於，他往往到了第二年製造更多敵人，但又很難跟原來的反對者修補關係、建立友誼，以恢復平衡。第二年尾聲，反對陣營茁壯到足以「向局長宣戰」。通常這代表公然運作一些人進入董事會，否決局長的續任案；許多謠言與惡毒的耳語，往往隱含著社區人士不信任的陰謀。教師們也經常涉入其中。舉例來說，局長已經為社區營造一所良好學校，他就可以在第二年年底贏得勝利。當他做不到的時候，對他及社區來說，那種過程就會再次上演。但是如果第二年年底真的獲勝，第三年底的落敗機會就會增加，這是因為他的地位不斷下降。樹敵速度超過交友速度。敵人意志堅定——如果不是尖酸刻薄的話，但是朋友卻是溫和平淡。

　　社區成員跟局長會因為學校行政涉及個人事務、關心一般政策而發生衝突；大型社區中的眾多人數可以承受衝突，避免對成員造成傷害，因此他的敵人比較不會奢望趕走他，也不想組織陣營加以對抗。（他的敵人也可能分散各處，彼此不認識，不容易有效組織。）政治手段的運用非常麻煩，很少有人會因為芝麻綠豆小事而付諸行動；在大型社區中，正因為政治手段難以施展，教師獲得長聘資格的安全感更能確保。而且，如果學校領導者想要盡量待在小型社區——比方說五年，他的地位就會相當穩固。到了那時候，他已經被社區接納為成員之一，很少有人會因為學校政策見解不同而趕他下台，這就像因為政治信念而強迫農夫離開他的土地；他是地方團體的成員，也是固定的成員；他有時間結交一些穩固、熱心的朋友，不容易被趕下台。我們固然可以允許所有上述例外，但無法推翻以下的推論事實：學校領

導者與社區關係本身就含有破壞的意味。只要傳統的學校觀念以及伴隨的學校行政觀念持續存在，只要學校一直受到地方社區的控制，小型社區學校系統的領導者就注定經常更換。

作業

1. 分析成功的局長運用哪些技巧來應付學校董事會。
2. 仔細觀察某人既可以達成本身目的，又可以避免樹敵的行為。分析並加以詮釋。
3. 描述一場白熱化的學校董事會選舉。決定的因素是什麼？
4. 描述某位教師必須接替另一位受歡迎（與不受歡迎）教師的故事。
5. 概述某位學校領導者維持社區地位的做法，而這個社區過去經常更換領導者。
6. 從積極、散漫領導者的角度，長年記錄一個學校系統的發展歷史。
7. 撰寫一位號稱「建商」局長的生命史。
8. 分析家庭訪視教師如何協助學校向社區說明現況。

建議閱讀

Lindeman, E. C., *Community Conflict*.

Lindeman, E. C., *The Community*.

Patri, Angelo, *A Schoolmaster of the Great City*.

Perry, A. C., *The Status of the Teacher*.

Whitney, Lamson, *The Growth of Teachers in Service*, Chapters VI and VIII.

第三篇

有關學校生活的一些詮釋

第九章　學校的不同文化

　　教師們一向知道，實在不必要求來自陌生習俗的學生大費周章地尋找研究題材。每所學校中的傳說與虛構人物、傳統、禁忌、巫術、各種儀式、集體象徵、**幽冥參與**等，無所不在；它們偶爾躡手躡腳地潛伏上樓，成為正式學校生活的一部分。

　　學校存在著複雜的人際關係規範、社會風氣、習慣、非理性認可，以及因此產生的一套道德禮俗。學校也有戰爭昇華版的遊戲、隊伍以及相關的繁複儀式。此外還有傳統，一些傳統主義者以古老方式跟革新者對抗。學校存在著法律以及執行法律的問題。學校裡可以找到**倫理生活**。學校裡也可以找到結構嚴謹、限制成員的專精化社會。學校沒有生殖群體，但有規範性別關係的風俗習慣。所有這些事物構成一個迥異成人的世界。發生在學校年輕人身上的個別文化，就是我們研究的對象。要找出這些文化的所有細節，不但耗時而且困難，就我們的目的來說，也沒有必要全部加以處理。我們只要掌握學校生活文化背景的主要內容就可以了。

　　前面已經從文化的角度稍微討論了學校生活。我們現在進一步探討學校是文化傳播中心的概念；我們已經證明，主流團體的文化標準會透過學校媒介給地方社區。各級學校的文化傳播組織，可以比喻成原料商品分配的批發、零售行銷組織。這些具備特殊文化性質的商品，從中心集散場透過零售商的方法、價格配送出去。教育存在一定程度的中央控制，就像行銷某些原料物件那樣。我們同時注意到，學校涉及了將大量文化從老一輩傳遞到年輕一輩的過程。學校必須傳遞技能、灌輸態度；這些在社區中多半是不足為奇的。無論什麼時候，

每個社區學校的主要工作，就是把這些既有的社區標準強加在孩子身上。

　　某些文化衝突會成為學校生活的焦點。這些文化衝突有兩種：第一種最明顯的衝突來自於學校在文化散播過程中的特殊功能。師生之間的衝突來自於教師代表廣大團體的文化，學生則充滿地方社區的文化。當差異涉及宗教或基本道德時，引起的爭鬥可能相當激烈，而且會嚴重影響學校與社區關係。第二種更普遍的師生衝突來自於教師是成人，但學生不是，因此教師是成人社會文化的承載者，企圖把文化強加在學生身上，而學生代表兒童團體的固有文化。

　　年輕人的特殊文化形成於童年的遊戲世界中。值得一提的是，這個文化崛起於成人社會世界的隙縫中。Thrasher在《幫派》（*The Gang*）一書中，探討既有社會秩序和邊緣團體——誕生、茁壯於成人秩序失效的社會場域中——之間的衝突。但是這種兒童團體行為常規的解釋絕對不完整。另一個重要的事實在於，兒童體驗世界的方式跟成人不一樣。一部分原因是兒童理解世界時，採取比較局部而簡化的結構，成人則把社會情境視為一些高度複雜的結構；具備簡單心理組織的兒童雖然看不到這些複雜結構，但是會把他的知覺資訊拆解成不同的整體。於是，童年的知覺型態一部分來自於體驗成人情境不夠完整。兒童取材自周遭文化類型的事物，必須是他能夠理解的。這通常是成人行為中比較簡單、基本的形式之一，就像幫派進行的犯罪行為，或者是成人文化中更為複雜、常見的一部分。

　　兒童依循的文化類型可能是一種存留現象，這是因為文化的改變，常常發生在以往成人認為嚴肅的活動仍然出現在兒童遊戲中。印第安戰鬥、擊劍、感恩節、神話故事以及使用弓箭等活動，在成人世界裡已經沒有價值，但是在兒童心理世界中仍然保有一席之地。有時候經濟活動也會存留、出現在遊戲中，這是因為活動本身就很有趣，

而且它們無法跟一些更有效率且乏味的謀生方法抗衡，才會從成人世界中消失。這個論點可以從狩獵、捕魚活動得到驗證。在發展過程中，社會情境與人類因應調適的複雜度會逐步演進；社會情境有時候複製了早期社會的真實情境，這項事實導致一些無知的觀察家對復演說深信不疑。

心理過程和產生心理作用的文化環境二者總是調適良好。一個人的心靈如果接近成人的組織形式，同化於成人文化的程度就會提高。Koffka在《心靈的成長》（The Growth of the Mind）一書中，巧妙地描述兒童如何透過心智過程來趨近心理成熟。幼兒注視著平凡背景中的紅球；它看見母親的臉，聽見她的聲音。它只意識到最基本的不安感。隨著幼兒長大，它在它的世界中學到更多東西，而那些東西更為複雜；那些事物的彼此關係也以新的結構型態出現。心靈生活透過一系列的「恍然大悟」而開展。這些洞察時刻的結果是，實物可能會經歷一連串的質變。小型圓玻璃背後加上水銀，可以讓幼兒把玩；過不久它變成一個神祕的東西，再過一陣子被拿來捉弄老師；有人看著它被別人發現時，還覺得不好意思；對成人來說，它只是一個隨身鏡子。正是心靈的差異，決定了不同年齡團體運用文化產物的方式。

表面上人類從真實文化社區飲用相同的文化溪水，年齡並不是區隔人類的唯一因素。心理能力、教育、興趣與人格的微妙差異，也可能造成人類的文化隔閡。個體完全沉浸在自己的年齡、社會階層文化中，使得他常常無法了解其他文化。他被無形的牆阻隔，看不見周圍那些追求不同信仰的人。人們生活在文化的不同區域中，受到年齡和生活情境的影響，可能彼此溝通有困難，或者根本不了解對方。年長者無法了解年輕人，謹慎的人不懂魯莽的人，已婚的很難理解未婚的，為人父母者從來不跟沒當過父母的人打交道。世界上每個人的周遭都有許多人，每個人都必須透過狼煙、透過唯一一些可以交談的人

來跟對方溝通。但是最大的分歧點就在於年輕人與長者。[22]

　　從男童世界通往男人世界的旅程，很少是平坦順利的。但是如果成人能夠設身處地觀察兒童的心靈世界，就可以少走許多冤枉路。置身於孩子世界，能夠充分從內在了解兒童的成人，可以明智地幫助兒童發展一些成人適應所需要的複雜、不穩定合成物。教師嘗試提供兒童一種詳細分級、持續演進的文化，再把它組合成更複雜的型態，讓孩子的過渡時期更順利。（他們已經做到學科教材的評分和分類。）因此產生了由教師發起、主導的「活動」、儀式和傳統等。事實上我們接下來討論學校文化的主要內容也因此產生。所有這些事物的目的就在於減緩長者、年輕人之間的文化衝突。

　　儘管某種啟發教學可以改善成人、兒童之間的衝突，只是這種衝突永遠無法完全消除。在最人性化的學校中，有些師生的緊繃關係明顯來自於師生關係中的強制情境。尤其教師的二項職責會讓他向學生施壓：他必須留意，社會世界的複雜性不會因為某年齡層學生的需求而退化[23]；其次，隨著兒童年齡增長，他必須設法慢慢增加複雜性以接

22　事實上兒童世界的組織型態跟成人世界的基礎型態不同，而這似乎是我們對孩子說謊的最佳藉口。教導謊言的最佳論述似乎是，不同的心理層次會有不同的事實順序。因此我們應該教導兒童能夠理解的事實類型。的確，這種論述的真實性在於兒童將成人權衡善惡的複雜心靈型態，分解成簡單型態，最後得到一個對成人來說扭曲而失焦的結果。只要目睹那些並非絕頂聰明的年輕人，接觸一些憤世嫉俗但神智健全、滿腔熱誠的成人後道德敗壞，就可以看出簡單美德的爭議性——即使它們來自於謊言。但是還是有人懷疑，道德敗壞甚至不太可能來自於在兒童心靈中建立一套信念架構，讓他有時候可以徹底說謊——因為其中一部分是假的。那些目睹學生進入廣大世界——或從中學過渡到大學——時產生道德性格變化的人，顯然經常會有那樣的道德敗壞現象。我們也必須指出以下的關聯性：向兒童說謊的前提是應該夠聰明、夠靈巧，才能徹底欺騙兒童。但是對精明的孩子來說常常完全不是這樣，他們會透過長者的行為——而不是話語——來判斷，也往往可以剖析成人的合理化，掌握成人行為中無關乎道德的精髓。因為，即使是最精明的兒童都不會考慮為合理化而合理化，這樣會脫離了個人的有意控制；那些兒童有時候會不顧自己的身分，對長者提出更嚴苛的評價。事實上當長者過於傲慢，不肯承認自私，兒童就會把他們當做無賴與笨蛋。或許考慮過所有的變通方案後，我們還是謹記把握那些簡單的美德、說實話，以對抗沒有根據、悖離既有倫理觀念的事實推論。我們所培養的美德，會是一種堅定意志的美德。它可能難以理解，但不容易敗壞。

23　這種明顯簡單、容易結構的退化趨勢，似乎尤其會發生在中學階段。這種退化看起來「很愚蠢」。很多師生衝突都來自於教師想要消除「愚蠢」。

近成人的理解和經驗。活動也許可以降低衝突，但無法消滅它。

　　兒童擁有某些屬於自己文化的東西，而最重要的場域就是不受監督的遊戲團體和學校。前者單純呈現文化的方式遠勝過後者，這是因為學校中的兒童文化一部分是由成人製造、過濾、選擇的，而且總會受到教師某種程度的控制。學校文化是一種難以理解的混合物，它包含年輕工匠為自己打造的文化以及年長工匠為年輕人打造的文化；它也混雜了一些兒童能夠採用的偉大文化。在還沒有討論更具體的主題前，我們可能會注意到學校傳統的某些面向。如果我們把學校的相關傳統分成三種，就能夠清楚說明這種文化混合物：所有或幾乎來自外部的傳統；部分來自校外，部分屬於固有傳統；以及幾乎完全屬於固有傳統。一般來說，第一種傳統確實存在於廣泛社區，第二種存在於教師，第三種則存在於學生。

　　對於特殊學校以及完全來自外部的第一種傳統來說，那是一種瀰漫於整體西歐文化的文化情結展現。具有歷史性的學校當然跟這種情結的形成有關，但是所有的特殊學校多半是情結的創始者。這種傳統決定了學校的存在，這是因為沒有這種文化情結，學校根本無法存在。這種傳統文化情結也主導了學校生活的一般本質。它決定由年長者教導年輕者，而不是由年輕者去教導年長者——至少在一個快速變化的世界中這是合理的，因為教育經過二十年就落伍了。傳統不但主導教學內容，也完全掌控教學方式。傳統決定了誰來教；我們也討論過一些傳統的教學要求。正是這個相同的傳統，主導了師生如何看待彼此。

　　混合傳統的最佳例子就是教師傳統，它一部分來自團體的一般文化，一部分來自特殊機構。到目前為止，這種教師傳統衍生於某個特殊學校的外在環境，是由教師從一般文化及所有教學專業同儕中吸取而來。就範圍來說，它屬於純粹的地方產物，由機構裡的教師產生，

再傳遞給其他教師。我們可以提出幾個教師傳統通常會碰到的基本論點，保留因地制宜的空間。首先是教師道德，它經常規範教師與學生、其他教師之間的關係；尤其其他教師與學生的立場可能受到影響時，教師道德就會影響他跟其他教師的關係。第二是教師的品格理想；幾乎每個跟其他團體長期處於刻板印象關係的團體，都會產生自己的品格理想，而教師的理想顯然可以從觀察得知。教師提到某位同事時，會說：「他是一位學校老師。」意思是這位老師符合當地的品格理想。（這通常暗示那個人最重視學業，很清楚自己的責任，對別人和自己的要求都很高。）設法成為學生的萬人迷是個禁忌，而當設法成為萬人迷被認為是對教師團體不忠，禁忌就會產生可怕的力量。我們對於學生的傳統態度是，師生必須保持一定的距離。而師生保持一定距離的最大動機，很可能不是為了公平，但公平一定是那種做法的結果之一，它本身就具有某種信念的強制價值觀。沒有人可以違反平等規範卻不受懲罰。教師彼此之間同樣存在某種傳統態度。最明顯的例證就是教師對同事、對行政人員恭敬有禮。顯然這是好戰團體展現講究的禮節，如果團體本身允許任何不拘小節，也不會在乎自己在屬下心目中的聲望了。另外一個有關特殊教師團體的有趣觀察是，我們經常發現他們對老手跟新人明顯有差別待遇。這種區別屬於社會習俗。我們偶爾可以找到某種還算明確的入門儀式，但很少看到真正的欺壓事件。

　　學生群裡可以找到最單純的固有傳統形式。這種傳統一旦開始，多半就會在學生之間口耳相傳。有些固有傳統會從教師開始，然後強加在學生身上；但是一旦學生接受，就會在學生群中流傳。學生遵循的一些傳統禮儀並不是來自家庭；有關學校生活的文獻很多，學生偶爾會以顯目的英雄角色出現。此外，所有社區文化都存在一套有關學校和學校生活的傳統態度，而且會因社會階級、家庭而異；這些態度

大大影響了學生對學校生活的態度。儘管如此，特殊學校裡的學生傳統，多半來自於學校本身。雖然各校傳統的細節差異很大，我們還是可以提出一些基本特徵。

學生道德跟教師道德同樣屬於一種好戰團體道德，差別在於學生團體是從屬性質，它的道德跟情境有關。師生之間的社會距離似乎一定跟教師規範一樣，必然是學生規範的一部分。學生不能過度喜歡教師，因為那樣太過天真。有一種大家都心知肚明的男學生規範，就是絕對不能向教師提供足以懲罰另一位學生的資訊。所有學生團體都會逐漸形成某些習慣做法，就像騎腳踏車上小學或不騎腳踏車上高中，這些做法深深影響所有的學生團體成員。這些團體接受逐級而上的安排。加入高年級團體就代表告別年輕團體規範。男高中生騎腳踏車或者男大學生穿上高中字樣的衣服，看上去再也愚蠢不過了！這些彼此聯結的團體只會向前看，每個團體都模仿前輩，看不起年輕一輩。現代學校存在一套跟活動有關的完整情結；所有活動似乎都有價值，它們在某方面都跟學校的尊嚴、榮譽有關，而且某些活動更值得欽佩。

有時候整個社會系統會傳遞到學生傳統中，而且非常抗拒改變。壓榨他人或任何欺負他人的系統可能持續幾十年，並對抗那些高效能教師、行政人員提出的最佳改革做法。試想，有一所大學花了一百年的時間想要奮發圖強。這至少讓我們相信，欺負他人的做法已經深植在企圖宰制新人的舊成員心中（教師也有類似情形）；即使傳統上不受鼓勵，欺負新人注定在年輕人文化中佔有一席之地。換句話說，年輕人體驗世界的方式，是在每一個學生世代中創造一個欺負他人的問題。

另外一個有助於了解傳統重要性的有趣事實是，最近有些大學開始察覺到古老傳統的可貴，想在一夜之間建立傳統。因此，最近某一

所知名西部大學的學生日報宣布以下的傳統：每當主場球隊達陣，就會有球迷學生在看台上敲響牛鈴。有人推測這個傳統的創立時間是在上個禮拜六。同樣地，規定大一新生戴上帽子廣為流傳後，也變成傳統之一。某個年代學生不復記憶的傳統，決定了班級關係，訂定了大一、大二的班級對戰日，也保留了大四學長坐在特定長椅或跟心上人走過校園小徑的權利。在多數建校不久的美國大學裡，這樣的傳統很少是成熟的。

學生之間流傳的各種傳說，雖然比不上傳統那麼莊嚴、古老，但仍然具有吸引力。幾年前有一個了不起的學生，就在這個地方公然挑戰權威，他面帶微笑地被校長鞭打，最後逃家不知去向。之前這所學校有一位老師，他的近視程度嚴重到連男生在教室後面玩跳背遊戲都不知道。某位老師有一顆玻璃眼珠之類的。某位校長有一條假腿。有位男老師曾經在一場拳擊比賽中把對方打死了。很多類似的傳說都以老師為主角。這些傳說偶爾會流傳到成人圈子裡，小鎮上充滿老師的荒誕謠言。

文化人類學家教導我們依照文化類型去分析某種文化中的人類行為。那些部分形式化，被稱為「活動」的行為結構，可以作為學校文化類型的最佳範例。多數公立學校中可以找到的「活動」，包括運動、校刊製作、演講和辯論、歌詠團、基督教高中生團契、戲劇、社團、系學會、文藝學會、兄弟會等。每一種活動多多少少都可以當做團體成員進行儀式化的行為類型，也代表廣大的團體。這些活動具有一套形式，也有其價值，而其價值最終似乎都在於群體福利、聲望跟自己息息相關；如果球隊輸球，高中校譽就會受損。（「我們的校隊就是我們的名譽守護者，各位呀！我們希望你能達陣──」這些話雖然平凡，但是用意畢露無遺。）但是活動還是具有內在、非理性的價

值，就像初步蘭（Trobiand）島民的交易行為一樣[24]。對個人來說，這些活動有所不同。不同的地方部分來自個人參與活動受到全校多數人的矚目；部分來自成人團體所給予的認同。我們很難說明活動的多樣化程度，因為每種活動都有許多次級類別；這些次級類別有時候會以科層體制的方式呈現。以運動來說，美式足球的差異性最大，籃球次之，棒球和田徑又次之。有關這些活動的常見說法是它們確實是為生活做預備，這是因為它們代表真實的生活情境；對教師來說，運動的價值在於可以控制過動的學生。值得一提的是，幾乎所有活動都存在著一種競爭精神。並非所有活動都是真實的競爭，但是爭取地位可能會造成那樣的情形，想在某種學校活動中取得某種地位，會讓競爭白熱化。有人「製造」學校管弦樂團或歌詠團，就像製造美式足球隊一樣。

　　這些活動的文化類型一部分是人為、教師決定的，一部分是自發的。到目前為止，這些活動是由教師逐步發展出來，作為控制學生的方法，也是青少年發洩精力的管道或禁忌活動的替代品。它們同時證明了教師想讓學校生活更有趣、擴大學校的影響力。但是任何徹底影響學生生活的活動——也就是超越拉丁舞社或法國俱樂部的影響力——必須具備自發性的基礎，呈現出豐富內在興趣的行為類型以吸引學生。每一種活動都跟教師有關，而指導老師的地位高低跟他所倡導活動的興衰有關。於是，透過具有相同興趣教師的努力，活動對學生的吸引力、重要性都有所提高，也得到其他教師的認同。（我們教師的慣用語也因此有所改變。現在的年輕教師不會再說自己是某一科老師，而是某個活動的教練。）

　　在所有活動中，運動是最重要、最吸引人的一種。它是最活躍、

24　譯者註：這裡指的是波蘭知名文化人類學者馬凌諾斯基（Bronislaw Kasper Malinowski, 1884–1942）於新幾內亞初步蘭群島，進行有關經濟交換網絡與社會關係網絡的前導研究。

最受尊崇的文化類型。在所有文化類型中，它的相關敘述與闡釋也最多。競爭型運動有許多形式。美式足球排名第一，它依然被認為是任何學校運動本領的最佳檢測。接下來是籃球、棒球、田徑、輕量級美式足球、輕量級籃球、女子籃球、女子田徑等。以上每個活動都很重要，這是因為某校與其對手都同處於標榜競爭型運動的文化潮流中。每所學校都有傳統對手，更重視與傳統對手——而不是其他學校——的比賽結果。學校按照等級排列，真正吞下敗仗苦果的學校可能得到道德上的勝利。賓州雖然贏了，但是Swarthmore才是真正的勝利者。

　　比賽是競爭型運動中最有趣的一面，它們屬於複雜、精巧的文化類型。其他文化類型則是它們的一部分。多數文化都可以找到某種形式的比賽。比賽是人類學歷史研究中最迷人的一部分。喜歡現代球賽的人宣稱球賽的歷史淵源最為古老（籃球例外）。比賽需要一種清楚的定義，歷代相傳、變化不大（即使稍微改變規則，也會遭到堅決反對）。技能也跟比賽的文化類型有關；如果比賽形式改變，相關的技能就會消失。同樣有趣的是，部分文化的「形式」存在於競爭型運動的每個特徵中。最具有彈性與技巧的表演，再徹底刪除許多無關動作，就代表某種特殊表演的「形式」。缺乏形式，往往會降低表演的完美性，讓運動員退出舞台。因此，棒球打擊、美式足球落地踢、推鉛球，都有它的「形式」。運動員經過長期練習，可能透過嘗試錯誤、逐漸減少缺失，發展出這種形式。但是運動員更有可能透過文化傳播得到這種形式。形式本身可能代表許多世代運動員所累積的技巧改善。形式是由促進完美反應的內在機制產生，因此也具有文化特質。

　　校際運動競爭成為比賽的焦點。比賽其實是一種偽裝的戰爭。它不斷地想要恢復真實的戰爭狀態。教練說：「現在上場開始打仗！」學校名嘴說：「作戰吧！」觀眾尖叫著：「打呀！」也許除了裁判，每個人都把比賽當做一場戰役。令人不太了解的是，為了解決這種衝

突情境而發展出來的政治秩序——包含規則以及支持規則的裁判——很難維持，只能訴諸強制處罰，直接取消違規者的資格。整個運動員精神規範的確來自於這種衝突情境；而這種規範將規則內化，成為公平遊戲的原則。這種運動員精神規範是運動傳統的核心，也是學校文化生活的重要層面。

運動員精神規範成為一個非常重要的倫理原則，它對於年輕人及信守人類生活衝突理論的成人來說，幾乎就等同所有的倫理根源。有些人堅持自己在美式足球場上學到最重要的人生課題，在場上學習奮戰、堅守陣地、尊重他人權利並遵守遊戲規則。由此可以推測，具有這種生活觀念的人，他的世界觀並不複雜。要推論運動對參與者人格的影響，並不容易；也許有人認為效果不錯，就會慢慢朝前面提到的那些角色發展。的確有些學校和教師處理棘手個案的技巧，就是讓他們喜歡上某種運動。它是一種有益身心健康的興趣，不但開啟人格正常成長之門，也抑制了變態興趣和不好的成長方式。

學校運動中的專業人士與業餘人士之間，會發生一些問題，也影響比賽和運動員精神的文化類型。所有教練都是專業人士，而且靠球隊成績過日子。所有球員都被迫成為業餘人士。教練經常口沫橫飛地說著運動規範的大道理，實際上卻被逼迫球員贏球的壓力抵消了。在一個允許個人和家庭把生計孤注一擲在男孩運動成就上的社會系統，更嚴重的指控是教練不顧後果，壓榨他的人力資源。他訓練「子弟兵」（年滿16歲）有點過了頭，或者派明星球員上場太多次、安排太多場硬仗；他的所作所為都來自一個無可責備的欲望：得到更好的職位或加薪，但是他常常忽略那樣做可能會影響年輕人的健康。

基於實用原則，各類運動成為美國學校的一種控制方法。控制系統透過運動來運作。擴大活動——最重要的是運動類活動——能夠讓學校成為年輕人打發時間的愉快場所。但是如果透過運動進行學校控

制，目前還找不到讓人完全滿意的理論可以解釋。也許學校人士最熟
悉的理論是，體育活動會讓學生比較容易管理，因為它可以消耗多餘
的精力，比較不會惡作劇。我們可以稱之為運動的消耗體能說法。這
種說法站不住腳，因為事實上很多學校大部分學生參與運動都屬於間
接體驗——女生都是如此，男生則多數如此。對於不下場的學生來
說，我們很難知道運動如何能夠明確地消耗體能。另一種比較複雜的
理論是，運動可以讓學生的注意力從拙劣目標轉移到良好目標，讓學
生有時間思考、實際進行。根據這種歷程說法，觀眾參加比賽可以得
到一種淨化作用，讓靈魂得以潔淨。這個理論有它的價值，我們必須
把它納入所有運動影響學校生活的最終評估。

　　我打算從團體結盟以及改變個人態度的角度，說明運動對學校生
活帶來的正面影響。從社會學觀點來看，運動也許是最能有效統合所
有學校團體的方法。學校團體很容易分成對立的教師與學生，並各自
衍生派系團體。學生分解成小團體不利於集體士氣，讓行政工作更複
雜；師生的楚河漢界更為嚴重，因為這兩個團體肯定成為衝突團體，
它們的緊張關係正好跟紀律對立。運動可以舒緩這種情形。運動比賽
提供一種戲劇性場景：競相挑出好手、對抗共同敵人，這點成為建立
團體精神的有力因素，它廣納各種類型、程度的學生，也聯結教師及
學生。在成人生活中，我們發現戰爭跟運動的相似性；當國家遭受攻
擊，愛國主義就會高漲。我們同樣發現，懲罰的最明確價值在於施加
懲罰團體的同心協力。[25]體育運動透過控制，運用一模一樣的機制，
讓參與者得到更為有限的目標。

　　運動提供所有學校成員一個外部敵人，讓他們觀察並參與抗敵，
預防師生的衝突團體的緊張關係。支持運動的學生團體組織儘管有它

25　Mead, G.H.，〈因果報應心理學〉（*The Psychology of Punitive Justice*），《美國社會學期刊》（*American Journal of Sociology*），23期，頁577-602，1918年3月。

的根本缺點，但是還是可以為關心眼前行政問題的人帶來一定的好處。運動是一個有力的機器，善加組織的話，可以指揮所有學生一致支持體育隊伍，而高竿的行政人員也會善加運用，推廣其他有利於教師與教師政策的態度。

　　然而，另一種明智運用體育的方式可能簡化了學校監督管理問題。運動員團體可能可以有效促進教師控制社會秩序。運動員經由遵循教師主導的文化類型，得到有利地位；他們可能被誘導自我採納、宣導其他類似的文化類型。在幾乎所有的年輕族群中，運動員也是天生的領導者；這些領導者透過運動，會受到控制、操縱。那些成為主要運動代表隊員的幸運兒，佔據了有利的社會位置；他們位居或接近自己小型世界的中心；是一群少數但重要的有用男子。行為不檢會讓他們損失慘重，而且他們通常也了解這點。也因為居於有利位置，他們不免受到特權階級保守主義的影響，會為了既有的秩序挺身而出。此外，他們至少會跟某位教師（也就是教練）保持非常親密的私人關係；如果教練是聰明人或賞罰分明，他就有機會影響隊員。教練具有聲望，可以給人家好處，跟隊員保持密切關係。一般來說，他會善用他的優勢。結果通常是主要成員在學生群中形成自然的領導中心，他們的影響力多半是保守的，也偏向教師所認定的良好品德。體育本領與所謂的嚴謹生活必須彼此呼應，是運動員影響非運動員的因素之一。我們前面曾經提到將體育運用於學校控制的完美理論，但是大家都知道那等於馬上承認事情往往不是這樣子。一個反社會或者允許球員自認為無法取代——這樣他們就可以從教練手中奪回控制權——的教練，會傷害到整個學校系統。當系統出問題，運動員和體育就成為教師無法忍受的麻煩事。教師如果在學校跟運動員有太多不愉快的經驗，到最後她會說：「我知道只要碰到特別麻煩的管教問題，就去找一個衣服上印有校名的男生。」

其他活動對學校團體以及參與者人格的影響，差異很大。以學校刊物來說，它的一再重複與單調、對公眾人物的荒唐吹捧，以及迂腐淺薄的報導，都能夠維持團體士氣，並且訓練報導者在觀察事件、使用語言時，應該要追求一種有效——即使不是優雅——的方式。學校也有辯論活動；辯論要發揮效果，必需經過仔細安排。我們必須在聰明男高中生的膚淺機靈，以及被迫早熟的嚴肅知識追求者之間做出選擇；可能的話，這種選擇必須避免二種極端。辯論和純粹爭論大不相同，二者無法相提並論。另外一個危險性在於，高中辯論活動會讓參與者對一些還不夠資格判斷的事物產生定見。

許多社交團體顯然是成人社會篩選、分類代理機構的初期型態。這些團體讓獲選幸運兒得到極高的自我滿足，這也許會降低學校扮演傳遞學習代理機構的效率，但也成為落選者自卑情結的絕佳溫床。就像Lynds指出的，在那些社交團體中，最不受重視的是一些特殊部門培養的團體。例如，各種音樂活動、學校樂團、歌詠團、樂隊等，也許再加上黑人劇團[26]。這些團體提供熱情洋溢青少年最好的表現機會；從學校行政的角度，棘手的是找到一位高手，不但提倡活動、維持學生的尊敬，還可以承擔教學。此外，還有一些戲劇性社團；它們具備某種價值，如果能加強行銷，降低理想角色經常出現的爭議，也許價值會更高。在這些活動中，古老的黑人劇團是最受歡迎的，它有一半是戲劇，一半是音樂，許多行政人員對它仍然寄予厚望。它提供參與者高度的自我滿足——也許比傳統戲劇高，讓參與者在戲劇製作過程中比較有耐心。它所提供的音樂技巧訓練不多。厭惡黑人劇團的保守教師，可能會利用劇中強調無法忍受大眾眼光的卑劣性格，合理化自己的觀感。雖然這些情形可能發生，但是我必須指出，黑人劇團或其

---

26 譯者註：黑人劇團源起於十九世紀的美國，內容多半是白人扮演黑人，並演唱黑人的歌曲。

他戲劇中的男女反串，可能會促進高中階段以下學生的同性戀態度，這是非常不妥的。

在我們判斷任何特殊活動的影響因素中，最重要的是它對參與者人格的影響；這種正面影響的程度，往往呼應個體在有興趣的自我活動中，所得到的完整自我表達與成長機會。活動的進一步價值或許是經常提供廣大團體一種凝聚感，它是訓練年輕人的基本要件；目前這部分無疑過頭了，但是如果少了它卻又非常遺憾。從教師的角度來說，活動對於教師控制學校生活大有幫助。近年來，學校活動的成長——而不是新教育理論的發展——似乎都集中在工具層面，讓學生覺得學校很好玩，這無疑讓我們了解近年來孩子就讀到公立高中階段的成功程度。此外，不管教師是否有意培養，事實上多數的學校活動可能已經以某種形式存在。如果教師能夠培養並加以控制，至少會比學生高度自發性活動更能得到教師的接納。目前活動確實已經徹底成為學校系統的一部分，行政人員儼然受到它們的蠱惑。一旦活動停頓，他們就猜想有麻煩事了。在私立寄宿學校，活動停止期是在冬季中期；通常在寒冷天氣報到後，群眾就無法參與運動。從這些學校的經驗來看，似乎嚴重的管教事件和對學校生活的不滿，比較會發生在這段時間。

在人格塑造方面，活動毫無疑問地比任何其他學校特色更有效，可以讓學校更有意義、更有效能。但是我們不應該讓這些事實掩蓋真理：活動經常會干擾學校生活的其他重要特色。每一種活動都有支持的教師，他們教學之餘還要負責提倡特殊活動。他在同事、學生心目中的聲望——也經常包括薪水——主要取決於該活動的成功程度；難怪活動越來越多，對學校的時間安排及學生的注意力提出更多要求。當然，一定有人可以單靠活動來進行教育工作，而我應該是最後一個對這類系統——如果有人設計得出來的話——提出質疑的人，但是我

們不能忘記，目前透過活動進行教育工作的組織方式，頂多是零散、偶發的；它必須經由學校正式目的所提供的事實、技能基礎訓練，來系統性地補充。對於商業導向的活動（似乎大學美式足球就屬於這類），我們甚至不應該容忍。

作業與建議閱讀資料會列在下一章的結尾。

第十章　學校的文化：儀式

　　學校文化由許多文化情結構成，其中儀式和活動總是互相關聯。目前學校儀式多半附屬於活動，但是未必都是這樣，因為儀式的起源顯然比較久遠。由於儀式很容易設計，可以馬上納入傳統主流，因此很快就在學校中逐漸形成。儀式可能跟學校生活的所有層面有關（無論傳統與否），但是今日最精采、重要的學校儀式，都跟活動有關；其中最常見、有趣的跟運動活動有關。值得一提的是，多數的學校儀式都有其價值——或者被認為有價值，讓個人態度受到團體目標的激勵。

　　分析這些儀式，可以找出一些它們何以有效的心理機制。首先，個人扮演特殊角色可以得到團體的認可；或者因為可以得到大眾讚賞，使得個人願意扮演該角色，於是產生許多認同機制。此外，跟上述機制密切相關、無法區隔的是，正式表達全體成員必須參加的態度；這類儀式的基本哲學顯然是這些態度可以持續存在，直到永遠。

　　在所有的學校儀式中，會出現許多集體象徵；它們不斷重複出現，並且以各種偽裝引起個體的注意。根據Park和Burgess的說法：「集體象徵是一些體現團體活動目標的概念。原始人的圖騰、國旗、宗教教義、數字系統以及達爾文的人類遺傳論，都是集體象徵。每個社會與每個社會團體都擁有——或可能擁有——自己的符號和語言。社會用來維持其集體存在的語言和其他象徵性策略，就是集體象徵。動物缺乏這些東西[27]。」學校儀式中的集體象徵包括：「學校之

27　Park, R.E. and Burgess, E.W.，《社會學概論》（*Introduction to the Science of Sociology*），頁167-168。（芝加哥大學出版社授權同意）

光」、「我們的榮譽榜」、「中央高中精神」、「勇士魂」、「塑造人格的學校」、「榮耀歸於中央高中」、「我們的戰鬥隊伍」、「為 Illini 而戰」、「準備為敬愛的 old Siwash 戰鬥、流血、犧牲」、「本校實至名歸」、「我們的不鏽之盾」等。這些用語多半無法分析，因為事實上它們除了鼓動情緒，毫無意義；或許更正確的說法是，它們具有情緒意義但沒有心智內涵。有些措辭可以透過象徵而具體化，例如學校色彩、旗幟、獎盃等。贏得某些競賽之後，經常會得到一種實物象徵，例如小型的棕色陶罐，代表美式足球優勝隊伍易主。跟這個很類似的是吉祥物，它賦予儀式一種圖像特質，可以讓觀眾的情緒潰堤。許多集體象徵得到年輕人的接納，染上高度的情緒色彩並流傳至今；的確有人懷疑，後來某些學校藉由這些集體象徵得到捐贈。

在集體象徵邏輯的背後，是一種堅信不疑的觀念：活動具有價值，而這個觀念很難用理性去合理化。還有一種信念是，爭取成為競賽隊員的動機，完全出自於利他主義，而且是一種可觀（只是從未明說）的個人犧牲。據說某個活動的教練同樣「徹底付出時間和心力」，不求物質回報。這樣的情緒邏輯，促使活動循環進行。

我們不可以對這些青少年現象一笑置之。這是一個真實世界，這些儀式和活動含有一種嚴肅意義，它會隨著例行性的描述與分析而淡化。這裡所凝聚的情緒強大到足以承受外部攻擊，也深厚到禁得起嘲笑；它的致命傷是客觀性。這裡需要注意的是，這些活動需要適當引導，意味著必須全面加以嚴肅檢視。相關的成人必須真正參與；如果負責策劃那些活動表演的成人，因為本身批判心態不斷干擾而無法參與，那麼這項工作最好交給能力較差或較能自我控制的人。

我們接下來描述、分析某些代表性儀式。以下簡短描述幾年來一成不變的學校「始業式」，這項儀式現在已經落伍，很少有學校使用：

　　我當年就讀C高中的時候，開學都會進行「始業式」。這是當時的不變做法，每所學校每間教室以單調作息揭開序幕，進行了十五分鐘到半小時不等，主要內容是唱歌和令人愉快的演講。

　　最後鐘聲一響完，校長就拍手要我們遵守秩序，宣布開會。大家總是最後一分鐘才就座，結束一陣竊竊私語。校長站在前方講台上看著我們，他的助理W小姐（大家都知道她心地最好，但還是很怕她，彷彿她是魔鬼）站在桌子後面，冷淡地注視著我們。

　　當大家安靜下來，校長轉向音樂老師M小姐說：「好的，開始吧！M小姐。」

　　M小姐熱情地走向前，向大家宣布：「我們從本子的第36頁開始。那是以前最受歡迎的曲子。現在，請大家一起唱。」

　　我很肯定，伴奏者不太專業地彈出旋律。M小姐帶頭開始唱，有幾個人加入，然後更多人加入。到了合唱時，M小姐說：「現在大家一起唱！」我們照做了，唱了二、三首。M小姐總會從大家都知道的曲子開始，再進到比較難的曲子。我們不喜歡這樣，唱一些我們最喜歡的簡單歌曲，好玩多了。唱的時候，校長跟一、二個老師害羞地加入，而且他們總是等到歌曲進行到一半才加入，那時的音量高到他們可以確定沒人知道自己唱錯了。W小姐不會假裝唱，她只是讓表情看起來比較親切。

　　唱完後，校長或其他老師會說一番勉勵的話，有時也許會念Elbert Hubbard 或 Henry van Dyke 書裡的一段話。（該州依法禁止閱讀聖經，否則他至少偶爾會明確地從中摘錄。）也許他會針對球隊或其他活動說一段話，也許會拿學校的管教事件來告誡我們。他是這麼開頭的：「現在我要告訴你們一件小事。」事情的經過就是這樣，直到年尾，大家對學校的興趣開始下降。他督促我們保持鬥志：「差勁的賽馬是沒有辦法跑到終點的。」有時候

他要教練或一名隊員說些話。然後他說：「W小姐，還有沒有什麼要宣布的？」那種口吻就是要我們知道，如果有宣布，就代表真的很重要。

　　每次都有事情宣布。縫紉班應該把材料帶到課堂上。歌詠團會在當天下午四點集合。下週是辯論會預賽。

　　有時候我們會用唱校歌作為結束，有時候只不過是：「今天的始業式就這樣。鐘響時，就到你第一堂課的上課教室去。」（生命史資料）

　　如果古老的「始業式」即將消失，又沒有其他或更好的儀式取代，那會令人遺憾。過去正式始業式——包括聖經閱讀與演講——的目的，實際上是讓大家在更為刻意安排的班級事務啟動前，能夠把注意力放在學校事務上。除此之外，始業式偶爾想要發揮一點教誨作用，但是效果實在不好。禮拜活動也是一樣。它們在現代高中已經被因應特殊目的而召開的「集會」所取代；「集會」組織得越好、目標越明確，就可以超越比較形式化、大眾化的始業式，具備一定的意義與效率。許多集會越來越特別，有時候還會為了特別目的，另外規劃幾個禮拜的系列性集會。

　　某所私立學校一直以來都有一個好玩的儀式，目的是讓男生彼此熟悉，同時承諾投入某些活動。以下是簡單的描述：

　　開學第一個晚上，所有男生在禮拜堂集合，參加新生之夜的活動。學生們經過一天的註冊選課、整理房間，讓一整年生活可以就緒，已經累翻了。但是大家興致高昂，畢竟新學年開學總是一個重要時刻，對那些第一次就讀寄宿學校的學生來說，更是倍感興趣。

　　活動由局長、主管或資深教師開場。他會說些歡迎、祝福的話，然後解釋為了傳承習俗，要每個男生輪流起立，報上名字、家鄉，說明一下今年打算參與哪些活動。於是每個男生就輪流站起來說：「我叫 Tom Brown，我住在 Marsen，今年我打算全力投入重量級美式足球隊、籃球隊、田徑隊，還有成為校刊記者。」

　　這種意願陳述，通常會比那位男生的能力或幹勁所及還要廣泛，但幾乎都會得到在場師生的禮貌回應。這種做法實際運作後發現，它對於積極參與開學活動，效果很好。

　　一般的激勵聚會可能是最常見的高中儀式，也最能符合目標。當危機浮現，團體必須集結迎戰。球隊就是團體因應危機的防禦者。他們必須確認學校會並肩作戰，毫無例外，否則隊員沒有辦法發揮潛力。進行激勵聚會的技巧儘管略有不同，但是相當制式化。全隊必須到齊，而且可能的話還必須一起坐在舞台上或者其他顯眼位置。聚會內容之一就是提供成員無限的自我滿足感，發揮前面提到的作用：讓他們成為良好公民。這種聚會大肆渲染球員在學校和恥辱之間扮演的特殊英雄角色，讓所有在場男生都希望成為球隊的一員，激發他們對體育的熱情。聚會時，教練或對運動有興趣的教師會說上一段話；它可能是熱血沸騰、鬥志高昂、男子漢之類的主題，或者為團體舉出一些冷酷事實。但是不管哪一種，事實都一樣：讓球隊清楚，他們面對一個嚴峻（而且也許是致命）的考驗，它需要不顧一切、大無畏的勇氣。但是，戰鬥精神、全隊配合以及願意為球隊利益犧牲個人榮譽，最終會贏得勝利。全隊已經做好準備，不再有人喜歡出風頭。全隊已經做好準備。Smith 會像獅子般奮戰。勇敢的 Jones 會獻上最後一滴鮮血。他也提到一些人名。毫無例外地，他們寧可戰死在田徑場上也不願投降；他們會戰到最後一兵一卒……。所有集體象徵都出現了，但

是球隊必需得到支持。成功的運動要靠學生支持。演說結束了。接著是一陣歡呼、校呼、隊呼、節奏呼、為演講者歡呼，也為繼續練習而歡呼。啦啦隊長慫恿學生發出更多噪音；演講者也指出，一致歡呼可以加強效果。主持儀式的高手要球隊隊長說一段話。他說球隊會使出全力，希望能夠獲勝，而球隊非常需要學生的支持。其他隊員也簡短說了一些，或者只是原地起立。也許還有更多的演講（當然還有更多的吶喊）。群眾很可能唱起校歌。聚會儀式結束時，每個人情緒高昂，所有學生都陷入集體瘋狂狀態，直到競賽結束；之後他們就容易管理，而且精神渙散。學生很喜歡這種激勵聚會，它對男生氣慨和女生美德能否帶來永久的效果，我們只能推測。但是除了教師以外，它也提供學生一個可以憎惡的敵人。

　　集體歡呼是一種附屬於體育運動儀式的小型文化情結。以前戰爭是個人或團體作戰，而不是一種產業；對於維持團體士氣、恫嚇敵手來說，作戰時的喊殺聲很重要。古代的喊殺聲通常是一種集體象徵、簡單口號，或者只不過是戰士領袖、祈求協助神明的名字。學校集體歡呼的形成，好比古代打仗的喊殺聲，並且會像競賽與戰爭那樣進行。但是把歡呼對象當做一種集體象徵的意味少了許多，這是因為很少人知道參賽者的真正作戰理由。由於參賽者一向都承認，對於歡呼完全沒有感覺，所以也許我們可以下結論，集體歡呼的主要效果是在觀眾身上。證據顯示，具有感染力的團體熱情似乎會影響比賽結果；但是同樣讓人懷疑的是，這種熱情是否一定會帶來奇蹟。於是，歡呼是為了觀眾而存在；它是某種意志的偉大動員，也是比賽時展現波濤情緒的特色。在壯觀的運動場景中，群眾自己就能夠激起比賽事件的狂熱；那種場景讓人震撼，因為它為所有的鬱抑提供宣洩出口。自我擴展了一千倍。潛藏的希望得到表達，過程又有集體歡呼的協助。讓人們如此狂野歡呼的心智成分其實很少。除了提到校名或隊員名字，

不斷偶爾聽到「給我們來個達陣！給我們來個達陣！」或者「作戰！
作戰！作戰！」「守住陣線！」之類的口號，歡呼聲中的理性成分蕩
然無存。實際上，這樣很容易會讓歡呼演變成滑稽，隱藏在無意義音
節與明顯荒謬中；而且，一大群人徹底瘋狂、不斷歡呼，必然跟觀眾
在比賽中可能體驗到的心理悸動有關。

　　但是我們暫且把評價與相關疑惑擺在一旁，回歸簡單的描述。大
量時間被用來準備大學、高中吶喊活動的相關事宜；目的一向是要影
響群眾。那些悅耳或不協調音節的固定節奏，有助於群眾的情緒表
達。也許最受歡迎的是重新組合校名的遊戲。當流行的歡呼被認為單
調、無效時，學校就會經常舉辦吶喊—寫作比賽來加以改善。接下
來，吶喊會經過審慎挑選，利用團體來進行實驗，有效的再正式採
用。在多數學校裡，啦啦隊長是大家夢寐以求的目標，只有經過相當
的努力以及幕後的操縱，才能當上隊長。啦啦隊長經常得接受誇張動
作的完整訓練——這是她的表演職責，才能從群眾身上擠出更高的嘈
雜音量；這些誇張動作經過團體經驗的選擇，成為舒緩壓抑群眾的方
法。近年來，跟集體歡呼相提並論的是壯觀的場景以及展現華麗的色
彩。從情緒邏輯的角度來說，這些現象都有它的意義。

　　讓人納悶的是，人們會對自己學校的歡呼形成一種情感。即使許
多團體情緒會延續下來，但是奇怪的是，人們記得的只有最喜歡的
一、二個。但是對於維繫校友情感來說，校歌勝過所有的歡呼。校歌
總是歌頌學校的美好，述說曾經擁有的難忘時光；它對上天恩賜表達
感激，結尾則是效忠學校的樂句。校歌旋律必須簡單，適合大、小團
體演唱。除了正統校歌，通常還會流傳一些未經授權的版本。有些非
正規的校歌漂泊浮沉，被發現的時候，就會像某些笑話那樣，必須因
應當地情況調整——從此岸到彼岸，從小學到大學。偶爾某所高中會
一窩蜂地改編流行或一般歌曲，學校也因為那些以散拍爵士方式演唱

的大量校歌而受到祝福。有時候這種改編方式成為一種勸誘某些無法參與活動人士的方法。只是，這些歌曲的壽命總是短暫。

　　跟學校運動生活有關的儀式相當多，不可能在這裡一一分析。在小型學校中，很多場合會展示徽章。學校通常會舉辦一場季後檢討會，大家愉快地回憶關鍵比賽中的重大事件，再說明下一年度的展望；接著主持人把每個隊員叫到前面，向他道賀（也許再說些好話），然後頒贈徽章。這種公開表揚成就的方式，有助於維持運動興趣；但是它對失敗者的影響無從得知。此外，校內也經常舉辦招待不同隊伍的餐會和其他特殊社交活動。在某些學校，很多儀式都是如此。

　　在運動事務管理上，成員招募問題是關鍵所在。最成功的做法顯然是讓成員有效地公開履行自我承諾。我們之前提到，某所私立學校要求每位學生在儀式中公開表示其參與某種活動的目的。大型學校的問題不一樣，它會運用不同社會壓力找到一堆候補的美式足球球員。美式足球隊往往訴求強壯、有毅力的隊員；那些人出席、站在台上，代表他們的服務意願。主持人向那些人道賀，也為體格強壯但未表態的人感到羞恥。不管透過暗示或直接表明，拒絕加入美式足球隊的人被稱為膽小鬼。福音傳播家鼓吹大眾加入信仰救贖的所有做法，都派上用場了；差別只在於為學校賣力，而不是拯救自己的靈魂。有時候招募球員時，也會謹慎使用來自女生的社會壓力；在不同形式的集會中，一定會出現這種情形。這類做法的效果，幾乎都要靠演說者的群眾魅力。不管如何，那些承諾參與體育活動而得到大眾讚賞的人，必須巧妙結合人際的壓力。

　　另外還有一些本質不同的儀式需要描述。如果組織一群人進行集體動作或行動，多多少少就會產生軍事化的儀式。有些儀式跟身體動作有關，例如消防演練、排隊走出教室、通過班級等。Bagley指出，

有效的學校管理必須將這些儀式儘可能完全例行化。軍事或準軍事儀式的功能在於規範社會關係，這些也可以在學校裡找到。這些儀式來自於形式化的例行性接觸，也是學校的基本要素，而且它們充滿宰制和從屬關係。我們可以把這些儀式分成二種：一、儀式等同關係；二、儀式被設計成一種具體化的理想內在狀態，而且會有效影響內在狀態。人跟人的接觸相當有限，學生與行政人員之間也是如此，他們的接觸可能經常是完全形式化的；每個人跟他人相遇的場合，都會透過某種社會禮儀；這種情形可能就會把儀式視為關係。至於第二種情形，它無法跟第一種完全區隔，那種關係並不是徹底例行化，但是某些層面屬於一種強硬、不變的儀式。它的目的在於確保下屬對上級維持應有的尊敬；這種想法顯然認為表現敬意可以帶來尊敬。

　　有些儀式的目的只是為了維持一般士氣，儘管儀式本身似乎有助於該目的，但是維持士氣的定義依舊相當模糊。在這些儀式中，我們或許會舉出讀信儀式、受難儀式、評選儀式、引發特殊事件的儀式以及學校精神儀式等。通常高中以及預備學校的校長，最常朗讀校友來函（尤其近幾年畢業者）。這些信函通常會提到母校的栽培之恩，提供學弟們一些良好的建言。校刊或公布欄上經常會刊登這類信函，以增加宣傳效果。這些信函受到重視是因為它們經常提到校友的成就，而接下來的推論往往是校友有此成就，母校功不可沒。

　　某校的運動選手在比賽中受了重傷，可能會嚴重影響學校的體育運動，但是透過適當的受難儀式，這個事件可以成為學校士氣的重要焦點。因此，當知名運動員 Niger Jones 因為美式足球賽受傷住院幾個月，有一位高中校長平均每個禮拜都會以 Jones 為主題進行演講。他談到那個男孩在困境中的勇氣、他渴望回到中央高中、他的優秀精神與傑出的運動能力，以及想在第二年再回到球場上等。這種演說顯然能夠鼓舞學校的士氣，而學校也有了一位受難者。

　　有些特殊儀式同樣是為了讓學業表現優良者，得到大家的肯定。遺憾的是，學業表現優良的標準幾乎都是一般平均成績。這類儀式向來都安排在當地的畢業典禮，但有時也會持續一整年。有一所私立學校的做法是每週念出前一週前十名男生的名字，而「前十名」的競爭有時候很激烈。不幸的是，名單裡面可能有七個男生選修最輕鬆的課，但是這種制度的確會鼓勵學生追逐高分。另外有些特別儀式是為了表揚其他領域的傑出者，例如辯論、校刊編輯、品行優良、禮貌周到等。所有這些儀式都缺乏內在訴求或者以運動為主的效果，這是因為所有活動都無法跟運動興趣一較高下。

　　規劃特殊學校事件時，可能會衍生許多儀式性的慶祝活動，以便聚集群眾。這些活動會根據既有文化類型的儀式來規劃。於是，一旦某校決定應該跟著球隊離開家鄉，到外地打球，很快就會進行一堆準備儀式。這些儀式剛開始是想要激發這趟旅程的熱忱，但是後來焦點改變了，行政人員想要在學生群中營造同樣的熱忱，希望學生透過良好行為爭取出席比賽的特權。接著是全體一致的種種儀式；行政人員把目標設定在百分之百；每個人必須想要參加；每個人必須在賽前二週表現良好，以取得參加的特權。到最後會有一個齋戒禮，那些因為累犯而無法出席比賽的學生將接受面談，以評估犯錯的程度；然後對那些缺乏正當理由的學生施以薄懲，讓他們也可以參加。這個最終儀式顯然是必要的，因為它可以兼顧完美的出席率以及管教高手的顏面。

　　學校中有許多精神儀式，也是所有儀式中最為動人而且獨樹一格的。許多重複出現的精神儀式，根據的是行事曆而不是重大活動。某所青少女學院會投注許多心力在娃娃典禮上。每個娃娃代表所謂的L——精神。高二學生會把娃娃藏起來，而新生在還沒有找到以前，就談不上擁有L——精神。大家對這個活動興趣十足，而且顯然效果

深遠。進行一些初步儀式後，典禮更增添了一些莊嚴性；畢業班的學生將手中的火炬傳遞給下一屆學生；這個典禮讓參與者和觀眾印象深刻。這些儀式的種類不少。同樣有關於引導新成員認識學校精神的一套特殊儀式，很容易成為班級彼此關係的象徵。許多這類儀式是由學校當局主導，避免新生被欺負。

　　畢業季節是許多儀式的焦點。傳統的儀式跟獲得學位、畢業典禮活動、班級日、畢業班致詞有關；大家對這些儀式的內容與功能耳熟能詳，在此不必多談。我們可以在學校裡找到所有最古老、完整的儀式，而這些儀式很容易成為形式主義。例如，某種畢業週儀式會透過高年級離校儀式，維持其控制集體情緒的力量。某所私立學校的做法特別有效。所有高年級學生手牽著手，圍著旗竿高唱「友誼長在」。他們繞著圈圈跟所有朋友握手，很少有學生不是含淚離開的。

作業

1. 仔細觀察師生如何從文化衝突演變成為教室衝突。
2. 描述教師與社區成員之間的文化衝突。
3. 舉出一群兒童身上所能找到的文化存留。
4. 寫出一群兒童的通俗傳說。
5. 嘗試編纂自己學校所謂的「傳統」。設法了解一個「傳統」得花多久才能建立。
6. 寫出學校文化情結的發展歷史。
7. 請從文化角度，說明都市文明中一所鄉村學校的存續現象。
8. 列出「平等規範」的主要論點。這個規範在學校文化中的地位如何？

9. 檢視以下的情形：某位學生即使吃虧，仍然堅持遵守「學校男生的規範」。在那些案例中，他違反哪一種規範？

10. 經過提問和觀察，探討「活動」對大學兄弟會的意義。

11. 寫下某所學校老生欺負新生的演進過程。欺負新生的社會、心理根源是什麼？教師應該採取什麼態度？

12. 說明某位教師對抗某種學校傳統的故事。

13. 仔細研究某個「活動」團體的行為，並且從參與者以及該團體與校內外事件關係的角度，加以詮釋。

14. 透過某校運動員的行為研究，了解體育運動在該校是否成為有效的控制機制。這個機制如何運作？

15. 描述某種學校活動的名次競爭過程。依你之見，這種競爭會不會產生良好的效果？

16. 記錄教練、隊員以及「球隊之友」整個球季的公開發言，並加以解讀。

17. 探討知名教練有關修訂美式足球規則的公開發言，並加以詮釋。

18. 探討競賽事件中的「舉止」。運動員如何得知「舉止」？「舉止」的歷史是什麼？

19. 敘述一場比賽如何演變成戰鬥事件，並加以詮釋。

20. 說明運動員精神的規範，並以事件來說明。

21. 針對某個男孩的人格因為體育活動而得到改善，進行個案研究。

22. 探討某位運動教練的人格與某校士氣的關係。

23. 分析校刊中的議題。校刊提供了哪些社會功能？

24. 撰寫學校戲劇、班級戲劇或黑人劇團的歷史，並加以分析。

25.以圖表展示一年中依序發生的管教事件;如何解釋其中的差異?

26.記錄並整理貴校所有的重要集體象徵。

27.製作一份整年度的儀式目錄,並指出每個儀式在一年節奏中的地位。

28.詳細記錄一場激勵會議;透過觀察、探究,了解這個儀式對觀眾和參與者的意義。

29.針對某位擅長主持激勵會議的老師進行個案研究。他的特色是什麼?分析其技巧。

30.找出形成「更佳英語週」、「四C週」等系列性集會的理論基礎。

31.蒐集資料,證明成功的體育運動是否真正要靠學生的支持。

32.描述啦啦隊在貴校的組成過程。

33.描述並分析一場美式足球賽的群眾行為,並加以解釋。

34.記錄貴校的吶喊聲,並分析其效果。

35.分析貴校的校歌或歌曲。

36.貴校有吉祥物嗎?描述它在社區中的地位。

37.蒐集各種資料,比較運動在大型、小型高中裡的地位。以運動作為控制系統,對哪一種規模的高中最有效?

38.描述某位學校受難者所發展出來的儀式、格言慣例。

39.貴校執行管教時,有哪些儀式?

40.詳細記錄貴校的畢業週。分析各種儀式的真實或預期社會功能。

建議閱讀

Kroeber, A. L., *Anthropology*.

Kroeber, A. L., and Waterman, T. T., *Source Book in Anthropology*.

Levy-Bruhl, Lucien, *Primitive Mentality*.

Lowie, R. H., *Primitive Society*.

Mead, Margaret, *Comming of Age in Samoa*.

Mead, Margaret, *Growing Up in New Guinea*.

Wissler, Clark, *Man and Culture. Sociology, Psychology, and Education*.

Ferriere, Adolph, *The Activity School*.

Jordan, R. H., *Extra-Curricular Activities*.

Koffka, Kurt, *The Growth of the Mind*.

Kohlep., Wolfgang, *Gestalt Psychology*.

Lynd, R. S., and H. M., *Middletown*, Chapter XVI.

Mead, G. H., "The Psychology of Punitive Justice," *American Journal of Sociology*, Vol. XXXIII, pp. 577-602, March, 1918.

Ogden, R. M., *Psychology and Education*.

Peters, C. C., *Foundations of Educational Sociology*.

Rainwater, C. E., *The Play Movement in the United States*.

第十一章　學校中的四個願望

　　社會學常常提到，建置社會組織是為了滿足人類的願望。機構的活力以及社會正式結構的生活，都有賴於它們跟人類需求密切相關。於是，當我們描述、評估一個主要機構周遭的社會生活，就必須探討該社會環節中所涉及的衝動。根據社會詮釋學派主張的社會心理學概念，社會心理學的主要任務是追溯社會原始本質的運作。對這些思想家而言，原始本質代表直覺本質；但是針對社會原始本質追根究柢，對於一些不相信社會詮釋的進展，有賴於人類遺傳成分中之明確直覺的社會哲學家來說，仍然同樣重要。

　　抱持高度懷疑態度的觀察者，會把學校人類生活的某些事實，視為最嚴格定義的反射或直覺行為。兒童和教師咳嗽、打噴嚏、流口水，眼睛隨著光線變化而調整；幼童想睡覺的時候會揉眼睛，偶爾也像老人家般完全閉上眼睛。雨天會讓兒童焦躁不安，而這種不安或許有它的反射基礎。教室中兒童與年齡較長者的兩性互動，無疑具有複雜的直覺基礎；但是如果要追溯某種（或某些）直覺，它的型態沒有辦法像石蜂那樣簡單描述。也許學校中很多人類互動都有它的反射或直覺基礎；我們不應該馬上排除固有的社會互動類型、覺察他人的心理狀態，以及透過同情與洞察來探索對方的內在生命，因為這些考量可能都有遺傳機制的基礎。

　　但是可以確定的是，目前我們還沒有把握可以找出任何特定直覺，或者確認任何已知舉動都在表達特殊的直覺類型。這裡的意思不是說我們永遠找不到可以呼應人類原始本質直覺的複雜、類型化活動。目前我們還找不到，因為即使是直覺心理學家，對於直覺是什

麼、有多少直覺，仍然眾說紛紜。因此，如果我們採取一種不同順序的概念作為分析基礎，也許比較能達到科學上的精準。這種概念是從Thomas的四個願望學說發展出來的[28]。Thomas認為，四個願望代表所有的人類意圖：反應的願望、認可的願望、新經驗的願望，以及安全的願望。所有人類活動可以說都來自於這些範疇。這些願望都可以在每個人的身上找到；而滿足每個願望的某種安排，是正常生活的必備條件。要用滿足某個願望去替代另一個願望，在程度上是有限的。願望不是直覺的替代品——儘管許多作者如此認為，願望確實屬於跟人類追求事物有關的環境類別。願望跟直覺不一樣，它們並非社會詮釋的終極價值。我們沒有辦法透過追溯特定願望來解釋行為。願望以特定形式存在於原始本質的證據，仍然有待補充。願望學說的主要重點是，正常人類很早就在社會互動中發展出這些願望。

　　根據Thomas的說法，反應的願望是「所有願望中最具有社會性質的」。它「主要跟愛有關」，「與其他個體接觸時，習慣於尋求欣賞、表示欣賞。」反應的願望包括多數被佛洛伊德學派歸類為性的衝動，但是也像該學派大致主張的觀點，包括許多似乎不含感官性慾成分的現象。反應的願望是一種想要接近他人的慾望；它追求親密、渴求接納。它包括所有尋求人際友好關係的行為；而反應的行為範圍，包括最極端的性行為與最高度昇華、微妙的人際互動形式。最能明顯展現反應願望的例子，包括親子關係、求愛、交配、婚姻，以及意氣相投的小型內團體。

　　尋求認可的本質絕對更自我本位，但是它的社會性在於它只能在社會中得到滿足。它跟反應的願望都是團體用來掌握個體最重要的工具之一。認可的願望屬於一種想在團體中勝出的願望；它的運作是垂

---

28 這個概念在Thomas最近的作品中很少受到關注。個人始終認為那些願望事實上是態度的分類。但是它們提供一種非常簡便的輪廓，而且似乎最能引導我們依此進行討論。

直性的，而反應的願望則是水平性的。認可的願望「通常表現在人們努力在社會團體中爭取地位，確保受人賞識、羨慕、有利社會地位的方法。」認可的願望出自高傲的動機；因此它幾乎就等同於Adler用來當做社會解釋系統基礎的地位驅力。

幾乎所有思想家都認同認可願望與反應願望（或者其他非常類似的動機）的存在。這些都是明確的動機，而且似乎普遍存在。每個人都有某種自豪，也會安排自己的生活來加以保障、提升；每個人都有某種親密人際依附的需求。我們當然可以質疑安全和新經驗的動機，是否具有同樣本質。Faris曾經指出，事實上安全和新經驗的願望屬於不同層次的願望，其衍生於那些追求反應、認可的普遍、基本願望。只要恐懼出現，安全願望機制就會啟動。尋求新經驗則是一種同樣本質的機制，它來自於對單調或慣例感到厭煩，也跟倦怠感密切相關。但是這些不是主要的願望；這些機制保障（或改變）了我們滿足其他願望的生活結構。

Faris提醒大家注意另一種社會本質的願望——所謂的參與欲望。這種欲望渴望依附在某種比自我更廣泛的事物上，例如，超個人實體、一種團體、一種起因或一個運動。它是一種無法捉摸的動機——因此長期受到忽略，但是它呼應了人類本質中的真實事物。Faris同時指出，Thomas的分類之所以不完整，是因為它不同意願望來自於——而且可能是局部化的——部分有機體；那些零碎願望來自於飢餓、生理上的性慾緊張、排泄緊張、疲倦、口渴等。Faris補充的這些修正，對願望理論來說似乎是很重要的貢獻。

以下是Krueger和Reckless有關Frais願望輪廓的重新解讀：

〔Frais〕發現我們可以體認(1)零碎的願望，例如食慾和渴望（也就是飢餓、口渴）；(2)社會願望，此包含(a)反應欲望，(b)認

可欲望，(c)參與欲望（也就是想要依附或認同一種起因、一個運動，一些比自我廣泛的事物）；(3)衍生的新經驗（源自於單調與慣例）與安全（源自於危機的破壞效果）願望。[29]

我們當前的任務是追溯滿足學校願望的過程。我們調查學校的社會生活，找出滿足不同人類願望的機會，檢視性格在學校組織中產生哪些變化。我們進行的不只是學術探究，因為我們至少應該可以從兩個關鍵問題得到啟發：

(1) 我們應該可以從學校作為一種適度滿足人類本質需求的社會組織角度，提出它的成敗結論。從這個觀點來看，學校的成功或許可以從它滿足願望而帶來的性格成長，加以評估。

(2) 我們應該可以找出學校正式社會秩序的功效，它受到來自原始本質且未經訓練之衝動的影響時，如何屹立不搖。學校的既有秩序如何透過自發性願望滿足的安排來加以補充？在既有的願望滿足管道（社會秩序）和自發性的社會組織之間，會產生哪些衝突？學校正式秩序的崩解、重建過程是什麼？簡單來說，學校如何在「荒野鏢客、美人與激情」的環伺攻擊下存活？[30]

幾乎所有校內的親密與非正式態度，都可以當做反應願望的體現。因此教師與學生、學生與學生之間，會產生友好、親切的態度。但是事實上這種友好態度應該只代表強烈的人類情感傾向，而且會顯

29 Krueger, E.T. and Reckless, Walter C.，《社會心理學》，頁175。（Longmans, Green, and Company 授權）
30 譯者註：此出自英國小說家、劇作家John Galsworthy（1867-1933）於1906年所著的《資產擁有者》（*The Man of Property*）序文。該書描寫一個中上階級家庭的變遷，主角Soames Forsyte設法累積物質財富（包括他美麗的妻子Irene Forsyte），但是始終沒有帶來預期的快樂。

現在所有一般環境中。對於透過單純施予、接受反應來培養人際友善關係，學校當然不是有利的環境。相對於人類生活中反應願望的重要性，學校有關反應的種種安排是不夠的；它們通常不存在於學校的形式秩序中，而是毫無根據地突然出現在龐大體系的縫隙中，並隨著情境許可條件蓬勃發展。

學校一般會阻撓反應願望，這裡涉及的不僅僅是性慾——或許不是價值較低、容易瓦解的性慾反應——也包括所有的人際交流管道。師生之間的社會距離，阻礙了自發、人性的互動，讓雙方失望、難受。教師在場，帶來了從屬關係，導致必須保守祕密，學生之間的個人交流隨之中斷。這種交流即使有，也是暗中進行，而且程度有限。或許是因為缺少了這種人性反應，很多新老師感覺自己生活在一個單調乏味的世界。我們可以在這裡暫時打住，討論一下學生福祉比不上教師的問題；在這樣一所學校中，透過參與團體生活得到個人成長的可能性多半已經消失；在嚴格管理的學校中，品格訓練如果不是偶然，就是神話。儘管反應受到阻礙，但是並非徹底隔絕。某些友善、同儕情誼、愉快而自發的支持關係、無私與彼此關注，遍布在每間教室中。拒絕受騙的性慾同樣存在。

儘管性慾願望受到嚴重扭曲，但是產生的傷害還是比其他受到限制的反應少。幾乎所有的學校性慾活動都不被允許，而且許多都跟學校的正式秩序直接牴觸。經過許可的活動，帶來的是傷害而不是鼓勵。跟既有秩序牴觸的活動，總被認為會對學校這種社會組織帶來嚴重威脅。

儘管心理分析學家和其他研究者已經提出一些具有啟發性的研究結果，我們對於兒童性生活的了解仍然貧乏。分析者已經想到將兒童的性慾發展分成幾個階段。首先是嬰兒的擴散性慾，它會延續到出生後的5—7年。這個時期的性慾被稱為「多相性變態」，意思只不過是

它不像正常成人性慾活動那樣具有引導作用。心理分析學派指出，這個時期的性感帶（或愉悅區）遍布全身，而且透過愉悅和性慾的確認，這些愉悅區的本質就是性慾。但是此時成人的思想意識引導尚未成型，是否嬰兒所有愉悅來源都等同於成人眼中的性慾，有待辯論。所有愉悅的源頭可能是性慾，但也有可能性愉悅是另一種普通愉悅的變化。

從嬰兒進展到接近青春期的那幾年，是眾所皆知的潛伏期。相較於前一個時期，這個時候的性慾活動似乎明顯下降。有一段時間，個人的心力、興趣與活動湧向其他管道，而性慾潛藏其中。有關潛伏期的深度與長度，各界看法不一。有的人認為，潛伏期的性慾活動幾乎完全從人格中消失。類似的看法是，如果兒童所處的家庭、文化生活有所搭配，潛伏期會延長一段時間；具有豐富洞察力與經驗的人認為，在兒童長大的過程中，可能不必引發性好奇心（而且不會像壓抑那樣引起人格分裂）。如果可以的話，我們該不該這麼做，這是當前世代必須花時間回答的問題。在不同的社會團體和文化中，兒童潛伏期的差異顯然很大。即使是同一個文化和社會團體，也有個別差異存在。對某些個體來說，顯然潛伏期從未出現，但是從嬰兒期的性慾擴散到成熟的高度結構化行為，是一個連續的發展過程。

青春期來臨，宣告了一系列的複雜變化。從生理學來看，青春期的特徵是性緊繃來自於內在身體組織的正常官能。構成成人性衝動的多數部分願望，在青春期被喚醒；許多的控制、性格重組問題，以及生活結構，因為態度系統改變而更激烈。接著有一段很長時間，注意力會轉移到重新定義性態度、尋找適當的對象。在青春期初期，性格會因為不尋常的性緊繃而嚴重扭曲。嶄新的興趣出現在嬰兒時期的性慾宣洩出口；早期的多相性變態管道則出現退化現象。通常產生的手淫以及心理衝突，會造成人格嚴重分裂。有時候在這段期間會產生同性戀的調適現象——尤其嚴重壓抑正常情感的發洩，或者找不到異性

戀對象時。女生的同性戀調適現象比男生明顯;這樣的例子很多,也比較不會遮掩其身分。有些研究者認為所有女生都會經歷這個時期。這種盛行現象可能是女生的青春期啟動較早,使得性緊繃產生以及風俗許可的求愛時機——此涉及異性戀管道,會有比較多的發展時間;相較於男性,我們的習俗提供女性較多的情感交流空間(有時候還會加以強制);此外,女生的初始性感帶尚未完全確立,所以她的性目的還不像男生那樣明確。

有關青春期產生嚴重個人調適問題的主張,已經是老生常談。那種理論認為,青春期突然的性覺醒,必然伴隨個人的脫序。這種解釋忽略了真正的二個因素:個體的內在需求以及社會展現的行為架構。在一個不嚴格控制青少年性行為的社會中,青春期顯然不是嚴重的個人危機。[31]我們似乎不必走偏鋒就可以提供青少年更多性興趣的可行宣洩管道。假如要把這些興趣轉移到其他管道、延緩性行為帶來的人格衝擊,我們必須向青少年、亞青少年介紹更多能夠理解、一致的生活系統,而非眼前社會的種種資源。這是地方社區必須抉擇的議題之一,學校的社會結構也必須與社區政策同步規劃。

到目前為止,我們對青少年性生活的說明,著眼於內在動機與外在社會型態的互動。如果我們更主觀地探討兒童性生活,找出不同年齡層的兒童意識如何看待性現象,就可以用不同觀點來看待問題;這是因為在整個生命過程中,男女關係會以不同的偽裝與變化出現。為了了解學校兒童的性生活,我們必須知道他的性概念結構與所導致的兩難困境,以及他如何看待。

生命的初期大致呼應了嬰兒的性慾發展,我們也一派天真地接受男女關係;但是,我們對性功能幾乎毫無所悉,也不了解性差異的意

---

31 參見Mead, Margaret所著《薩摩亞的成年》(*Coming of Age in Samoa*),《新幾內亞的成長》(*Growing Up* in *New Guinea*)。

義。只是這種無知，一定會阻礙愉悅、有意義的跨性別和諧關係。

在潛伏期間，不同性別之間會出現一種表面的對立，但是這種對立通常涵蓋了興趣與怯懦。此時性別之間會產生一道社會鴻溝；男女世界會比其他生命時期更為徹底隔絕。至少在男生團體裡，會有一種無法理解的與女生交往禁忌，以及一種貶抑女性及其工作的態度。對某個男生來說，最難堪的時刻就是在街上碰見媽媽。成人再怎麼無法理解，這種態度仍然是男生生命中的核心事實之一。但是這個時期對於異性的內在理想化，遠遠超過成人。此外，豐富的幻想生活也讓成人研究者自嘆不如。在潛伏期初期，有關性慾功能的說法向來模糊不清，而且兒童所得到的身體層面相關知識，很少是完整、正確的。心理分析學者證實，兒童性慾過程的某些理論，對性格的未來發展很重要；其中排泄腔生殖理論以及去勢情結，可能是最重要的內容。在這個時期，常用來獲得異性注意的方式包括：炫耀體能、騷擾異性、假裝打鬥、大聲說話、吹牛、自我折磨等。

潛伏期和青少年期之間，存在一種亞青少年求愛的過渡期。它屬於初戀、愚蠢與笨拙年齡時期。性別之間的某些障礙已經消除，對立的面紗開始變薄。社會及肢體接觸雖然非常有限，但是很有意義，而且常常轉變為無窮的幻想，容易產生遙望崇拜的現象。

青少年求愛期間會有更多的接觸。比起過去，一開始甚至更為理想化。青少年的愛容易成為嘲諷的言論（尤其大量的肢體接觸禁忌發生時）。這個時期的青少年幾乎都認為結交異性屬於一種遊戲，先投入情感的就是輸家。在這場遊戲中，虛情假意沒有關係；要讓一個男生對女生如同他對其他男生般真誠，得花很長的時間。「寵愛」是這個遊戲的一部分[32]。青少年求愛團體有自己的特殊習俗與方式，而且會

32　參見Blumenthal, Albert的《小鎮二三事》（*Small Town Stuff*），頁246。

嚴格執行。當某人開始認真看待，即使是小事都會危機四伏；如果另一個人也涉入，就會進入新階段；如果沒有，就會中斷。在青少年愛情中，值得一提的事實是它很容易產生昇華作用。

伴隨著更複雜、明確結構的性別關係，學校生活深深受到這些心智轉變的影響。就兒童的集體教學來說，幾乎不可能傳授相同複雜程度的教材，使得行政問題更加棘手；而且教材的複雜程度並不等同心理年齡。隨著不同的社會發展階段，兒童的重要社會團體快速轉變，導致學校生活更為複雜。

由於教師通常是（或者幾乎是）成人，大眾可能期望他們的性態度會比最成熟的學生更為穩重、正常。事實上很多教師在性生活方面是理性的成人。持平來說，這群正常教師的人數越多越好；我們假設這群教師包含所有已婚以及期待或希望履行婚姻中生物學天命的教師。即使加上那些以平常心看待性的幸運未婚男女，仍然還有一堆可憐蟲的性生活，受到打擊或違反常理。這群人通常有意——而且總是帶著最佳善意——把性問題帶入校園，向學生傳遞不正常的態度，這是因為他們沒有其他的態度可以傳遞。

我們沒有必要對教師的性生活追根究柢。很多教師與校外人士正常相戀；這些戀情未必能夠提高社區對教師工作的評價，也不會提高教師在學生心目中的地位。也有很多教師的正常性興趣，導致某種個人災難。許多教師的愛情生活絕對是變態的，而這種變態以及引發的心理衝突，一定會嚴重影響教師身為人的影響力。

通常未婚女教師經常會跟校長墜入愛河，而校長可能是她們唯一認識的男性。有時候校長已婚，以下故事說明了這類有趣的刻意（或無心）洩露情形：

有一天下午校長走進來，我們正在聊一些當天的有趣事情。校

長的笑容似乎隱含著：「我現在有某人的好聽笑話。」

　　他說：「呃，Berger 小姐，我倒是想知道我倆是什麼關係？是阿姨、堂妹，或者不是什麼。」

　　Berger 小姐大約 35 歲，教了 15 年書，但是仍然有幽默感。

　　她笑著問：「你現在說的是哪一國的笑話？」

　　「笑話？」他說：「這可不是笑話。」他接著念起手中的紙條：「Wells 先生，請給我二份空白的月報表。（署名）Althea Wells 太太。」

　　「Berger 小姐，妳給我這張紙條，不是嗎？這是妳的筆跡。告訴我，妳什麼時候改名了？」

　　Berger 小姐愣住了。最後她說：「那張紙條我寫得很急，當時腦袋瓜裝著很多事。」

　　我們都認為那是一個很棒的笑話，但是我們猜 Berger 小姐未必暗戀已婚很久的 Wells 先生。

　　師生之間經常產生一種性吸引力的密切關係。這種關係往往超越性別，而且是完全正常的。它可能是一種完全單向的密切關係，就像高中女生愛上帥哥教師，或者資深教師暗地傾慕他的一位年輕學生。我們之前曾經解釋過，由於師生之間以性為基礎的密切關係，會跟持續的教師控制牴觸；而且師生情感交流被視為禁忌，教師總是想要壓制或掩飾這種感受，認為它涉及高度的隱私。在分析者的眼中，過度補償的現象昭然若揭。我們常常可以看到未婚女教師把情感寄託在某個年齡較大的學生身上，再以管教手段提高影響力。她會因為最輕微的頂撞而斥責學生，把他送到校長那裡管教；放學後又把學生留下來，以便「跟他交心談話，找出更良善的本性。」她管教這個年輕人的興趣，幾乎到了不可自拔的地步；內心衝突的內在反射，造成神經

系統緊繃。她向朋友坦承受不了那個男生；她想辦法處理自己和那個男生的生活，花好幾個小時相處卻劍拔弩張，只好處處忍讓。

另一種過度補償可以從以下事件明顯得知。

　　我被指定到 Johnson 先生開給專科生修讀的現代史課堂上，觀察他的教學。Johnson 先生最討人厭，身軀瘦小、外表邋遢，嗓門大又難聽。不管從態度或英語使用來看，他給我的印象有點粗俗，但是他會盡量討好我。我有時候好奇他是不是怕我在報告裡批評他的教學。

　　不久我開始懷疑，Johnson 先生是不是因為愛慕 Deveau 小姐而產生困擾。她坐在中央左側前排。我剛開始是因為他的目光停留在 Deveau 小姐身上的時間，遠多於其他學生。Deveau 小姐是一個 1922 年的新女性（如果你記得那種樣子的話）。身材瘦小又帶點孩子氣，有著搪瓷般的臉孔，而且很難相處。她把頭髮梳了又梳——就像德國女妖 Lorelei 那樣。有一次一起搭電梯上樓，她還對著我梳頭髮。她從來不會認真看待事情，也很可能沒有太多瑣碎的想法。整體來說，對一板一眼的 Johnson 先生來說，她並不是一個好的情感寄託對象。

　　我馬上就起了疑心。我對 Johnson 個人行為的興趣遠大於他的現代史教學法。到了學期末，我對這件事情做了以下紀錄：

　　「今天 Johnson 先生盯著 Deveau 小姐看也太頻繁了。這個小時快結束的時候，她走到他的桌旁，結束她的征服任務。她優雅地靠在桌旁，微笑且崇拜地看著他。Ross 先生在等她。我從他的表情知道他可能知道發生了什麼事。」

　　「Deveau 小姐今天上課遲到了。她跟 Ross 先生一起進教室，還有一點上氣不接下氣。Johnson 先生有一度不肯看著她。他以嚴

屬的口吻責問 Ross 先生沒有預習功課。」

「Johnson 先生今天上課離題了，花了很多時間在談他的太太和嬰兒。他好像花了太多時間在細節上。好幾次說話時他還盯著 Deveau 小姐看。（這種情形不只一次）。」

「我注意到只要 Deveau 小姐在場，就會干擾 Johnson 先生注視全班。他看全班時先從左到右，但是到了她就會停下來。他設法把目光移開，但是可能沒有完全移開，就開始往反方向移動，顯得心神不寧。今天這種情形發生了好幾次，他有點緊張。」

「Johnson 先生今天叫了 Deveau 小姐三次。她的名字似乎很容易就從他的嘴巴說出來；每當他對某人的問題不知所措，就會向她求助。今天她每次被叫到，講出來的都是可笑的答案，但是每一次他都設法給她找台階下，幫忙補充、更正細節、解釋句子的脈絡、重新組織等，讓大家覺得這都是她的想法。他要她重新說一遍，之後也只是偶爾遲疑地說一聲：『沒錯。』Ross 先生和 Deveau 小姐總是同進同出，一直坐在一起。」

「今天大家都聽到 Ross 先生和 Deveau 小姐在講話。Johnson 先生很嚴屬地瞪著他們。」

「Johnson 先生現在跟 Ross 先生相處愉快。他常常打電話給 Ross 先生表達看法，在班上也給他各種表現機會。他總會拿簡單問題來問 Ross 先生和 Deveau 小姐。」

「Johnson 先生直接看著 Smythe 小姐（一位戴眼鏡的平凡女生），卻心不在焉地叫著 Deveau 小姐。每個人都嚇了一跳，Johnson 先生也慌了手腳。我在想，有沒有人知道什麼叫做說溜嘴？」

「Deveau 小姐今天沒來上課，Johnson 先生一直看著那張空椅子。他好像對門特別有興趣，而且仔細地檢查。最後他放棄了，把心思放回少了 Deveau 小姐的單調班會。」

「Johnson先生犯了一個幾天前的錯誤，只是對象不同。他看著Perkins小姐，嘴裡叫的卻是Jones小姐。我好奇他這樣是不是為了掩人耳目？」

「今天Johnson先生一上課就小考。學生寫考卷的時候，他坐著用手遮住眼睛，但是手指頭沒有併攏，我猜他在偷看Deveau小姐。下課時Deveau小姐和Ross先生走到Johnson先生桌旁跟他講話。我跟著他們離開教室，聽到她說：『嗯，我希望那個笨老頭不會把我當掉。我第一題什麼都不知道。』對方回答：『我也是。他是個狡猾的老怪物，不是嗎？』」

「Johnson先生對Ross先生的友善態度持續著。但是今天確實有消息傳出來了。他叫他Deveau先生！」

我的筆記不止這些，但是多數的重要事件都在裡面。我應該不會搞錯的是，Johnson先生愛上了Deveau小姐，而且想要盡量克制這種情形。我不知道，但是他好像很清楚自己的感情狀態。（一位研究生提供的未出版草稿）

這類事件的敏銳觀察報告非常普遍。目前傳統社會允許男女同校的女高中生、女大學生，運用魅力向男教師爭取分數以及不涉及他人的好處。許多教師對於那些質疑其標準的持續批評了然於胸，早已豎起堅強的防護網，跟所有的攻擊保持距離。即使是聰明學生經常使用的生澀技巧，就連新手教師都騙不了；學生表現得太明顯，到了接近考試或期末就向教師示好。在上述例子中，整件事情可能是有意的（雖然可能一直都是有意的），但常見的說法是一開始很可能是無意的。一旦無意的因素更能發揮作用，一些令人焦慮的獨特事件就會發生。高度謹慎的教師總是抱怨異性學生所導致的明顯衝動。這些根深蒂固的偏見本質，往往是無害的；但是衍生的衝突可能帶來無法避免

的災難。這些教師發現自己無法將目光從美女學生的臉龐移開，或者維持跟她有關的學術標準，或者下課後不再想她、聽到她的名字、看到她的人。揪心之痛是常見的。這種心理現象很可能是病態的，而且一定會嚴重影響教師社會性格的功效。只是這種現象很普遍，除了給予某種精神病學輔導以及再教育，別無他法。但是即使是心智最健全的教師，也很難因為個別的吸引力而不去偏愛某人。在每個班級中，有些人總是與眾不同；班級由一些突出者與一群平凡者組成，而且眾所矚目的臉龐，應該一部分來自美感的選擇。但是這種選擇不盡然屬於抽象的美感，還包括心智與靈敏反應；而且任何一個具有警覺性與合理心智能力的學生，都可能成為教師長期注視的對象。教師之所以看著他（而不是別人），是因為他的鮮明性格，換成別人就不是這樣了。

師生之間各種以性為基礎的密切關係，一定包含潛在的同性戀情感。這裡的潛在同性戀指的是在個體的性格中，有一大部分屬於同性戀，所以很容易對同性者產生性態度，但是還沒有發展成明顯的同性戀行為。同性戀的辯護者指出，這種特質有利於教師的性格發展。就這點來說，它可以促使教師更關心學生福祉，並且擴大為普遍的和藹與仁慈。但是實際顯然不是這樣，因為同性戀教師與鍾愛學生屬於一種低劣的懦弱關係，而且他對其他學生往往刻薄。他表現出荒謬的迷戀行為；對方冷淡時，他會因為小事而釀成小小的悲劇。因為迷戀而產生的偏袒現象，當然會嚴重影響學校的管教工作。但是同性戀教師帶給自己的最大危險絕對不是這個；真正的危險在於自己成為某些同性者的愛慕對象時，那些人的性態度不像他那麼成熟。這是因為同性戀的傳染力眾所皆知。有些學校行政人員明白表示，不會聘用性格中具有明顯同性戀傾向的教師；針對那些認識有限的人，他們也開始尋找適切的正確診斷方法。儘管這個任務對訓練有素的人來說不難，

但是還是會給一般人帶來困擾。富有實驗精神的人，不斷思考男老師的可行做法是什麼。他會問應徵者：「你喜歡男生嗎？」答案經常讓人掉入陷阱。過度熱切的答案可能會被認為是同性戀（不管含蓄或主動），不夠熱切的答案則代表沒有辦法跟孩子愉快相處。這種天外飛來一筆的問題可能會帶來衝突，產生出一個具有診斷性，而且夾雜著疑惑、情緒性、遲疑、不得體的倉促答案。使用這種方法，必須謹記答案既不能太膚淺，也不必太深奧；同時要洞察對方是否自露馬腳。至於更複雜的技巧，可能多少要參考舉止、禮貌、音調、言談等個人特質。

此外，教師的性態度會影響學生的性調適。教師對於年輕學生首次了解異性的態度，可能會妨礙或延緩學生適應異性戀，或者在這個適應危機中給予刺激、煽風點火；無論如何，教師態度深深影響學生未來的快樂狀態。教師對於年輕學生的天真戀情往往不了解，學生頂多得到一種揶揄式的包容。教師經常毫不保留地嘲諷「少男少女的初戀」以及所有受過傷害的學生；他們可能不知道已經殘酷傷害了敏感的年輕人。教師無法包容戀情，可能來自二種原因：第一，它是一種教師愛情受挫的無意識結果；第二，它屬於教師理性判斷的一部分，認為年輕人最好把心思放在心智層面，盡量延緩性慾興趣的產生。我們幾乎可以確定，教師如果無法包容學生的戀情，就會為學生對他的態度帶來令人遺憾（而且也許持續）的影響。就算是最年輕的戀人，也喜歡某種揶揄，但是它必須非常善意，誰都不能越雷池一步；隨便取笑學生的教師始終令人厭惡。但是，比起絕對不利於異性戀適應的環境所可能造成的永久影響，教師不願支持還算其次。即使搭配最好的條件，要轉變同性戀和手淫行為仍然不容易；學校如果無法協助轉變，至少不要設置障礙。如果學校決定正視自己的品格教育任務，它們必須把培養正常異性戀者當做主要目標之一。

在我們停止討論學校性主題時，不能不探討高中時期校方普遍認可、監督有關社交、跳舞、派對、正式場合的種種考量。如果適度安排這些事務，就可以為學生的性緊繃提供良好的宣洩管道，也可以避免他們尋找其他劣質管道。但是這麼做有點難。自發性產生、接受反應，純粹來自於嚴格的監督，而且那種監督必須不斷兼顧友善與技巧。如果學校事務受到太多監督，或者服從過了頭，學生的社會生活就會轉移陣地；不受認可──完全或部分不受成人監督──的事務很容易會向下沉淪。這麼一來，一些「愛情時尚」以及非法調停登上八卦小報。教師本身也有問題；願意承擔校外社會責任的教師不多（也很少有人會勇敢承擔）。那種艱鉅的監護人角色，需要高超的社會技能才能稱職扮演。但是如果監督學校事務不夠周密或者過了頭，一定會飽受批評；學校處理兒童的性慾興趣時，可能因為時間太早或者過度刺激而犯錯；發生這種情形時，社區不僅認為學校道德墮落，而且就連傳授事實、技能的基本任務也顯得軟弱、失職。學校必須仔細傾聽社區的心聲，周延觀察兒童的行為常規，以決定社會事務的類型以及應該履行的監護人責任。就算是每天逐步調整，似乎也是可行的。頂尖政客最擅長掌握社區中介於極端保守、激進陣營之間的游離分子。應該舉辦幾場派對？派對上可以進行哪些活動？如何監督？如何處理兒童自發性的社會行為（這種情形一定會出現）？以上這些問題都會一再發生。

在結束討論學校人員性生活之前，我們認為校內存在一種以性為基礎的主動人際互動。但是這種互動經常隱約進行，有時候會經過掩飾。學校內有些性徵兆不合常理；其中有些屬於成長過程的必要插曲，有些絕對是病態的；如果學校更能滿足個體的反應，或者社區不要妨礙個體及其願望的實現，就不會產生那些病態現象。學校的性慾互動會遺漏許多人；有些人透過幻想得到補償，有些人仍然不了解周

遭的性慾互動。那些人經常興趣缺缺，也呼應了潛伏期逐漸降低的性
動機。在每個學校團體中，有些成員對性主動展現興趣，有些人文風
不動。團體規模似乎容易受到某種控制的影響。社區生活限制了各團
體的成員數量；相較於正常安排生活的社區，混亂社區中的許多兒童
會對性主動展現興趣。師生共同生活的本質，左右了各團體的兒童數
量；有些學校顯然會安排一系列完整、有趣但不涉及性慾的活動，以
盡量延長潛伏期。此外我們應該主張，健全的性教育方法或許可以大
大降低性好奇。

　　我們現在開始描述學校社會生活中，某些更重要的認可願望展
現。學校認可動機所涉及的範圍比反應願望更多元、更迂迴；對觀察
者來說，認可的形式雖然平淡無奇，但是它比反應形式更難捉摸、更
難理解，因此我們必須用更普遍的語詞來處理。學校非常依賴認可願
望；事實上，這是因為學校以及多數「活動」被賦予正式任務。認可
就是人類樂器上的一條弦，讓學校可以任意彈奏。舉凡校內個人彼此
競爭，精確掌握每個人的百分位數，以及頒授獎品、獎牌與殊榮等做
法，就只是為了引起競爭。這些做法關係到兒童對於學校成就的自我
感受，藉由地位感超越他人，並完成原本不願意做的事情。認可願
望是一種強烈、可靠的動機，但是如果不善用兒童所有的社會團體，
就會很難控制。這種困難來自於人們容易遠離無法得到正面認可的關
係，並且讓得到認可的關係產生意義。個人擁有良好地位的團體，就
是重要團體，而那種地位感可以讓個人放棄他在其他團體的地位。對
於遲緩、愚笨或能力無法展現在學校成就慣例（也就是學生應該嚴格
依照排名系統分配位置）中的學生來說，同樣不幸的是，這些被留在
班級底層的學生，終其一生都會有自卑感，對他的行為帶來不良影
響。相反地，頂尖學生不會認為自己的運氣太好，或者不習慣輕鬆地
得到學校的歡心，而且很多人後來都無法找到自己的定位；也就是

說，他們常常很難調和生活中的真實角色以及自我知覺。排名系統對某些人來說，一定有利。在其他領域受挫的人，可以藉由突出的學科成就得到彌補；他們的成就會被評量，並轉換成算術成績。這當然不是通例，但是很多兒童喜歡學校這麼做，因為這會有自我吹捧的效果。如果他們具有某種自卑感，他們甚至會喜歡棘手、深奧的科目——如此更能展現自己的與眾不同。

有一些師生衝突可以直接歸因於不同的互動目標。因為教師的期望跟學生不一樣。在所有這些衝突中，遲早會涉及對手的認可願望，而有些衝突顯然只是地位之爭。[33]就師生的敵意狀態來說，學生可能利用反抗來贏得同儕的喝采，而教師同樣想要消除最後的些微反抗，以證明自己是有效率、有權力的。教室之所以陷入漫長、無意義的脫序掙扎，許多師生可悲地耗費時間，主要原因就是目標不一，別無其他。教師以各種善意之名，運用侮辱、威脅與吹牛，學生則使用綽號、模仿與醜化；以上這些都是在自我崇拜小型世界中垂死掙扎的一部分。（有的掙扎來自於想要取得地位的師生隸屬於不同團體，而且標準不一。）

我們之前討論過教師的專業自豪感，這裡只是綜合整理一些比較重要的特點。教師的自豪感非常強烈，讓擁有所羅門王智慧的行政人員將教師和平相處視為職責所在。那種自豪感一部分來自教師在本身小團體中所扮演的權威角色，一部分來自社區對教師的表象尊敬；也許教師自豪感常常顯示出他們的自卑感——教師對於自己在社區中的真實低下地位略有所知。由於無法成就大事，教師理所當然地自我膨

33　有位女教師表示：「教學是一種幾乎全體都想再玩一次的遊戲。我們永遠不知道自己是輸是贏，但是我們學會緊盯對手的一舉一動，全力備戰。它讓我們好奇接下來會得到哪些經驗，讓我們保持警覺性。我們必須待在這場遊戲裡，成為真正的玩家。誰會喜歡玩不出名堂的遊戲？差勁的玩家很快就因為沒有對手而出局……學校教學是一場意義非凡的遊戲。我喜歡它，希望可以玩出名堂來！」

脹，自豪感於焉產生。教師是不容置疑的。教師說話不可以反駁。教學是最高尚的職業。教師的自我感受很快就連結到他所堅持的嚴格學術標準；教師也很快知道自己跟其他教師的地位，多少要靠手上的紅筆。一旦教師發現學生認為他要求不高，他的心靈就枯萎了一部分；這時只需要再加上某個明確事件（例如某位學生乞求老師幫忙，之後卻向人吹噓他騙了老師），就可以讓教師相信，給學生低分可以證明自己是有效率的。

有些人更關心地位；他們是自卑情結心靈狀態的受害者。明顯自卑者的特徵是，他們對於個人尊嚴的真實（或想像）藐視（或輕蔑），非常敏感；他們很快就察覺出他人對自己的任何貶抑。這些人常常很快把自己武裝起來。教師只要被自卑情結干擾——許多教師都是如此——就會給自己帶來許多不必要的麻煩。有經驗的訓導人員都可以告訴我們一長串「過度敏感」教師的故事；這些教師會讓自己跟學生在最瑣碎的小事上打轉。對這些情形，如果不利用精神病學全面檢視，提供充分的洞察能力與控制方法以便克服困難，我們能做的實在有限。有時候來自於潛藏自卑感的補償驅力，可以透過外在控制來加以導正；這種做法就是讓個體在其他領域得到建設性的經驗，使他的補償作為可以擺脫無謂的掙扎。

具有自卑情結的學生可能會有行為問題。我們在此沒有辦法深入討論自卑情結在青少年行為問題中所扮演的角色，而且許多問題兒童專書已經充分分析這個議題，因此省略不談。我們只想說的是，某些最頑固、惡劣的行為問題，可以歸因於自卑感以及衍生的負向補償衝動。這種自卑驅力可以從一些持續發生的行為找到來源：說謊、偷竊、打架、曠課、女生的性犯罪等。自卑的學生往往很難處理；令人遺憾的是，即使是全世界最穩重的教師有時候還是必須妥協，以免爭執不休。我們一再見證某個自我感覺良好的學生，碰上相同特質教師

後的下場；但是如果都沒有人看過這種情形，那就一定不會懷疑了。

　　在一些不算極端的例子中，自卑情結的種種徵兆仍然令人困惑。有個男生剛升上大四，他打算放棄所有的運動，「以便有更多時間念書」。有一位精明的老師很快就找到背後的動機：他已經在輕量級美式足球、籃球得到不錯的成績，但是年齡已經超過那個等級。他不願面對下一個等級的競爭。學生承認了。地位趨力過強的人，似乎從幼稚園到研究所一路上都會給老師帶來麻煩。不久前，有一門研究所的哲學課發生令人沮喪的狀況，這完全歸咎於他的特殊性格。那個學生平時很安靜，但是每當他認識的那位年輕男老師代課，就馬上成為問題學生。他坐在教室最後方，跟其他學生保持二排的距離。因為教室是依照圓形劇場方式排列，所以他可以完全掌控局面。他利用那個特殊位置，把自己當成助理老師。每當學生發問，他就很快再說一遍，然後把問題轉到自己身上。如果老師沒有馬上回答，他就自告奮勇提出答案。他常常自願向全班解釋老師的答案，自認為比其他同學更熟悉教材，表達能力也比老師強。老師常常被激怒，但還是保持禮貌。有一次，就像某個學生的描述：「他站起來，一直講到下課鐘響，而且還是說個不停。所有學生開始離開教室，但是他還是繼續講。」老師如果採用講述教學法，健談的學生和自我指派的助教就會對班級帶來最大的傷害。

　　我們曾經指出，不夠聰明的學生可能會透過其他更重要的關係來逃避學校壓力，這樣他們可以重新調整自己的社會世界，以維持心理平衡。學校經常設法追蹤這些學生，用教師的術語來說就是：「準備跟他們周旋到底。」在學校就讀期間，學習遲緩和意願低落的學生所面對的壓力往往很大，而且有人懷疑這種人怎麼活得下去。然而如果有人看著他，就會相信對方把傷痛隱藏得很好。如果有機會內省，我們也許會比較關心表象以外的東西；同時，某些完整的防衛作用可以

有效避免傷害。以下是一些教師想要對學生施壓的態度：這真的不重要，因為學校跟日常生活不一樣，而且反正很多成功的生意人以前在學校就不怎麼樣；每一個都真的很好玩；「他只要努力就可以做得跟別人一樣好，只是他不做」；教師是無名小卒，反正他們說的都不重要；教師「被學術逼瘋了」；教師在學校裡表現得不錯，不過就只是那樣而已；這是一個不友善的世界，大家都受到不公平的對待；只要性格跟大腦搭配得起來，日子就可以過下去等等。另外還有許多類似的態度；我們雖然必須體認這些心理特質就是他們的防衛作用，我們還是應該記住，就算是事實，也有可能是以病態方式得到的。

Faris指出，安全欲望以及新經驗願望不應該跟反應願望、認可願望同樣列為基本欲望。它們都是因為生活條件而引發的簡單機制。一旦恐懼來臨，就會產生安全願望，而恐懼的時間點幾乎完全由影響個體生活的結構型態決定。恐懼機制顯然原來就存在於人類有機體中，因為它跟人們看到消防車隊、市場衰退所產生的恐懼感是一樣的，只是如果沒有這種情緒，人們還是可以做得很好；如果沒有受到刺激，它不會像反應、認可願望那樣造成更緊繃的狀況。恐懼一旦啟動，就會一直存在於有機體，光靠否認是無濟於事的。要消除恐懼也很難，因為它在各種生活模式中都會維持同樣性質，而且總是連結到結構中最脆弱的部分。然而事實上不管我們身處的社會結構有多安全，我們還是會挑剔。值得一提的是，對於恐懼已經習以為常的個體，似乎很容易會在任何生活條件下複製自己的恐懼——無論這麼做有多麼不恰當。同樣地，病態的恐懼被認為是偽裝的情感或扭曲的願望；雖然這些恐懼一向來自環境的體驗，事實上它們來自內在，而且就我們的目的來說，恐懼來自於某一部分的自我——察覺出某些分裂衝動的本質。

在還沒討論更深入的問題：「什麼事情比較讓人害怕」以前，我們可以簡單歸納出一些師生的恐懼類型。同樣地，這麼做只是為了完

整起見——這個主題似乎最好還是要周延分析。教師最害怕二件事：無法控制班級以及丟掉飯碗。為什麼這些恐懼會變得如此重要，我們現在無法探討；我們認為，這二種恐懼會自行擴大到其他生活層面，於是催生出安全機制；而且這個機制會隨著個體運用而更強大，直到它成為性格的核心才會終止。學生的恐懼類型本來就是零散的；他們害怕處罰，得不到教師與父母的肯定；擔心自己一副蠢樣子，害怕考試與失敗，也害怕表現不好，沒面子。

展現所謂新經驗的願望同樣令人困惑。教育學者經常提到，學生身上似乎有一種好奇的直覺，而這種想要精熟學科的欲望不但跟社會動機完全無關，也不涉及行動的開展。（Thomas在使用這個名詞的時候，加入了人類對於單調的反應以及倦怠的心理狀態——我們最好把它當做長期關注部分有限刺激後所產生的中性疲勞，使得其意涵更為複雜。）能夠支持人類具有好奇直覺的證據相當薄弱。在此我們跟Faris都認為，好奇只不過就像是完成一個某種意義上已經開始的行動。心理生活可以系統組合成某些形式，而這些形式往往是完整的；設法讓這些型式得以完整，就某種層面來看就是好奇（這就好比想像與記憶屬於同一種傾向的不同階段）。這種完整的傾向會因形式而異，也跟形式內容密切相關；至於促進完整形式結構的力量、在啟蒙階段發揮影響的能力，可能也有個別差異。某種建議形式與人格的關聯性，同樣是引發好奇心的關鍵；如果學習來自於優勢情結，效果會最好。

學生熱切學習的態度並不完全來自於好奇心，我們應該了解它的各種特質。動機有一部分是社會性的；兒童學習取悅他的老師，超越他的同儕。學習欲望因此具有某種社會基礎。但是好奇機制是在學習過程中引發的。學習是整體進行的，而這些整體就是各自完整的單位。學習者察覺到一部分的整體時，產生了一種想要更完整察覺的欲

望，想要看看它的細節，或者了解它跟其他整體的關係；這種欲望就是好奇。理解的欲望，就是利用因果結構去觀察事物的欲望。

教材的呈現模式會影響引發好奇心的程度。有趣的呈現方式，就是不斷提供更寬廣視野的建議，並思考尚待解決的問題。這種方法是從局部的整體逐步邁向完整。呈現的內容不能太少，因為那些素材無法構成形式；如果內容太多，又會彼此混淆；時機還沒有成熟，也無法帶來良好的完整性。慷慨激昂的演講必須保留在最後。讀一本書或聽一場演講的意願，有賴於某種暗示的節奏和完整的結構——先鼓舞聽眾，再紓解其好奇心。大家對於新聞記者和小說家的二種對比技巧耳熟能詳。新聞記者第一句話就把故事交代清楚。他盡量利用更多細節來維持讀者的興趣。他必須越來越具體，否則讀者會不告而別。他先呈現一個結構完美的整體，再描繪細節；這種技巧的一般形式仍然相同，但是內部結構更為詳細。小說家則依照懸疑原則來舖陳內容。他提供讀者系列事件，每個細節都很完美，但是隨著逐頁翻閱，讀者隱隱約約拼湊出廣泛的結構圖。小說家提到的事件越多，懸疑的程度越高，祕而不宣的結構圖也變得更有說服力。這二種技巧都能夠維持讀者的興趣、避免厭倦；只有當心靈面對太多相同類型的事實，或者被迫長期關注同一個事物時，才會產生厭倦。

這二種技巧都可以供教師使用。教師可以在他們的社會關係中，利用局部的價值結構來進行實驗。他們可以在教室中謹慎地說話，以激發學生的興趣（就像 Willa Cather 書中的做法）。也可以運用祕而不宣的結構圖來訓練學生，讓他們在座位上挺直身子（就像 Clarence Darrow 喃喃說著他那最厲害的機鋒話語）。但是教師要記得，想要維持學生的興趣，不可以侷限於心智歷程；這樣一來，就會出現更多的優秀教師。教師的真正本事是操控教室的社會互動，以擴充學生的理想人格。這需要某種洞察力以及一定程度的自律，因為它可能會犧牲

教師在當下情境中的衝動。要完整討論這個主題，需要更多篇幅，但是也許我們可以引用某位教師自行驗證過的一些規則作為總結。

1. 嚴格但不會令人討厭。
2. 對於所有學生的貢獻表示興趣與敬意，並提高它們的重要性。
3. 對於學生的所有表現找出值得嘉許的地方，譴責的時候則須謹慎。

Faris 進一步闡述團體忠誠的欲望，讓它成為與認同欲望、反應欲望並列的第三種欲望。這是一種效忠某種團體或目標、希望被其納入的願望，也可能在遇到比自我更為廣泛的事物時，失去自我。它有時候會被稱為團體優越性的欲望。它表現在所有有關學校歲月的瘋狂效忠裡，也最能明顯展現在年輕人的我族中心主義中。這也許有助於解釋為什麼競賽運動廣受歡迎。在一些學校儀式與集體瘋狂時刻中，全體成員的感受與行為合而為一，兒童效忠得到了難以形容的成就感。（有關這種場合的完整描述，請參閱第九章〈學校的不同文化〉，以及第十二章〈學校中的人群和群眾心理學〉。）

作業

1. 利用雨天觀察一間教室，然後跟晴天比較。
2. 用圖表說明日常生活管教事件，並與天氣狀態做比較。
3. 舉出教室裡的所有反射行為。它具有什麼社會意義？
4. 記錄某對師生的跨性別吸引力或敵對。

5. 敘說某件學校醜聞，並分析它對學校、師生的影響。
6. 觀察「少男少女的初戀」。教師對此現象應該抱持什麼態度？
7. 記錄學生對教師的「迷戀」。教師表現出來的行為是什麼？
8. 描述一位自卑教師的管教問題。
9. 描述一個青少年求愛團體的習慣和道德觀。
10.自卑的教師碰到自卑的學生，會發生什麼事？請詳細描述。
11.透過個案研究，找出兒童熱切學習的真正動機。

建議閱讀

Adler, Alfred, *The Practice and Theory of Individual Psychology* (trans).

Freud, Sigmund, *A General Introduction to Psychoanalysis* (trans.).

Krueger, E. T., and Reckless, W. C., *Social Psychology*, Chapter VII.

Low, Barbara, *Psychoanalysis and Education*.

Thomas, W. I., and Znaniecki, Florian, *The Polish Peasant in Europe and America*, Vol. I, pp. 72-74; Vol. III, pp. 33-35, 55-61.

Thomas, W. I., *The Unadjusted Girl*, pp. 4-32.

第十二章　學校中的人群和群眾心理學

　　社會心理學中最引人注目的章節是人群和群眾的特殊心理狀態，這是因為心靈經過許多其他心靈的衝擊，產生一種詭異的質變；一旦群眾激情被點燃，就會做出一些清醒時不可能會做的事情。可能有人覺得，將群眾精神跟學校相提並論很奇怪，但是對於有經驗的教師來說不足為奇。在本章中我們不會看到燃燒的十字架、被吊起來焚燒的黑人，但是學校發生一些人群和群眾事件，這正是我們要討論的內容。

　　相較於群眾，人群的概念更為普遍。人群的構成顯然來自於關注同一個刺激。它也可能是接近刺激的類似反應，這時通常會發生一種交互刺激與反應的過程，不但提高了暗示性，也立即刺激、窄化了心靈活動。多數的班級有時候是人群，而幾乎所有集體演講多半也是人群。班級通常是大家都知道的聽眾人群。聽眾之間的社會互動當然會立刻發生在所有個體的周遭，但是最重要的互動一向來自於人群中的個體以及備受關注的某人（或一小群人）。維繫聽眾的藝術就在於讓這種排除他人的關係產生意義。想要觸動聽眾，就必須花一點心思；必須利用人群的交互刺激與反應，增強本身的吸引力。教師常常是關注的焦點。新老師未必知道如何接受這種阿格斯凝視（Argus gaze）[34]，但是如何在眾人目光中優雅前進，就是學習教學的一部分。

　　聽眾之間的交互刺激與反應狀況，會提高它的感受性。調查顯示，部分的後排聽眾不容易參與互動。有充分證據指出，教室裡的聽

34　譯者註：此出自古希臘神話中一個擁有一百個眼睛的巨人Argus Panoptes。

眾尤其如此；研究發現，後排學生在講述教學時，挫敗的比例最高[35]。當團體參與某種固定範圍的活動（例如測驗或考試）時，佔便宜的可能是座位朝向團體中心的人，因為他們完全被其他從事同樣活動的人包圍，使得良好的交互刺激與反應達到巔峰。但是如果大家只是用耳朵聽（雖然這種超越教師常識性觀察的推論沒有根據），我敢說得到好處的是離教師最近的人。那些人跟教師更接近，可以更密切地注意他；這是因為在他們的關注範圍中，能夠讓他們分心的事物比較少，而且還可以利用遠處看不出來的細微動作、姿勢，跟教師進行更完整的溝通。Griffith的研究結果似乎並不支持這樣的論點。他的解釋是，近距離觀察講述者，可能會讓注意力分散到一些遠處看不出來的無關細節。注重細節可能跟教學目的無關，學生雖然增加了人際互動，但卻賠上熟悉教材的代價。（一般人通常不知道動作可以加強字句意義的重要性。很少人講電話的時候不會產生誤會，也很少人可以把想法形諸文字，這是因為動作已經被排除在文字表達之外；也許這就是為什麼寫作讓人嚴謹。）

人類生態學主要探討人與體制在空間、時間上的分配，是經由競爭過程決定的。教室的特質生態學似乎也可以成立。我們應該把它跟前面提到的位置心理學分開討論，因為它關心的不是不同教室位置的互動效應，而是不同年級、性格類型對於位置差異的影響。在大型班級中，學生可以自由選擇座位，我也注意到某種型態的座位分布一再出現。坐在前排的很多是過度依賴教師的學生，也可能夾雜著一些特別積極的學生。後排則是反抗型的學生，他們通常會先反抗權威，最後則對抗理想化的父親形象；如果不這樣做，也許就是反抗班級的同化作用。運用回應技巧引起教師注意的學生，一向都選擇中間的座

---

35 參見Griffith, C.R.，〈有關聽眾心理學的看法〉，《心理月刊》（*Psy-Mon*），31期，1921年。重印於Kimball Young，《社會心理學參考手冊》，頁679-684。

位。有些害羞的學生告訴我，他們習慣坐在牆邊。教室互動分布的效果，有賴於師生的信賴關係以及教師分配注意力的方式，只是這種效果一向都值得關注。如果我們進一步研究，當然可以找出其他形式。對這些現象進行量化調查，既耗時又困難，但是並非做不到。

具有人群性質的班級，會發展出一種明確的性格，而且可以輕易地從教師角度觀察得知，這是因為從開學的第一天起，班級就不再是一堆臉龐了。它是一種形式、一種強光與陰影的結構、一種不斷改變緊繃點的分布圖，也是一種平靜與不安、美麗與可愛的變動平衡。維持班級紀律有賴於教師的心靈結構，讓他觀察全班而不會忽略細節。對新手教師來說，班級會讓人困惑，而且很可能是一種「強烈、隆隆作響、嘈雜的困惑。」對有經驗的教師來說，班級是一種規律、類別化的整體。在整體班級結構中，存在許多小型的緊繃點，而整個場域可能會以任何一個緊繃點為中心。善於管理班級的教師，只要注意到初期的困惑點，就可以保持平衡。

由於班級中某些積極成員與教師的付出、接納，班級很快發展出自己的性格。這種性格一部分靠機運，但又不盡然如此──機運決定了某位學生在某一天被分配到某位教師的班級。形成班級性格的關鍵之一是教師的心靈，教師會因為班級的影響而產生不同態度傾向，而這些態度會形成不同的形貌；教師也會對不同班級展現不同的面貌。教師態度的差異通常細微到連最敏銳的觀察者都無法分辨、描述，但是這些差異所產生的效應不容小覷，也不難觀察。

每個教師都知道有些班級很好教，有些即使全力以赴仍然徒勞無功。有的班級心懷敵意，有的善體人意；有時候這些現象顯然來自於教師在首次班會上的小小舉動，某種程度決定了情境的定義。有的班級活潑，有的沉悶，這似乎一部分屬於算術性質，只要有五、六個機靈的學生就可以讓全班動起來，而少數學生善體人意的班級可能氣氛

沉悶。此外，團體人數如果超過某個數值，就會讓學生不想參與；這是一個值得深入探討的統計學線索[36]。有的班級喜歡彼此爭論，在這種班級中時間永遠不夠用。好辯學生的座位安排，顯然會影響討論的性質。如果雙方坐在相反位置，也許會激烈爭辯，其他人也會加入；但是如果主角們坐在一起，很可能討論會淪為滑稽、個人攻擊的下場。有的班級渴望學習，有的愚笨、被動；在大學教師群中有一種迷信：他們主要是由所謂的「活躍分子」組成。師生參與的本質，會受到班級符合教師期望的型態，以及教師因應班級而展現自我面貌的影響。

　　Park 指出，一旦人群開始行動，就成為群眾。人群會進行觀察、產生感受；群眾則付諸行動。群眾的交互刺激與反應程度，比人群高出許多，使得它的壓抑情況大大降低。群眾會表達出一般人不會意識到的態度和情緒。這種來自於長期壓抑衝動的表達，會產生一種不尋常的欣喜感，因此很容易就過了頭。Kimball Young 曾經提出群眾中的自我擴張現象；這也是解釋群眾行為的重點之一。兒童對教師深懷敵意，師生之間產生嚴重對立，只是學生不敢正常表達，這時教師的問題就在於他想要讓兒童成為人群，而非群眾。在這種一觸即發的情況下，即使教師犯了最輕微的錯誤，都足以讓眼前的人群變成群眾。一般來說，主要的危險在於情緒反應。人群跟群眾的差別在於群眾成員的情緒投入更為徹底；如果教師用不當的方式去回應，就會引起對方類似的不當情緒。人群之所以變成群眾，就是因為這些被視為禁忌的情緒。如果教師把教室人群視為群眾，或許就可以真的把人群變成群眾。例如，教師對著一群人大吼大叫，或者徒勞無功地施以管教，他就會變成群眾的首腦，將群眾組織起來對抗自己。軍隊或準軍隊組織的好處，就是它集結、控制了人群；要把它變成群眾，難度最高。

36　參見 Peters, C.C.，《教育社會學的基礎》，頁264之後。

　　學校裡最可能產生群眾的地方是自修室或禮堂。因此，管理一間棘手自修室的技巧，涉及了個人嚴謹社會表達習慣的學校教育，以消除所有不合乎情境的習慣。教師在自修室裡戴上面具，變得木然、冷靜。這就是為什麼我們可以在教師的臉上觀察到一些特定表情——敵人稱之為僵化，朋友則認為像是花崗石般堅毅；這些人被迫擺出權威象徵的姿態，臉上也雕鑿出權威的樣貌。畢竟，恐懼是偉大的教師；一旦個人的權威象徵受到傷害，就會被迫了解如何避免惹禍上身。努力保持冷靜與木然，就是想要將自修室的社會互動聚焦在重要議題上。那些自以為是、想要擾亂寧靜的學生會盡其所能地擴大爭端，但這就有待教師與警察單刀直入處理了。

　　對於缺乏群眾經驗的學校人士來說，有關類似插曲的描述不難找到；至於有幸目睹並親身經歷的人並不需要那些故事，因為它們會讓教師永生難忘。

失控的自修室

　　我從 Midyear 學院畢業，也很高興跟 E——的中央高中簽了教師合約。依照校長的說法，在中央高中教書是一件很棒的事。這所學校大概有 1,200 個學生，60 個教師，而且朝氣蓬勃。

　　這所設備完善的高中位於某個城市，它也是我住過的最大城市。對於我面臨的問題，我沒有什麼經驗，而且二月份到中央高中報到的那天早上，我根本就在狀況外。我很年輕，再加上臉上的表情，讓我看起來更生澀。我報到的第一天有好幾次被當成學生。我很沒有經驗，而且一看就知道。因此我常常在想，校長怎麼這麼有效率、又有技巧，剛好把我派到校內最棘手的自修室。

　　我在上課的第三個小時前往自修室 217。那是一間男生自修室，也應該是一件苦差事，但是我一無所知。我得到的指示是：

「J先生，你現在就去找他們。先嚴格後放寬會比較容易。你要仔細注意所有的吵鬧聲，隨時向我回報。最好的做法也許是拿張椅子，坐到教室後面，利用學生安靜的時間做自己的事。要給我們一份詳細的缺席、遲到紀錄表。你可以到外面那間辦公室拿空白表格，然後再拿回來。祝你有美好的一天，J先生。」

我找到自修室217，覺得那間教室太大了。男生們找到位置就坐時，顯然已經有點遲到了。我花了一點時間才找到辦公桌，因為那不是辦公桌，只是一張桌子。我笨手笨腳地從抽屜裡找到名單。那些學生後來慢慢知道我是老師，三三兩兩地走到座位上。但是他們不想做正事。我也不想管，只想點名。我決定完全依照指示繳回所有報告，上級馬上就會知道這位老師的做事態度。

那學期我的課已經延遲了一個禮拜，那段期間自修室是由一位代課老師負責的。資深的老師告訴我，我的麻煩其實上禮拜就已經開始了，這是因為代課老師被那些男生搶了先機。但是我不會抱怨，因為那位老師也許比我更壓得住217的學生。第一個小時有很多人在講話，偶爾傳來嬉鬧聲。有幾個學生顯然沒事做，我設法用嚴厲的眼神瞪他們。還有一群人坐不住，有一、二個男生擅自換位子。不幸的是，因為我在點名，所以沒辦法處理這樣的情況，或者就連發生什麼事我都不知道。那些名單很複雜，而且從辦公桌這裡沒辦法看到整個教室，所以我的麻煩就來了。第一個小時我幾乎都在點名、填寫缺席表。

第二天我開始進入狀況。那天一開頭的混亂，其實是前一天沒有處理好的後果。我發現最好的做法是待在教室的左前方角落，可以看到整個房間，但是問題是另一頭很難兼顧，而且好幾個搗蛋鬼就坐在那裡。我決定走到房間另一頭，情況安靜下來，我得到很大的鼓舞，希望能夠馬上掌控局面。但是吵雜、混亂隨即從

房間另一頭冒出來。我開始絕望，因為我永遠逮不到做怪的學生，人數多到我沒辦法處罰全部的人——即使都逮到的話。我不斷想要專制地處理這種情況，我跟他們說一些自以為是的話：「現在就給我停下來！」「你們要認真，做好你們的事情！」或者「從現在起，我要教室安靜下來。」加上我開始加速巡視教室的事實，看起來一定很滑稽。這對學生來說可能很有趣，但是我一點都不覺得好玩；我發飆了！

第三天我感冒發高燒，好幾天沒辦法上課，這也許可以減少自己成為悲劇主角的不幸感。我的情緒在胸口糾結，完全不想再承擔那樣的掙扎。我第三天進到217室的時候，那些年輕學生一定一眼就看出來了。那天我確定不點名；我決定最好把焦點擺在秩序上，有時間再來處理出席問題。我站在教室前方，設法緊盯著每一件事。我接受一位年長朋友有關嚇唬學生的建議：看著他們，然後把名字寫在一張紙上。有一度這個策略似乎有效。但是那些男生一定知道我叫不出他們的名字；他們一定覺得很好玩，不會被輕易嚇跑。我開始害怕了，因為我知道我的教師專業生涯岌岌可危。我自認為和靄可親，但是眼前所有的表情看起來都像惡魔，而且所有學生好像都想要盡量折磨我。接著一罐墨水瓶掉下來了。我跑過去看是怎麼回事。我變得很興奮，而且全部學生顯然都看得出來這個事實。不久又有一罐墨水瓶掉下來，我又去查問了一下。接著又是一罐，我決定不管它；我站在前面，想要抓出來是誰丟的。但是還是有人丟，而且我不知道是誰。我請大家守秩序。我身邊的學生面帶敬意地聽我說，但是後面不知道是誰發出了不滿的嘲笑聲。我開始威脅那些人，麻煩就來了。顯然這個時候他們對於我這個囊中獵物的疑慮已經消失。各種騷亂、聊天、嘻笑、丟紙團、繞圈圈，都出現了，但是最讓我困擾的

是他們還在丟墨水瓶。我抓到二、三個罪證確鑿、犯了小錯的學生，把他們送到辦公室。這個做法引起一陣噓聲。我知道這是一場嚴峻的考驗，不知道這個狀況還會持續多久。

我的問題第二天就有了答案。我知道它不會拖太久。墨水瓶在那一個小時中不斷在空中飛舞。威脅、誘騙都用了，我還是束手無策。我用盡所有方法想要找出元凶，但是沒有用。我站起來走到前面，請他們讓我說一段話就好。這段話讓人印象深刻。我說，有些人從背後攻擊我，那是不公平的；如果是衝著我來，我會走到教室外面，馬上跟他決鬥。至於我，我不想跟任何人過不去，但是我會對付那些製造麻煩的卑鄙小人。我氣得快要哭出來。這件事就這樣不清不楚地折騰了一陣子。那些男生顯然有在思考我的話。但是墨水瓶還是不斷掉下來，我也不知道它們是從那裡飛出來的。當我的頭轉到某個方向，一些墨水瓶就從另一個方向飛過來；當我轉向另一頭，砲口又轉向了。男生們認為那樣很好玩。當然沒有人想要念書。在那一個小時中，整間教室就像籃球場一樣吵雜。有一、二個學生被墨水瓶砸到，受了點傷，情況也開始變得危險。

第五天（也是我酷刑日的最後一天）來臨了。那天從第一個鐘聲響起就是個地獄。我完全拿他們沒轍，只能站起來處罰學生。墨水瓶飛得更快了。我試著拜託他們，但是沒人聽。我的聲音壓不過嘈雜聲。我冷笑著坐下來，堅持要撐完45分鐘。有一些跡象顯示，膽小的學生真的會擔心自己的安危。有個男生被丟中，眼睛掛了彩，必須離開。還有一個墨水瓶差點砸中我的頭。過了半小時，有個男生站起來，生氣地看著我大叫：「我再也不要待在這裡了！」之後就跑出去，十幾個學生也站起來跟著出去。我站在門口，看起來好像要阻擋他們。接著整個房間的人都站起

來，氣沖沖地邊喊邊跺腳，衝了出去。我沒有阻擋他們。我很高興終於結束了。

一場學校罷課

我現在要說的事件，發生在戰爭結束後沒多久的一所私立學校裡。當時罷課對學生來說稀鬆平常，這是因為影響社會其他人的動盪局勢，也反映在學校中。

男生們究竟在抱怨什麼，很難說得清楚。如果用文字來表達，好像又不重要。但是他們的確非常不滿。我們可以看到一群群的學生繃著臉，站在宿舍旁邊講話。他們提到學校的時候，聲調都帶著嘲諷的味道。各種違規層出不窮，很多學生被罰繞圈走路來銷過，或者因為惡劣行為而留校察看。學校一片死氣沉沉。

校長好像是大家特別痛恨的對象，有人說他偏心，但是真是假沒有人知道。說他懦弱、缺乏教養與管教技巧，倒是真的。

接著學校廚師也出了問題。有些廚師手藝不好，食物品質下降，有幾餐份量確實很少。雪上加霜的是實習生出了狀況，服務品質很差。

此外，還有幾位「差勁的男演員」。他們一向桀驁不遜，喜歡興風作浪。他們跟校長或老師起衝突，還發生幾次嚴重違規事件。這些男生圈裡流傳一些拿校長名字大做文章的笑話，倒不是什麼新鮮事。

接著，廚房的蟑螂不知道什麼原因突然全體暴斃。牠們選擇了一個最讓人難堪的葬身之處：食物。每個人開始從湯裡面把蟑螂一隻隻挑出來。持續兩、三天後，每個人都受不了了。據說有一個大膽的學生，拿著湯碗去找負責伙食的主管，讓他看看碗裡的蟑螂。

　　男生們的埋怨增加了上百倍。不必預言家就可以感受風雨欲來的氣氛。

　　到了禮拜三，正是男生們的自由時間。他們離開學校一陣子，然後這批烏合之眾很快又組成儼然軍隊的隊形回到學校。他們用布條表達不滿，也提到校長的名字。他們在校區遊行，用嘲笑、喝倒采來洩憤。老師們則記下學生的名字。

　　有位強勢的行政主管負責處理這個事件。他逮捕那些罷課的學生，給予隔離處理。他聽完一些真實或捏造的抱怨後，再個別給予看似公平的懲罰。我記得帶頭的學生很快就被退學了，其他的依照事實真相來處理。

　　群眾被以視為群眾的方式瓦解之後，學校開始想辦法處理團體士氣的問題。

　　跟上述事件有關的類似情形是大學生的暴動事件，它們不但引起社會極大關注，偶爾還會產生嚴重後果。有趣的是，不同的學校傳統會在截然不同的情況下，產生這類的暴動訴求，而且相關活動幾乎都具有某種傳統形式。在一所中西部大學裡，這種群眾現象被稱為「集會」，而且都發生在重要比賽之前。在另外一所大學則被稱為「羅巴頓（Rowbottom）」[37]，它隨時可能發生，但最可能的時機是在大型比賽後的週六夜晚。活動的形式不一樣，集會是想要干擾上課，羅巴頓則是破壞設備。在某些大學的傳統裡，贏得重要比賽後都會舉辦蛇舞、突襲電影院等活動。這些都屬於某種傳統活動，但也都是群眾現象；也跟許多潛在願望的非預期、自由表達有關。

37　譯者註：Rowbottom原指1913年自賓汐法尼亞大學工程學院畢業的Joseph Tintsman Rowbottom。他在1910年時受同學號召加入遊行抗議。到了1970年代晚期，Rowbottom演變為大規模、無法預期，甚至不幸事件的學生暴動。參見http://www.archives.upenn.edu/histy/features/traditions/rowbottom/entry.html

在以上詳細描述的事件中，社會心理學家找到一些有趣的典型特色。第一，這些現象沒有一個是完全自發、找不出蛛絲馬跡的；我們懷疑，如果缺乏應有文化類型的影響或者認可這類行為，那些現象是否會發生。第二，我們注意到凡事都有跡可循；事件明確爆發之前，會醞釀一系列的狀況。上述二個故事顯然屬於 Park 和 Burgess[38] 所謂的冗長過程。我們可以發現，這種預備過程是一種以戲劇事件為基礎的循環互動。它是一種總結性過程，所以每個後續事件都會強化先前的事件。這些故事可以為處理群眾事件帶來啟示。很明顯地，群眾必須個別處理，避免有人拿群眾當靠山或產生團隊感；也可以預防他們利用殉難行為，得到反對團體的認可。相反地，群眾也跟其他團體一樣，想要盡量延長壽命，保住自己的地位。C.C. Peters 提供一些處理學校群眾的絕佳技巧：

教師必須利用團體心理學法則來控制無所不在的人群意志——甚至把它轉化為正面價值。很多教師的做法是依賴直覺，他們無意識地從社會經驗的施與受中，學會這些技巧。

（1）訓練有素的教師會避免跟團體發生不必要的衝突。最高明的管教者不必施展管教技巧，就可以達到目標。發生危機時，教師當然要用魄力、勇氣來處理。打退堂鼓就等於永遠失去優勢。但是老師如果不斷處理危機也不是好事。作者當年擔任高中校長時，有一位老師跟班上某位男生處不好。她很清楚學生恨她。但是有一次她要找人幫忙把留聲機拿到樓下，正好找到那個男生。對方拒絕幫忙；老師堅持校長應該開除學生。這就是不必要的危機，我們必須避免。

38　Park 和 Burgess，《社會科學概論》，第十三章。

(2) 用愉快（而不是對立）的方式來處理人群，效果比較好。挑釁總會激化人群的情緒。教師對付群眾時利用其人之道還治其人之身，是可以理解的；但是如果欣然面對，通常成功的機會更高。我知道有一位老師曾經因為處罰學生勞動服務而受到恐嚇；當學生有備而來，老師保持平常心，微笑以對、開開玩笑，對方就改變心意了。

(3) 要把人群拆散成個人。先將成員分開，再個別談話。不要對全班下達指令或進行管教，要個別處理，並且一次只處理一個。個人會比較理性（或者至少容易就範），人群就不是了。

(4) 不要讓學生在班級日常事務中有機會搗蛋。要讓例行事務就序運作。當教師必須尋找實驗器材或參考資料，而全班無所事事；或者教師備課不足、教學流程不順暢，或者有時候耽擱了，就會帶來自發性群眾惡作劇的危機。只要教師掌控全局、按部就班，發生危機的可能性微乎其微。

(5) 保持冷靜。人群中那一、二位保持冷靜的人——尤其眾望所歸者——最具有影響力。戰爭時某位指揮官保持鎮靜，或者發生大火時冷靜面對，都可以讓群情激動的大眾恢復理性。

(6) 設法得到團體原來領導者的支持。每個成員對人群的影響力都不一樣。人群的特質向來都取決於某些成員——而且常常是某人。找出這些人，跟他們討論自己的希望與目的——尤其邀請對方合作、支持，會對教師有幫助。掌握領頭羊，人群自然就會跟上來[39]。

不容否認地，個體會從參與群眾得到心理的慰藉。他可以抒發當

39 Peters, C.C.，《教育社會學基礎》，頁345-6。（Macmillan公司允許重印）

時受到壓抑的情緒，而且心理健康狀況至少要得到暫時改善。實際上，這些目的都達到了，而且那些運動賽事的狂歡儀式，可以大大降低危害社會秩序的可能性。賽前集會是為了引起人群的狂熱；那是一種監控、有秩序的狂熱；群眾的士氣展現在比賽中，而比賽場合對觀眾來說常常就是一種狂歡。對學校行政人員來說，最大的好處是這些不會造成傷害，而且有時候有利於學校的管教。但是群眾的激情必須好好約束，否則會有危險。一旦失控，學校人員能做的頂多是讓它難以在校園持續一段時間。更嚴重的暴行並不罕見，這包括打架、毀損財物、破壞公物以及各種粗暴行為。眾所皆知，校園的群眾風氣可能會擴散到社區。

　　學校人群的風氣，有一部分會展現在學生族群的普遍心靈中。幾年前有一個智能障礙的男生，創造出一個字眼和一個手勢，後來成為那個世代的重要心理氛圍之一。他細心準備了三個紙團放在桌上，然後笨手笨腳地伸長左手二根指頭去推紙團。進行這個神祕儀式的時候，嘴裡喃喃自語：「Toods。」老師注意到這種奇怪行為，問他在做什麼。他重複同一個手勢，一邊說：「Toods。」那個字和手勢從此開始流行起來。他為什麼這麼做沒人知道，但是至少可以確定在那整整一年中，所有學生都會在任何時間準備好三個紙團，然後邊推邊自言自語：「Toods。」一開始手勢和字眼被大家模仿得維妙維肖，但是後來被個人使用，脫離了當初的背景。年輕人普遍用這個手勢來紓解社會壓力。如果年輕男生跟年輕女生講話時不知道該怎麼辦，就會用右手二根指頭做出這個手勢；而女生則用同一個手勢來表示她希望自己是好相處的，而且跟其他人不一樣。「Toods」這個字後來被用來嘲弄他人（有時候流於粗俗）。如果故事說得顛三倒四，或者提出來的要求不切實際，就可以用「Toods」來回答。有一句帶有汙衊或否認意味的措詞是這麼說的：「喔！那個Toods啦！」這種用法延續了好幾

年，也被一些完全不知道典故的人拿來使用。

　　另一個類似的無意義字「Purrp！」也在男生圈中流傳。Purrp得用高音假聲來發音，嘴唇接近緊閉，因此屬於爆破音，效果也不錯。它帶有一點幽默，屬於一種俏皮話（或者至少是一種幽默的手法）。「Purrp」的源頭顯然來自於自修室那位令人討厭而且舉止可笑的男士。它剛開始只是偶爾拿來作弄那位負責管理秩序的老兄。在那一個小時裡，「Purrp」使用得越來越頻繁，而且前後還會有類似的嘈雜聲；接著所有男生就會吶喊著進出他的教室。「Purrp」跟個人因素有關，他的生活會被不明原因的「Purrp」如影隨形地糾纏不清。這種做法形成風氣以後，到處都可以聽到「Purrp」聲。如果有教師介入，那種行為就會被壓抑下來。

　　師生之間會有一些過節，而模仿教師對學生來說別具意義。無論聳肩的方式、笑容或者任何小小舉動，都可能被消遣；這種做法通常可以簡化成某種傳統動作，而且只要團體成員開心，大家就會同意那是一個笑話。（在那些最微妙的幽默中，的確有很多是來自於共識！這就像用某種音調對著三K黨員說出「牧師」這個字、對閱歷豐富的人說出「扶輪社員」，或者向某類社會學家提到「社工」、向某類社工提到「社會學家」，而且這種笑話已經開始流傳了。）儘管這些傳統動作在挑戰對象缺席後，也許還會持續一段時間，但是之後就會淡化、消失了。一場粗心或者老調重彈的演講，可能都會得到同樣的對待。有一個人跟學生始終處不好，幾乎到了臨界點。他不想用暴力手段，就告訴學生去年有個臭小子幾乎要把老師惹毛的故事。他是這樣說的：「他是一個大塊頭，他的肩膀和手臂最結實！」這段話在男生圈裡重複講了幾百遍，但是總是引起哄堂大笑。有個高中校長重複提到某所高中禮堂規劃隔間後發生的故事；它後來變成一個庫存品的笑話。有一所小型學院的校長，常常以卡內基圖書館為主題發表長篇大

論，希望為學校爭取那座圖書館；只是他一提到圖書館，學生就覺得好笑；後來一些更有能力的校長終於爭取到一棟所謂的圖書館，還利用晚上把它安置在校園的顯眼位置。

脫序事件在學校裡是具有傳染性的。教師很清楚某種行為一旦發生，就會傳遍校園；而且流傳的速度越來越快，強度不會減弱。（這種流行的持續時間以及嚴重性，跟教師效能密切相關。）這類行為包括丟硬幣、在地板上打球、丟臭氣彈等。假設學校位在一棟破舊的建築物，學生一些小型、幾乎無法偵測的動作如果經過適度協調，是有可能讓建築物晃動的；而且那種行為一旦啟動，就很難停止。許多刻意而刺耳、帶有尖酸或藐視意味的笑聲，可能會開始流行。

然而我們很難解釋為什麼有些風潮與狂熱行為跟學校有關，而且成員們還被迫接受。因此，有的風潮是蒐集某類型的鉛筆盒、彩色蠟筆或綁書帶。有的蒐集某些有關服裝的文章，而且如果孩子得不到那種衣服，他在自己的小小世界中就會渾身不對勁。幾年前，有些高中流行及膝的鬥牛士褲（一種變形的喇叭褲）。這些學生風潮為社會心理學家提供一些很有趣的題材；如果好好加以研究，也可以幫我們更了解成人時尚。校園流言──不管是小道消息或教師的荒誕故事──可能也會引起社會心理學家的濃厚興趣。可惜本書篇幅有限，無法進一步討論流言問題。

在結尾部分，我們可以簡要說明這個主題對學校與社會政策帶來的啟示。之前提到，為了讓教師取得控制權，人群的理智會比群眾的理智高出許多。而且，我們很可能沒有辦法將校內的人群屬性下降到低於某種門檻。但是我們最好記得，人群屬性具有危險性；而且，我們用這種人群心理學機制來控制年輕人，將來可能就得承受最危險的後果。人群的心靈是盲從的，而且跟其他類型同樣會受到反社會宣傳的影響。最後，教育必須個別化。在理想的學校中，每個成員都是以

完整的個人——而不是以構成局部人群的部分個人——來參與這個教育團體。

作業

1. 畫出某間教室中有關愛、恨、恐懼、信賴、不信任、反抗等概念的人際關係圖。

2. 探討至少一百堂講述課的性格分布類型。

3. 分析某個班級的「性格」,然後利用事件說明性格如何形成。

4. 說明某事件如何改變班級氣氛。

5. 探討選修制度中,潛在的選擇過程如何吸引學生選修某些教師的課。

6. 經由詢問教師、探討評分方式,判斷教師是否比較容易跟上午班(或下午班)的學生建立友好關係。

7. 分析不同班級對於教師輕微過錯(例如行為笨拙等)的反應。依據這些不同的師生支持類型,說明其反應類型。再根據這些資料設計非正式的教師測驗。對於這些過錯,教師應該如何學習放下?

8. 記錄某個接受監督的讀書團體。如何降低這種組織型態成為群眾的可能性?

9. 比較有效/無效管理自修室的二種教師。描述他們的管理技巧。

10. 寫出某個失控自修室(或班級)的完整故事,並加以詮釋。

11. 描述校內某種「心靈流行現象」。

12. 舉例說明學校風潮。

13.記錄如何「模仿」教師，並分析其意義。

14.舉例說明學校中幽默的說法或舉動。

15.透過統計調查，判斷哪一種班級規模最有助於學生自願參與課堂練習。

16.詢問大約20或25位學生，如果可以選擇座位，他們習慣坐在哪裡？說明他們的性格特質。針對教室的生態，列出一些通則。

建議閱讀

Dawson, C. A., and Gettys, W. E., *An Introduction to Sociology*, Chapter XVII.

Le Bon, G., *The Crowd*.

Park, R. E., and Burgess, E. W., *An Introduction to the Science of Sociology*, Chapter XIII. (See bibliography.)

Young, Kimball, *Social Psychology*, Chapters XX, XXI, and XXII.

Young, Kimball, *Source Book for Social Psychology*, Chapters XXII, XXIII, and XXIV.

第十三章　學校兒童中的初級團體

　　跟我們最親近的人就是最具有意義的人，這句話沒有什麼了不起的智慧，但是社會學界花了太久的時間才找到它。我們盡可能地完整參與某些交往關係，但只花了一小部分心力在其他關係上。完整參與就是Cooley所謂的初級團體，部分參與則是次級團體[40]。

　　初級團體具有親密、私人的性質，它們期待個體完全忠誠、毫無保留地參與。在初級團體中，個體是以個人立場得到最完整的實現；個體浸潤在團體的溫暖、豐沛反應中，即使無法馬上得到滿足，也知道自己無所匱乏。基於親密的人際支持關係，初級團體容易產生一致性。他們向來是面對面的；對於支持關係來說，肢體親近以及利用姿態來補充口語溝通，顯然是必要的。初級團體也是非正式的，因為社會架構與形式干預——即使是最輕微——會影響成員的主動付出與接受。初級團體一向是恆久的，而且非常抗拒所有改變。

　　但是構成初級團體的是個人態度，而不只是交往的情境。當人們覺得團體生活沒有事先規劃、屬於自行運作、無所限制也沒有保留，就會成為初級團體。肢體來往的情境可能形成初級團體生活，但是無法確保。次級團體態度可以發展為最親密的交往，並且成為一個次級團體；一旦管教和支持次級團體的規範一再衝突，家庭就會是這種狀況。

　　Cooley認為，初級團體生活無所不在。每個人都會涉入某些初級團體關係，而那些重要關係會主導個人的生活。即使在最不利的條件下，初級團體的規範還是能夠自我形成，這使得想要透過各種手段灌

40　Cooley並未使用「次級團體」的字眼。

輸美德的許多社會制度宣告失敗；其中原因在於社會制度所設定的人際距離，會在遭遇人們內在必然產生的態度時消失無蹤。

　　兒童邁向成熟的過程中，參與許多團體生活。他有時進入新團體，有時離開舊團體。由於經常遭遇激烈的變化，他的人格必須自我調適，以因應新團體與新角色的要求。在最佳秩序的生活中，人格發展存在著某種斷裂與失常。一旦人格面對的強制改變影響深遠，就會極度扭曲——如果不是明確人格分裂的話。要確保人格延續，必須借重團體之間角色延續等因素，有時候也要限制團體銜接時的徹底改變程度。不會改變的生理、心理特質，以及賦予人格明確標記的早期社會經驗，都會影響人們承擔不同團體的角色（並因此侷限人格變化）。在正常兒童的成長過程中，很少會徹底變動銜接團體的型態，因此突然改變兒童的社會調適，並非常態。他應該從某個團體逐漸過渡到另一個團體，或者慢慢改變他的團體成員身分。儘管其他團體有所改變，家庭之類的團體仍然不會改變。有些研究人員認為可以找出學童團體所習慣扮演的某些典型角色。這些角色包含領導者、小丑、替死鬼、惡霸、有錢人、花花公子、運動員等。一般人認為這樣的研究結果，跟特殊人士在不同團體所挑出的角色非常吻合。

　　我們接下來不妨談一下典型社會團體的特定接替順序。這些團體都在某個時刻出現在兒童的生活歷程中；每個團體對於兒童社會經驗的形成，都有其特殊貢獻，不久也會失去它的重要性。相對而言，當其他興趣介入時，每個團體的重要性應該都會減少，只是還有很多的例外情形，此時個體就會停滯在某個發展階段。

　　家庭是所有旅程的起點。兒童在家庭裡幾乎一開始就完全被動接收文化類型的衝擊。他起先只不過是母親性格的延伸；相較於往後團體，此時他也許更是家庭團體生活的一部分。兒童通常在家庭裡學會了滿足反應以及人際互動技巧。同樣地，家庭承載了基本的文化工

具；沒有這些工具，往後就無法參與其他團體，而語言是其中最重要的一項。兒童在家庭中形成性格的基本類型；Burgess認為性格類型差異來自於滿足願望的模式。同樣重要的是，社會技巧也源自於家庭。家庭是最重要的社會團體，我們之所以要處理家庭議題，主要原因有二個：一，它不但在其他團體接觸兒童之前就開始塑造兒童，更在其他團體淡出後仍持續發揮影響力。二，家庭的重要性不在於它在每個發展時期的強大影響力，而是兒童在某些時期更樂於參與家庭以外的同年齡團體生活。

學前遊戲團體很快就補足了家庭的缺口。此時兒童的社會訓練持續進行，但是差別在於現在他跟別人處於絕對平等的地位，他必須學習另一種功課。他馬上學會自我主張的技巧（在這種環境中他的願望不像家庭那麼重要），以及權利義務的基本知識。家庭制定了一些禁令，但是如果做不到，遊戲團體就會設法強迫個體社會化。它所運用的最嚴厲懲罰可能不是互毆，而是孤立；許多自我封閉性格的起因，常常可以用學前遊戲團體適應不良來解釋。

兒童上學後所面對的孩童與成人關係，跟原來的親子關係截然不同。教師可能在幾年內都扮演好母親的替身，但是時間不會多於小學階段的前幾年。師生關係具有濃厚的冷漠支配意涵，而且隨著歲月更成為一個備受次級團體規範控制的次級團體。因此學童初級團體的態度，會越來越徹底認同他的同年齡團體。最真實的兒童生活存在於同年齡者的遊戲團體中，到了最後，他用一道無法穿透的高牆，將成人隔離在他的世界之外。

兒童的初級團體依照年齡逐級而上；兒童多半只跟年齡、身材接近者來往[41]。幼小的兒童通常無法加入，媽媽們對此始終無法了解，為

41　參閱Blumenthal, Albert，《小鎮事物》，頁226。

什麼哥哥不願意弟弟跟在身邊。有時候身材高大或特別聰明的兒童可以加入比較年長的團體，只是這種情形很少見。早熟的兒童通常會跟校外同齡者來往。那種團體在高年級層級比較對外開放，只是高年級通常不在乎團體歸屬感。不同年齡的遊戲團體有不同規範，成績則依照成員年齡與生理發展排列。倫理的規範和心智的規範不一樣，而且是逐步發展的。九歲兒童可以做的事，到了十二歲會行不通。十二歲兒童覺得好玩的遊戲，到了青春期卻覺得可笑。幽默對各年齡團體來說各有不同，也是逐步發展的；八年級的幽默無法讓長大的高中男生開心。個人如果無法符合年齡團體的標準，他的團體地位就會嚴重受損。（如果兒童喜歡跟年紀小的來往，那就是一個嚴重的警訊。）模仿下一階段高年級團體的現象似乎不會改變。兒童眼中的偉大英雄總是比自己大了幾歲。年齡團體的以往地位很難繼續保持；高中運動衫到了大學會變成笑柄。童年的殊榮已經光環盡失。各年齡團體的對抗是很激烈的。在年長幾歲的人面前，競爭會特別痛苦，而且可能造成衝突。以下事件就是典型代表：

　　我剛剛想到以前一個滿特別的打架事件。有個男生跟我在一棵樹旁邊玩，然後有個年輕人在看我們。為了好玩，我拿那個男生的名字做文章，寫了幾首無聊的押韻詩。他開始否認那是他，而我不斷重複念那些詩。接著我們開始用力拍打對方的手，拳頭也在空中揮舞，沒人說話了。雙方都挨了幾個重拳。我用力K他的眼睛，他也打我的額頭。我受夠了，哭著跑回家，那個男生也很快跑回去了。我從來不知道他為什麼要哭。那個年輕人站起來離開，笑得很開心。我哭不只是因為身體會痛，也因為自尊心被那位年輕觀眾羞辱。在記憶深處，我仍然恨他。（某位大學生的自傳資料）

　　目前許多學者已經在探討不同年齡層、高中生的交往類型。Thrasher針對某個後來變成幫派的男生遊戲團體生活進行分析。幫派屬於一種衝突團體，它來自於成人社會秩序的隙縫——年輕人的願望與社區執法機構的願望產生衝突。假設某個遊戲團體參與這些禁忌活動，就會因此違法而變成幫派。如果有人提供更多有趣的活動，或者社會秩序的壓力不那麼重（就像郊區那樣），遊戲團體就不會因為跟法律發生衝突而變成幫派。個人認為，幫派對於性格的影響無法抹滅，而且成人有時候忽略了這點。個體在幫派中學習道德，也學習接受處罰。即使是邪惡的幫派也比毫無幫派要好。幫派活動會因應成員的年齡、社會成熟度以及犯罪經驗而進展。幫派往往發生在青春期，這是因為性的興趣不但困擾個體，而且取得了優勢。

　　Kimball Young 曾經提出所謂的志趣相投團體，成員因為類似愛好與興趣而凝聚在一起。志趣相投團體在女孩之間極為普遍，尤其會以派系形式來展現。儘管少女派系活動不像男生幫派那樣危險，或者她們的行為模式被外人認為可笑，但是對於成員與非成員來說都很重要。年輕男、女性的團體關係，經常會以一對一的形式呈現。室友關係是很有意義的，而且到後來也許比朋友更有意義。有時候這種關係具有某種同性戀意涵，但是如果這種推論只適用於明顯同性戀行為，我們就必須主張，用同性戀來解釋一對一支持關係是不成立的。

　　我們可以在大學階段找到志趣相投團體的絕佳例子。有一位學生提供了以下故事：

> 我的團體（因為我不是兄弟會的成員）包括一個室友以及四個住在附近寢室的人。我們一起用餐、看電影、討論每一件事，也都認識彼此的密友。因為我們如此親密，於是形成一個非常熟悉、水乳交融的初級團體。

在這個團體中會有一些慣例。它們凝聚了大家的固定行為類型，包括共通興趣和喜好需求。大家對於優秀現代文學的了解程度，必須足以理性對話。這包括Tolstoy、Eugene O'Neil、Mayo de la Roche、Conrad、Anne Parrish、Morley（也許再加上H.G. Wells）等人的作品。每個人都必須讀一點東西。此外，我們也必須用某種特別方式去享用特別的食物。如果不太餓，就會先來一杯番茄汁雞尾酒、一份烤三明治，再來一杯咖啡，最後再來一點點的派、蛋糕或加了奶油的烤蘋果。我們會分享每一道菜，吃個精光但從來不給小費。至於聊天，我們從來不使用手勢，不做人身攻擊，但是至少每次都會咒罵一句。另外就是絕對不准說謊。我們必須跟女性進一步交往，但是不可以超過「底線」。可以喝醉，但之後必須道歉。

許多年輕人會錯過亞青少年的求愛團體。在這個團體中，兒童首度嘗試調整他的異性戀方式，參與這種有限但又情緒亢奮的追求過程。此時會出現許多有趣現象，而有些已經在前一章探討過了。亞青少年遊戲團體的轉變過程有時候很尷尬，尤其前一個團體的成員經常設法挖苦他剛陷入的糾纏關係。它屬於一種靦腆、充滿社會尷尬的年齡，再加上鮮活的內在生命色彩。Booth Tarkington那本**《十七歲男孩》**，就是描寫一個年輕人剛從遊戲團體過渡到求愛團體的故事。

兒童生活在這些團體中。對他而言，這些成員都是真實的人。這些團體活動充滿活力又好玩，相較之下其他活動乏味許多。在這個世界裡，忠誠是最高價值，其他的不重要。成人不會進入這個世界。多數的成人難以捉摸、無法預測，只要消極應付就可以；其他成人倒是有辦法讓自己成為有用的附屬品。重點在於那場遊戲，小團體的成員才是關鍵所在。

　　年輕人的初級團體，來自於成人世界的隙縫；它們為年輕人提供一個逃避世界規則、習俗的管道。惡作劇常常就是這樣形成的。

　　有個萬聖節晚上，我聯絡了班上二個最凶狠的傢伙。我們決定盛大慶祝。實際上我們是付諸行動的一群人，而不是幫派；因為我們步調不一致，也沒有事先規劃。我們展開行動。我們把一隻死雞丟進一戶人家，只是為了看著它又被扔出來。死雞馬上又被丟到另一戶人家。然後我們開始收集足足二十噸的垃圾，把它堆在鎮上那些最漂亮房子的走廊上；走廊的鞦韆垮了下來，四散一地。後走廊的大型南瓜把人行道弄得亂七八糟。我們這樣搞了二個小時，盡量不發出聲音。後來我悄悄溜回家，享受一夜的好眠。第二天到了學校，校長特別到班上告訴大家前一晚的離譜事件，他懷疑罪魁禍首是我們班的男生。之後什麼事都沒有，所以我們私下對於那次的成功冒險洋洋得意。那次是我徹底逃離自己的角色好幾個小時，而且享受完整的自由。那種逃離以及狂喜，我到今天仍然念念不忘。當然現在想起來可能整件事似乎很殘忍，但是當時對我來說，那是一種活出自己、逃向自由的偉大夢想。（一位牧師兒子的自傳資料）

　　學校裡的社會儀式和眾所皆知的傳統行為規範，會在初級團體中傳遞交棒：年長成員把它們傳遞給年幼成員，就像所有的傳統一樣；如果傳遞的時間只有一年左右，那麼區隔年長、年幼的關鍵是什麼？團體中最重要的就是年資。各校傳統不一樣，但是幾乎所有學校在創校一段時間後，都會產生一些傳統條款。例如，某個角落專屬於高年級男生，某個座位只有他們才能坐；有一個荷馬史詩故事的主角，就是幾年前的那位傳說人物。還有一個受到忠實傳遞的傳統條款（所謂

的榮譽法則），就是學生不可以揭人隱私。我們在其他章節曾經解釋過，這個法則起源於師生之間的衝突團體道德。

男生團體有一種做法相當複雜，不容易理解：年輕成員必須透過打架，才能非正式地加入團體。經常有人認為，新成員必須打過架才能取得一席之地，團體也才會熱情接納他。

　　我到了Ａ校才找到我的少年友誼。有個男生住在我家隔壁。第一天在鎮上，雖然我帶著高度懷疑的眼神打量他，但我還是給了他一點糖果。第二天我們穿著舊衣服到後院碰面，好好地打了一場架。打鬥了好一陣子，我贏了，也才能跟其他男生來往，從此我們就成為穩定、可靠的朋友。因此我被引進新的社會團體，得到他們的接納。那場架給了我一張入場券，從此不再有人質疑我的地位。（同前註）

有一個家長居無定所的年輕人，發展出一種最能迅速處理新成員問題的技巧，而且可以替自己帶來最多好處。他會仔細觀察新團體，挑出一個個頭稍微比自己大，但是知道自己可以打贏的男孩。然後向對方挑釁，接著就是一場預期獲勝的鬥毆。從此之後確立了同儕團體的地位。

年輕人的初級團體會挑戰某些年長團體的禁忌（或許比成人團體更激烈）。

　　我的生命中有幾個特殊事件值得一提。我常常聽到一個_____的稱號，但是我不知道它的意思。有一天我想拿某人來試試，所以就那樣叫他。話一出口，那傢伙就跳到我身上，然後我就躺平了。他狠狠揍了我一頓，最後我才有機會跟他說我收回那些話。

一個無意義的片語就這樣變成特別重要的片語。它的意思只不過是被狠狠揍了一頓。（同前註）

那個男生犯了「挑釁言語」的錯。重要的是，比起成人的日常世界，這些帶有文化意涵的「挑釁言語」存在於遊戲團體的時間更長。

捉弄新人有時候是傳統之一，但是即使不是傳統，它似乎就是初級團體生活的自然產物。這也就是為什麼它始終能夠成功對抗一些最為堅定、謹慎，想要去之而後快的嘗試。高年級屬於圈內人團體；在兒童的初級團體中，高年級待的時間最久。新人無法輕易進入這個封閉團體。他們受到懷疑、不被信任的情形，會持續一段時間。想要加入，就必須忍受試用期以及某些入會儀式。所以他們推測，維持初級團體標準的人會抵制新人的抨擊。戲弄新人的做法就來自於這種強硬的人類本質。讓人納悶的是，各種戲弄行為多半來自於多數教師——即使是最想要壓制學生所有戲弄行為的教師。新成員從來不會被當做自己人。資深教師打從一開始就把菜鳥當做試用教師。菜鳥不會真正屬於這個團體。有時候戲弄新老師會採取某種明確的做法。他們會常常開他的玩笑。告訴他一些荒謬故事，而對方必須選擇相信與否。此外還有一些禮儀、慣例規則，新老師如果搞不清楚狀況，就會付出代價。中西部一所位於獨立社區的私立男校曾經設下一個明確的儀式。新老師——向來都是男性——必須先加入 Elks 兄弟會，才能真正成為自己人。他加入的時候，如果人不錯，再加上適度的戲弄，就成為團體的一員了。

支持戲弄行為的人多少已經清楚說明它的好處。也許最有效、合理的戲弄形式，就是源自於英國寄宿學校的使喚學弟制度。到目前為止，它是最能有效傳遞學校理想的方式，而執行使喚任務的學長也被那些理想同化；這種方法利用馴養的大象去抓捕野象。事實上結果不

盡然如此，因為教師認為執行者所建立的權威本身，就會產生衝突，而戲弄行為確實會干擾教師的控制。也許最好的合理說法是，它的價值在於讓享有過多特權的年輕人社會化；最後它會跟某種權威正面迎戰，而那種權威既無法用哄騙來安撫，也無法用虛張聲勢來恐嚇，於是，它的吸引力就消失了。戲弄是為了讓對方服從而精心設計的一環。它是學童初級團體生活的本質；透過穩固的壓力，製造出順服的個體。所有支持服從個體的論述，都因為支持戲弄行為而得到進展。

反對戲弄行為的主要論點在於戲弄者缺乏判斷力，他習慣性以簡化的方式傳遞戲弄行為，但沒有辦法處理個案。這是一個有效的反證。但是這點一部分可以用以下事實來推翻：在多數情況下，戲弄行為原本就具有十足的舒緩功能。事實上這點雖然常常被人忽略，但是很少有人反對，而且被戲弄的人還經常因為遭到霸凌而產生某種自豪。然而，如果某位老師只做了一件嚴重程度只有遊戲場小霸王十分之一的事，就會引起很大的風波。這種差別就在於雙方的關係。學生之間不會像師生那樣有敵意存在。被戲弄者所受到的傷害，經常因為戲弄者在其他場合偏心而得到平衡，而且年輕人對學長姐的崇拜，也足以承受那樣的傷害。

成人百思不解的是，為什麼這些年輕人會恪遵團體標準，寧可忍受所有不正義，也不願背叛。成人之所以困惑，只是因為不了解遊戲團體中的強大輿論力量，或者不知道團體地位其實跟成人標準無關。一旦跟忠誠度發生衝突，要決定哪個標準比較重要並不容易；從成人的角度來看，告密者值得信賴，但是局內人不會這麼想。某個團體認為羞辱的事情，可能成為另一個團體的榮耀。在一份生命史文件中有這麼一段話：「我第一次被打是在學校裡。我的自傲感和羞恥感會因為我認同的團體而交替出現。在同儕中我自豪於捱過那頓揍，但在學長圈裡覺得很丟臉，因為我認為自己違反了某種教育公約或禁忌。」

　　兒童初級團體的界限跟班級無關，但是某些永恆關係類型會出現在班級中。例如，某種特殊、長期累積的領導型態，會因為連續幾年師生相處而逐漸成型。有個小女生是班上的明星，老師卻挑了另一個女生演出某齣戲的女英雄角色，引起全班騷動、錯愕；那位老師所激起的態度情結，就像教練讓運動明星「坐冷板凳」一樣。班上總會有個男生是大家公認的演說家，一向代表全班對外發言。班上也有一個政治家，他可能是發言人，或者只是一個不吭聲的幕後首腦。只是，班級中還是有其他特殊類型。

　　如果教師想要組織、利用兒童的初級團體生活，以達到控制目的，通常不會得逞。運用兒童初級團體的認可、學校輿論，以便不費吹灰之力，完美地讓兒童服從教師所制定的社會規則，那是一種誘人的憧憬。但是無論如何，初級團體生活的真實狀況總是難以理解。學校正式團體生活（包括班級、年級）中，除了運動隊伍，其他的都無法持久。男童軍的適切分齡活動以及呼應的榮譽制度，在組織兒童初級團體生活方面效果顯著。由適任領導者領軍的少年俱樂部[42]，可能是處理青少年犯罪問題的最佳武器。但是，到現在一直還沒有人設計出一套完全適用於兒童初級團體生活，以便灌輸成人行為規範的方法。

　　然而最重要的是，我們應該在成人監督之下，建立一個穩固、有序的兒童初級團體生活。我們可以經由一種良好分齡、持續進展的社會團體，引導兒童逐步熟悉社區的社會生活，正確掌握成人生活的情況，以邁向充分的公民權。但是性格是在參與中逐步形成的，而兒童在長大過程中所參與的團體，必須充分引起他的興趣、激發最高的忠誠度。但是形式訓練無論如何適度、有效，都無法取代初級團體的經驗。我們不妨用兒童和移民來做個類比。美國化研究結果顯示，移民

42　具有十足正面影響力的領導者並不多見。

同化作用進行最快的時機，是他被美國本土出生者團體生活接納的時候；這是因為他吸收了美國固有文化的情境定義，並透過一套不違反既有情境定義的社會角色與態度，解決個人問題。

　　儘管成人（尤其教師）與兒童初級團體生活之間的阻礙，幾乎無法突破，但是還是可以找到某些技巧，讓教師、成人得到暫時的地位，而且也許還有機會徵得兒童同意，進入他們的內心世界。大家都知道這些技巧，但是也許仍然值得一提。基本的技巧是要讓兒童初級團體成員相信，這位成人了解他們的特殊做法與觀點。教師可以依據職權，在不喪失自尊、深度理解對方的前提下，加入學生團體。男教師可以揮棒擊球，讓未來的球員練習守備；教師這麼做，可以讓自己很自在地保持距離，不必跟年輕人一分高下。另一個類似技巧只不過是對於年輕人的重要事物，表現出興趣（例如支持球隊等）。但是我們必須記住，光用嘴巴說不會有什麼效果，而且一般來說，教師說得少，說服力更高。教師要融入學生團體，比較不會涉及倫理的方法是，共同奚落或毀謗學校的敵人，或者容忍學生迫害代罪羔羊。有些教師每年都教到同一批學生，為了讓自己跟學生融為一體，他們對新成員採取一種猶豫或排斥的態度；這種做法多少有效，但是我們不知道會付出什麼代價。重要的是，如果教師不想失去地位，就必須在對付學生之前，先剝奪受罰者的團體地位。教師在這方面向來絕非贏家。對於這種團體地位，教師究竟該怎麼做，我們認為保有地位除了讓教師比較容易跟學生相處之外，我們不想多說什麼；假如教師在獲得初級團體支持的過程中，並未喪失他的地位，而且如果技巧十足、又有高度同理心，就可以引導兒童的初級團體生活邁向合理、可行的境界。我這裡要強調的就是後者的可能性。

　　在個人初級團體經驗的發展過程中，由於某個階段的生活條件良好，個體有時候會不願意往下一階段邁進。這個世界雖然小，但是很

有趣,使得他不想離開。學校英雄的生活既完整又愉快,殊榮到處可見,諂媚的成人隨侍在側,還有一些無時無刻向他致敬的同年齡夥伴,這樣的生活讓人不願放棄。有時候我們發現,這些人會想盡辦法延長學校生活,並從此在預備學校光環的雲端中沾沾自喜。業餘運動員的世界裡,到處都是這種人。在成人世界裡,他們當然無法展現高度的適應性。Michael Arlen 就用「古羅馬長官心理學」一詞,形容有些人將預備學校時期的個人適應以及社會技能,沿用到成人生活的心理狀態。

作業

1. 探討某個自治遊戲團體的政治過程。他們如何達成決定?如何維持紀律?追求的目標是什麼?

2. 探討一位高度早熟兒童的遊戲團體關係。他的社會生活會有哪些問題?

3. 列表說明個人生命中的重要社會團體,並說明其重要性。

4. 運用歸納法找出某個男童遊戲團體中重要的道德和倫理原則。

5. 運用「古羅馬長官心理學」,進行個案研究。

6. 探討男童在第一個遊戲團體中「被溺愛」的行為。這個團體對他的人格會有什麼影響?

7. 列出某校主要遊戲團體的成員和年齡。這些資訊能夠證實或推翻團體的階梯作用嗎?

8. 針對某個弟弟進行個案研究。他被哥哥所屬遊戲團體排擠的程度有多徹底?對他的人格又有哪些影響?

9. 針對某個喜歡跟幼童玩耍的男生進行個案研究。

10. 探討高中運動英雄的少男崇拜現象。
11. 探討某個時間點，遊戲場上發生的打架事件。分析當時的社會情境。
12. 寫下某個志趣相投團體的生命史。
13. 探討高中女生派系的態度交互作用。針對對手、邊緣成員的態度進行研究。
14. 探討某些室友關係。
15. 記錄某個青少年或亞青少年求愛團體的行為。
16. 研究某個男生團體的入會儀式。
17. 探討某個戲弄新人團體，分析它的心理現象。
18. 研究某個男生團體的「挑釁言語」。
19. 研究戲弄某位教師的行為。

建議閱讀

Cooley, C. H., *Social Organization*, Chapters III-V.

Krueger, E. T., and Reckless, W. C., *Social Psychology*, Chapter III.

Peters, C. C., *Foundations of Educational Sociology*, Chapter XVI.

Thrasher, F. M., *The Gang*.

Young, Kimball, *Source Book for Social Psychology*, Chapter IV.

第四篇

師生關係

第十四章　教學即制度化的領導

　　領導代表個體控制他人的行為。每一種社會情境都會在領導者與被領導者關係中自我分化。

　　有些人之所以成為領導者，是因為迫不得已。他們的領導是自發性的，而且也許對於領導事實完全不知情。Park 指出，領導有賴於一種預期的心靈結構、熱切關注領導者，並願意聽從他的指示。這種領導必然來自於跟不同的人來往；領導源自於領導者的相對心理複雜程度，使得他在被領導者眼中難以預測。領導者的行動必須比追隨者更快、更果斷，更堅定地貫徹計畫；而被領導者對領導者的能力必須具有某些信心。這些都是個人領導的基本條件。

　　有些領導則是因為必須這麼做。某種社會情境已然形成，型態也已經固定。那種型態需要一位領導者。那型態也決定了領導者的做法。這就是制度領導。

　　個人領導來自於性格互動。它是一種整體社會結構中拿捏個人分寸的結果。人際互動會在個人領導之下達到巔峰；人際溝通不會有任何障礙。在制度領導下，個體彼此接觸之前必須先透過社會型態來過濾性格。

　　在個人領導下，性格互動屬性決定了社會互動的型態。在制度領導下，性格被迫遵守既有的型態；性格會受到激勵或貶抑，以便契合情境。這裡的意思不是說個人領導沒有型態，而是型態的選擇以及每個人所處的位置，都會受到情境中人類勢力交互作用的影響。

　　個人領導關係起源於某個團體等待某人的行動，認為他的做法一針見血，而且其他人永遠想不到這種做法。個人領導的管轄、從屬關

係，會受到情境中一些性格的相對位置以及心理組織複雜程度的影響。它的極端形式可以用某位具有領導魅力者所成立的教派來代表（意味著上帝就是那位領導者），不可能有其他領導者會比祂更神祕或無法預測。

在制度領導中，領導者的建立是透過另外一種過程，而且他進入的是一種已經為他準備妥當的情境。某種正式組織介入了領導者與被領導者之間。制度領導的極端形式可能是世襲君主制。國王進入前人為他打造的情境。百姓等著看他怎麼做，但是接下來他也必須依照大家的期望去做。教師是另一種制度領導者。

對個人領導來說，社會型態多多少少會有所阻礙；這就是為什麼動態領導者要打破慣例。由於個人領導符合現實情境，所以稍微可以讓人欣然接受；如果習慣性造假傷害了領導者和真實情境感受之間的關係，他就是一位制度領導者。個人領導必需要有人性。

要提升制度化領導，就必須明確劃分界線並嚴格遵守。個人影響力一定要透過正式規範來加以過濾。制度領導不能只靠劃分界線來保持制度性，因為情境中的人類互動總會超越界線。只要事先決定領導型態，就必須一開始就努力保持更主動的領導類型——無論領導者是否為同一個人。

制度領導之所以能夠持續，是因為它滿足人類的依賴需求；它替人們做出所有的困難決定，並且乘坐「具有道德感的汽車」一路前行。但是制度領導就像個人領導那樣，總是被摧毀、更替；也有可能因為它比較嚴格，所以某種程度上無法適應當下的情境動態，再加上與個人領導衝突，所以引發更多的敵意。

但是二種領導都包含個人因素與型態在內。在個人領導中，社會型態內含在性格中。在制度領導中，性格則內含在社會型態中。有時候社會型態會像束縛衣那樣限制性格，有時卻又加以擴充、賦予尊

崇，以求彼此搭配。

　　所有領導都來自於一種情境定義模式。制度領導先建立一種預設的情境定義，然後奉行不渝。非制度化領導在定義情境時，則是透過日後再加闡述的策略，或者因應情境提供臨時做法。制度領導在特殊限制的情形下容易瓦解，持續修正做法的個人領導，則會介入並取而代之。承平時期軍隊可以一絲不苟，但作戰時必須隨機應變，而且所有部屬都必須這樣做，以因應迅速變化的情境。一旦時機成熟、形式明確而普遍，先知找到傳人的時候，個人領導就會制度化。

　　對所有領導來說，聲望是必備的。在個人領導中，聲望依附在個人身上。在制度領導中，聲望則依附在官職上（更有可能的情況是以平常心對抗官員）。

　　聲望要靠理想化。在個人領導中，個人成分會被凸顯，以便搭配某些聲望型態。在制度領導中，型態已經存在，個體必須同化於該型態或者不必同化。二種領導都需要保持社會距離，因為聲望向來就是一種部分性格知覺所產生的幻覺，而且它所呼應的特質樣貌跟知覺是一致的。但是在制度領導中，社會距離必需更長，因為它的型態比較明確，而且如果大家都知道領導者的所有特質，他得不到正面評價的機會將會大大增加。

　　個人權威是個人領導的原則。官職的權威就是跟制度有關的領導原則。由於個人權威讓人欣然接受，而且一向都是特色所在，所以個人權威具有獨斷性質，只是表面上看不出來。制度權威必須遵守嚴格的規定與長期的傳統，所以雖然看起來獨斷但事實並非如此。它之所以看似獨斷，是因為它不是直接在情境中醞釀，而是被強加上去的。領導者的確會造成差別；如果領導者受制於情境中的社會互動，他的權力就不是獨斷的。但是如果不是這樣，他的權力似乎就是獨斷的。在非制度的情境中，個人的權力有賴於領導的事實。在制度中，權力

伴隨著某種法定職位並產生領導者。

　　學校幾乎完全依賴制度領導。以下討論都跟學校制度領導的類型有關。我們會盡量詳細描述，分析這個過程中的個人層面。

　　我們必須深入分析制度領導的技術、問題、解決策略，以及人們在制度情境中如何影響彼此行為等。有關制度領導的討論原則，有一句話或許中肯：我們不贊成目前學校盛行的制度領導類型。對於目前校內窄化、局部的個人互動以及進步主義陣營所倡導的廣泛、自由溝通二者，我們偏好後者。但是我們認為，過去的教育理論與實務都有問題：過度聚焦於應然事物與罔顧實然的相關措施。一旦理論不依據現有實務，理論與實務就會出現嚴重落差，導致理論進展無法影響保守的實務。實習教師學到最先進的教育理論，帶著付諸實現的堅定決心踏出校門。但是他發現那些理論對於自己面臨的具體社會情境沒有幫助。他有幾次試著將理論轉化成教育實務，後來就放棄了；他透過傳統管道、資深同事的建議、兄弟會員的常識，以及校長指令來尋求指引。教育科學無法解決實際問題，大致說明了教育實務進展為何如此緩慢。因此，我們的任務就是設法理解制度領導的現況，希望能夠帶來改革。

　　潛藏在學校宰制、從屬關係背後的是學校即制度的觀念。師生行為具有某種程度的慣例化。某種類型決定了情境；同時存在著一套彼此相關的情境定義。我們討論的是慣例化情境中的性格互動。我們會討論教師讓學生就範的各種方法（假設有規範存在的話）。我們討論的是一般教室的一般情境。

　　有關制度化宰制與從屬的特色，可以進一步類推。Simmel已經努力證明從屬關係可能就是人際之間的一種社會安排。他的重點似乎在於，從屬關係之所以產生，是因為宰制者認為那種關係是有意義的，但是從屬者相當不以為然。因此宰制者的性格會以整個或極高比例投

入那種關係,而從屬者僅有一小部分。某人可能統治數百萬人,這是
因為他全心投入那種關係;幾百萬人雖然也參與同樣的關係,但是投
入程度卻很低。因此從屬與宰制性格之間的心理作用,促成某種永恆
社會結構[43]。

統治者與被統治者之間,必然存在某種利益衝突。只要統治關係
持續,那些人必然會有一定程度的爭執。但是那種關係可能仍然存
在;從屬者不盡然厭惡統治者,劣勢者不盡然會反抗,這是因為從屬
者滿溢的自我感覺脫離了那種關係。之所以能夠忍受從屬,是因為它
毫無意義。自我會在愉悅的情境中膨脹,到了不愉快的情境則會縮
小。自我會遠離自卑或受挫的關係,發展成為一種愉悅關係。制度從
屬之所以存在,是因為制度的自我和非制度的自我彼此切離。整體社
會秩序可以視為自我彼此關聯的某種糾葛。每個人必須擁有某種自尊
心,也必須在真實生活中擁有某種關係。只要四面體的某一面受到傷
害,他就會發展出另一面。一千個人聚在一起時,每個人都想在許多
活動的優劣勢之間取得平衡;每個人不斷改變參與活動的程度,隨
時修正他的心理權重;每個人都想要得到盈餘——也就是讚美——以
便償還多數的社會債務;每個人都在干擾其他人已經達成的平衡;於
是,一千個人住在一起的時候,每個人都過著一千種生活。

以制度情境的心理調適來說,宰制者和從屬者之間的鬥爭進入一
種新階段;同樣的運作機制似乎也存在各種機構中:軍隊、教堂、學
校與監獄。宰制者不僅設法維持那種關係,而且如果可以,還想彰顯

---

43 我們知道這樣會有過度簡化的問題。學校存在著Simmel提出的所有三種從屬類型。從屬於教師
就是從屬於某人。學校也存在著對團體的從屬。許多教師想要建立一種原則的從屬;也就是學校
情境中的「正義」意涵。我們主要討論的是對某人的從屬。學生應該參考N.J. Spykman的《Georg
Simmel的社會理論》一書,頁97-108;Dawson和Geddes的《社會學導論》,頁462-472;Park和
Burgess的《社會學科學概論》,頁688-703;以及Georg Simmel的《社會學》,頁141-186。最後
則是那篇由Small翻譯,刊登在《美國社會學期刊》第二卷,頁172-186的文章。

它的意義。他不但生活在那種關係中，還會加以擴大。另一方面，從屬者設法達成某種心理重組，要讓那種關係消失。從屬者不會生活在那種關係中，因此優勢者的重要性比不上一般人。這是一個非常複雜的過程。從社會學的觀點來看，它的重要性在於優勢者與劣勢者都會發展出自己的內團體。這些團體都有自己豐富、充滿意義的生活，也都有各自的標準與道德。行政的問題在於防止這些內團體成為衝突團體。個人關係系統會因為各種變態心理學作用而更為複雜；而那些作用是因為複雜情境引發失控的個體。因此從屬者普遍不肯承認從屬關係的真實意義，並且藉由虛構的幻想生活來彌補。優勢者同樣必須壓抑性格中的某些成分（通常是一些跟本身劣勢有關的社會回應習慣），以免傷害自己的關係地位。

　　繁文縟節屬於一種妥協、一種調和，它可以維繫制度領導於不墜。繁文縟節是一種複雜的社會慣例、一組規則和規範，它一勞永逸地定義了情境中所有人的權利與禮遇。繁文縟節可以避免性格接觸，預防衝突發生。禮貌可以讓我們跟討厭的人相處，更正確地說，它是一種跟其他人（不管喜歡與否）相處的手段[44]。表面上，繁文縟節總是跟卑下者應該尊敬、體貼優越者的常規有關（也許還會要求回報，例如讚許對方），但是「應該尊稱」陸軍軍官為「長官」，就未必如此了。但是繁文縟節不盡然是單向的，它也可以讓從屬者得到好處。如果從屬者遵照所有的外在形式，繁文縟節可以讓他如願地盡量降低尊敬準則的心理權重，促使尊敬慣例機械化，而內在生命可以繼續存在於另一種層次上。我們致敬的對象是制服，不是人。繁文縟節可以保護劣勢者不受優勢者任意勒索。依照日本封建時代武士階級的社會慣例，只要有貴族在場，農夫微笑時就必須依規定露出該有的牙齒數

44　G.H. Mead在《國際倫理期刊》，39期，頁393的〈國家思維與國際思維〉文章中提到，良好行為可以視為一種「跟可能的討厭鬼保持距離的方法。」

目；這就是貴族自我授予的特權，不多也不少。最近這類的要求越來越多，這是個缺點，也正是繁文縟節可以預防的。命令的藝術在於調整角色性格，使其最契合個人身分。權威包含特權與禁令；新權威常常讓所有人厭惡，但是舊權威就像一頂舊帽子，恰如其分。

　　師生關係是一種制度化的宰制與從屬。校內師生會因為原始的欲望衝突而彼此對抗，而且不管次數減少多少或者如何隱藏，衝突依然存在。教師代表成人團體，它永遠是兒童團體自主生活的敵人。教師代表正式課程，他想要以交付任務的方式將課程強加在兒童身上；學生則對個人世界的生活比較有興趣，而不是教師必須提供的枯燥成人生活。教師代表學校的既有社會秩序，他想要維持秩序，但是學生對於封建式的上層結構沒有興趣。潛藏在師生對抗態度下的敵意，永遠無法消除。學生是教師理應製造的產品。學生努力想要自主了解自己，用自己的方式來製造產品。充滿敵意的師生，擋住對方的去路；就目前看來，雙方在實現目的的時候，都罔顧了對方的目的。

　　權威站在教師這一邊。教師也幾乎佔上風。事實上，他必須獲勝，否則沒有辦法再當教師。兒童畢竟是順從的，他們當然無法反抗成人世界執行決策的機制；作戰的結果可以預見。師生衝突因此進入第二層次。所有衝突和權威的外在形式已經底定，重點在於外在形式的意義。不管教師訂定的規則是什麼，學生都想要讓規則失去意義。學生透過機械化服從、對教師「一笑置之」、對他恨之入骨，或者躲到教師無法插手、可以完全自主的活動中，想要讓教師控制失效。然而教師也會設法讓法則、規定產生意義，讓標準成為真正的標準，迫使學生真正服從。這場戰爭並不是不平等。教師傳達規則的權力不受限制，但是執行規定與控制對方態度的權力，卻是有限的。

　　例外情形會讓規則逐漸耗損，導致威信盡失；它一開始似乎不會傷害既有的秩序，但是一旦形成前例，就會破壞一部分的秩序。教學

經驗的好處之一就是有助於教師理解前例。對 Johnny Jones 略施小惠如果成為前例，它就是一個很糟糕的社會原則。或者，學生會參與某種不受規則約束的活動，以便破壞規則；這麼一來，規則帶來的不是服從，而是另一種非服從。師生都很清楚這些規則抗爭與規則迴避的關鍵是什麼。Johnny 走向黑板，但是他卻拖著腳步；有人要他走得輕快一點，他卻走得漫不經心；他被迫要好好走，偏偏又繃著一張臉。許多教師試著打破規則，處理學生反抗的心理事實；這不是制度領導；在缺乏制度基礎的情形下，堅定性格是必要的。

要讓遵守外在規則不至於造成傷害，最重要的是教師要設法讓學生逐漸習慣各種麻煩事。有一個男孩跟學校當局對抗；他違反許多校規以及校規並未明列的過錯。懲罰無法阻止違規，因為他已經習慣受罰、「繞行鬥牛場」或留校幾小時，也經得起體罰。新的懲罰效果同樣持續不了多久，很快就習慣了。就算想出一些新規則來應付更多偶發事件，也沒有什麼用；這是因為新規定、新風險以及新懲罰，很快就成為生活的一部分。不管社會機器的效果有多好，它永遠無法強迫某人違背自己的方式，而採用它的方式；也沒有人會在無法採取自己方式的情形下，完全受到控制。

學校的宰制與從屬，往往都站在「管教」的角度來解讀。客觀地說，管教屬於一種社會安排，讓某人得以持續控制他人的行動。主觀地說，管教是在制度領導之下提升士氣。它可以從相關人員的社會互動中觀察得知，也有賴於人員心靈的精神狀態。「管教」常常被當做一種價值名詞，代表對學生具有建設性與好處，或者教師認可的事物。

在拙劣的舊式學校裡，流行一種斯巴達式管教；它一部分來自學校課程，一部分來自嚴格的品格規範。兒童之所以必須從事不喜歡的活動，正是因為他們討厭那些事情。這個規則當然跟成人世界的哲學

有關；這個哲學必須合理，而且不會完全徒勞無功；我們每天應該做一件難事（只因為它很難），「讓意志力得到免費的鍛鍊。」一旦這樣的哲學主導學校，它就只是一種學術慣例事件：如果強迫兒童做某些事是因為他們不喜歡，那麼他們之所以不喜歡，就是因為被強迫。我們並沒有把這種管教方式的微妙個人效果納入考量。教育包含個人學到不想知道的事物——因為他不想了解那些東西。因此，看起來不好的事物變成好的，而看似好的事物卻變成壞的。管理學校的最佳規則是去了解兒童在做些什麼，然後告訴他們不可以再做。這種管教典型必須納入我們風俗裡的一些迷信，例如良藥苦口，橡樹脂可以避邪。事實上，相較於教育，我們還可以舉出更多的原始醫學信念，苦藥之所以有效是因為我們相信它可以治病；脖子上掛一包橡樹脂，當然會因為不再接觸而降低感染的機率。但是，缺少愉悅感的教育就不是教育。

　　管教有一部分來自於個人影響力，一部分來自於職務的社會位置。它是教師性格經過制度之多孔架構過濾的結果。架構的孔隙越大，更多性格就會滲透過去，造成更深遠的社會互動效果。學校的社會型態越明顯，涉及的性格因素就越少。

　　管教屬於一種團體生活現象。它必須依賴某種集體意見：優勢者促使劣勢者匯集優勢者的意見，並執行指定的任務。基本上它依靠特權（虛構居多）、領導者掌握群眾目光的能力（並透過目標轉移來維持緊繃關係）、繁文縟節所搭起的社會互動舞台、避免初級團體態度傷害形式關係的社會距離、優勢者彼此尊重以增強他人對自己的敬意，以及經由其他劣勢者的敬意來強化劣勢者對優勢者的尊崇。（長期來看，要維持管教也得依賴從屬者確實對優勢者保持敵意。）管教在團體中展現出來的是一種單向的暗示感受性。

　　教師用來維持這種混合型態支持關係（也就是管教）的技巧，或

許可以大致依照運用制度、獨斷類型的順序——以及相反地借重個人影響力——分成五類：(1)命令，(2)處罰，(3)個人與團體關係的管理或操控，(4)脾氣，和(5)懇求。

(1) 最純粹的制度化宰制和從屬形式，就是命令[45]。命令是上級針對下屬行為所提出的建議。這種機制的有效性，有賴於暗示性感受的一般狀態、從屬者的內在暗示感受性、優劣勢者之間的單向支持關係，以及下達命令者的個人威望。其中效果最好的是最形式化的命令；也就是說，命令下達時不會帶有任何個人暗示。這裡的假定是，優勢者會用個人以及上級、下屬組織的所有（未知）資源，來替命令背書。陸軍軍官習慣使用命令的語氣，堅定而陽剛味十足，但卻單調、完全不帶情緒；它們視服從為理所當然，也會盡量形式化。就後者來說，我要提醒的是，軍隊會盡量讓許多命令機械化。「注意」只代表一件事，要求注意的方式也只有一種。同樣地，所有軍事策略的相關命令都被徹底形式化。即使是一些單純的字，也容易被簡化成基本成分；因此，「注意」變成「Tenshun」，重音從第一音節滑向最後一個音節，而「行進」也透過「嘿（Ho）」而表徵化。

顯然命令的理由永遠不必解釋。儘管有些也許值得解釋，但是我們應該知道，懷疑命令的解釋、可能不必遵守的建議，或者單純因為其他因素而降低話語的激勵作用，都會讓命令的力道減少。命令當然不能跟發牢騷同時出現，那會帶來敵意，而且有時候還會讓應該掌控全局的人受到藐視，因為他的軟弱，才導致抱怨；這種錯誤常常發生在母親和軟弱的教師身上。同樣地，如果命令是以嘀咕或抱怨的方式表達，就足以造成失敗，因為它會激起全面的憎惡，不利於服從。懇求常被拿來替命令背書，但是我們似乎可以確定，懇求技巧會讓人得

45　請注意，命令經常出現在非制度化的關係中，但是它們並不是正式的命令。它們來自於完整的性格，也受到完整性格的左右；這正是制度關係所禁止的。

到控制權，只是奏效的是懇求而不是命令。威脅通常會跟命令如影隨形，有時候還會透過一種恐懼制裁來替命令加強力道；但是威脅會引發宰制與被宰制者之間的潛藏敵意，降低單純命令的原來效果——選擇抗命與否。同樣令人遺憾的是，用疑問句的形式下達命令。例如：「你可不可以閉嘴？」下達命令就代表權威——無論它是真實或理論層面，也不管是形式或個人類型。缺乏權威的命令只是一種規勸，往往毫無意義。在真實的人類關係中，權威會因為範圍過大、無法掌控而稀釋。因此，一個偉大的理論性權威如果無法執行，就跟公開規勸沒有二樣，而擁有更多有限權威的人，可以下達命令。

(2) 正式處罰為執行命令背書。處罰是權威代表者經過慎重考量，根據規則，將痛苦或不便強加在服從權威者的身上。處罰無關乎個人或情緒，它對應的是過錯而非犯過者；在單純的案例中，必須審慎地將過錯與犯過者區隔，將處罰與受罰者分開。處罰的合理化往往來自於快樂主義懲戒理論。所有違規必須跟處罰聯結，而且處罰的程度必須嚴重到讓違規失去吸引力。學生之所以表現良好，是因為那樣做划得來。我們不會反駁快樂主義理論，但是處罰常常無法達到目的——即使那種痛苦遠超過違規的可能快感好幾倍；這是因為犯錯的原因比後來的補救做法更為根深蒂固，使得處罰的唯一效果只是提高心理衝突，或者產生更複雜的心理組織。體罰除了加深敵意，無法對個人的深層認知帶來很大助益；處罰也不可能處理非理性、無意識的反抗態度。

處罰的真正價值在於界定情境。它可以讓學生釐清許可與禁止、學校複雜社會情境中的對與錯。如果處罰是一致、不變的，就比較能夠建立某些情境規則，作為基本的行動限制；除非學生受到刺激而反抗，否則到最後都會接受基本限制，調整本身的行為。真實教室社會情境中的處罰還有另一個價值，就是將犯錯者跟團體隔離。教師宰制

受到某位學生的行為威脅時，必須採取行動，避免其他人跟著做，讓師生的錯誤更加惡化。正式處罰的用意是將第一個犯錯者跟團體隔離，緊急阻止最後可能導致集體反抗的互動過程。它的做法可能是驅逐某人，例如帶離教室、送到校長室、留校察看或開除；這種做法屬於肢體上的隔離。如果犯錯者還待在團體中，事實上那是不可以的，他會面臨一番折磨，或者因為羞辱而失去地位，導致心理上孤立於團體，降低他對其他學生的影響力。至於處罰被孤立者的效果，又是另一回事。

我們必須好好釐清處罰與非處罰。許多不屬於處罰的個人影響力，通常跟學校的處罰有關。處罰只包含施加痛苦、不便或者羞辱，這些構成主要的處罰。單純的處罰很少發生，它往往混雜各種個人、社會責難機制，以及失控、嘲諷、威脅與恐嚇，為的就是讓對方更為難忘，或者提供教師宣洩怒氣的管道。以上這些執行處罰時的真實社會情境特色，並不是處罰——雖然它們幾乎都跟處罰有關。它們是發揮影響力的方法，這些方法的運作基礎在於初級團體生活機制，而不是正式關係機制。就效果來說，主要的差別在於這些初級團體的影響力，到最後會讓學生自以為是教師，並且影響品格至深；這些影響力包含楷模訓練與操控生活情境，而正式處罰關注某種狹隘的特別關係，不贊成大量傳遞真實的品格特質。有句雋語的意思就是品格只能意會，無法教導；這些伴隨處罰的澎湃個人情感，使得品格得以意會。

個人使用處罰的頻率，也許比正式關係更高；同樣地，冒犯經常來自於性格牴觸，而不是正式結構。處罰手段常常被當做教師延續衝突的方法，只是涉入的師生都不知道。我們應該注意，用來達成個人目的的處罰不再是處罰，而是世仇或地位鬥爭（我們曾經在其他章節提出這種學校的社會生活層面）。

　　有關學校處罰的運用，還可以進一步推論。第一，我們很少嚴格定義學校的處罰。在師生密切相處、經常來往的情形下，處罰很難不涉及個人層面，因此很難維持處罰的單純性。個人因素一旦涉入，師生就會產生緊繃的敵意。師生全體如果都服膺某個原則，處罰制度顯然就可以發揮最大的效果；在這種情形下，教師就不是處罰的動機與源頭，而是傳遞的管道。如果原則一致（但不是盲目遵守），可能就幾乎可以將個人因素從處罰中排除。困難點在於找出原則。我們還要注意忍受處罰的程度，跟施罰者、受罰者之間的社會距離遠近有關；因此教師的優勢的確在於他歸屬於成人團體與教師團體。執行處罰的教師不必過度堅持公平規則、對學生一視同仁。我們應該注意的是，師生性格會以其他方式深切影響反抗處罰；學生為了因應處罰而調整生活，因此他們不是要角；相對地，教師會設法找出有效的處罰方法。新掃把可以把地板掃乾淨，新懲罰會讓對方痛苦，但是二者很快就會失效。人類生活的容忍力來自於一成不變，而所有的一成不變都可以忍受。正義與自在的人類生活，來自於充分適應基本往來條件，而不是條件本身。但是我們應該謹記，現在學校常常混合使用處罰與個人影響力來進行控制，其實無助於師生人格的健全發展。

　　(3) 對許多教師來說，重要的是當我們找不到比管理更好的名稱時，可以用某種控制方法來替代。管理這個標題應該包含所有接納教師情境定義、落實教師願望但又不至於直接牴觸師生意願的方法。最重要的做法之一是間接暗示，而許多教師早已學會如何盡量發揮它的效果。間接暗示蘊含在故事、寓言、軼事之中，是對真實或潛在行為的一般態度表達。我們也應該在管理標題之下，納入激化衝突原則；這個原則的運用時機包括教師佔有最大優勢、對手尚未做好準備（儘管一定是在衝突之中）或者某些方面居於劣勢。教師接下來最常使用的做法是在學生情緒還沒有調整好以前，就設法激化衝突；用教師

的術語來說，就是「先聲奪人」。許多聰明教師也學會反向運用這個原則：延宕處理學生的憤怒或反抗，直到對方冷靜下來。顯然這二種經驗原則都來自於同一種印象心理學。情緒可以在對抗中發揮作用，只是為時短暫，沒有辦法立刻派上用場，也不可能永遠持續。

管理也應該包含所有學生社會關係的操控。孤立是一個強大的武器。教師可能忽視某個學生，或者明白告知（或暗示）對方未必屬於某個團體；他也可以削減其特權一段時間，真正剝奪他跟同儕來往的機會。恐怖的是，這種歷史悠久的手段會導致服從。如果想要不顧一切地成功運用這種技巧，就必須考慮教師操控學生團體的能力，以及學生人格的不良發展。教師可能再次企圖操控學生團體聯盟，讓他的聖旨似乎得到學生管理當局的支持；有一個微妙的例子是指責或訓斥學生時，使用第一人稱複數：「John，我們不喜歡那樣！」或者「你在打擾我們！」或者「你沒看到我們在忙嗎？」有時候處罰之前，會用諷刺來剝奪對方的地位。這些手段的效果有賴於教師性格的有效性。如果他能夠徹底掌握情況，學生就會開心地獲准成為夥伴，而且還會藉由這種感覺模仿教師，形成自己的態度；但是教師如果無法掌控情境，整個過程會變得很荒謬。同樣地，教師可能會利用自己和學生來操控家庭與社區關係，增加他的威望。因此，他會跟家長廣結善緣，處理孩子事情時提到自己跟家長的對話，以及當時家長的態度。有一種典型做法是在孩子面前表達家長的期待。老師會說：「喂！John，我知道你媽不會要你那麼做的。」或者，「John，我知道你爸媽要你在學校好好表現，長大後成為社區的重要人物。」這種做法多半沒有效果。如果親子關係是有意義、正面的，那麼孩子會因為父母無端被一個無名小卒或完全不相干的討厭鬼硬扯進來而忿忿不平。如果孩子的態度夾雜大量的反抗意味（情況經常是如此），師生關係就會因為生活其他層面而變得非常複雜。

其他手段也會影響兒童團體的友好關係。教師觀察到兒童被某個團體吸引，想要讓他接受一個可以沿用到學校團體的一般原則。如果巧妙運用，也許會有效果。但是如果這個方法巧妙到足以產生效果，那就跟間接暗示沒什麼兩樣，或者頂多就是說出兒童心中本來就存在的事物。如果運用得非常拙劣，就會變成抓住有利機會進行說教，沒人頂嘴，或者家長在場時做做樣子。區隔化的兒童心靈也會讓某一套態度出現在某個時間點，另一套則出現在另一個時間點，使得兒童有時候冷酷無情，有時候溫和寬厚。但是當孩子的態度軟化時，我們提供的建議必須非常迂迴，否則他會武裝起來，而且只要某人在場，就不再示弱。有時候教師透過漫長、嚴肅的「交心」談話，可以先營造緩和的氣氛，再對學生講道。但是如果那麼做，教師就必須把握人（而不是教學者）對人的立場，否則會前功盡棄。氣氛緩和之後，教師也要為恢復舊關係做好準備；回歸克制立場，不再提到親密交談的插曲與成效追蹤——也許只是稍微修正一下一般態度。

(4) 教師也會用發脾氣來控制學生。發脾氣的特色在於減少社會距離，拋開社會壓抑與含蓄、恐嚇行為，以及明顯缺乏控制（或失控）的情緒。用發脾氣來控制學生，所造成的社會距離難以估計，以真正的人類影響效果來說，也很明顯。對社會形式而言，情感已經過了頭。慣例遭到破壞，人類性格因為缺少緩衝事物而開始接觸。有時候在學校情境中，仇恨高漲到突破所有障礙的情形並不明顯，而且也成為行為準則的一部分。目前有關教師抒發情緒的不成文規定是，他只能生氣，否則就溫和以對。我們應該注意這種透過生氣來控制學生的方法，經常會跟處罰交互使用，或者混淆不清。嚴格來說，生氣會讓處罰失效，但是處罰手段是利用生氣來控制對方的技巧之一，也許這可以說明何以教師發怒的頻率會比冷漠還高。

教學者向來可以培養出一種不尋常的沉著性格；或者——假如他

得天獨厚地擁有這種特質——會學習如何更有效地運用。我會在其他
章節深入討論這種後續的性格變化方式，這裡先簡單地提一下。學生
行為所帶來的緊繃情境，會在缺乏消弭技巧的情形下，逐漸累積到再
也無法忍受。接下來脾氣就爆發了。也許教師會對自己的激動情緒感
到訝異（大部分新手教師都承認自己至少有過一次類似經驗）。教師
證明了自己的看法，發現從此教室有所改善，學生比較尊重他，甚至
溫和有禮[46]。他培養出一種快速點燃、猛烈爆發的脾氣。一旦不滿，就
會毫不保留地表達出來。或者，教師無法證明自己的看法，在這個例
子中，他發瘋似地用更多情緒、心力回應，最後也許可以成功。舉凡
快速調整怒氣，不斷運用激烈情緒來度過危機並預防所有拖延策略，
以及在最後反抗消失以前始終保持憤怒的態度等，似乎都是發脾氣的
必要條件。表達憤怒技巧之所以重要，同樣在於它可以讓教師事後冷
靜處理，盡量降低學生的怨恨。教學對性格的影響，可能會惡化個人
生活中的憤怒狀態，這點令人遺憾；但是如果情緒就在那裡，為了教
師心理健康與師生關係著想，最好還是偶爾把它宣洩出來。長期的怨
恨、莫名但持續的憎惡，可能都跟強烈情緒長期缺乏宣洩有關。我們
應該切記，這些怨恨會讓許多教師與學生紛爭不斷。即使怨恨未必不
好，我們也不應該否認以下事實：許多成功教師的主要動機，就是對
學生潛藏敵意。這些人是教師中的教師；他們就像男人中的男人那樣
廣受歡迎。

　　生氣的主要用途似乎是在傳達禁忌。教師暴怒是為了明確指出某
些事情不能做。跟性、誠實、禮貌、整潔或公平比賽有關的普通禁
忌，也許可以用這種方式有效傳達。這些禁忌未必有益於學生性格的

---

46 用這種方式贏得好感，看起來好像自相矛盾，但是許多證據顯示這種情形常常發生。可能的解釋
　是，教師已經樹立他的領導地位，而且學生對於有幸隸屬心存感激。我們不能忘記，儘管制度領
　導會發生衝突，它還是真正的領導。

培養，但是有些是必要的；而且大家應該記得，只要教師傳達這些禁忌，就是在進行有益的社會服務。當然，不管是否傳達禁忌，只要教師本身無法調整脾氣，就會影響效果；讓人高度懷疑的是，一般未婚女教師在傳達自己所認定的性禁忌時，是否有利於學生或社會。某些學校禁忌也會透過憤怒來傳達。這些禁忌跟學校生活的狀況有關——尤其是基於教師宰制而建立的社會結構。教師經由接觸、執行規則與規範，最後內化；結果就是她能夠運用個人資源，捍衛學校的既有秩序，讓自己在校內可以跟他人和平相處。人類成為制度化領導的化身。

想要透過重新調整教師脾氣以便有效控制學生，教師就必須洞察學生的真實心靈狀態，並將憤怒與本身的性格整合。過度憤怒會讓原先的目的失效；引發學生、社區最強烈的敵意。最可悲的是，教師的憤怒徒勞無功，他從來就沒有辦法——或已經無法——控制教室的動態社會情境。這種無效憤怒雖然真實，但無濟於事；它只會降低所有彌補恐嚇效果的可能性，讓教師成為抨擊的對象；它成為一種折磨教師的勇氣。這種憤怒被學生解讀為憎恨；正確地說，它不但讓學生想要折磨教師，還提供了方法。這種狀況很難避免。教師因為學生想要折磨他而仇視學生。學生因為教師仇視他們而仇視他；他們一再讓教師徒勞無功地暴跳如雷，以便折磨他。對於這種情形我們束手無策。每個教育人員都曾經目睹一些傑出教師因此而接近崩潰。對許多人來說，這種情況會因為經濟考量而更惡化。這對學生來說當然不好，但是事實上對這些性格完全無法勝任的教師來說，他們所造成的傷害可能會比有效的教師來得少。

(5) 懇求技巧最常被用來處理輕微的違規，或者在比較重要的案例中，被用來改變某位學生的一般態度。懇求往往透過口頭方式，彰顯兒童性格中的某些基本態度或強烈傾向，以便操控，讓他們符合教

師的願望。懇求的本質可以是直接或間接、公開或私下、正面或負面。直接懇求會清楚說明目的，之後予以規勸，並特別指出應該具備的某種態度。間接懇求則可能隱約提到那種態度，或者用挑釁或羞辱的負面形式來表達。

據說懇求所訴求的某些主要態度，都屬於家長心目中的理想典型，例如公平比賽、誠實、騎士精神或自尊。最受教師青睞的懇求，就是家長（尤其母親）理應期待的兒童理想。教師會說：「不要做會讓你媽丟臉的事。」「我知道你媽會怎麼想。」接著那個男生就應該感到羞恥。類似的做法是讓學校變成家庭：「我知道你在家裡不會那樣子。你在這裡為什麼會這樣？」他為什麼應該那樣子的理由很多，但是孩子完全不知道！有時候，公平比賽的觀念也被有效應用在教室裡，以維持一定程度的規範和秩序。「Henry，」教師問道：「你真的認為那樣對付一個小男生公平嗎？」如果他認為不公平，他可能會服從教師的願望。懇求同樣會訴諸誠實，它通常針對某些誠實行為給予讚賞，而且常常奏效。當然這些例子都會受到兒童自尊的影響。有時候訴求方式甚至會更直接。「Leo，你這麼大的男生，卻像個六歲小孩子那樣扮鬼臉，我覺得很丟臉！」或者，「我沒想到你會這麼做。我一向都把你當做一個紳士。」女教師通常都會懇求男生表現出騎士精神。在一般情況下，懇求的說法是：「唉！就這樣子吧！我拿你沒辦法了。我只是一個可憐的弱女子。」也許善用性別優勢的女教師，比較能夠達成目的。這樣的懇求效果往往很小；舉例來說，以下懇求一語雙關地將女教師比喻為母親：「我唯一要求的，就是你對我要像對你媽那樣尊重。你媽也是一個女人，她會了解的。」

經過巧思的懇求最能發揮效果。教師因為無法繼續完成而坦率懇求協助，往往也會得到正面回應。有位教師身體健康、精力充沛，她的班級從來沒得過秩序獎牌。但有幾次她扭傷腳踝，學生卻願意跟她

合作。在活力充沛的教師手中，那種挑戰可以得到絕佳的成果。它有時候非常強大。「你們這些又懶又笨的傢伙，你們就只會讓椅子保溫。你認為你有學到什麼嗎？你是全校最笨的。」活力充沛的教師可以用這種方式讓學生不得不挑戰，也常常可以透過這種技巧有效控制。但是它是一種技巧，失敗的機會常常跟成功一樣；聰明的教師會嚴肅、謹慎地使用它。

懇求效果不彰的原因，包括師生的社會距離與敵意，以及教師缺乏適當技巧去找出學生的主要情結並調整順序，讓師生產生真正的連結，讓預期的懇求奏效。社會距離之所以會干擾懇求，是因為它無法讓教師以人對人的立場跟學生對談。師生之間的敵意會讓真正切中要害的懇求失效；即使經過多次懇求，原先的敵意還是會增加他跟教師之間的社會距離。尤其重要的是，懇求技術之所以困難是因為多數教師在實際的品格診斷方面，完全缺乏能力；這點的重要性顯然是因為教師在嘗試懇求之前，必須知道懇求的目的是什麼；失焦的懇求會得不償失。有時候教師會用一種非常愚蠢的方式直接懇求，完全忽略兒童的原先態度。教師普遍不了解正向支持關係對於我們這裡討論的所有暗示，有多大的必要性；他們也不知道在嘗試建立強烈暗示關係之前，如何一步步掌握對方，醞釀一種良性的情感氛圍。教師對於懇求所涉及的情緒因素，所知有限，導致他們在大庭廣眾之下，毫不猶豫地提出最親密、感人的懇求。

以上這些絕對不是教師用來維持這種混合型態支持關係的所有技巧（我們稱之為管教）。也許所有教師都使用過這些（以及更多）技巧，只是重點、程度不同。但是到現在我覺得特別有趣但又困惑的是，男女教師合併使用技巧的差異。似乎男教師的揮灑空間比較多。一般有關男教師運用技巧的分析指出，他們比女教師更依賴命令。但是事實上，儘管女教師的控制技巧本質上比較親切，但是她們向來都

跟學生保持比較遠的社會距離，這會讓前述說法更為複雜。此外，女性通常似乎可以保持一種不至於失控，但比較寬鬆的管教方式；她們比較常會讓自己受委曲，但不至於有所損失。

　　所有技巧的有效性，要看它們如何與性格搭配，以及教師如何理解學生心靈。這種理解事實上可能非常有限；它可能完全受限於學校情境，而且可能形成一種操控，而不是一般理解，但是它一向值得重視。任何技巧的有效性都跟個人有關——有賴於技巧，以及使用該技巧之教師性格的整體效果——因此我們可以開始討論，哪些特質主導教師性格在學生心目中的印象。

作業

1. 探討某個大學生團體的領導類型；那些學生之前彼此不認識，他們決定在某個委員會共事。
2. 探討某個教師委員會的領導類型。
3. 列表說明學生抵制教師要求服從的防衛策略。
4. 探討師生日常往來中，如何建立「前例」、推翻「前例」。
5. 針對某所私立學校的規則、規範與前例，進行歷史研究。
6. 探討某項新規則的效果，教師如何執行，使它具有意義？學生又使用哪些做法，讓它失去意義？
7. 分析某位教師用什麼方法忽略規則的技術層面，直接處理學生的反抗態度。
8. 探討某個習慣性受罰的男生。
9. 仔細觀察某位陸軍預官訓練營的教官。分析他的技巧，特別注意他的舉止、聲音、繁文縟節等。

10.探討某些教師的管教做法，分析他們如何使用本章所討論的技巧。

11.舉例說明處罰的情境定義。

12.描述教師處罰學生的一些技巧。分析其效果並考量師生的性格因素。

13.舉例說明懇求技巧的運用何以成功、何以失敗，並考量教師的性格因素。

14.舉例說明運用「管理」的成功與失敗。

15.對好老師與壞老師進行個案研究，分析他們如何運用發脾氣作為一種控制方法。

16.仔細確認哪些類型的懇求對某些高中生可能最有效。

17.針對男、女教師使用控制技巧的差異，進行個案分析。

建議閱讀

Clark, T. A., *Discipline and the Derelict*.

Cooley, C. H., *Human Nature and the Social Order*, Chapters VIII and IX.

Park, R. E., and Burgess, E. W., *An Introduction to the Science of Sociology*, pp. 688-708.

Sorokin, P. A., *The Sociology of Revolution*, Chapter VIII.

Young, Kimball, *Source Book for Social Psychology*, Chapters XX and XXI. (See bibliography.)

Young, Kimball, *Social Psychology*, Chapter XV.

第十五章　決定教師威望的特質

　　真正的控制不存在於學校的理論制度結構，而是結構中所產生的人際互動。我們接下來討論人格經過制度篩選所帶來的影響。

　　我們企圖找出教師人格特質的制度重要性。大家耳熟能詳，更能影響教師威望與控制教室情境能力的特質，或許可以用以下一些標題來討論：年齡、社會背景、身材特色、衣著、舉止、禮貌、對學生與教材的態度、聲音、相貌、反應速度、心理人格類型，以及性格本質（包含複雜性、穩定性等因素）。

　　年齡會影響師生關係，但不完全是歲月問題。年齡屬於一種社會經驗、沉穩，以及成熟的理解、判斷與興趣。如同我們在其他章節討論過的，年齡是一種個人內在世界的基本組織結構，也是文化遺緒的吸收與體驗管道（參見有關不同年齡、文化層級的討論）。在這方面表現稚嫩的教師（通常較年輕），普遍對於如何與學生保持社會距離感到苦惱。

　　晚青春期或後青春期的教師在教導青少年時（這種情形在高中、大學不常發生），成人與兒童之間的自然社會距離最短——而且這種距離有時候會讓彼此誤解，進而對立。教師如果太接近個人組織的青少年架構，以及童年後期的社會、心理世界，就會陷入兒童的社會互動，並捲入他們的社會生活。我們多半生活在真實、深刻的當前世界中，而後青春期的教師會比她的高中校長更能夠確認高中生具備人類的明確形體與重要性格。學生的說法會被記錄下來、放在心上，這是因為教師能夠理解；但是校長的話被當做老糊塗蛋在胡扯，被大家嘲笑而且轉眼就忘了。由於年輕師生基本興趣相近，教師看到的學生社

會世界，是一種誘人的自我實現機會；但是這種機會碰到教師世界時，卻會因為教師年紀輕而備受壓抑，而且無論幾歲，自我實現的方式都是最不恰當的。學生生活的社會情境很難不吸引年輕教師，而且也只能靠教師高度自我控制才能避免捲入其中。如果教師想要成為競技場的焦點，要做到袖手旁觀、否定與譴責，或者贊同與鼓勵，並不容易。年輕教師渴望參與更多。他的需求會因為一般社區缺乏理想社會生活的機會而增加。

但是教師如果涉入學生的社會生活，就會失去過去累積的所有威望和特權——他只是教師團體的成員，除此無他。在學生世界中，他必須付出不幸身為教師的代價，在教師世界中則承擔荒謬善待學生的責任。師生對他的態度無法讓他發揮教師的角色功能。學生對他的初級團體態度，使他失去樂於不公平對待兒童的豁免權；有人要他說明個人的權威時，他往往回答不出來。他想要調和友誼和權威，但是最後兩頭落空。

師生生活在同一個社會世界，這種情境會對教師造成另一種傷害。進入學生世界的教師，所根據的是個人的自我實現；之後他雖然成為學生的朋友或盟友，但也成為其他人的對手或敵人。因此師生的競爭，成為教師之前進入學生世界的結果之一。它也是年輕教師捲入學生世界的過程之一。年輕師生努力追求自我表現，尋找相同的目標；因此彼此競爭求勝或者取得其他的事物。如此一來，教師的角色從稍微疏遠的朋友、協助者，變成競爭者。年長的教師設法將自己受挫的願望昇華，促進別人的自我發展；只是年輕教師幾乎不免會因為尚未找到（或是像許多年長教師那樣已經放棄）安身立命的地方，所以會關心如何建立生涯。如果生涯無法在學生世界中完成，學生就是討厭鬼或者只是一顆棋子；這或許可以解釋以下宣稱的事實：年輕、認真的教師，給分最低，管教最嚴厲。如果那種生涯能夠——至少部

分地——在學生的社會世界中實現，教師就不再是一位年長的幫手，而是當下的對手。年長教師由於缺乏自我實現的經驗，仇敵倫理促使他跟年輕教師作對。

年輕教師還沒有辦法解決本身的天命問題，他們既無法實現天命，也無法接受自己毫無天命的事實。他們還沒有找到同伴，也常常找不到終身的行業。這種不安定帶來一些有趣的結果。第一個顯然難以避免的事實是，那些教師比較關心自己的成就而不是學生的成就，這會大大影響學生的看法。從另一個角度來說，年輕教師還沒有找到自我，令人沮喪：自己一無所有，卻被期望提供指引；他的責任是提供當地的旅行方向，但是他的地形學和語言知識只比學生多一點點。在小型社區中，家長對於年輕教師努力找到定位的態度，會影響教師的處境。難題在於家長比教師年長，因此生活態度不同；因為家長承襲前一世代的態度，因為家長往往已經結婚而年輕教師未婚，因為家長成長於鄉村而教師可能受到城市的影響，也因為社區不認為教師應該找出個人天命。以上這些都是無法調和的分歧看法，也似乎足以說明以下事實：家長會嚴詞批判那些堅持週五到週一過自己日子的教師。我們關注的事實是，家長批評教師（尤其以流言形式），會損害教師在學生心中的地位。

即使在教師圈裡，年輕還是有一些好處。年輕教師比年長教師更能代表某種理想，因為他們幾乎就等於眼前的世代，而且成就和抱負也跟得上時代；因為他們保持了年輕人的活力和吸引力；因為他們的容顏還沒有消失，臂膀仍然有力；也因為他們的主要興趣仍然跟青少年一樣。他們所代表的理想之所以可行，是因為他們跟學生只差幾歲。由於外型具有吸引力，年輕教師比較容易成為學生愛慕的對象，這會衍生出一種令人不滿但又經常被利用的密切關係。此外，年輕教師的優勢在於能夠因應個別需求，讓年輕人以及當前世代對於所面對

的問題有更多理解——這種理解來自於他們最接近那些問題以及心中困惑的人。但是如果對方不再年輕,問題也解決了,只是對於未來世代還具有同理心、想要接近他們,那麼那樣的理解永遠無法發揮作用。

年長教師比較容易得到對方的服從。他自認為是長者之一,是家長的替代品,也因此被賦予權威。此外,年長教師經歷了歲月,僵化的心靈和缺乏社會應變能力會經由制度領導,形成年輕人的障礙。他從來不涉入年輕人的社會情境,從來不樹敵;由於無法解決自己年輕時所遭遇的問題,導致他對年輕人的成就更有興趣。他透過學生來間接完成。他永遠無法參與年輕人的社會生活,這是因為他的年齡以及年齡差距所伴隨的社會距離。對學生來說,他永遠不是一個普通人,因為學生對他而言也不是普通人;既然不是普通人,就算有權威,還是沒有影響力。

但是年齡不盡然都是好的。因為師生的年齡差距以及世代更迭,經驗、理想、標準與習慣的重大差異,可能會讓師生沒有交集,無法理解彼此。在我們的文化中,這種情形更常發生,這是因為教師與各世代或特殊社區生活親密接觸的機會被徹底消除、剝奪了;他們沒有被當做普通人,而是文化傳播的代理人;他們更早失去美好的年輕時光,或者感受那段時光帶給他人的價值。有人認為,教師提早失去心靈的可塑性。如果他們沒有完全失去年輕人的特質,就可以學習維持一種中立性格,靠著學校教師的刻板印象,被學生視為長者。當然,老態龍鍾的話,就會因為年齡退化而失去權威。

當教師是一個年輕成人,似乎師生關係可以創造出最大的可能性。年紀輕,使得他與青少年期的距離遠到能夠解決自己的問題,但也近到能夠理解、包容對方;距離學生世界夠遠,就永遠不會變成對手,距離夠近,就可以以維持感覺和想法交流;年齡比學生大到絕對可以歸類為成人世代的成員,但也年輕到不至於成為一般年輕人不想

仿效的可怕例子。這個推論雖然來自於各種事實，卻也似乎經過許多教學效率研究經驗與歲月的證實；這些研究顯示，最高的教學效能大約需要三年的經驗。教學屬於例行性工作的事實，多少指出了短暫學習的可能性與必要性，但是如果教師擁有更多個人成長、發展的機會，似乎就可以增加更多的教學能力。

　　學生非常了解教師的社會背景，它會影響學生對教師的態度。教師受僱擔任文化傳播的代理人，在任何情況下他都必須代表某種超越社區平均水準的教育形式價值成就。有時候這些教育價值貼切地反映社區的普遍文化、社會價值。如果無法反映，我們就必須聚焦社區的真正價值。在小型社區中，許多教師的家庭背景、早期訓練與個人教養，遠遠勝過居住的社區。這種巨大差異會干擾教師的威望。教師裝模作樣、勢利、自負、不食人間煙火、「自命不凡」而且「看不起別人」。於是，偏遠社區裡的某個年輕女老師，會因為修指甲而飽受批評。教養良好的男性，常常會因為軟弱而被譴責。在高級郊區的私立學校和高中裡，我們也可以找到相反的例子。即使教師的文化水準比家長高，他們的經濟地位低，比較沒有機會享受所謂的人生美好事物。就算個人教養不足不至於引起學生反感，對於維持學校權威而言，也是不利的。教師性格穩定、非常單純、不複雜而直接，這對成長在豐厚文化家庭中的學生來說，會產生一種粗獷男子氣概的效果；它對於兒童性格的最終塑造，常常提供良好的成分。教師的粗獷、不拘小節，會讓人忽略他們的貢獻，但是這無損於他們的人格力量或說話氣勢，或者無法對學生產生重大、正面的影響[47]。然而，如果教師缺乏修養，無法與學生溝通或了解學生想法，學識水準也只比學生高一點，似乎最容易形成宰制的現象。一旦教師得到家長想要得到的事物，他就擁有最高的威望。

　　我在這裡提供一些教師外型特徵影響學生的實徵性歸納。教師的

外型固然重要，但是不同個性會因為不同特質而有不同意義；所以在某些特質上，只能有暫時性的結論。更複雜的問題在於男女懸殊差異的事實。舉凡體格大小、健康與力量展現、韌性、某些長處，以及缺少某些可笑特質等，顯然對男性、女性而言都很重要，只是重要的層面稍有不同，因此必須個別討論。對男性來說，體格大小和力量展現顯然是最重要的外型特徵。中等身材以下（或者並非明顯中等以上）的男性教師，在處理高中生問題時比較不利。身材瘦小的教師顯然無法執行管教任務，原因在於：第一，事實上他在學生眼中多少有點滑稽；第二，他很可能會有自卑感，使得他顯得害羞、膽小或者自找麻煩。瘦小教師之所以可笑——除非他真的是侏儒——的原因不明，但是我們的確知道可笑的成分是存在的。經常有人認為舞台上的小丑幾乎都是瘦小或肥胖的男性。也許基本謬誤在於誇張的對比說法：這些人引起我們的注意力和重視，很多人在判斷他們的真正重要性時，卻又常常以體格作為標準。瘦弱教師的微不足道跟他的制度重要性，形成強烈對比，因此顯得可笑。除了身材大小，任何荒謬的身材特質都會對教師企圖宰制學生帶來困擾。柔弱特質或欠缺體力，可能都會阻礙男性教師的發展。

---

47 最近賓州學院（Pennsylvania State College）的研究，指出了教師成就與父親職業在以下（特殊技術）層面的相關：

父親職業	小學教師	高中教師
專業人士	0.124	0.104
商人	0.564	0.077
農人	0.000	0.361
工匠	0.281	0.004
工人	0.484	0.017

（引自《教師成就的前置訓練因素預測》頁7-12，賓州學院博士論文，1931年，作者Harry L. Kriner；未出版。摘要出版於教育研究摘要〔*Abstracts of Studies in Education*〕，C.C. Peters與F.T. Struck主編，賓州學院，教育系。）

以上數據似乎可以證實我們的理論。我認為高中教師低相關的原因，可能是訓練時間較多，比較不會受到家長背景的影響；而且，事實上經過更多篩選的團體，可以熬過更長的培訓時間。

　　身高顯然是身材的核心要素。它的影響力仍然無法得知，但是確定的是，許多宰制與從屬關係可以從仰望、俯視來解釋──尤其同性別的成員。肩膀寬度同樣重要，而且影響方式更明顯。下巴的位置、音高、轉音、語調，以及眼神，都具有某種真實意涵。展現力量比教師的真正力量更重要；我們可以偶爾考量真正的力量，但還是比不上單純的展現。商業界非常重視握手；宰制、從屬，以及力量、氣勢與熱誠的第一印象，都決定在握手的力道。握手的重要性包括握的力道和氣勢，如果二者都顯得緊張兮兮，就會徹底瓦解（握手對教師來說可能無關痛癢）。

　　要解釋男性教師的身材、力量如何影響學生態度，並不容易。以往可能被濫用的說法是，高大男性單靠身材就可以成為眾所矚目的良好領導者。有的人不認為男性教師可以透過身材優勢掌控學生，但是這樣的可能性值得關注。它的重要性在於身體宰制的潛意識後遺症。就負面例子來說，幾乎就會讓人認定身材和力量是我們的某種陽剛典型（這也許來自父親的早期印象），高大、強壯男性之所以具有威望，是因為他符合那種典型。重要的事實在於我們很容易分辨高大男性與學生。高大男性似乎一定擁有某種次理性基礎威望，是因為事實上即使外在力量、能力是假的，威望還是可以維持。我們相當確定的綜合歸納是，伴隨良好體格的性格調適，至少跟體型決定教學效能一樣重要。伴隨體格大小的高度穩定性與鎮靜性、自信、自由以及避免與學生對抗，對於高大男性與學生愉快相處助益良多。這種信念可以從一項事實得到證實：瘦小的男性偶爾會發現，他或許可以透過性格調整來取代明顯的體格。

　　更令人困惑的議題是女性體型跟威望之間的關係。對女性來說，體格大小顯然不那麼重要，因為它絕對不屬於陰柔典型，也不必像男性教師那樣藉由體能來維持某種密切關係。但是，特別嬌小的女性的

確很難引起高中生的注意與敬意。基於各種理由,身材魁梧的女性同樣不利;這是因為她們跟瘦小男性一樣自卑,而魁梧體型——尤其臃腫的話——更容易被嘲笑。顯然龐大身軀仍然是女教師的優點。她的外型、舉止如果充滿陽剛味,教學效果似乎會比較高;只是這種情形對女學生來說,顯然充滿危險性。分析有效教學者的外型特質,會強迫我們認定:無論男女,這些特質對一般教師個人組織的影響,可能比特質本身更重要。經常跟某些身體特質產生關聯的個人組織架構,會促使學生崇拜教師,把她當做真實或可能的愛慕對象。那樣的性格結構,會讓教師比較容易跟學生輕佻互動。同樣地,我們很難類推,基於性吸引力的密切關係似乎短暫而不穩定,很容易變質為公然追求或充滿敵意。

顯然很多人認為教師穿著會影響威望。因此熟悉傳統的教師通常會避免所有的極端樣式。男教師的穿著往往很保守,偏向中年人風格與平淡色彩。男教師似乎習慣於輕忽穿著。這也許是因為對他們來說,衣著尤其帶有負面價值;他們會因為服裝、極度邋遢或時髦而失去威望,但也無法藉此得到威望;因此,他們必須盡量漠視服裝。女教師的衣著具有明顯的傳統。事實上,幾乎每個人心中都會浮現出某個典型女教師的鮮明衣著形象。女教師的穿著甚至比男教師還保守。男、女教師的穿著都是基於工作需求,而非展示,但是這個特質會因為女性的不同穿著標準而更受關注。有些女教師的穿著強調陰柔特質,有些會設法隱藏。從比較全面的觀點來看,令人遺憾的是,女教師到最後不想再展示衣著,或者穿著無法展現出性自覺,而事實上這可能跟教師普遍無法在適當年齡結婚有關。但是對學校來說,女教師衣著端莊可能是很好的。然而,偶爾一些穿著不俗的女教師會得到學生的敬意和仰慕。在這些教師身上,衣著成為一種資產。透過衣著得到威望的女教師人數,比男教師多。

教師待人接物的方式之所要重要，主要是它會影響教師社會背景的評價。這點我們在其他章節討論過。但是，我的意思不是所有（尤其高雅，甚至典雅的）方式都可以有效維持社會距離。此外，良好的待人接物方式代表教師尊重學生，而且強力主張對方必須尊重自己。

另一個不太一樣但是類似的概念（總之不是雙關語）是舉止。舉止同樣可以反映社會背景。它也許比待人接物更真實。待人接物正在衰敗中。（我們的確可以說，某些年輕人不會待人接物，但的確有某種舉止。）相較於舉止，待人接物更可以用一些綜合方式來模仿。但是，讚賞某人的假設性社會背景，絕對不是舉止的主要功能。我們討論舉止時，指的是對於性格的一種整體印象，它主要是個人社會表達習慣的副產品。舉止必然包含自我覺察的成分。舉止是舉動，而不是簡單的行為。一些容易辨識的待人接物包括：能幹、勝任、傲慢、謙虛、羞澀、挑剔、直率等行為方式。要分析各種方式如何影響師生教室生活，需要很長的時間，我們也許只要指出學校的所有方式都有其意義，就夠了。值得特別注意的是眾人皆知的教室舉止，應該由教師在教室裡傳授給學生，並延伸到校外生活。教室舉止枯燥而充滿權威，它會衍生為變相管教；屬於一種教學環境的絕佳適應。

矯揉造作代表舉止的崩解；舉止缺乏說服力，或者顯然虛情假意，非常可笑。矯揉造作在學校社會生活中一文不值。它們通常被視為荒謬的個人怪癖，有時候會讓當事人備受矚目。矯揉造作的本質向來都是補償性的。一個人如果接受某種自己無法做到的舉止，可能會在偶然狀態下展現另一種性格；這對於表達個人的潛在矛盾心理，別具意義。或者，個人意識到某個弱點，想要彌補或掩飾，也可能流於矯揉造作。神經質的教師會用許多矯飾姿態紓解不自覺的緊張，或者在學生面前自我武裝。矯揉造作也會以一般態度表達的方式出現；憤世嫉俗的人學會冷笑聳肩。要對矯揉造作進行類推解釋，並不容易，

因為它們可能代表任何事物。就像我們之前提過的，這個規則具有強烈的個人意義。學生很快就學會這些矯揉造作，也能夠正確判斷重要性——至少對自己來說是這樣。學生當然會模仿教師的矯揉造作，好讓自己的日子舒服一點，而只有在極端情形下，教師才會不好過。學生也會透過某種矯揉造作知識來控制教師。教師說：「不可以。」但是表情依舊，那麼他只是在執行管教；如果學生慎重考慮重複犯錯的間隔時間，也許結局不會太糟糕。但是如果教師以相同的語氣說：「不可以！」接著是緊閉的雙唇，二端都看不到皺紋，這就代表不容妥協。因此師生雙方如果能夠以對方理解或期待的方式盡量溝通，矯揉造作就可以在教室裡充分發揮效果。師生的社會互動變得了無新意，一再發生類似的情形；教師（有時候學生亦然）的矯揉造作和表達方式也變得了無新意，並且會併入這種社會互動中。如此一來，形成一種混亂的社會互動過程，各路人馬更加了解其他人的做法；這場遊戲變成一盤西洋棋賽，要靠對手一展身手。如此，矯揉造作也許可以藉由更清楚說明意義，增加教師的真正效能，但是對威望卻沒有什麼幫助。

影響學生評價教師的關鍵，是教師對學生的態度以及傳授學生的教材。教師對學生的態度以及學生對教師的態度，會衍生出一種無止境的社會歷程，我們在此只能提出某些態度及其效果。教師對學生保持尊重、真誠、盡可能友善（避免敵對）、公正，以及毫不讓步，似乎是一件好事。學生應該擁有絕對的個人興趣，但是如果能夠讓它正式化、給予限制，問題就會少一點。讓我們按照順序，逐項討論教師態度的各個階段。教師尊重學生的個性，是學生真正尊敬教師的**必要條件**。教師必須接納學生的現有樣貌，盡可能接納他的自我認知，否則學生很快就會察覺教師的輕視態度而忿忿不平。也許更重要的是，教師必須尊重學生的冷淡。同樣地，面對學生時，他必須誠懇、認

真。對於學生最誠懇的作為，教師必須用最誠懇的態度面對。學生認為最誠懇的事務，教師必須等同視之。友善和敵意都必須透過制度中的各種管道來加以約束。不妥協和公正性也都是教師態度中不可或缺的特性。不妥協的必要性來自於教師必須保持一貫立場，以及某種一致、不變的情境定義；公正性的理由則非常明顯：教師之所以必須公正，是因為它是一種規範，受益者會利用自己的特殊地位得到好處，而且受益者和受害者可能都反對任何偏袒。教師在公正援用學校的所有法規時，相較於尊重學生（服從某種原則），他多少必須更尊重既有的秩序。

教師是否勇敢面對學生及其提出的問題，或者是否害怕那種接觸，學生很快就知道答案了。教學實務研究者一再強調，勇氣特質是良好教師的必備條件之一。這些主張當然非常實際，只是有人好奇教師心目中的勇氣屬於哪一類型。對教師來說，雖然缺少實質勇氣——如果找得到的話——可能會失去教師資格，但是它不是必要的。我們也不應該只主張「道德勇氣」是必備的，因為這方面突出的教師——即使是最有成就的教師——很少；很少有人只因為該做而採取毀滅性的行動路線。在道德勇氣方面，教師當然不會輸給社區人士，而且還可能略勝一籌。教師面對失敗，知道自己逐漸失去所有崇高理想時，那種孤注一擲的瘋狂勇氣也不會輸給任何人。重點可能在於教師必須擁有某種制度化勇氣；面對師生關係所帶來的種種不愉快事件時，勇氣的最佳樣貌只不過是一種容忍意願。制度化勇氣必須得到某種制度的韌性支持。這二種品格特質顯然都會影響教師對學生的態度。

教師對於制度化情境中學生的洞察力，對於校內男生和影響男、女生集體意見的理解，都會直接、間接影響其威望，但是重點在於它會間接影響教師對學生的態度。我們需要的不是臨床心理學家的準確評估，因為教師必須一邊教學、一邊維持秩序，那些評估派不上用

場；小說家和精神病學家想要全面了解性格如何運作，同樣無濟於事。對於更狹隘的學校目的來說，如果教師能夠具備制度洞察力，知道如何處理教室的社會世界，那就夠了。如果他知道得更多（至少目前有關問題兒童的學習理論），當然更好；如果他很清楚人類的一般本質，也會更好。但是制度洞察力和某種學校與教室互動的理解，絕對有其必要，也是本書的主旨所在。

聽說有些教師具有「某種調和感」；不幸地，有些教師並沒有。調和感代表對學生心向、背景的了解程度。具備這種洞察力的教師，知道自己的能耐，避免因為疏忽而引發學生的不當心向。學生的習慣性心向會認真看待學習，而且即使是一點點的學習，也容易樂在其中。這種心向重視成績和考試，所以會因為教師漠視那些東西而心生不滿。這種心向或許重視教師的立場，但也容易因為教師過度威權而憤怒。如果教師的命令未經授權，或者侵佔學生的例行假期，就是缺乏某種調和感。我們可以簡單透過教室的幽默事件來進一步說明。患有「社會重聽症」的教師，永遠學不會如何適度運用幽默。幽默使用不當會帶來危險，不被視為幽默的幽默，也是一種危險幽默，因此有效幽默的危險性，在於它容易使學生從幽默的角度去解讀教師的看法。如果用輕視的方式去表達幽默，會引起學生強烈反感。幽默的用意在於舒緩對立，確保友善的支持關係；當時教師正在上課，但是學生開始覺得不耐煩的時候，他就跟學生一起坐在長椅上，從桌子後面比了一個過來的手勢，然後開起自己的玩笑。但是使用這招必須小心。這就是所謂的制度洞察力。

制度洞察力和制度勇氣都是不可或缺的特質，教師對學生的態度（不管有無）會立即呈現在學生眼前。學生最喜歡、最崇拜的教師，不但了解狀況，也會大膽主張其所有權利（但不貪求），同時堅持從屬的類型、程度，必須符合制度情境[48]。就大學階段而言，某種程度

的心智勇氣也是必要的，那是個人心理過程權威的某種自信；書呆子、害怕回答簡單問題的教師，會因為缺少那種勇氣而被淘汰。

我們也可以針對教師傳授教材的態度，進行類似推論。教師必須認真看待自己的學科。他必須嚴肅以對，因為年輕人不可能了解那些對他們來說很重要（但對成熟教師則不然）的事物。教師對教材漫不經心（不管他對於身為廣大世界成員有何感受），必然會抹煞學生對教材的興趣。過去傳統會要求教師對任教科目認真看待、熱誠投入；而認真會比熱誠簡單一點。對於想要保持這些良好態度的教師來說，長期任教某個學科有好有壞。某位教師好幾年來一直關心某學科的傳授，這會增加學科的重要性，而決定教學成敗的關鍵在於學生是否精熟學科知識。但是我們很難知道如何避免失去熱誠；這是教師的基本難題，他必須持續做一些無聊的事情（因為已經做很多遍了）。這跟其他方面一樣，此時不太聰明的教師佔有優勢，因為他們最容易相信教師工作的關鍵性，並對平淡的生活保持熱誠。的確有些愚蠢教師很高興看到每年都有新發現。理性化以及心靈區隔化，有助於一些教師維持平衡和熱誠。在個人學術領域中持續閱讀、作研究，可以讓人不至於忘記學科的確是鮮活的人類思想，而不僅僅是一套專供大二學生記憶的事實和數字；有人會透過更多專業主義來對抗乏善可陳的專業主義。對於堅持正確評估教材教法、保持普遍人性觀點的教師來說，預防單調的最佳策略就是學生的性格；透過培養學生性格，教師可以得到體制環境所許可的滿足感。

---

48 有一位八年級的學生用以下方式比較二位老師：「W小姐還不錯。我們都喜歡她。她會跟你說道理。不管任何場合，她都會吼你。我不怎麼喜歡J小姐。對了，她會給我們糖果。」這不代表學生有被虐待狂，但是學生接觸第一種（活力十足的）性格與第二種（比較不適切的）性格的反應，都來自於某種制度的隙縫。制度以外的情況或許不同，只是這個男生的說法，表現出人類本質的基本需求與領導需求；他喜歡那位活潑教師，只不過是一種依附在教師身上的欣賞——那位教師在情境限制下，仍然可以發揮領導作用。

也許在師生長期關係中，最關鍵的特質是教師的聲音。當學生慢慢習慣教師的其他特質，它們可能淡化為微薄的感知能力，但是活力十足的聲音，承擔起教學重任，因此必須加以關注。在聲音的整體印象中，音高、音量和聲調是主要成分。低沉的聲音通常讓人印象深刻、平和鎮定，它可能跟適切的教室音量有關——而且更不費力。顯然聲調最會在不自覺的狀態下，洩露出教師的心理狀態與特質。因此，從一段話的連續音調中，我們可以判斷教師所言是否屬實，而且肯定不會有爭議；他是否當真，而且認為還需要討論；他是否想要說服自己、虛張聲勢等。兒童的這些詮釋並沒有經過分析，也不知道這些都是微妙的詮釋，但是還是做出了詮釋。這屬於校內社會生活的某個層面，而且顯然連學生都忽略了。如果我們貫徹這個假設，就會發現它有助於從性格詮釋的角度，說明學生在其他方面的傑出成就。例如，有一位局長經過謹慎考量，聘用了一位他認為各方面（包括管教能力）都不錯的教師。那位教師資歷夠，熟悉任教的科目。面談後，局長認為他底子好、人機靈、能力強。推薦函提到他有好幾年的顯著成就。局長認為他是最好的人選。但是短短二天（最多七天），學生就發現他的所有弱點，而且還在策劃一個大規模的圍攻教師日活動。他們會怎麼做？他們很可能從自己的觀點，做出非常正確的直覺判斷，而音高和聲調都跟判斷無關。

就教室的目的來說，我們可以分辨聲音的好壞。其中最糟糕一種是男性娘娘腔；它真的很幼稚。這種聲音馬上會被認定為乳臭未乾，缺乏主見。它主要運用上揚（而非下沉）的轉調，無法給人果決的印象。它會凸顯當事人，讓其他人隱約知道擁有那種聲音的人就是模仿或嘲弄的對象。不管聲音怎麼發出來，它本身就是教師的致命傷，而且我們幾乎可以確認，它對男教師帶來更大的殺傷力。奇怪的是，這種致命傷是因為它引發學生的怒氣。即使看起來最平和、聽話

的學生，都會因為被一個缺乏權威與自信的傢伙宰制而生氣。「為什麼？」有一位高中生質疑：「我為什麼要去管那個傢伙？」他的憤怒並非無的放矢。

　　另一個效果最差的聲音是情緒的弦外之音。弦外之音指的是情緒隱藏在聲音之中，讓人隱約感受到某種特別的情緒。當然，這裡指的不是音樂的弦外之音。最常見的是恐懼或憎恨的語氣，或者用虛張聲勢來掩飾恐懼、憎恨（就像吵鬧聲）。我們有時候也可以發現情感的弦外之音。夾雜情緒的聲音顯然會傷害教師，因為這代表教師的情緒涉入教室情境，容易引發其他人的性格呼應——這在制度情境中不該發生。如果顯露的情緒以恐懼居多，教師會成為取笑的對象。如果憎恨居多，就會引發類似性格的情緒反應。大聲咆哮等於廣邀所有具有堅強性格的人來拆穿西洋鏡。如果次數多了，咆哮就會帶來可怕的威脅，然後再變質為明確的挑釁；非常任性的學生對這點很難不會躍躍欲試。當然，咆哮可以壓制一些害羞、很少搗蛋的學生；只是衍生的問題會比解決的問題還多。如果抒發弦外之音的方式是誠摯、溫和而莊嚴的，它未必會帶來不好的結果；但是如果帶有一絲絲的悲憐、感傷或偏心，就會產生令人遺憾的結果。

　　尤其糟糕的是緊繃的聲音——我們可能還得設法找到更好的名稱。一個人緊張的時候，說話時聲帶可能會承受壓力。這種說話方式會讓音調拉平，透露出一種尖銳的效果——往往還會因為音調提高而更強烈。除了尖銳，這種聲音往往帶有刺耳的特質。它有時候帶著鼻音。總之，緊繃的結果似乎成為一種扭曲的聲音，它跟劣質擴大機發出來的聲音不一樣。緊張與恐懼的弦外之音是不會搞錯的。常常有人指出，如果教師聲音緊繃，學生就會比較坐立難安、心神不寧。就算學生處變不驚，也會受到教師神經質的干擾。此外，教師的緊張音調遲早會被學生正確解讀為缺乏自信，無法掌控學校情境，導致無法掌

握班級。

　　無疑地，從教室必要性的觀點來看，教師習慣使用一本正經、不帶感情、含有訓誡意味的聲音，是比較好的。顯然它來自於不斷地解釋說明。解釋說明本身就是一本正經、不帶感情的，而且因為教師的功能在於告知事物，而不是提出問題或鼓勵好奇心，所以教師的整體性格被選定為那種論述類型。教學聲音的一本正經程度，會因為必須一再重複事實而提高——那些事實對教師來說，從來就沒有多大意義，而且所有可能的絲毫意義早就喪失殆盡。訓誡是一種權威、無聊的聲音。它沒有情緒、沒有好奇、沒有疑問與爭論。它傳授的是事實。同樣地，教室的聲音是一種下達命令而不帶個人感情的聲音。命令的聲音主要也是某種個人社會經驗的產物——必須不斷差遣別人。這種音調搭配某種形式化的所有社會關係，以及固定形式的命令字眼。也許從人的角度來說，比較理想的語氣是徹底人性化、個人化以及完全放鬆的——當然這對一般教師來說，是罕見而困難的。無論如何，只要學校維持目前的格局，這樣的聲音必須結合某種個人組織，在師生之間保持長遠的社會距離。在真正的教學性格中，當然還有各種聲音特質的組合，包括了無生氣，透過捉弄、以禮相待與和顏悅色來進行訓誡，以及徹底地直接、個別溝通。

　　只懂得控制別人的人，就連自己的笑聲都會考慮再三。有些教師認為自己永遠不應該微笑。他們也許是對的，因為如果沒有對學生明確下達道德命令，學生就會樂於看到強制道德代理人的所有鬆懈徵兆——如同突破機會來臨。但是如果教師從來不微笑，就失去身為人類的機會；畢竟「古老的如此這般」具有一種幽默感，或者「知道如何說笑話」可以降低學生敵意，淡化宰制意味。有時候教師妥協，是透過冷笑來承認荒謬性，這麼做不只代表：「我是個普通人，我跟你都覺得這件事滿有趣的」，還包括：「我當然是老師，但是我願意

承認這件事滿有趣的。但別忘了，我還是老師。」至於大笑，很多教師完全做不到。他們真的笑出聲時，往往不是因為有趣，而是知道某些情境必須透過笑聲來承認。有時候教師會苦笑。學生知道苦笑是什麼，但是因為他們很少遭遇那種個人挫敗——這也許是教師的命運，所以還是無法理解，更不會同情；因此教師無法因為苦笑而得到地位，只會失去地位。奚落特定學生，往往引起怨恨。只要教師可以讓心情從輕鬆轉成嚴肅，知道嘲笑的對象，那麼無拘無束的笑聲對於建立師生的正向支持關係，大有助益。

在所有社會情境中，表情和眼神是最重要的事實之一。表情為所有社會互動架好舞台，幾乎主導了所有陳述，並賦予所有言語和聲明更完整的意義。令人遺憾的是，精神學界與社會科學界對於這些基本表達或它們對於他人態度的影響，知道得很少。在缺乏這方面實驗結果的情形下，我們必須再次提供我們的實徵推論（坦白說它們只是趨近的事實，但仍然是值得的）。在制度情境之外的人類社會生活中，存在著一種複雜的個人態度交流，它反映在臉部表情上，並充分展現自發性。多數的人類互動跟這種態度、姿態交互作用有關，而不是公開的行動。但是教師多半必須扮演某些角色，他必須犧牲自己的自發性，並且根據角色——而不是感受——來顯示表情。

因此，教師越能隱藏想法，就越能維持一致的姿態；有些教師會面無表情。這種面具、撲克臉之類的表情，在進到教室時就開始顯露出來；他們變得（或自我幻想為）莫測高深。嘴唇抿成一直線（也許是緊緊壓著的關係）；說話時稍微有點心神不寧，這跟乾澀的發音、緊壓的嘴唇有關。臉部肌肉了無生氣。有些教師的表情比較放鬆，有的跟他的教學態度不一致，也有人可以輕而易舉地維持那種表情。因此表情有時候嚴厲，有時候溫和，有時候空洞。眼部周圍的肌肉同樣必須抹平，或者擺成某種類型；通常那種類型代表某種否定。舉凡呆

滯的眼睛、突出的眼睛，或者基於某些理由讓人莫測高深的眼睛，此時顯然都是某種優點。枯木或面具般的表情，往往也是空洞的。那種拘謹表情有點嚴厲、令人害怕，也跟負面效果有關。法文中所謂「**躲在洞裡的棋子**」，指的就是接受教師管教的表情。值得一提的是，教師面無表情就是想要比照過去，用理論來處理學校事物，學校成為一個嚴重忽視人類生活或個人影響力的學習場所。有的教師認為面無表情有助於傳授教材、維持秩序，這是因為深奧的表情無法提供線索供學生背誦，因此在學生完成背誦前，必須更精熟教材。這種心理學解釋似乎無懈可擊。

教師採用面無表情的程度也許不同。當某個宰制角色想要控制、操縱或對抗他人，那樣的影響力似乎無法避免。之所以面無表情，是因為情境需要。那是一種社會距離之臉。有時候木然的表情會被其他表情影響，例如嘲諷或輕蔑。嘲諷可能對教師威望沒有幫助，因為大部分時間都浪費在那些年輕學生身上；但是如果缺乏個人目的，學生對教師的敬意未必會顯著減少。然而，輕蔑的表情隱含個人的詆毀，那種輕視、不信任與對立的樣子，會讓人非常生氣。

教師運用臉部表情來控制學生的做法，絕對不只這些。他們必須依據場合採用比較愉快的表情。基於這些目的，有些教師已經想出一種綜合性的笑容。這種笑容的使用場合包括從學校打電話給家長、跟家長講話、處理家長不在場的兒童事宜，以及某些正式場合。那是一種相當廣泛的笑容，它少掉了習慣性的有趣前奏，突然就出現在臉上。這種笑容也會突然消失，就像變戲法般來去無蹤。這種刻意笑容總是可以辨識出來。它拋棄的正是消失的預備階段。真正的有趣笑容會在臉上逐漸漾開，或者到臨界點前暫停一下，再恢復鎮定的表情。認可的笑容同樣會有預備階段；回應的笑容通常也是如此。同樣地，非刻意的笑容消失時，往往會在臉上留下痕跡；但是教師的笑容會出

乎意料地消失無蹤。這讓人想到差勁舞台魔術師的表演，他們要觀眾忽視放在臉上的手，然後迎接一副不同的表情。刻意的笑容中還有一些缺陷，暴露出它的做作。例如，事實上上嘴唇常常不會像自發性笑容那樣伸展開來。教師想要用這種「公關典型」來跟學生、監護人保持友善關係，這有助於我們了解何以家長、學生認為教師並不是真實的人。除非那種表演比平常的行為更有說服力，否則對教師的威望毫無幫助，而且還可能因為教師的性格缺乏說服力，使得地位大大降低。

　　我們可以分辨的是微弱的笑容。這種笑容會出現在某人覺得應該笑，或者哪種場合應該笑，或者他覺得有點好笑——但又不會開懷大笑，因為他擔心引起騷動。這種笑容顯示出某種真實感受（或者確信有此感受），他希望每件事情都能「按部就班」。也就是說，混亂不會立即發生，但是害怕事情無法順利進行。這就是高中校長在校友日那天所展現的笑容。校長寫了一些信，誠懇邀請校友返校作客。（教師的特色是不是文書能力比較好？）校友會祕書熱情地寫信邀請大家「返校重溫學生時代，享受一段高聲吶喊的歡樂時光」。校長憂心忡忡地讀完那些信。校友返校了。他擔心他們會聽從祕書的建議。他也留意某些重要項目的進行，無法樂在其中。但是那種場合需要某種笑容。他盡力了。結果就是那種微弱的笑容。這種笑容也被用在教室裡。這也是為什麼教師沒有辦法讓學生認同自己是個真實、堅強的人的原因之一。我們之前提到嚴肅的笑容。它不會做作，但卻明白呈現樂在其中與期望維持秩序的矛盾表情。它顯示出真正的樂趣或親切，能夠滲入強硬的障礙物。儘管無法拆除障礙物，但還是可以進行真正的溝通。這種權威與親切的妥協，對許多教師（他們還沒有辦法重新取回放手一陣子的教室情境主導權）來說，是最符合教室目的的一種妥協。它讓學生見證某人具有幽默感，或者某人是友善的，只是仍然無法突破。

　　從以上討論可以斷定，教師可以透過刻意行為中的某種能力得到好處。教師必須控制某個團體的氣氛。那種氣氛也必須隨時轉換。教師的表情必須指出目前團體心情改變的徵兆，以及不同的情境定義。因此教師確實應該擁有某些容易辨識的表情，以作為提示。如此一來，有時候會找不出更微妙的細部表情差異，但是從教室的角度來說，這也許不是缺點。

　　到目前為止，我們討論教師性格特徵與學生威望的關係，可能會被當做性格的組成要素。我們似乎無須仔細分析，就可以從性格成分的組織方式，以及它們在整體性格中的彼此關係，找出另一套特質。它們可以視為整體性格的許多特質。其中某些特質甚至比構成性格的特徵更重要。我們必須一再指出，個別特徵的意義必須從整體性格的角度來解讀；當我們探討整體性格的特質時，至少可以更了解個人互動的根本真實情況。目前看來，整體性格中值得關注的某些特質，包含性格的發展速度與範圍、個人組織的複雜性，以及性格的穩定性。

　　教師性格的發展速度，決定師生的宰制與從屬關係。如果教師的心智發展速度比學生快，似乎是絕對有利的。雙方爭相取得支配權時，通常速度快的會獲勝；反之就是一種鼓舞人心但不真實的信條。思考速度比對手快的人，總有辦法搶先幾步，提早反制對手。這裡的假設是雙方都熟悉相關領域，並不適用在師生關係上。教師從以前就經常踏遍同一個區域許多次，熟悉所有的地標，可能會造成遲緩的心理反應。如果不涉及緊張的不穩定性，迅速採取情緒對策也是教師的優勢之一。能夠快速思考是一個很重要的優點。思考快速、感受敏銳的人，可以用一連串的非預期反應來迷惑對手，在對手行動前加以預測、制止。不管是轉移焦點問題或者讓對方低頭，以上推論似乎都可以適用。但是，情緒迅速反應能力如果會付出心靈統合的代價，或者經由分解或區隔而得到，長期而言可能就不是優點了。

最能影響宰制、從屬關係的微妙因素，就是各種心理性格。它雖然是一種象徵表示，但似乎貼切呈現出某些性格層面的樣貌。性格差異可以表現在興趣的多寡、知識和所含智慧的份量、展現面向的多寡，以及團體接觸的數量；它們都有廣度、深度之別。這些性格面向都包含在各種心理性格中。

如果不考量其他因素，興趣廣泛的人幾乎都比狹窄者佔上風。當然，例外的情形是興趣狹窄的人，會緊密結合他的性格與少數興趣，不讓心靈接觸其他可能性。這種情況也許不應該發生在學校情境中。教師面對不斷擴展的性格，理應享受本身許多能力、成就所帶來的肯定。如果教師優勢來自於廣泛的興趣，那是一件好事。不但鼓勵學生加速拓展興趣，也將師生衝突提升到另一種競爭層次，並讓雙方妥協：明顯的性格衝突並非來自於麻木的教材，而只是學生廣、狹興趣的爭鬥。廣泛興趣通常跟廣泛的正向團體接觸有關。教師的個人權威會因為廣泛的團體身分而大大增強（尤其得到肯定的話）。特別在大學社群中，即使同儕也不會用自己的標準來評斷他——而是他在專業領域得到的聲望。令人特別遺憾的是，教師個人成長和許多拓展管道因此而關閉。

教師知識和智慧的份量當然會直接影響威望，因為學生的判斷標準就是教師的一般能力。那些知識和智慧也以非常荒謬的方式影響教師威望，只要思考其中的作用力道，我們就不免疑惑何以教師影響力總是略遜一籌。教師可能得到某種引導他人進入未知世界的威望，這點歷久彌新地決定了宰制和從屬關係。對於長期以來學生覺得很難的問題，教師認為一點都不複雜；學生困擾好幾天的問題，教師三言兩語就解決了。事實上教師的角色是嚮導、協助者，他把學生引進一個逐漸開展、成型的新世界，他的威望是很大的。但是教師不會經常扮演那種角色，因為他一向必須訓練學生，傳授虛假而無須精熟的基

本知識（但是一個人永遠沒辦法精熟基本知識，除非他先掌握其他知識）；他必須強迫學生接受毫無興趣的知識。主張方案教學法和其他良好教學模式的教育人士，如果成功找出方法，在不犧牲學生興趣的前提下，讓學生進行系統研究，他們的長期貢獻也就是解決了某些——或許無法找出所有——教學上最棘手的社會問題。我們必須進一步指出，目前的學校情境更惡劣，課程沒有因應一般學生的需求，因此教師被迫把學生帶到他們無意造訪的心智領域。

　　教師興趣的深度與廣度都會影響學生對他的態度。教學不必精熟所有學科，事實上它可以強調多面向能力，而不是徹底、大量精熟某事物；但是即使是學生，也有辦法揭穿騙局，拒絕一知半解，並找出分辨真正熱情與虛假的方法。在一般學校的真實社會情境中，以上說法並不代表認真體驗廣泛、粗淺熱情，樂在其中、不假思索的外向性格沒有優點。

　　解離作用有時候會帶來一種看似寬廣的多面向性格。這類教師之所以向世界展現多元面向，是因為事實上他們自身無法合而為一。教師性格分割成某些部分，也從所有局部的彼此接觸中，隔離掉某些人；多元面向的教師性格也來自於這種組織的內在張力以及賴以維繫的心理結構，形成一種看似虛假、迷惑的寬廣性格。徹底整合未必能夠在教室中派上用場，要求教師的心理衛生狀況遠遠勝過社區人士，那是愚蠢之舉，但是值得一提的是，不管教師從這種個人組織得到哪些威望，對本人和他人來說都是不可靠而且代價高昂的。

　　另一個主導宰制與從屬關係的性格面向是它的相對複雜性。一般說來，成人性格的複雜性比年輕人高。成人經歷過年輕人的兩難困境，並且透過高層次的兩難轉換來解決。因此，已經進入良好生活型態的成人複雜性，可以視同涵蓋了年輕人依循相同普遍發展方向的複雜性；從宰制和從屬關係來說，顯然擁有複雜心理組織的人比較有

利。宰制情境的能力差異，可以從理解的角度來思考。由於複雜性格能夠領會、理解簡單性格的所有心理狀態，能夠加以控制，但是簡單性格無法理解複雜性格，因此無法成功取得控制。教師在這方面已經（也應該）擁有無從預測的優勢。學生不知道他的下一招是什麼；不知道他在想什麼，或者為什麼那麼想；他們對於對方如何看自己毫不知情，也不知道對方會不會說出來。但是教師知道學生的下一步驟，知道學生在想什麼、怎麼看他，以及為什麼；因此教師在搶奪掌控權方面佔盡上風。學校人員一向都會運用這種實用心理學；實用智慧的精髓主張是：「你必須讓他們不斷猜測。」再次，我們只考量某種組織——而非解體組織——的複雜性；只考量徹底整合所帶來的複雜性，而不是無法處理所有個人的基本衝動。雖然解體組織的複雜性在特定情境中有它的優點，但是整體來看，可能是障礙。教師無法預測，可以帶來收穫，但會因為行動不一致而失敗；偶一為之的神經質才華或活力可以帶來進展，但也會因為不穩定而失敗。

　　如果教師在我們以上面向比學生略勝一籌，師生之間應該會產生涵容者與被涵容者的關係[49]。教師擁有比較複雜的性格與廣泛的興趣，更能洞察人類生活的本質，他們也許比較有辦法完全掌握學生的注意力（至少在校時間是如此）。如果是這樣，教師的宰制就可以完全轉換成個人優勢（一種比較可以忍受的優勢）；因為他是教師，所以不

49　有關這個概念，我們要感激心理分析學家Jung。他的這個概念主要源自於夫妻關係——雖然也可以應用到其他關係。心理性格（Jung的用語）與發展速度的差異，會造成個別的差異，例如某人的性格明顯被涵容在其他人的性格中。被涵容者被那種關係徹底束縛，他的注意力與興趣都以涵容者為主。被涵容者對那種關係完全滿意——除了缺乏安全感之外。但是涵容者未必完全受到束縛，經常想要擺脫那種關係。Jung認為，涵容者的性格範疇比被涵容者廣泛，這往往來自所謂解體複雜性的結果。更完整的討論請參見Jung, C. G.，《婚姻即一種心理關係》（*Marriage as a Psychological Relationship*），於Keyserling, Hermann Alexander，《婚姻之書》（*The Book of Marriage*），頁354之後，Harcourt, Brace and Co., New York, 1926。有關這個概念的評論，請參見Waller, Willard，《舊愛與新歡》（*The Old Love and the New*），pp.163-169, Horace Liveright, New York, 1930。

再控制學生，而是發揮影響力。這屬於溫和的宰制。由於制度情境的限制，加上教師的個人缺失與訓練不足，這種領導比較少見。

教師發展出來的個人組織框架，深受內在穩定性的影響。穩定性包括高度鎮定（也許是沉著），遵守既定的行動方針，避免因為誘惑而偏離。穩定性是決定一般宰制與從屬關係（尤其教師對學生的權威）的重要因素之一。這不僅僅是因為它跟不穩定剛好相反，也因為它具備某些特質。當然，不穩定不利於競爭優勢。不穩定的教師會對學生做出不一致的要求，因此他的班級控制會產生自我衝突。就像前面提過的，這個過程的某些缺點是可以避免的：建立情境的互補定義並明確轉換情境。但是事實上這種方法最好還是交由穩定的教師來使用，因為不穩定的人面對原本就不一致的情境時，就連自己的定義都無法一致。要成功使用這種方法，必需貫徹二、三種固定策略，不容混淆，而不是束手無策。但是，不穩定的教師無法建立清晰的情境定義——因為他自己都不知道想做什麼或期望他人怎麼做。當教師不太清楚自己對學生有什麼要求，要期望學生特別關注教師心靈，那就是對人類本質的苛求了。

我們一向都能夠適應環境中的穩定成分，這個推論似乎正確。這代表我們會因應社會環境中的穩定個人而進行調整。在任何情境中，我們會關注那些受到操控的面向。一台機器中，運轉的零件會引起我們的注意。人類生活中會讓我們生氣的是一些可以治療的疾病，因此保守派的最佳說詞就是事情一向如此。我們會接受穩定的事物。諺語是沒有必要的，因為我們看不到它，或者沒辦法長期看著它，或者對它沒有興趣，於是我們忍受那些無法改正的事情。

同樣地，我們把穩定的個人當做生活的不變成分之一，這點也許令人遺憾，但的確如此。他無法改變，所有努力都徒勞無功。碰到不動如山的人，我們馬上就打消改造他的念頭；想要向一個毫無鬆動跡

象的顧客推銷，需要一位高度強迫行銷或非常愚蠢的業務員。非常堅定、無法改變的對方，同樣可以讓我們知道如何控制他，但是那種控制無法改變他的宰制事實。我們會說：「這就是他的方式。」我們可能不會滿意那種方式，但是那是一種固定而且可以接受的方式。他的方式迫使我們必須適應他，而且把他應該適應我們的問題一起丟到腦後；但是我們一旦了解他的方式並因此調整我們的行為，就可以控制他而不至於造成傷害；這就像人類對自然界的控制，了解其過程但無法操控。按照這種方式，我們甚至可以適應某種不變而穩定的不穩定性。

　　穩定的教師可以一勞永逸地界定教室情境。他不會脫軌，也不會經常改變做法。一旦制定某項規則，就會執行；那些煩人的自我、動機質疑，不會對他造成困擾。處罰學生時，他不會憐憫。指定任務後，就把它視為已經完成。他的策略之所以有效，不僅僅來自於建立明確的情境定義，他本身也融入情境，成為不變成分之一。在此我們找到軟弱的教師何以成為系統建立者的理由，為什麼他們可以落實最多的制度措施？他們之所以成為系統建立者，一部分是因為制度建立使他們變得軟弱。軟弱者是不穩定的。不穩定的人無法耐心等候時間賦予所有既有秩序的價值；這就像在另一個生活層面，不穩定的人無法等候時間賦予所有婚姻的價值。因此，學校管教系統快速轉變；轉變導致挫敗。

　　在許多社會互動層次上，都可以有效控制穩定的個體。控制有時候會針對不動如山的人。對於爭奪宰制權，一部分可以視為某人移動位置、另一個人因而調整行為的鬥爭。有一種控制手段是在某個位置建立自我，然後讓其他人跟著調整。那些刻意不讓別人接近的人，會把同一種手段運用在不同層次上。這種做法不難找到。在熟悉的教室情境中，有人要把一張紙交給另一個人。我們假設這二個人距離十步遠。一旦決定誰先踏出十步，一部分的宰制問題就解決了。先踏出去

的人為共同行動負責。這就是「最少興趣者經常在合作行動中取得主
導權」原則的由來：對行動比較沒有興趣的人取得控制權。自行離開
原來位置、主動跟他人碰面的人，必須進行調適，而其他人只是同意
他這麼做。有個對應諺語是這麼說的：「每段愛情裡，總有愛上別人
與同意被愛的角色。」這個原則對一般世界來說，不算新鮮。

　　整體的教室生活會以穩定教師為中心，他可能因此輕而易舉（而
且本身往往毫無所悉）地取得宰制。他待在原地，不會改變，不會讓
步。學生希望他提供意見時，會直接去找他。有報告請他看，就帶著
報告去找他。教師不動如山的象徵意義在於，他的任務不是教育學
生，而只是幫助學生進行自我教育。他清楚、果斷地界定教室情境，
而且這個定義毫無疑問會持續下去。這種穩定性或許實際上屬於一種
冷靜的穩定。比起性格複雜的人，或許穩定特質更可以在一些缺乏微
妙特質者的身上找到。對教師來說，簡單的性格組織類型幫助最大。
有時候高度穩定、單純性格的成功教學者也許會認為，傻瓜是最好的
教師。或許也有人認為，某些個人特質比單一心智能力更重要，而穩
定性就是其中一項。有些教師之所以擅長管教，事實上是因為他們的
穩定性不足以將知識有效傳遞給學生。因為他們能夠維持秩序，所以
仍然被視為成功、值得信賴。一般說來，他們會受到學生的愛戴，因
為學生生活中需要一些穩定、可以信任的人。

　　堅強性格的穩定性，絕不能跟軟弱的頑固性混為一談。後面這
種教師意識到自己的軟弱，每天晚上下定決心第二天要更堅強：「明
天，明天我會堅持到底。」通常那種決心不會造成傷害，因為隔天產
生疑惑的第一個刺激因素，就讓他忘了昨天的決心；當天陷入困境的
這位教師，不會比他人更想堅持到底，因為他還是搞不清楚到底要堅
持什麼。但是在某些情況下，他的確會說到做到，而且比起以往優柔
寡斷的做法，受到更大的傷害。他做出一個魯莽、草率的決定，藉此

確立堅定的程度。他儘管知道選錯了路，仍然執迷不悟；他越瘋狂地緊抓不放，做法就變得更荒唐。這麼一來，只不過激起情境中學生的所有可能敵意。他們很快就學會將那些特權當成教室中的例行權利。在專制體系中，誰能夠定義對與錯？當教師用一種笨拙、武斷的方式，重新取回特權，學生的唯一反應就是憤怒，而那種方式無法快速滲透學生心靈，使他們相信教師的確是為了培養堅定特質，而不只是專制而已。學生這種感受通常會因為這些突然成為暴君的教師缺乏整體判斷力而加強。很可悲的是，如果軟弱的教師真的讓學生失控，他得花好幾個月才能讓自己成為堅定的管教者，而且他的力量往往不足以應付這樣的鬥爭。一個禮拜後，他跟學生恢復了老樣子。

　　督學如果發現某位教師個性軟弱，通常會建議他處理學生問題時要更堅定。在其他例子中，教師本身在教學過程中會慢慢察覺到這個重大缺失，並決定立即改善。但是令人高度質疑的是，穩定性格是否單靠決心或規勸就可以養成。理想的穩定性，並不是自我覺察、虛構的。我們這裡討論的穩定性自然來自於良好的心理衛生，以及對穩定性的透徹了解。教師可以自我期許從經驗中了解教學現場的重要事物，或者局長可以努力提供一些錯綜複雜社會互動的啟示，以掌握穩定性的基本要件；但是光有良好決心是不夠的。缺乏洞察力的決心，比起缺乏洞察力的優柔寡斷好不到哪裡去，而且如果優柔寡斷一旦形成，最好是順其自然。當然，有的時候教師具備所有的必要特質——除了處理學生的良好社會技巧知識；督導介入這種情形時，可能不會把時間浪費在這裡。而且，如果有一天大家了解教師精神病學的重要性，就有可能透過解決心理衝突，增加教師特質中的穩定性，讓他們馬上成為更好的管教者，更正面地影響學生。

　　同時，對於提供穩定性意見的督導，至少我們必須肯定他們的正確診斷。教師必須先尋求某種穩定宰制，再加上其他友善、真誠等事

物。優秀教師的愉快宰制跟軟弱教師的猶豫命令兩者，前者可以帶來開心與幽默感；因為他了解狀況，知道如何恢復平衡，所以甚至敢讓學生適度地放鬆、娛樂。但是身為領導者，他絕不會讓部屬產生有關命令的痛苦心理衝突；部屬對他心存感激，因為他總是命令他們做對的事，而且不可以思考。由於他的性格中，剔除了一些干擾威望意象的特質，使得威望提高，命令也容易被接受——甚至受歡迎。他很嚴格，因為對學生來說，愉快的工作環境需要嚴格；但是他的嚴格一視同仁，不會讓人不舒服。那種嚴格強而有力、充滿生機，又帶點激勵意味。

　　相反地，所有這些因素卻讓無能教師與學生之間，瀰漫著彆扭的感受。學生會根據那些影響師生正式關係的特質來評斷教師，而且成功教師的性格可能不像失敗教師那樣妥善統整、具有吸引力——也許就學校以外的層面來說，也不夠穩定。許多無法扮演稱職教師角色的人，比大部分的成功教師擁有更多的人類優點，而且成功教師會因為學術成就而喪失一些最寶貴的人類特質。但是只要我們的系統能夠根據這種特殊型態來調整性格，就必須讓教師根據那些規則來得到那樣的結果。

　　前面確立的原則是：控制權往往屬於不動如山的人（其他人的生活則以那個人為中心），或者更高的層次是，要求別人適應自己的人最能夠控制情境。就這個原則來說，我們似乎還可以透過其他方式來評估某些教育理論與教室措施。許多教育實務工作者根據一些看似不錯的理由，提出許多做法，包括教師在教室和自修室的一堆作為，或者假設自己的重責大任在於協助學生或教育學生。他們認為教師應該指定、收集作業，避免學生因為自己指定作業或者在教師桌子旁邊擠成一團而混亂不堪。對教師來說，混亂是一個非常真實的問題，但是我們應該記得，教師離開位置也可能弄巧成拙。最好的解決辦法似乎

是Bagley所主張的班長制，它不會有其他做法的主要缺點。

　　某些新興教育理論的基本觀點似乎認為，教師應該盡可能肩負起教育過程的責任。教師必須在每個困難階段隨時提供協助。他必須留意、監督與解釋。他必須不斷訓練學生、激發熱情。但是每個死硬派的教室老手都知道，真正的問題在於讓學生為自己的教育負責。年輕教師通常一開始野心勃勃地想成為活力十足的教師。他們滿腔熱忱地詳加解釋，長期而耐心地一再訓練，幫助學生寫功課、背誦。這種教育做法的理想深植心中。慢慢地，他們開始知道種種努力付諸流水的事實。學生不會預習功課，因為他們知道教師會幫忙背誦。精明的學生甚至學會如何讓教師幫他們找到考題答案。到最後，年輕教師知道最有價值的教育原則是每個人必須進行自我教育。教師所能承擔的責任是有限的，但是事實上教師本身調適過多，失去教室控制權時，情境會變得更複雜。就理想或制度層面而言，最好的師生關係似乎是教師多數時間靜止不動，只在緊急時刻才主動出擊，透過錯綜複雜的課程扮演良師益友與嚮導的角色，但不會代勞。我的一位聰明同事就把自己定位為「熟練的靜止」角色。

作業

1. 探究某位稚嫩教師與學生的關係。試探雙方對彼此的態度，然後將類似資料與年長教師比較。詮釋你的結果。
2. 描述那位稚嫩教師的社會世界，注意不同關係的相對重要性，以及投射接觸與期望接觸二者的想像權重。要求年輕教師們針對這個主題進行自我省思。
3. 探究某位稚嫩教師與異性學生的關係。

4. 花幾個月的時間，針對某位涉入學生社會生活的教師進行觀察。

5. 觀察某位年輕教師與學生之間的對抗作用。

6. 針對學生與某位教師之間究竟何時開始產生「敵人說教」的情形，進行後續觀察。你的結論必須根據行為觀察，但在取得線索時，必須透過師生的內省證據。

7. 針對某位教師其社會品格缺陷如何干擾教學效率，進行個案研究。

8. 針對一位活力十足、舉止粗俗，但對學生帶來深遠影響的男性教師，進行個案研究。

9. 針對瘦小教師進行個案研究。特別留意他們如何彌補身材問題。深入探討學生的態度。分析並加以詮釋。

10.針對文本中教師外型特色與學生態度的關係，進行後續觀察，以證實通則的真偽。

11.針對一些教師的穿著進行評價，再跟教學效率的評價做比較。

12.描述一群成功教師的穿著類型。了解他們對於穿著所抱持的態度。

13.觀察一些端莊、粗俗的優秀教師，並加以比較、分析。

14.比較一群教師的舉止。舉出確切的事件。分析舉止與教學效率的關係。

15.列表說明一群教師的繁文縟節。從個人調適和教學效率的角度來說，繁文縟節具有什麼意義？

16.蒐集例子，說明教師的繁文縟節如何影響教室的社會互動。

17.透過觀察，找出教師對學生、教材、師生互動的典型態度。

18.舉例說明「制度勇氣」與「制度洞察力」的確切意涵。

19.分析貴班教師的聲音，並依照自己的看法來詮釋。

20.分析某個班級的師生笑聲，並說明笑聲對師生支持關係的影響。

21.比較一群成功、失敗教師的重要特質。分析並詮釋其結果。

22.分析教師是否採用面具之類表情的教室技巧。

23.觀察某位小型高中校長在某個節慶場合的行為。

24.分析一些教師向學生宣告「團體合作方式已經從幽默學習改成嚴肅學習」的技巧。

25.針對一群教師的興趣範圍和教學效率進行評估。將這二種曲線疊印對照。

26.針對一些具有涵容者、被涵容者關係的組別，進行個案研究。

27.了解性格穩定者如何強迫他人進行調適，並加以分析。

28.探討某位號稱「系統建立者」的教師，如何不斷設計新的社會方案以維持紀律。

29.記錄某位教師碰到管教難題時的新決定與解決辦法。

30.仔細觀察並記錄事件，確認「堅定不移」的真實意涵。

閱讀資料

Emerson, R. W., *Representative Men*.

Gowin, E. B., *The Executive and His Control of Men*, Chapter III.

Miller, G. F., *Letters From a Hard-Boiled Teacher to His Half-Baked Son*.

Waples, D., *Problems in Classroom Method*, Part II, Sections III and VI.

第十六章　各種威望和壞名聲

領導者之所以與眾不同，就在於威望。它不是一種真正的特質，而是部屬對某位領導者的認定結果。

威望蘊含在領導者所同化的社會意象中。血肉之軀的凡人雖然不符合這些蘊含威望的類型，卻是由理想事物的想像改造而成。在追隨者的心中，領導者隨時都在被改造。符合追隨者威望類型的會被保留下來，不符合的會被剔除。於是，每個人的領導者就是一個追尋自我心靈的人；而且，沒有人會住在一個比自己心理組織更複雜的英雄世界裡。威望就是一種整體特質，它來自於英雄各個成分的組合方式。

在不受限制的社會生活中，蘊含威望的意象多到無法勝數。制度中的意象比較少，因為只有某些意象可以滲透制度網絡。在每個制度中，某些典型意象就是那些常見的傳遞威望（或壞名聲）者。

我們先把社會意象的起源、意象與蘊含想像特質的關係，以及它們如何影響人類彼此接觸等問題擺在一邊。我們現在來想想學校教師所同化的一些社會意象。這些意象是教師性格在兒童心靈中所形成的結構或類型。有些意象早在教師進入某位年輕人生命之前就存在了；它們在教師的童年時期就被疊加上去（尤其與父母親的相處經驗），而相關態度也跟著意象轉換。其他意象似乎來自於當下的身邊素材。我們的目的是徹底歸納說明這些觀念、態度組織，而不是加以詮釋。跟社會意象有關的重要、待答理論問題顯然存在，只是篇幅有限，我們也沒有能力做到。

我們先來看看對教師具有正面價值的社會意象。一些受到教師同化而且帶有威望意涵的意象包含：(1)父母替代品意象，(2)文化或社

會理想意象，(3)官員和紳士意象，(4)元老意象，(5)親切成人意象，以及(6)情愛對象。這些意象未必能夠清楚區分，但是我們可以大略針對教師源自於上述意象的威望予以分類。

當兒童將教師同化為父母時，態度就會從教師轉換成父母。就這個角度來說，男、女教師會因為兒童而了解此意義（到目前為止確實如此）。男性教師同化於父親意象——就像往後生活中的雇主、醫生與牧師。如果父親讓孩子恐懼，那麼孩子對教師的恐懼就不會是因為教師的個人經驗。孩子如果憎恨父親，他也會忠實地憎恨教師，因為教師可能被當做一個憎恨的合適出口（只是孩子也許不願承認）。女性教師則經常同化於母親意象。如果孩子對母親的態度屬於不受干擾的情感，他對教師的態度就會複製同樣的專一類型。如果孩子認為母親是障礙的源頭，孩子就會清楚得知教師的種種阻撓做法，並且以其人之道還治其人之身。尤其低年級女老師找到一種扮演母親角色的高度合適技巧，而且顯然不會引起孩子的強烈反對。女性教師偶爾也會同化於父親意象。

有關文化或社會理想即某種蘊含威望意象的說明，已經在教師社會背景的段落中討論過。社會階級存在於所有社會中，各階級仰慕高階者屬於基本社會事實之一。教師如果設法讓自己被歸類為高階者，他對這類的威望就會樂在其中。學生可能不喜歡一個明顯無法融入的教師，但是對他仍然多少保持敬重。鄉村地區的學習狀況並不普遍，教師因為有教養而經常受到敬重，但為了正確起見，我們必須指出，這種態度不盡然是一種階級感受，因為它一部分來自於未受教育者對於擁有奧祕典籍學問的人，懷有莫名的敬意。美國本土教師在移民地區之所以具有高威望，是因為他出生在這個國家，就文化理想來說，這個敬重例子似乎比前一個更單純。同樣地，貧民窟學生平常接觸到的都是邋遢、骯髒的女性，他們通常會尊敬而且幾近崇拜那位乾淨、

得體的教師。有人認為在民主社會中，由於某社會階級理應比另一階級優越而產生的威望不應該存在，但事實上不是如此。基於美國社會的大量流動，家長和教師高度重視能夠展現上流階層特質的人，把對方當做模仿楷模。低下階層的家長、學生傾向於從本身日常困境的角度，來觀察上流階層教師的問題，並且用自己虛構的淑女、紳士應有標準來判斷對方；此一事實導致許多有趣和不幸的情況，但是整體來看，社會大眾對於人及其特質的判斷是公正的；由於他們只尊重可以為他們帶來好處的人，所以對於那些人特質的判斷也是恰當的。

　　有些教師得到威望的方式很像軍官。因此我們說他們符合軍官、紳士的意象。軍官威望擁有悠久的傳統，而且往往具有某種明確形式。軍官是統治團體的成員，他跟受徵召者大不相同，而且屬於自我覺察的統治團體成員，一向都跟被統治者保持楚河漢界。軍官代表宰制團體；只要有從屬團體成員在場，他就必須把自己的性格投射到宰制型態中。相較於一般人，軍官是用比較細的泥土製造出來的——當然是不同的泥土。他的衣服品質比受徵召者好，種類也不一樣。衣服之所以不同是為了做出區隔，比較能夠保持威望。受徵召者必須保持整潔，但是軍官在這方面必須達到某種不可思議的完美；沒有一個軍官是有瑕疵的。軍官的生活必須像個紳士。留宿的地方必須是一家好旅館。用餐要選比較高檔的餐館。抽的必須是昂貴的雪茄。旅行必須搭臥鋪車，不必帶行李。參與的是名士派的運動和嗜好。他不會帶女性到士兵流連的場合。他可以走在隊伍的最前面，卻不能擦亮自己的鞋子。軍官從來不會過度熱情。有些致敬儀式為他量身打造。所有這些都是為了讓軍官與眾不同。很重要的是軍官不能做哪些事。某人不能做的事，決定他是否成為一個紳士。就像James說的：「視而不見、不屑一顧，就是『紳士』的基本要素。」軍官、紳士的特點在於某種鎮定、特別的「趨避平衡」，以及某種行動壓抑和意見保留，以

便個體在危機情境中維持健全的性格。最缺乏這種鎮定性的是那些鋒芒畢露、失去平衡的外向者。

　　同樣地，教師如果機警、帶點拘謹，穿著素淨而有品味，把別人的敬意當做自身的權利，始終維持統治階層的鎮定、克制成員角色，有技巧地運用命令方式並保持距離，就可以得到第一個類似軍官威望的威望。由於這種威望要求近似切斷人際交往，對於基層教師來說可能不利，但是對學校而言還是很重要。

　　有一種特殊威望總是依附在校內元老的身上。這種威望最有可能衍生自父親意象，但是超越父親意象的例子並不罕見（也許因為它的矛盾情結比不上真正父親的威望）。典型的例子似乎是年長教師有意對所有學生扮演父親的角色，他只靠影響力來控制學生，為學生的成就喝采，但不會堅持細節，而且激發出學生最強烈的情感。相較之下，他的教學能力可能不太好，但是學生很高興聽他上課，認為可以從他身上學到很多。他的小怪癖、弱點、無法嚴格、願意偏離上課主題，以及對考試日期心不在焉等，都對他大大加分。這些年長教師是塑造學校習俗的關鍵人物，很可能有人認為他們會選擇比較有利的部分：儘管損失學業效率，但是增加個人影響力。許多學校都有這種元老，但是所有學校都很難容納一位以上的元老。大學院校會逐漸形成一種元老膜拜。即使是難堪的話語，他的趣聞、異想天開、親切行為，以及對他臉龐與聲音的記憶，都被恭謹地世代流傳著。值得一提的是，光靠年齡無法製造出元老。大家所熟知、記得的是「老先生」的某些個人特質，而且不可能所有老先生都有同樣特質。當然還有更多人比單純的元老，具有某些元老效能要素。單純的元老很少見，由於這不是本書的目的，所以不太重要，但是元老的支持關係並不罕見。學生半開玩笑（但並無不敬）地稱呼許多教師為「老先生」，就是一個證明。對學生來說，即使是混合型元老支持關係的教師，仍然

非常重要，因為他們可以讓學生象徵性地表達對父親的情感。即使是女性教師，有時候也會展現混合型的元老權威。

有時候另一種重要意象會強加在教師身上或形塑他的性格：親切而具有同理心的成人。不管就父親或母親的角度，這種意象具有某些弦外之音。如果兒童的家庭生活是快樂的，親切的教師可能可以從家長雙方得到一些威望成分。但是有時候親切教師在缺乏前述狀況的增強作用下，會特別因為親子關係不好而變得非常重要。此時教師的情感會是關鍵：因為師生揮別過去的不幸，開始發展出愉快、滿足的關係。親切而具有同理心的成人往往不吝於讚美。某種社會工作的技巧就是找出兒童的長處，然後加以讚美。這包括讓兒童相信有人了解他、欣賞他的真正特質。差別只在於這種支持關係是由具有同理心的成人建立的。他想要得到兒童的信心，傾聽不幸的故事，努力讓兒童知道他了解困難所在，並且感同身受。移情作用可能會讓這種支持關係變得非常穩固。也因為如此穩固，對兒童來說會有一點危險，他很容易因為教師基於教師角色所展現的作為而受到傷害。

透過稱讚來控制學生，不但讓人困惑，也有一點自相矛盾。如果善加運用，也許可以產生最愉快的師生關係。否則會荒腔走板，最後重傷了學生。稱讚向來都是值得的，也一定要慎重，否則所有標準都會煙消雲散。虛偽的稱讚不但冒犯他人、讓人失望，也讓優劣表現沒有差別。稱讚一定要加以評估，不能用誇大的方式，因為那會產生一種舒服但卻麻木的目標達成感。運用稱讚，必須找出進展的途徑，而不是關閉它。稱讚也一定要誠懇，否則很難讓人覺得真誠，而且如果讓人覺得不誠懇，就無法達到激勵的效果。利用稱讚來控制學生，必須因應學生進行調整。教師經常使用這種策略，但必須因應場合，不能一體適用。利用同情為主的支持關係來進行控制，同樣需要謹慎。同情有其價值，它不應該是一個傻瓜的草率多情，而是徹底理解後的

適度情感。理解的用意之一在於，當個人受到強迫時能夠有所覺察。

教師成為學生的愛戀對象，可能會帶來正、反價值。讓自己成為學生愛戀對象的技巧，在學校教育的前幾年效果最好。小學教師顯然最能輕鬆愉快地控制學生，讓自己成為學生認同的母親替代品。只是對多數學生來說，這種密切關係很快就被帶有社會距離的傳統宰制、從屬關係取代，但是幾年後，儘管距離仍在，教師還是可以維持她的愛戀對象地位，成為一個遙望膜拜的高貴女神。即使在高中階段，有時候女性教師也會因為成為學生心目中的女性而得到好處；她們只要巧妙調整一下衣著和舉止，就可以達成上述目標，又不會失去教學效果。當然，她們必須與學生保持足夠距離，以便維繫遙遠與神祕。利用這種密切關係來管理高中男生，效果常常最好；學生想要反抗一些明顯剝削的做法時，就可以利用這種技巧來發揮他們的理想主義和騎士精神。愛戀對象威望的最重要價值之一在於某種反常性生活，以及高中女生的同性迷戀（尤其對象是自己的女教師）。想要玩弄這些多愁善感小女生感情的女性，都可以毫無困難地在任何一所高中找到仰慕者。

教師因為不名譽事件所導致的憎恨以及偶爾引發的蔑視，同樣可以視為符應某種個人結構的產物。我們現在討論一些更常見的負面類型。

其中一種是「糊塗蟲」。有些教師容易受騙；他們就是糊塗蟲。學生不必努力，就可以從這位糊塗蟲老師身上得到好成績，或者犯錯不必受罰、私下訓斥但不至於造成傷害，或者用差勁的藉口、敷衍的道歉來逃避處罰。有時候具有最高價值的個人特質會讓教師成為一個糊塗蟲；過度和藹可能會讓他常常公然受侮辱，過度寬容、高度同理心的本性，讓他成為騙子；或者，某種敏銳的人類價值觀，讓他很難對那些倒進教育系統輸送槽的學生進行例行性管教。或者，那是一種無意中顯示出來的天性特質，設法將自己的缺乏勇氣，用善良天性的姿態來掩飾；他缺乏心理能力，導致學生很容易就騙過他；或者，由

於不了解青少年的社會生活，他無法進入狀況。不管原因是什麼，結果都一樣；學生不尊敬他，而且也很可能討厭這樣的教師。第一種災難可能不像第二種那麼嚴重，因為如果失敗是因為個人美德，就可以利用其他美德來挽回或彌補。也許最糟糕的是，他缺乏勇氣面對蠻橫的年輕學生，想要用和藹外表來掩飾心中的恐懼，這種做法永遠不會成功，到了最後還是會被發現的。

對於年輕教師學校生活的社會現實來說，最具有啟示性的發現是教師常常因為自己的美德而受害。在常識世界裡，似乎和藹、富同情心（想在教室裡運用此一金科玉律）的教師，會在學生群中擁有高度聲望。但在傳統學校裡，實際狀況很少（也從來不）是這樣——除非他們能夠在友善和尊嚴之間做出妥協。讓人難過的是，我們認識一些具有罕見特質的夥伴教師，因為上述特質而被學生詆毀；有些因為親切、富同理心而受罪；或者學生對教師提出詆毀、憎恨的證據。年輕教師想要知道原因。但是並不容易。部分答案可能是在我們的文化中，年輕人如果認定某人「寬鬆」，就不會敬重他。就學校的傳統社會互動類型來說，這種解釋特別重要；如果教師要在困難緊繃情境中生存，他的性格必須更堅決。有個相關原則是，判斷某些教師的能力必須參考其他教師：如果某位教師不做其他教師會做（或者明顯想做）的事，就會被認為無能。因為多數教師是嚴格的，不嚴格的教師就是不進入狀況；他要不是不知道自己應該嚴格，就是不知道如何嚴格。不管哪一種情形，他都是無能。要對學生好，首先必須「說服對方接受某觀點」。就宰制、從屬關係來說，多數教室中的情境定義都很清楚，無論嚴格、彼此對立、犯過與處罰，除非是最不尋常的教師，否則要把他與學生的關係調整成其他類型是不可能的。對一個顯示無能徵兆的教師來說，這也許就足以解釋他的壞名聲了。

有經驗的教師對於那位善良同事失敗的原因了然於胸。Jones小

姐失敗是「因為她沒辦法讓那些學生尊敬她」。這顯然是一種真實的
解釋，但是還是有一些重要問題尚未處理。為什麼要強迫學生「尊
敬」那位教師？就那位同事來說，她心中所謂明確的制度尊重指的是
什麼？究竟為什麼教師必須「讓學生尊敬她」？為什麼學生不尊敬討
人喜歡的Jones小姐，反而是她那位愛生氣、脾氣又差的同事？這些
問題讓人困惑，永遠不會有人敢保證可以找出滿意的答案。我們或許
可以回溯Jones小姐的過往，設法了解她的高度鎮靜如何導致成敗。

　　有一個重要的事實就是她無法在師生權利之間建立界線；她無法
建立一種明確的情境定義[50]。於是，學生日復一日地犧牲Jones小姐以
擴張自己的權利和特權。缺乏嚴謹的情境定義時，人們影響力交互運
作就會產生定義。於是很自然地，學生應該擴展他們的活動，直到碰
觸情境的真正界線。年長者有時候學會不去利用善良本性，因為他們
已經把那條金科玉律內化了；但是年輕人很少具備這種道德靈敏度。
更重要的事實是，這裡學生之所以佔Jones小姐的便宜，是出自於一
種敵意，想要試探她的容忍底限。這種敵意既不是針對Jones小姐，
也不是基於個人敵意（到目前還不是）。多數學生對教師都會有這種
敵意。Jones小姐受辱是因為她所有同僚的罪行。學生不斷試著把這
位善良的教師逼到角落；他們會盡量測試她的底線。她已經無法控制
這個過程，學生也有點失控了；他們在這個過程中受到束縛，因為他
們涉入了一種競爭，看看誰能撐最久。最後，不管Jones有什麼善良
本性或有多鎮定，她都會到達一個無法忍受的臨界點。她採取堅定的
立場。如果她試著用懇求的方法，會因為缺乏個人立場而失敗；這時
的她有點可憐，而且令人討厭。如果她用命令的方式，也會自取其
辱。這時她的鎮定開始改變，並決定反擊。她用處罰來強制執行命

50　有關校內情境的定義，請參見頁351之後的討論。

令。她不顧一切地捍衛地位。學生現在開始恨她了。他們恨Jones，但不會恨那些一開始就嚴格的教師。她的立場來得太晚，她現在處罰的原由，已經成為班上學生的權利。她之前沒有准許嗎？之前的先例跟她的立場不一致。相較於其他教師，她必須用更多處罰來堅持立場；學生認為因為教師無能而受罪，是不公平的。難道他們還沒有判定她無能嗎？她的處罰必須比其他教師更強硬；必須隨時、隨地處罰；有時候還會強制執行很不合理的責罰；從來不敢鬆懈。大家以為她討厭學生，之前的善良本性根本是假的。學生很快就討厭她；討厭到所有處罰都無法恢復她的權威。結局就是這樣。

　　以上說明也許是那位善良教師的原始歷史紀錄。這個過程會在任何學校系統中一再上演。也許班級不一樣，但常常會在同一位教師身上發生好幾次──這是因為和藹的人常常開竅得晚。這個過程雖然有許多類型，但是基本型態是一樣的。上述類型在那位本性善良的教師身上尤其明顯，她非常在意學生的評價，想要討他們的歡心，只不過出發點是基於人而非教師的角色──這二者的聲望差別很大。在某些情形下，那位教師經過長期奮鬥或運用神奇方法而取得宰制的優勢。更常見的情形是，儘管師生都不滿意，但是為了讓關係持續，就會達成某種妥協。如果教師在第二年重複同樣的過程，情況就不可能那麼嚴重。但是在許多極端案例中，不管教師接受多好的訓練、教學技巧有多純熟，對普通學校系統是沒有用的，必須在年中予以解聘，或者免除許多職務。

　　已經懂得「如何讓學生尊敬」的高手教師，不會只關注那位過度善良或想要討學生歡心的教師。他會馬上根據自己的宰制立場設定一個嚴格的情境定義。如果設定得夠快、夠堅定，他從此都不會被學生質疑。對於一些挑戰尊嚴的小小威脅，他都能夠輕鬆擊退。無可否認地，代價是剛開始會有一些不愉快。他必須接受教師身分所伴隨的壞名聲，

而且年初可能就有一些明確證據指出他不好相處；還有一些不太明確的消息顯示有些學生不喜歡他。但是如果他已經掌控全局，不再受到質疑，學生的憎恨也就確實不屬於私人因素了。而且更重要的是，師生性格之間的摩擦消失後，就可以暢通管道，讓真正的友誼在已知的情境界線內滋長。初級團體態度快速成長，使得情境更為人性化、得以承受。這類的嚴格教師通常會在初期憎恨消退，而且宰制因為習慣、熟識而軟化之後，贏得學生的喜愛。學生提到他時會說：「他很嚴格，不會允許學生胡鬧。但是他知道自己在做什麼，我認為這個老傢伙畢竟還不賴。」「畢竟」這二個字別具意義。早期的印象跟後來的印象有所衝突，一位教師剛開始受到學生的歡迎，一位則不受歡迎；後面這位教師處在比較有利的位置，因為人類的本能是對這類衝突做出過度反應，跟朋友吵架比跟路人吵架還痛苦，跟敵人的友誼有所進展會比跟朋友更高興。基於這個事實，局長們對教師提供了實務智慧：「一開始就要嚴格對待學生，因為先嚴格一段時間再放鬆，會比一直緊繃要好。」教師如果知道如何「嚴格對待學生」，一切都會很好。

　　以上有關和藹教師壞名聲的解釋仍然不夠完整。這種解釋永遠無法完整（因為我們對於人類本質的某些矛盾通則必須存而不論，也因為這個千真萬確的事實讓樂觀主義者難以接受、科學家難以理解），而在整個人類生命中，對於和藹特質者的評價一直很低。這跟我們的常識有所牴觸，但卻是真的。也許原因在於那些被漠視者不被視為人（不管基於什麼理由）；他們當然被當做某種事物，得不到任何感謝，也沒人喜歡他們[51]。於是，好脾氣的意涵變成心情不好。由於領悟

51　參見Park和Burgess所著《社會學科學概論》（*Introduction to the science of sociology*），頁574的以下敘述：「一般說來，我們可以說競爭決定了個體在社區中的立場；而衝突確立了他在社會中的地位。位置、立場和生態互賴——這些都是社區的特點；身分、下屬和上級、控制——這些是社會的獨特標誌。」

了上述事實與某種補救措施（加上不應該利用善良本性的概念），有些本性善良者採取可怕的報復行為。有些教師的確對自己縱容學生感到苦惱，想讓學生認為自己平常好相處，但被惹毛的時候就會毫不留情。這種方式一點都沒錯，因為他們很少會被惹毛。

　　要說明第二種教師壞名聲比較不困難，因為這群人在所有團體中微不足道。他們就是超級白痴或傻蛋。我們使用這些語詞的時候，心裡很清楚它們缺乏應有的精準度（以符合科學正確性），但是因為我們探討的是社會型態，必須透過他人從外部來檢視；此外，正因為我們把這樣的人視為一般人，所以必須賦予價值名詞。白痴通常是指心智能力很低的人──雖然他無須顯示任何常識性的心智缺陷；他的缺陷在於心理靈活度。白痴的社會感很低，無法真正感受團體生活中本身或他人活動的意義，缺乏某種「權衡輕重緩急的能力」。最重要的是他對自己的團體地位缺乏真實概念；誇大的自我價值觀扭曲了他對其他人的知覺。白痴會脫離現實，在構成人類生活的微妙人際互動中，犯下最令人傻眼的大錯。他的幽默幾乎都是自我陶醉（如果有那麼一點味道的話）。那種不自然的咯咯笑，帶著高音；笑的時候，音調上揚而非一般的下降；碰到別人不認為好笑時，他還常常搖頭晃腦，或者一副樂在其中的樣子，完全不管他人有什麼感覺──我們認為這種就是愚鈍的笑，會那樣笑的人就是白痴。或者，那似乎只是一種聽完跟他人無關的笑話後而發出音量偏高的笑聲。它跟某種容易辨認的笑容有關。這種性格對學生有何影響，大家不妨想像一下。一旦學生開始反抗，教師的個人力量就很難積極處理，他也試著低聲下氣（但不帶感情地）懇求。不管有多可憐，我們很難同情這種人。尤其年輕人更是如此[52]。

52　請參考Somerset Maugham在〈月亮與六便士〉（*The moon and sixpence*）中的相關描述，這個漫畫角色儘管充滿悲劇性，但卻讓人難以抗拒。

　　另一種經常惹麻煩的就是大家都知道的無能教師（包括教材或班級管教層面）。在小型學校（偶爾包括大型學校）中，我們常常看到到了最後一分鐘，教師才被找來教一些缺乏適度備課的科目，所以有時候心腸最軟的教師會被擺在無法勝任的情境中。當然，有些人覺得只要提早幾分鐘準備，就可以教任何科目，而這種看法得到一些號稱教育方法專家的背書。無能教師所處的情境以及他們為了保持威望而做的轉變，有時候是荒唐可笑的。有一個外語教師被找來教英文。學生懷疑教師無法勝任，於是設下一個陷阱。有一天教到某個英文動詞的進行式。學生問：「Smith 教授，**going** 這個字在這裡是動名詞還是分詞？」教授被問倒了，但是他不想承認。他很快想到脫身之道。「呃，」他說：「問題是這樣子的。我不想自作主張幫你搞定。那不叫民主。我們來表決好了。幾個人認為它是一個動名詞？一個，二個，三個，四個，五個。Nelson，你有舉手嗎？喂，Johnson，如果你再不停止做那些鬼臉，我就要把你趕出去。好，有誰認為那是分詞？多少人認為這個 going 是分詞？喔！很可能多數人都認為是這樣。多少人？十個人。是的，多數人都認為是這樣。好吧！它是一個分詞。現在不准笑，**我會盯緊你們每一個人**。它是一個分詞。」有時候第一年的拉丁文會找招募教師來上，不考慮他們的相關背景。有一位老師沒有備課就去教拉丁文，經過一年的掙扎，他說他可以靠著「自問自答法」圓滿達成任務。他的意思是有人提問或發生爭執時，老師不想處理，但會強迫全班翻遍教科書，直到找到相關資料為止。如果爭執不下，那更好，因為他不但成為辯論指導老師，還可以打發上課時間。這位老師的專業訓練不足，只是他把失敗歸咎於「人性化」做法，而不是自己無能。就這個例子來說，不管是哪一個因素，都足以說明教師的管教困難。學生清楚知道教師的專業背景缺失，這會嚴重打擊教師的威望——儘管大家都知道，這種缺失早在學生察覺以前就昭然若

揭了。再說，如果教師顯然無法管教學生，也會被認定為無能。

　　教師陷入的另一種壞名聲是暴君。嚴格學校的理想教師，可能是某些教育人士口中仁慈的專制君主。但是仁慈的專制君主知道他的統治可以到達什麼程度，也知道如何放慢腳步。如果把嚴格執行紀律者擺在同一位置，他對這些一無所知；他過度要求完美，想要進行過度徹底的統治，而且為了達到目的而使用過度激烈的方法。以下片段也許足以說明。

　　在我以前任教的那所私立學校，大家都知道學校裡有二個部門：高、低年級。對高中男生來說，軍隊組織已經夠難了，但是對低年級來說，簡直就是一項直接放棄的不可能任務。有些低年級男生的年紀小到十歲左右。一些更小的男生剛從托兒所解放出來，似乎還沒有達到嚴格軍事單位所合理期待的高度自我控制程度。情境本身還有其他難題：這些小男生被隨便地依身材分組，使得實務上不可能齊一步調，家長也不贊成嚴格的軍事制度，許多孩子身材瘦小到無法撐起制服，年齡也小到無法期待他們能夠保持制服整潔，而且許多年輕教師也缺乏軍伍經驗。整體來說，不期望高、低年級維持同樣軍事標準是一項合理安排。他們穿著制服，並且以一種準軍隊隊形行進。但是除此之外，控制他們就是一種友善、堅定、溫和的宰制。呈現在外的是軍事型態，但是我們不可能當真。

　　後來有一位N上尉，負責低年級的軍事訓練。他是北歐人，儘管全心投入，但完全缺乏北歐人熟悉的輕重緩急權衡感。他是一個退役軍人，戰績普通。然而軍隊概念已經與他的生命合而為一。他的軍事色彩比任何真正軍官還要強烈，也比西點人更像軍官。事實上，他是一個完美的嚴格執行紀律者。他負責低年級的軍事事

務。他當然從來沒有完全負責管教事務，但是他要為軍隊實力負責。接下來的自然結果就是他認真履行職責的事實。其他人擔任同一職位時也同樣用心，只是警覺性從來比不上他，無法像他那樣緊迫盯人；其他人同樣有幽默感，認為必要時應該不吝一笑。但是N上尉不認為該那樣，他想出一套軍事歸謬法。

他冷酷地展開低年級的整頓工作。他下達命令，想要那些十歲學生達到只能合理期待成熟男性、軍人完成的絕佳狀態。當小男生因為腿短跟不上隊伍，他會緊盯不放；如果學生講話，他會賞耳光，在隊伍中不安分，他就開罵。衣服上有汙垢，他會處罰；要小男生以最嚴格的軍隊陣容進出餐廳。到處都聽得到他的刺耳聲音和恐怖手法，他想在那些仍然稚嫩的幼童身上複製美國陸軍精神。他非常認真，而且顯然對他的任務不曾一笑置之。他可能知道自己的做法無效，但是可以斷定，他不知道那是愚蠢的行為。

這種軍事狂熱的第一個效果就是低年級的外表（也許再加上士氣）的確有所改善。因此，N上尉得到同事的喝采（尤其是行政人員）。身為新人，他有點魯莽，對自己要求太高，但是「這件事做得好」。在巔峰時期，他要低年級以一種大家都可以接受小男生模仿軍隊的方式立正、踢正步，而且很多教師也成為他的信徒。有一度他對教師很有影響力，他說服其中幾位（至少包括某位穿上制服後就不曾讓學校引以為榮的教師）去訂作布製綁腿，而且在教學訓練與關注方面，言聽計從。

N上尉的系統逐漸瓦解。有人注意到他的強制處罰次數與權威管教情形增加了。也有人注意到小型責罰、打巴掌、搖晃、重擊、斥責的次數大幅成長。顯然N上尉已經大力整頓低年級，現在又失控了。

接下來有同事發現，N上尉進出餐廳與用餐時不斷發表跟管教

有關的「精神講話」，不但無聊，到後來更讓人聽不下去。這所學校通常會在每餐飯後進行一段講話。教師必須待在餐廳座位上，直到學生離開。N上尉習慣依照軍中禮儀，發表簡短演講。當高年級學生離開餐廳，低年級被叫到不舒服的餐廳立正，雙手僵硬地交叉擺在身體前面。這時N上尉起身走到前面準備說話。內容大概是：

「我現在要低年級同學站起來，然後很快地走出去，不要胡鬧，也不要一副蠢樣子。第一桌，過來，你們要先走出去，然後第二桌跟著走。我要你們都跟上。你們那幾個分不清左右腳的人，應該要覺得丟臉！你們現在應該年紀大到可以分清楚究竟是哪隻腳了。行進的時候身體要挺，輕輕擺動你的臂膀。你們從椅子站起來的時候，都太吵了。每個人站起來，在同一時間把椅子靠回去，應該只有一個聲音！之後就立正，把拇指貼齊褲縫！現在我們來看看你有沒有做對。好吧！低年級同學，起立！」

他講得口沫橫飛，高低年級教師安靜地坐著不動。但是他們急著出去辦事，早上、中午抽個小菸，在苦差事開始前先放鬆一下，晚上就可以離開了。所以他們開始討厭N上尉（包括他的裝模作樣與精神講話）。高年級教師也討厭他那心照不宣但又坦率的想法：學校管理缺乏效率，如果讓他來管，就可以設計出一個真正的軍事學校機構；低年級雖然有一些不利條件，但是仍然是比較好的組織。由於學生管轄權以及一般私立學校中的口角，教師對N上尉的敵意快速增加，這對其他人來說也許沒什麼，但是對他則不然，因為不管怎麼說，喜歡他的人已經很少了。教師們有點同情那些被N上尉恐嚇的男生，也引起大家的注意。總之，教師們覺得對學校而言，N上尉越來越不重要，而N上尉也很幸運地可以教完這年。

饒舌者的話顯得微不足道；寡言者的話則因為稀少而備受矚目。這個論點對於教師和所有必須依賴命令他人過活的人來說，尤其正確。解釋命令會減少力道，藉由填補所有性格缺口來完整表達自我，會讓理想難以實現，威望也因此降低。如果教師想用一堆話語來管教學生，或者混用幽默與管教，或者因為話太多而變得可笑，那麼嘮叨更會讓教師的威信蕩然無存。說太多話的蠢蛋，就是最無能的教師。這種壞名聲可以透過以下的個案研究摘錄，得到充分說明：

　　我在前面提過的一所私立學校開始教書後不久，學校決定改變做法，把常態性的夜間自修室納入課程。之前男生們一直待在自己的房間念書，並由當晚輪值宿舍的教師負責督導。主管們認為規劃一個常態性的夜間自修室（延長二小時），或許可以確保更多人申請使用。學業成績良好的學生無須參加，有人認為這會是個附加誘因。

　　顯然不管誰負責夜間自修室，都是一件苦差事。男生們不習慣自修室，而且可能討厭它，認為既痛苦又不符合常態。它當然跟傳統方式不一樣，會產生照明、通風，以及休息時間的督導等問題。另一個難題是自修室裡都是一些不負責任、反抗作對的學生（好學生不會這樣）。顯然沒有一位專任教師會攬下這份工作，也沒有誰的職務輕鬆到可以長期負責。這件複雜工作必須額外支付津貼，這也違反當時的學校政策。總之，大家認為最好的做法是外聘。

　　學校當局想了很久，最後聘了一個全世界最不適合的人。這裡的意思不是責怪任何一位參與聘僱 R. Bysshe Bauer 的人──因為他可能會把十字架賣給三K黨，或把軟木帽賣給愛斯基摩人；他自己就是那種有什麼賣什麼的人。Bauer 大約三十五歲，是一所

城市高中的商業科教師，他所經營的事業讓他一貧如洗。他同意
負責夜間自修室，其他人也以為他知道所有訣竅。儘管後來發生
一些事情，大家還是勉強承認他可能知道。

　　Bauer 身材壯碩，但是個性軟弱。他的體型胖得有點噁心，不
太會引人注意。外表又邋遢。他可能滿會挑衣服的，而且價格不
菲，但是都沒有好好保養，隨便糟蹋，所以看起來很糟糕。他的
臉常常髒兮兮的，可能經常沒有洗澡——因為他下雨天外出後，
身上總有一股難聞的味道。但是他擁有出色、旺盛的心靈以及自
我表達的神奇力量。他用快速單音的方式說話。他的話語似乎承
受著壓力，每個字都攪在一起，急著想要表達出來。儘管如此，
他的遣詞用字還不錯，那些快速句子結束時常常令人拍案叫絕，
充滿人情世故與人類本質的敏銳觀察。幾句培根或伏爾泰的深遠
哲理，交雜著他那遊民般的粗鄙言詞。顯然他身上有高度同性戀
的成分，因為女性對他來說，似乎除了下流、低級、毫無意義，
而且他經常開同性戀的玩笑。Bauer 一直都有財務問題，但他總
是很快就變得有錢。他參與上百件的投機買賣，但是沒有一次成
功。他跟每個人借錢。他跟同事借的錢遠比薪水還多，有時候還
有人懷疑他培養人脈就是為了借錢。他想借錢的時候，態度最誠
懇，似乎百分之百地認真如期還錢。但是沒有辦法還或是不想還
的時候，似乎就無動於衷、冷嘲熱諷。他對償債心存僥倖；認為
那是一種商業交易，畢竟在商言商。錢拿不拿得回來，跟 Bauer
無關。他還得操心其他事。以上有關 Bauer 的描述，一點都沒有
辦法讓人開心，但它只是冰山一角。單靠客觀描述，無法貼切傳
達 Bauer 的特質形象。他是個不服輸的樂觀主義者，充滿上千種
冒險的心靈、道德活力，興致勃勃地想要進行新計畫。當他耍了
一點小聰明來開玩笑，再接上一陣古怪的竊笑聲，就成為世界上

最和藹、幽默的傢伙。

當時有人跟我共用一間一樓的教室，而 Bauer 習慣每天晚上在晚自修的前後，進來打聲招呼。他喘著氣走進來，那張坦率的條頓人臉龐因為運動而泛紅（走了二個街區）。他坐下來，拿掉那付夾鼻型眼鏡，然後搓著鼻翼。他有時候看起來好像很累（也可能真的是這樣），因為他教了一整天，下午還在辦公室處理事情。偶爾，他會相當覥腆地請求躺在床上休息幾分鐘；但是往往他只是想坐下來，跟我們講講話。

接下來十五分鐘，他滔滔不絕，讓史上口才最好的人都自嘆不如，內容包括尖銳的分析、意有所指的笑話、諷刺的短詩、吹牛、咆哮、謊話、最坦白而猥褻的爆料等。他是個有趣的人，一點都沒有紳士的矜持感。對我來說，能夠認識 Bauer 是一件好事，因為我覺得當老師他比不上我，而且比我聰明多了。

雖然當時我對這類事情很遲鈍，我開始懷疑 Bauer 管理夜間自修室的效果。顯然他到自修室途中與學生對話，甚至跟學生在辦公室討論管教問題，都用一種非常親暱的腔調。常常有人看到他跟一群男生粗暴地交談，音量還是最高的。相較於跟同事的對話，他的粗俗揶揄，毫不遜色。也有人注意到男生們晚自修之後回到房間時，情緒亢奮，一副樂在其中的表情；尤其在我輪值宿舍的那幾個晚上，情況的確如此。

Bauer 沒有任何尊嚴可言。既沒有教師的形式尊嚴，也沒有個人尊嚴。顯然他厭惡教師必須跟學生或任何人保持尊嚴的觀念；他是人，對他而言他的個人表達遠比管教能力重要。他甚至反抗其他人嘗試賦予的尊嚴。學校裡的教師通常就像軍校一樣，被大家稱為「上尉」，這個稱呼雖然是一種書面尊嚴，但是很貼近軍隊組織實況。有一些乖乖牌男生急著表態，避免冒犯，就開始稱

呼他為「Bauer上尉」（雖然他沒穿軍服）。他果斷地加以制止：
「我不是上尉。」他以一種親切而嘲諷的口吻：「這樣這樣……
是上尉，那樣那樣……也是上尉。但我不是。我不會騙你們說我
是上尉。我只是一個高級中士。我只是一個平凡、上了年紀的
Bauer中士。你們不用向我敬禮什麼的。」後來他告訴我，他把
整件事好好想了一遍，了解到自己這個外來者角色的困境，他可
以用高級中士（而不是上尉）的角色融入學校。我敢說他當時才
想到那個答案。

　　即使是管教學生，Bauer還是沒有辦法板起臉孔（徹底嚴肅）。
他好像不斷針對違規、處罰來開玩笑。他向我解釋這種方法是他
想出來的，挖苦處罰流程可以讓學生在正式處罰時好過一點。有
時候他會用挖苦的文字報告來表達幽默。在某份報告裡，他指出
某個男生：「出現一般搗蛋行為，他在教室裡丟擲各種形式的飛
彈、火箭。」其他教師覺得學生不良行為的正式報告應該盡量
簡短，而且事實上學校有一項規定：在沒有取得教師同意前，學
生不能討論那份報告。但是Bauer不贊成。他覺得應該讓學生無
話可說，而且他會運用所有語言技巧來讓對手犯錯，進而放棄自
己的意見。他總是可以說服別人，只是對方還是不服氣。我後來
的結論是，因為Bauer是一個懦夫，所以他不想用命令來控制對
方，而是用論辯、開玩笑的方式來讓學生變好。他沒有辦法直接
訴諸權威，因為他不敢這麼做，但是他可以辯贏世界上所有人。
也許他希望學生不會因為他的權威來自於這樣的親切合理而生氣。

　　有一天晚上我去自修室找他。我大概在二小時課的中場到達
（剛好在中間下課時間前）。整棟建築充滿喧鬧、說話、桌椅碰
撞、笑鬧、嘲弄、尖叫的聲音。我就站在後門，目睹整場表演。
教室一旁有二個大男生親暱地輕輕扭打著。我馬上知道最近一些

椅子是怎麼弄壞的。許多對話毫無顧忌地進行著。桌板不斷被掀開，然後砰地一聲又蓋上。有個男生站起來，想把一本書丟還給另一頭的同學。Bauer 想要罵他，但是他用一種被激怒的無辜音調反抗，堅持只是要還書。同時，有個男生丟出一枚一分硬幣，另一個男生也丟了一枚，於是就蔓延開來。Bauer 站在教室前面，鷹眼似地四處掃視，但是完全無效。從他漲紅的臉來看，他有點激動，但是他還是設法擠出笑容。中間休息時間到了，他開始簡短演講：

「我們現在休息十分鐘，我要你們所有人十分鐘後準時回到這裡。看看你的手錶，確認一下時間。我已經警告過了，你們要自己負責。如果你沒有錶，就待在這裡看著時鐘。但是等一下，在你們離開以前我有一、二件事情要說。你們前一個小時已經享受了一段美好時光，待會回來後，你們得開始認真做事，好好念書。你們都知道我喜歡開玩笑（即使是取笑我自己）。我告訴你們這些傢伙，那就是真正滑稽演員的考驗。但是你們已經玩過頭了。如果還不停止，我就要採取行動。你們明天都不能上課。我不在乎這個，但是我會被K，這也是我來的原因。我不想採取什麼行動。我也不想把你們送到辦公室。我不想罰一堆人繞操場，而且你們稍微懂事一點，我就不知道我為什麼該那麼做了。我自己也年輕過，這也許看起來很奇怪，我還記得那段日子。如果做得到，我是不會向上面回報的。如果每個人都能夠講道理，那就毫無必要了。我認為沒有必要在這間自修室維持嚴格的軍事管教。你們這些男生白天就受夠了，如果期待各位晚上再忍受一遍，那是很不公平的。所以我要好好對待你們。你們現在開了一些小玩笑，偶爾換我跟你們開開玩笑。但是接下來的晚修時間，我們不要再胡鬧了。好了，你們現在可以休息十分鐘！你們知道

本來應該只有五分鐘的，但我知道你們需要放鬆一點。哈！哈！
所以我把它變成十分鐘。就這樣吧！」
　　一陣吵雜聲轟隆響起：「但是你已經講了三分鐘！」「好吧！那
麼，從現在起十分鐘。」

　　不管從教師或性格的角度來看，以上個案主角顯然具有許多優
點，但是他還是因為更明顯的缺點而宣告失敗──尤其他的性格很難
契合某人必須臣服於某人的教學型態。這個例子所涉及的因素似乎再
明顯不過。一旦某個命令迷失在一堆字句中，力道就消失了。當教師
的饒舌從社會表達衝動中傾洩而出（這種饒舌屬於自我顯露類型），
師生關係就會因為缺乏社會距離而崩解。一旦教師因為必須向學生解
釋管教做法而作了過多的說明，就會洩露出失去學生善意的潛在恐
懼（缺乏制度勇氣）；那種恐懼強烈到完全忘記以下的常識理解：當
學生因為明顯、當下的怠惰而受罰，其實本人是心知肚明的。一旦教
師開始煩惱如何處罰學生，學生就知道自己的確佔了上風。說服學生
不再反對、讓倔強男生培養出良好行為的種種技巧，完全派不上用
場。對處罰開開玩笑也沒有用，因為受罰者不會享受這種幽默；對他
來說，處罰是非常嚴肅的事情。要兼顧幽默和管教二種目標，並不容
易。
　　還有一種教師很少不被學生藐視，那就是懦弱者。懦弱者可能是
聰明人，他很可能在他職務的心智層面做好萬全準備。他幾乎都站在
正面道德的立場，經常扮演虔信教徒的角色。只是他的韌性無法贏得
學生的敬意。在他的道德結構中存在某種微妙缺憾，使得他無法挺身
對抗學生團體的意見，並面對只能利用不愉快來解決問題的厭惡情
境。他缺少一般成功教師必備的敵意反應。他也無法作戰。值得一提
的是，教師性格中的殘酷緊繃狀態，有助於確保學生服從；尤其教師

可以藉由某種程度的友善與強烈正義感取得平衡，組合成一種在其他方面值得學生尊敬的性格。有時候這就是懦弱教師缺乏的成分，只是有人主張這種成分不會常常因為被恐懼壓抑而完全消失，這樣的挖苦似乎還不算誇張。

　　讀高中的時候，我們跟一個脾氣古怪、教商業西班牙文的老師處得很好。他身材中等，非常瘦小，眼睛屬於一種褪色的藍色，鬆軟而沒有活力。他的嘴唇就像美麗的邱比特之弓，微妙地組成某種敏銳、可愛的懦弱表情。他的面貌空洞，毫不起眼，身材幾近乾瘦。他對自己的聲音有點自豪，帶有女性的味道，又有點鼻音。整體來說，他顯得無助，沒有吸引力，對人友善、有禮貌、樂於助人、本性善良、認真——但是真正喜歡他的人很少。他是個準牧師，高中附帶實施的宗教活動剛好是他想要把握的機會。他負責Hi-Y教會，看起來對教會的一切非常投入。他把教會當成自己冗長、可笑演講的管道。他對純潔很嚮往，而且常常津津樂道。有一次他特別精心準備一場有關圓桌武士Garlahad爵士的演講。那個故事充滿憐憫、做作，以及人類慈悲之類的內容。聽完時我們不再輕視他，而且因為他的單調、苦悶日子而寄予同情。只是這種情況很少發生。

　　其他教師把他的班級當做一個收容更愚蠢、棘手學生的棄置場。他當時因為正在規劃自己的單位，所以照單全收。他確認每個上課學生都能得到好成績。他的判斷也稍微受到學生行為表現的影響。他的班級始終一團亂。每個人想講就講、想背誦就背誦，或者心血來潮就讀其他書、寫封信等。對這種現象B.先生很少說什麼，也很少責罵學生沒有預習功課。有時候他會大膽地稍微告誡一下學生；對一些比較不凶狠的傢伙偶爾嚴厲一點。我永

遠忘不了的一幕是他要班級恢復秩序的方法。他在桌上擺一個小
鈴鐺；沒有人會這麼做（或覺得必須做）。他試著讓自己看起來
漫不在乎，但之後就顯得愚蠢了，他會站在全班前面，帶著一副
嚴厲的表情，然後用一本書去捶打鈴鐺。這對我們來說根本就是
荒唐可笑。（生命史文件）

輕浮的教師也會得到壞名聲。這就像我們之前提過的，性這件事
明顯存在於整體學校生活中，它無可避免地呈現在師生的彼此態度
中。有時候高度昇華的性吸引力可以成為正面支持關係的基礎，但是
只要重點稍微扭曲，關係就會很快墮落。這就是發生在輕浮教師身上
的例子。所謂輕浮，就是男、女教師對於異性學生的魅力坦然接受。
一般教師對於這類事情向來避之唯恐不及，這些教師卻反其道而行。
有時候他們會利用權威在性方面佔學生的便宜，但更常見的是他們被
一些自己欣賞、具有魅力的學生利用。有時候教師對學生產生性動機
是刻意而堅定的。有時候卻從來不知情，或者以年輕女教師來說，那
只不過是她們目前整體社會訓練的副產品。無論哪一種情形，教師放
任自己與學生毫不掩飾地性互動態度，會降低控制班級的效果。它勢
必會產生偏心，不受青睞的學生則痛恨教師。師生的年齡差距顯然很
大，教師任何顯著的性興趣似乎都被視為邪惡或荒唐——儘管資深教
師偶爾會把他對某位學生的強烈性興趣偽裝成如父如母形式。當師生
年齡相差只有一點點，如果教師愛上學生，最糟糕的下場就是涉入學
生的世界。甚至可能以不當的方式涉入。

有關學校中的愛情關係，或許可以用相當淺顯的用語來說明最關
鍵的論點。親密愛情關係很難見容於學校中的宰制、從屬關係。而
且，即使是初期的愛情關係，也跟教師理應保持社會距離牴觸。學生
（或教師）的性動機，促使他不斷嘗試突破障礙；如果學生成功了，

教師會失去地位；如果不成功，就會令人討厭而且極度不滿。女性教師無法面對這種狀況，這可以說明她們碰到花樣年華女學生時的許多困擾。同時，輕浮的教師會失去學校與社區地位，因為他違反了道德原則：擁有權威的人不應該基於個人理由而利用那種關係。這的確是一種很強烈的禁忌，如果教師掉以輕心，有時會導致社區居民對他採取暴力或侮辱方式。大家隱約知道的是，輕浮教師違反某種形象關係的特殊倫理，道德會要求一些因為其他感情增強作用而擁有特殊權力的關係人——例如教師、牧師、律師、醫生（尤其心理分析師）與神父——不應該基於個人目的而利用那種密切關係。

　　另一種壞名聲則是滑稽模仿。教師工作的本質顯然跟一般社區居民隔離，發展出一種不太考慮學校以外世界的自我特殊生活方式。這種特殊化歷程延續很長一段時間，教師可能培養出某種滑稽模仿的職業類型。我們待會可以看到，目前教師職業類型的發展往往會因應教學條件而調整，但是到了某個時間點，他就完全跟一般人隔離，甚至連教學都產生障礙。於是他成為一個荒謬的滑稽模仿者。不僅自己荒謬，所有其他教師也因為某些類似基本特質而變得荒謬。

　　惡霸教師令人痛恨。為了控制學生，他會讓他們始終處在恐懼的狀態。他會糾纏他們、威脅他們、作威作福，利用暴怒讓學生害怕，並且運用某種社會技巧，盡可能地讓對方不舒服，不達目的絕不終止。這種方法屬於習慣性好鬥。用糾纏不休或大吵大鬧的語調說話，代表他已經生氣，而且只要受到一點點刺激就會火冒三丈，隱約傳達的訊息是他不太在乎學生，而且已經受夠了。這種聲音可能尖銳、刺耳（雖然典型的例子不是這樣）；比較像是渾厚、不連貫，像是一些夾雜情緒的尖銳言詞。很多教師都採取這種惡霸技巧。以下故事也許可以說明我們心目中惡霸性格的典型行為。

　　聽到老師從走廊上傳來的腳步聲，我們不經意地稍微坐直了身體。他是個粗人，脾氣不好，我們永遠不知道他下一次發飆會是什麼原因。今天早上，他在門口停了一下，在進教室前把全班打量了一番。臉上沒有笑容，那種表情勢必讓我們覺得他不想在我們身上浪費一小時。我們覺得他不喜歡我們，而且如果有機會修理我們，他是不會後悔的。當他看著全班，我們的擔憂也跟著提高。他走進教室；緩慢、刻意地大步走向書桌。他看著後排的一位小男生：「Johnson，」用他那死氣沉沉的語調：「我告訴過你要把昨天的功課寫四遍。東西在哪裡？」

　　「在你的桌上，老師。」那個小男生小聲地說。

　　「嗯，最好是。我們昨天教到哪裡了？Jones，你來告訴大家。你只會這個。我們應該要好好利用你一下。」

　　「96頁，第7行。」Jones說，顯然沒有被激怒。

　　「要加老師二個字。」老師說。

　　「是的，老師。」Jones機械式地回答。

　　我們翻到那一課。「好吧！Jones，你試著翻一下第一句。」

　　Jones開始：「電燈打開的時候⋯⋯」

　　「我的天啊！不，不，不不！坐下！閉嘴！夠了你！Prime luce 不是電燈亮的意思。我怎麼會找你這個笨蛋。我永遠都沒辦法教你。你太自以為是，太看得起自己了！你怎麼不好好看看自己？好吧！Palmer，Palmer！」

　　「老師，今天我可能答不出來。」

　　「為什麼不行？」

　　「我不了解那個句子。」Palmer絕望地說。

　　「哈！哈！我知道你在玩什麼把戲。翻譯下一句。」

　　「老師，我不會。」

「那麼，隨便翻一句作業裡的句子。做不到嗎？」他的聲音提高了，我們知道暴風雨就要開始。整間教室都是他的聲音。「Palmer，你給我注意聽！我真的是個大好人，對你這種行為，我受夠了！你在這個班上唯一會做的就是佔了一張椅子。」他走到 Palmer 椅子旁邊，開始在他面前揮舞拳頭：「我要你知道，我已經被你該死的胡說八道煩死了！」等到筋疲力竭，他才坐回他的椅子。（小說式的個案研究）

這種教學方法容易耗損心力。學期初的高分貝和可怕威脅，容易後繼無力——除非短期內出現更巨大的聲音和更讓人毛骨悚然的威脅，而且這個過程很容易就達到極限。另外的缺點是雖然它可能刺激單調的教學、挑戰死寂的互動，但也為師生帶來一種緊繃壓力，成為許多學生成就的某種障礙。再說，這種方法會讓教師成為仇視的對象——除非傳統就是如此，而且如果教師無法透過某些良好特質以取得平衡，結果是一樣的。

但是我們應該強調惡霸多半不會受到苛責，而且學生對他常常培養出一種真正的情感。他從其他教師放棄的學生身上得到成果。他至少擁有主動的心理優勢，「比學生更早取得先機」。甚至聽說他是個嚴格的老怪物，但是心腸很好：「只要他認為你有需要，就會把身上的襯衫送給你。」有人認為，這樣的描述對於那些幾乎沉溺於霸凌性格的教師來說，常常是真實的，而且有助於他們得到寬恕。也有人認為，只要教師公正，而且像他們一樣「出身貧困」，男生們就會接受他的任何虐待。但是，在支持惡霸的論點中，也許最重要的是他的多采多姿，為那些少數但受到差別待遇的大眾，上演一場好秀。

有些自我感覺良好的教師所使用的手段，會妨礙自己的教學效率。他們在教室中找到自我擴張的機會，而且操縱教學流程，想要找

出更多機會。舉凡自我膨脹的各種姿態、開心地自認為重要人物的各種花招，以及讓人迷惑、羨慕的許多說法等，這樣的清單簡直沒完沒了。無所不在的驕傲感讓人墮落，也讓其他人（也許始終都是教師）誤入歧途，只是教師所受到的誘惑非比尋常。他受到廣大群體的關注，而他的工作就是維持接收到的各種關注。他必須將自己的性格擴充到足以涵納整個團體，但也要避免利用這種擴充的來往，作為滿足個人願望的方法；他要在個人控制範圍內包容其他性格，但又要排除內心的自我，（簡單說），無私宰制是一種真正的偉大成就，而且不足為奇地，教師往往缺少這種非凡魅力——就像他從未擁有過。

　　教師滿足自傲感的做法未必會傷害師生關係；而且事實上，這些做法如果沒有超越某些界限或者直接引起師生衝突，就可以發揮效果。自吹自擂要有效果，必須降低自我成分，而且把教材的重點講解清楚；當它變成壞事，就很難分辨了。設法妥善說明原委，是一個好習慣，而且學生對此往往心懷感激。但是妥善說明原委的教師，可能會刻意尋找能夠妥善說明的事情，而且從此在他尋找經典用語的旅途上，可能會越來越走偏。以極端的例子來說，他成為一個「用場面話形容時髦玩意的人」，或者一個「聰明的吹牛傢伙」。他在某個點跨越了區隔好壞做法的隱形線。這只是一個例子。另外還有一些只會傷害教師本身的自以為是做法；其中一個是某個聰明機靈、經驗豐富的英文老師，套句同事的貼切形容：「在大家面前擺出許多姿態，說他永遠沒有時間做其他事情。」許多跟學生維持良好關係的教師，習慣利用同事（尤其是屬下）來強化自我感受，而且做法五花八門。

　　我們在此提出一種教師容易招致的特殊壞名聲——如果讓自我感受明顯干擾學生事務的話。這些例子包括二種情形：第一，教師對於學生的敬意提出荒謬的說法，讓自己成為取笑的對象——包括荒謬地自吹自擂或誇張地往臉上貼金；第二，教師為了自我感覺良好而攻擊

學生，通常學生會以其人之道還治其人之身。直接攻擊所引起的敵意，往往促成前面提到的滑稽模仿；如果少了這種敵意，教師原有的荒謬說法可能就不會被戳破。以下故事說明教師明顯過度運用權威滿足自我，如何導致壞名聲：

「我是 James Weatherford Robinson。我看你在我們系上是個新人。你剛開始是助理講師，對吧？嗯，我二十年前也是。你還有一條漫漫長路要走。不過我總認為，有為者亦若是。當然，你還有很多該學的。但是這裡有很棒的機會。我目前有個很好的職位以及一份好收入。我是教保險統計的正教授，你知道的，這行的薪水不錯。而且，我還可以從保險公司一個個的小工作得到大量酬勞。我的確很幸運。讓我想一下，你說你叫什麼來著？」

「Watkins。」

「好的，Hawkins 先生，我會記得你的。」

「對不起，我叫 Watkins。W-a-t-k-i-n-s。」

「喔，是呀！當然，當然，當 —— 然！你拿到博士了嗎？Watkins？」

「還沒有，Robinson 博士，對不起我還沒有拿到。」

「唉呀！有一天你會拿到的。在那之前先把其他事擱著。在這行，你拿到學位以前什麼事都不要做。好吧！Hawkins，後會有期嘍！我的研究室就在走廊那頭。當然，門上有我的名字 ——James Weatherford Robinson。有空再見嘍！」

「希望如此，Robinson 博士。」我禮貌地說。

James Weatherford Robinson 博士走出去了。我坐下來，試著整理一下這位奇人留給我的一堆印象。

他身材高大，氣色很好。態度豪爽，動作又大。他常常笑。笑

的時候會露出幾顆金牙。聲音粗糙、音高而嘶啞。向來抽的是看起來很高檔的雪茄。他還有個引以為傲的肚子。眼睛特別會盯著人看，我也永遠沒有辦法判斷；眼神裡沒有什麼幽默感或反應。我曾經看到他的背心上掛著一枚戰爭勛章。我確定他的外套下面有東西閃閃發光。

接下來幾年，我知道James Weatherford Robinson更多的事。到目前為止，我還算喜歡他。有一陣子我認為我了解他。但是現在我問自己，他為什麼要告訴我他的收入？他當時說：「一份好收入。」也提到我的學位之類的。每個人都告訴我這些東西。他是第六個，而且我才來這裡一個禮拜。好吧！他們是對的。

我好奇Robinson的博士學位是在哪裡取得的。經過一番搜尋，我在一本目錄上找到他的名字。百思不解的是，上面沒有列出博士學位，只是一個碩士學位。是二十年前在一所二流學校拿的。

我很有技巧地跟James Weatherford Robinson相處。不讓他知道我查出來他沒有博士學位。他幫我做了很多事，我很感激——只是感激程度不高，因為這些好處是來自於我的技巧，我似乎同情他必須對抗系上的許多敵人，也對他的所有故事印象深刻。也許我對他的感激，早就被認定為滿心期待得到好處。

Robinson的確在系上有很多敵人。許多同事覺得他有時候過於高傲。有些人討厭他的高收入事實，並提出正式投訴，說他因為校外活動而忽略本職。這些指控沒有成立。但可以確定的是，他經常提到收入是最不聰明的。教師之間流傳一個古老的故事，Robinson曾經企圖偽裝成名副其實的哲學博士。他也被指控侵佔別人的課。

我知道Robinson有很多學生。許多學生也是他的朋友，而且很多人都知道他會為了學生兩肋插刀。儘管這樣，學生還是恨他。

「他有一門課，」有個學生這麼說：「名稱是：為什麼我是大人物。我修過這門課，上了幾次課。第一個小時他都在談自己，說自己有多偉大。他前傾在講台前，給我們看他的四枚獎章。一枚是表揚勇敢的作戰勳章。一枚是射擊獎章。另一枚是得獎論文獎章。第四枚是高中徑賽獎牌。他想騙我們四枚都是作戰勳章。我在班上聽過一個真實故事，然後經過很長一段時間，有一天我靠近端詳他的獎牌，發現那是真的。」

「是這樣的，我熬過第一個小時。很想馬上退掉那門課。但是我告訴自己：『總不會一直這麼糟糕吧！而且我需要那門課來完成修課計畫。所以我就留下來，看看事情會變怎樣。』我的確這麼做了，第二天他告訴我們他的校外人脈以及賺到的錢。他把身體靠回去，拇指放在背心口袋：『我教書只是為了好玩。鐘點費只佔我收入的一小部分，真的是一小部分。教書真的很吃虧，因為我到外面工作可以賺更多。』我第二個小時就把課退掉了。」

「我修過Robinson的課，」另一個學生說：「但是那是一個很不愉快的經驗。他總是欺負人，拿個人隱私大做文章。他會點名，碰到外國名字就說：『這裡有個名字，S-e-e-m-a-n-k-o-w-i-t-z。但是現在我不想要每天打噴嚏；我就只好叫你Simmons了。』還有一個同學的名字是Dolittle，當然他告訴學生要多做一點。他的樂趣就是讓人措手不及。如果對方做好萬全準備，他就會一再挖苦，令人討厭。他拿出成績簿，刻意寫上一個零分。接著告訴對方說他做得有多差勁，必須要很努力才能拿到這門課的學分。他問那個男生是哪裡人，學生回答後他會嘲笑對方：『我就知道。』他習慣叫某個傻瓜起來回答問題（總是要我們站起來背課文），好讓自己高興；他會問到對方暈頭轉向，然後就笑了出來。他真的讓人受不了！」

「但是學生沒有試著反擊嗎?」

「喔!有啊!尤其是以前我們班。當時戰爭剛結束,我們絕對不會當乖乖牌的。我們取笑他的獎章,他最後終於知道我們在耍他,就火冒三丈。全班都躲得遠遠的。多數時間班上都吵吵鬧鬧。他在全班面前耀武揚威,威脅說要對付我們,當他轉身在黑板寫字的時候,我們就會噓他。然後他會轉過來臭罵幾句。我們什麼也沒學到,他當掉不少人,但是校刊為了這件事引起騷動,認為是他沒有效率才發生這件事,他還是得讓多數同學及格。他們說當時要不是他的校外人脈,早就丟掉飯碗了。順便提一下,他的專長部分可不是唬人的。那件事已經過了好幾年,但是他還是學校的笑話。他走過來的時候,所有學生就會叫喊:『哈囉!Robinson 教授。』只是為了逗他生氣。他總會揮揮手,然後很快把手舉起來。接著就是一陣騷動。偶爾校刊上有一小段描寫『萬能的上帝』或者『戴著鐵甲的人』指的就是他。」

「但是為什麼學生還會繼續選他的課?」

「嗯,這個不好解釋。他不好相處,居心不良。做事不公正,又很吹毛求疵。但那門課還不錯,他總是會讓事情比較好玩。很多教授是很乏味的。Robinson 是個混蛋,但是他很少讓人感覺無聊。他很惹人厭,讓你很想贏過他。他看事情非常嚴肅,又很天真,所以戲弄他很好玩。他一副狀況外的樣子讓我們非常開心。」

Robinson 教授說:「Watkins,你必須說到做到;那就是我的成功秘訣——如果你可以了解個人推薦信的話。你必須履行諾言。我之所以有很多學生修課,是因為我的課很棒。我說到做到。在教室裡我認真教書。許多男生來找我(就像來交期末報告),告訴我那是他修過最棒的一門課。我說的是實話;他們很多人都這

樣說。他們邀我參加他們的兄弟會，談談我自己。他們喜歡我，這點我可以感覺到。雖然知道我要求嚴格，分數又低，他們還是喜歡我。走在人行道時，找我講話的學生比學校其他老師多。事情真的是這樣，Watkins。」(以上為虛構情節)

以上性格的自我機制展露無遺，無須再做說明。這樣的行為已經出現在數以千計的教室中。對教師來說，特別困難的是如何確定自己跨越那條隱形線，而且成為嘲笑的對象。這類教師在追求自我中心目標時，道德遲鈍的現象特別明顯，而且經常因為神經質地尋求遙遠地位而變本加厲。自卑情結心理學似乎有助於理解這些個案。從他們身上可以看出潛藏的失衡感，其他則是補償行為和基本生活狀態。這就是自我中心分子。

以上討論的自我意識涉入，也可以在前面提過的例子中找到。它們都是紀律嚴明者、惡霸以及饒舌教師的基本要素，但是最好還是透過特殊人物來說明。讓人高興的是，我們想到這種類型也有相反的例子，許多教師步步為營，處理學生與同事的感受。就像俗話說的：寧靜可以致遠。他們已經學會讓對方卸下心防，這種特殊技巧需要很多的練習(屬於一種歷史悠久的藝術)。

以上就是有關教師身上各種威望與壞名聲的完整說明。大部分例子都來自真實生活，引用時也盡量忠於原貌。有些讀者認為——他們有權這麼做——這些並不是典型例子。事實上代表這些極端行為機制的教師少之又少，因此在統計上沒有代表性。但是它們闡明了一些相同機制，似乎也可以達成清楚說明的目的。比較有警覺性的讀者也會想到，我們這裡處理的是社會意象，它的定義就是扭曲的人類印象；我們坦率探討的是錯覺，而非現實。因此我們透過學生的想法來過濾大部分的例子，我們比較關注學生的觀感，而不是這些教師的真實情

形。這裡不適合討論各種自我類型，而以上探討過程顯然是合理的。我們始終關心某種社會自我，如果從學生或同事以外的有利角度來看，我們的探討結果並不排除同樣這些人會有不同的面貌。

在這些類型中，一般教師很少會出現純粹形式的例子。學生對成功教師的感受，往往透過二、三個威望意象的弦外之音，而且很可能也了解對方性格中的某些負面意象。學生對於典範教師的態度多半是矛盾的，而且教師性格的最終效果要參考抗衡態度的相對權重，或者允許二種態度同時呈現的種種安排。當然，完全依照這些社會意象來解釋學生對教師的態度，會有誤導作用（因為還有許多其他意象）；此外，教師的獨特性格總會烙印在學生心中。不過這種情形之所以慢慢產生，是因為學校無法將它隔離在外，而且往後的師生互動跟教師實踐制度領導時所倚賴的威望與壞名聲錯覺無關。教師在他人眼中屬於霧裡看花的身影，學生對教師的態度同樣捉摸不定；那些身影既是一般人，偶爾也涉及個人，但最重要的是它們都屬於霧裡看花。有關教師個人、制度成分的分析，必然成為未來研究者的挑戰。

作業

1. 針對本書提到的威望、壞名聲典型例子，進行個案研究。
2. 針對成功教師進行個案研究。如果依照我們提出的類別，可以詮釋到什麼程度？你還可以提出哪些類別？
3. 深入探討學生對某些教師的態度，以便了解教師威望是否符合這些類別。列出正反面意見，並加以分類。
4. 探討一些不被認定為「元老」級資深教師的教學性格。
5. 舉例說明教師成為學生愛慕對象的困境。分析並加以詮釋。

6. 針對那些害怕學生的教師進行深入觀察。

7. 撰寫特定學校中某位過度善良教師的生命史。那樣的經驗會重複發生嗎？

8. 分析學生對某位優秀但過度嚴格教師的態度。

9. 仔細探討某位教師如何成為誇張模仿者。分析並加以詮釋。

10. 某位教師的教學效能受到自我需求的干擾。分析他與學生之間的關係。

閱讀資料

Burrow, Trigant, "Social Images Vs. Reality," *Journal of Abnormal and Social Psychology*, Vol. XIX, pp. 230-235.

Carlyle, T., *Heroes and Hero-Worship*.

Finney, Ross L., "The Unconscious Social Mind," *Journal of Applied Sociology*, 1926, Vol. X, pp. 357-367.

Le Bon, G., *The Crowd: A Study of the Popular Mind*, Part II, Chapter III.

Leopold, L., *Prestige, A Psychological Study of Social Estimates*.

Michels, R., *Political Parties*, pp. 64-68.

Overstreet, H. A., *Influencing Human Behavior*, Chapters I, II, and IV.

Petersen, J., and David, Q. J., *The Psychology of Handling Men in the Army*.

Webster, H., *Primitive Individual Ascendency*, Publications of the American Sociological Society, 1918, Vol. XII, pp. 46-60.

第十七章　社會距離；緩衝措辭

　　社會距離是師生糾結關係的特色。它指定某人必須服從某人，因為距離可以產生退讓感；少了它，某人的權威就會難以忍受。要不是事實上師生之間存在著距離，學生把教師當做一般人其實毫無意義，學生會更痛恨教師的。

　　即使師生已經從次級團體往來轉變成初級團體往來，某種社會距離仍然必須存在，因為長期互動會讓類別的往來變質為個人的往來。唯一可以跟宰制、從屬關係共處的初級團體態度，就是那些從關係本身發展出來的態度。所有建立在純粹個人基礎上的初級團體態度——某一方不堅持（或另一方不接受）教師權威——可能會跟學校／教室關係發生衝突。但是如果初級團體態度出現在宰制與從屬關係所定義的情境中，教師權威就不會受到質疑。源自於遊戲場經驗的初級團體態度，也許真的可以提高教師的威望；如果教師在各方面表現良好，也可以大幅增加威望；有時候則會塑造某種矛盾與增強的情境。但是我們必須記住，有時候初級團體態度會透過師生在遊戲中的親密互動，讓關係人性化；這點只有接受社會距離才能辦到。

　　成人與兒童之間存在著無法縮減的社會距離，有時候它看起來是一道無法跨越的鴻溝。事實上，距離來自於成人已經汲取團體遺緒，因此從某個角度來說，它代表人類與所有先人的智慧，而兒童更像是自然、未經教化的人類；另一項事實是，成人已經在世界上找到自己的位置，兒童則還沒有。當成人抗拒他所同化的團體遺緒，或者不滿意取得的世界位置，來自於上述事實的距離就很難縮減。當成人是教師、兒童是學生時，成人與兒童之間的天然距離會更遠，而且這種距

離主要來自教師必須命令兒童的事實；他們無法認識彼此，因為我們如果只從制度限制來仔細觀察一個人，是永遠不可能了解對方的。繁文縟節衍生自師生關係，它被用來保持社會距離，於是成為一種管教方法。

　　幾乎每位教師都偏好某些維持必要社會距離的方法。這些方法通常屬於教師性格的一部分，也屬於一般社會調適的某種功能，所以在應用這些方法時，教師不會察覺到它們的效果，或只是隱約知道「每個人必須知道自己的本份」。儘管如此，它們多多少少可以發揮效果。在保持距離的方法中，最重要而且跟教師性格關係最密切的就是教室程序，它用一種跟個人無關的方式來界定情境，並且排除自發性人際交往的可能性。這是一種枯燥、務實、形式的教室程序，這種人際交往不會產生性格的付出與接受，但是目標必然都是探討高度理智化的事務。自發性人際交往通常不合邏輯而且曲折迂迴；它有時候先在這裡進行，然後在別的地方進行，它會吸引不同態度的人，也會引發他人的相關態度，但是教室來往多半得遵照慣例、大綱與書本。如果教室來往不怎麼有趣，大家可以忍受是因為它跟個人無關。如果沒什麼啟示性，遵照一些荒謬、愚蠢者的奇想，表面上就不會經常顯得愚蠢、荒謬。這種來往並沒有付出或透露自我，但相反地也沒有向對方要求什麼。教師提問，學生回答。學生發問，教師回答。教師指定功課，學生把它完成。學生寫功課，教師給意見。偶爾師生互動會受到誘惑而偏離世代常規；教師一心想著學科進度，要全班注意當天的手邊事物。這是教師用來保持他跟學生社會距離最有效、最輕鬆的方法。就像某句行業用語：「讓他們知道他是當真的。」

　　對很多教師來說，高效率的教學方法是必備的，它可以抵擋學生的可能進逼（這也許會縮短師生之間的社會距離）。其他教師則在未必刻意的狀況下，找出勸阻學生接近的技巧，避免親密接觸。教師

偏好的技巧是把學生所有回覆都視為錯誤，並且聲音冷淡、用語模糊。師生交談時儘管友善，但仍然疏遠；有位學生受到感動，出於信任地對教師說：「我昨天晚上的約會真的很棒！」教師回答：「那真有趣。」然後就換個話題。或者有學生向教師抱怨另一位教師。他回答：「我很確定某某先生有能力帶好他們班。」語調平板、冷淡，不表贊成。同樣地，某種神情也代表社會距離，提醒入侵者個人的不同立場。在友善而熟悉的氛圍下，學生把手放在教師肩膀上。教師轉過身，頭後縮，小心翼翼地擺脫學生的接觸，用一種冷淡的方式說：「喔，是的，Jackson先生。」或者有個學生上課姿勢太隨便，或者意見似乎天馬行空，教師冷冷地看著他，然後馬上移開目光。大學老師最喜歡用來阻止學生發表意見的技巧是禮貌性地傾聽，然後說：「哼！沒錯！還有沒有人要說？」表情不耐煩，還帶著一點點的明顯客套。同時要注意的是，教師偶爾會用憎惡的表情——認為師生存在無限的社會距離——來對付犯錯的學生：「你們是一種非常低等的生物。你跟我缺乏人性的連結。我們之間的距離，遙遠到我會用最深的敵意來對待你們。」

　　重建社會距離還有許多其他技巧。其中一種是教師認為學生過度親近時，會提出某種命令或吹毛求疵的主張。教師有點不願屈服，學生卻一派輕鬆，令人擔心。教師溫和地提醒彼此的形式關係：「是這樣的，John，你明天要把那份拉丁文報告交給我。」或者以一種友善的粗暴口吻：「不要再讓我聽到有關你的小報告了！」或是：「你現在要做的就是保持自己的紀錄，否則我會盯緊你的。」她不太有把握地說：「John，從這些報告看起來你還是不夠努力。我擔心你是個非常粗心的男生。」有個大學教授私底下常常和藹可親，但是為了稍微避免跟學生繼續熟悉，他會在碰面討論結束時提到學校事務，並且利用機會傳達一些教師角度的建議與評論。這個技巧代表親近與權威的

絕佳妥協。這種親切感並沒有完全放棄距離與權威角色。如果學生展現的熟悉程度比較危險，當下也缺乏繼續維持的良好態度，有時候教師就會採取比較不客氣的做法。她說：「跟我講話的時候，身體不要靠近我的桌子！」或者：「站好！不要散散漫漫的；你現在到這裡要跟我說什麼？」有些情形是情境中沒有任何需要保留的情形，教師面對學生無意中流露的個人感受時，會使用明確的陳述方式：他沒有興趣，並提醒兩人關係屬於一種嚴格的公事公辦。

　　也許每位教師都會發展出不同技巧，以因應性格所引發的情境；在這個情境中，他必須跟學生交手並教導他們。小說中就有一些有趣的例子。《樂鐘》（*Chimes*）這本書裡有一個最佳例子[53]。

　　一般來說，那些女性都不漂亮或者甚至沒有吸引力。Clavercin一開始就想要讓教室、行政單位盡可能不要有男女之別。多數情形下這不難做到，因為女生們既樸素又不重視儀容。有時候下課後會有某個女生留下來，在其他學生逐漸離開後，開始想辦法在一些師生之間客觀、非私人事務以外的事情上做文章。Clavercin有辦法一邊整理書籍、報告，一邊枯燥地重複問題，有效壓制這種個人吸引力，而且很快發現自己已經得到某種「難搞」甚至「勢利眼」的名聲。一個不可思議的故事開始在校園流傳，大概內容是說Clavercin教授要求女學生出了教室就不要向他鞠躬，因為他不想跟她們建立社會關係。Crandall太太跟他提起這個故事時，還帶著濃濃的消遣意味[54]。

53　譯者註：該書完成於1926年，主要探討一所大學的創立及目的。作者Herrick（1868-1938）曾任教於芝加哥大學英語系，他在書中透過主角Clavercin批評大學教師專注於自己的工作或研究，學生則不夠認真。

54　Herrick, Robert，《樂鐘》（*Chimes*），頁58（Macmillan公司允許重印）。參見本書頁95有關*Chimes*的討論。

　　相對的，學生也有辦法抵擋教師的不當進攻。年輕學生很少會在長輩面前拋開她們的含蓄，同樣地，只有同輩才能深入她們的內在生活。學生對抗教師的好奇心以及對方偶爾渴望被接納時，主要是把對方當成教師，而且不想當成其他人。許多教師試圖把班級關係轉變成私人關係，他會感受到某些保守學生的反感，而且不少教師會被一些想要請教課業問題、個性安靜、受同學敬重的學生要求回到正題。學生尊敬教師，可以讓教師具有紀律感。教師必須知道，除非社會距離嚴重傷害學生的自尊，否則一定都有雙重面向。教師想要維持自己的含蓄，就得尊重學生的含蓄。

　　但是教師只知道如何跟學生保持距離是不夠的。他們必須知道如何控制教師性格對學生的影響（以及學生性格對教師的影響），以避免對敏感的學生造成不必要的傷害，化解師生對立，引起學生的興趣，並引導他們進入帶來學習的社會歷程。我們現在來分析一些固定措辭為主的機制以及慣用語──社會操控必須透過這些機制與慣用語才能完成。

　　從事某些推銷的人都會接受指導，適度運用大家熟知的緩衝措辭。這些措辭的使用時機，是當某人提出的方案遭到拒絕，或者提問但對方不理會，或當時還沒有準備好如何回答。這時緩衝措辭就會被加入對話中，這看起來是相當自然的做法，但也讓推銷員有時間思考或轉移對方提出的論點。每個人都以這種方式來爭取時間，或者用嘈雜聲來達到目的，但是緩衝措辭可以在對方沒反應，而自己似乎想要接話前先想一下。以下是一些爭取時間的措辭：「好吧！那麼Jones太太，我會跟妳說明一下那件事。」「好吧！Smith先生，事情是這樣子的。」「整件事情就像這樣，Hopper先生。」「你知道吧！Johnson先生，事情是這樣子的」等等。措辭可以用來爭取時間，也可以轉移焦點或延後考量，直到忘記或提起另一件事，例如：「好，這個觀點

不錯，Jones 先生，而且我真的很高興你提到這點……」「我接下來就會談這個，Smith 太太。」或者「Smith 太太，我們再一分鐘就會談到。」

　　教師跟推銷員所面對的壓力不一樣，但是他們都經常需要緩衝措辭。有時候，教師得學會運用所有這些（甚至更多）措辭。對於即使花時間思考仍然痛苦地找不出適當答案的教師來說，他最好還是坦承無知（當然這樣也比較誠實），而且要承諾補救。但是並不是所有教師都會被情緒化地指定在提問與回答之間等上五秒鐘，而且他們要求學生盡快答覆，也會比照要求自己；再說，教室的社會情境未必能夠審慎思考，很多教師也不認為自己可以坦承無知。因此，教師會使用緩衝措辭來爭取時間、掩飾無知。他們運用以上所有措辭，再加上一長串的逼真語氣：「John，我們不用再等了。那個晚一點才會上。」「好吧！等我把這個講完，我想你們就會很清楚了。」「John，我想我們還是專心上課吧！那麼，1832 年的總統選舉有哪些討論議題？」

　　另外某些緩衝措辭的運用方式雖然類似，但是不應該把它們嘲諷成一場演出。有時候它們也被用來爭取時間，但是看似浪費的時間卻是過渡時期的必備條件，而且潛藏在明顯浪費底下的是一種真正的成就感，它可以維持友善的氣氛，避免敵對的密切關係。所謂緩衝措辭就是因為它們被相當刻意地安插到對話中，延緩教師真實陳述意見或隱藏真實的態度。但是那種隱藏是個人選擇逐步揭露自己，以便接受更公正的評價；而措辭所浪費的時間，就是對方改變心意所需要的時間。它們當然是刻意的，只是這種刻意的說話方式讓人有台階下，那是合理的。跟他人和睦相處主要是為了保留對方的尊嚴。

　　以最簡單的情形來說，教師使用某些高度形式化、刻意的用語，以凸顯學生的興趣並得到進一步支持。有位教師說：「這個觀點很好，我很高興你提到這點。這點值得好好考慮。」以社會學學科來

說，教師經常會用非常坦白的方式回答學生：「是啊！Jones 先生，那是個好問題，我很高興你想到了，因為這代表你有在思考。那是人類（或社會組織）一個重要的待答問題。我想我們這一行有很多人在不同的時間點，都對它感到疑惑。現在我的想法是……（跟學生的想法完全相反）。」

如果有人想進一步利用這種技巧，找機會傳遞資訊、提出論證，或慢慢灌輸某種令人讚賞的態度，就可以利用這個問題去掌握學生。如同上面那位老師的說法：「沒錯，Jones 先生，那是一個好問題。它牽涉到一個重要觀點。你的問題好像反映出一個重要觀點，我想可以用這種方式來表達……好，那個觀點非常站得住腳，很多論證可以透過它來進行。它比那種落伍的想法，認為……要好太多了。我有一度很認同你現在的看法。社會上許多優秀學生也是那樣想的。他們的論證非常有說服力，我認為那些論證目前看來非常合理。主要的論證是……那些都是很棒的論證，我也看得出來它們是怎麼說服大家的。對我來說，它們似乎不能成立，或無法徹底說服我，因為它們漏掉了一些其他重要東西（或某些事實，或某些現代研究指出的重點）。但是幾年前我們都認為（低能是犯罪的主要原因）。那似乎是合理的，而且看起來是真的。但是，那樣的觀點出現了，而且根據陸軍測驗確認，一般大眾的低能人數比例跟監獄施測結果一樣。你知道嗎？如果我們認為那些測驗的確可以測量智力，顯然就會得到上述的推論，但是測驗也許做不到……這個結論得到其他相同研究結果的證實。現在我們都幾乎認為必須從其他方面來尋找犯罪的根本原因。」

這就是說服的技巧：設法不用爭論來說服他人。在運用兩極律的論證中，爭論持續越久，對手就越認為自己的想法是正確的。這就是為什麼會發生以下有趣故事：民主黨和共和黨針對政治爭辯了16個小時，最後發現他們的立場完全顛倒，導致民主黨員變成共和黨員，

而共和黨員成為民主黨員。我們說服別人的時候，不可以把討論變成爭執。有一種說服技巧是為了避免自己認同相反的論點，所以不替對方的某個論點背書。或者，自己向對方做出一連串妥協，最後卻翻轉自己的立場。但是這樣一來，改變意見取決於思考、態度的高層次綜合結果，也讓當事人相信這個轉變來自於本身的態度，讓他自我隱瞞以下事實：他的轉變確實是因為別人。這跟銷售原則的概念是一樣的：推銷員應該讓抱持相反意見的客戶優雅地打消念頭。教學實務與銷售二者之間，還可以找到類似做法：雙方都可以反對。聰明的推銷員可以透過反對，將受害者引導到情境中進行推銷，讓他對於沒有時間評估的連珠炮論述打開心防。教師不必依賴推銷員的天花亂墜技巧，或許可以利用學生的反對來引起興趣，以便在教室生活中得到一種更完整的情感投入。對教師來說，反對同樣有其意義（就像反對之於推銷員）；之所以這樣推論是因為明確表達反對的人，如果把反對的原因拿掉，他發現自己反而可以接受別人的觀點。

　　這樣的思維引發了有關愚蠢問題的議題。教師理解公正處理問題與明智回答問題的意義，促使一些作者主張沒有所謂的愚蠢問題。如果能夠讓教師知道這點，也許是件好事，因為更多教師對於嚴肅問題掉以輕心，對愚蠢問題反而嚴陣以待。再說，學生的多數問題都是真誠的，它們反映出真正的困惑或出自於真正的興趣，而且只要是真誠的問題，我們就應該誠實回答。有時候學生的措辭不好，但是教師可以嘗試了解，不因為遣辭用句的技術瑕疵而置之不理，這樣一來，他的收穫會更多。對教師來說，問題也許不那麼切中要害（就像教師對相同主題所提出的問題），但是事實上學生提出某個問題，就代表它在學生心中是重要的。我們理解宇宙，是透過面對、解決一連串的兩難困境；成人的兩難困境則來自於幼稚期兩難困境的逐漸變化。我們必須了解這些困境的變化，教師必須明智回答學生問題才能達成這個目

標。同時要記得，最能讓學生快速、徹底失去興趣的方法就是教師無法面對、處理真誠問題，或者不尊重學生貢獻的作為。這種情形更讓人遺憾，因為它總是發生在一些比較有自覺、積極的學生身上。

但是，愚蠢問題肯定還是會出現。每個教師都聽過愚蠢問題，堅持沒聽過的人就是傻瓜。有些問題會透露出端倪：沒有預習功課、轉移教師注意力或打發時間、完全無法理解教材（而且無可救藥）、讓教師印象深刻、為全班製造娛樂效果、陷害教師、讓教師出醜，以及只因為某人要他們發問。有人打趣地說，大學生問問題的理由有三個：證明他們知道多少、讓教師出醜，以及挖掘真相。我們必須把其中二個當做愚蠢問題。要注意的是，比起尚未定型的學科，既有學科中的愚蠢問題更多。例如，數學和拉丁文的教材很完整，教師在巨大壓力下必須教完一定的進度，但是社會學或各種藝術、企管科學就不是這樣子了。

各種愚蠢問題必須個別處理。各類問題的各個答案，都開啟了一種可以無限延展的個人互動過程。哪一種問題最該用哪一種方式回答，複雜難懂，如果要詳細說明它的可能性，會非常冗長。一般的重要性原則是，回答這類問題時，不能讓教師涉入某種不當的社會互動，盡量不要干涉教師的主導過程，不要橫生枝節，可能的話，引導學生回到教師主導的教室社會過程。這裡只舉一個例子，學生發問常常是為了羞辱自認為幽默的教師；如果得逞了，他們就會重複那個做法，啟動另一種社會歷程：學生攻擊教師，教師則進行防衛、受到傷害或躲避攻擊。這種過程也許會延續好幾年。如果教師嘗試以同樣方式反擊（教師經常被引誘這麼做），就會啟動不同的歷程。這種反擊很少能夠暫時「壓制」學生。學生更常把反擊當做一個加入機智遊戲的邀約，於是開心地加入。機智之戰上場了，論點變得更尖銳、更個人化，越來越像是一種對教師尊嚴的攻擊。直到有一天早上，教師頭

痛、發飆了，他因為學生「精力充沛」而處罰他們。第二天教師覺得好多了，然後整個過程又上演一遍。許多有經驗的教師認為，最好盡量忽視學生那些語帶諷刺的幽默。因此他們會跟學生的社會生活保持距離，並且拒絕捲進上述的競賽中。無疑地，這是最好的一般策略，但是在那些情形下，有時候某種競賽是因為學生堅決認為教師會把他當聰明人，而教師則堅決否認。（這種例子請參見407頁的描述。）

教師必需以某種終結表示去中止這種過程。有時候正式處罰可以做到這點，只不過代價高昂，而且也只能用在比較嚴重的情形。比較好的方式是某種說法或表態，證明教師完全了解狀況，不會被假象欺騙，打算繼續掌控局面，而且迎接所有對他權威的明確挑戰。

但是我們還是得考量一些具體做法，包括如何確保適度的團體凝聚力，以及如何適度調和社會情境中的社會距離與關注。散漫又懶惰的教師有時候會使用一些教室花招，但是不值一提。其中有一個是律師花招；發言時間有限，但是某個論點很棒，於是他先東拉西扯，直到最後五分鐘才熱情洋溢地提出那個論點，讓聽眾因為沒有時間進一步聽他論述而感到遺憾。全世界所有性格不宜、準備不足的教師最喜歡另一招：用訓斥來逃避可能會讓他難堪的問題。但是重點不是這些。

管教方式的重點在於它是一個拋出去的鉤爪，可以把人拉過來，讓他不能逃走，直到教師掌握他的心靈，再把一堆有用的資訊放進去。你知道教師採取哪些做法嗎？我們已經舉例說明了。教師學會拋出一些小問題和線索，讓學生樂於接受，或者透過社會強制力讓學生聽從，那些都是他的鉤爪。肉店老闆跟老師正在討論青花魚。老闆手邊正忙著，老師不太確定對方會不會把他的整個故事聽完。也許有必要確認一下。

「你知道他們怎麼抓青花魚嗎？」老師問道。

「不知道。」老闆回答（只稍微表示一種禮貌性的興趣）。

「是這樣子的，」老師說：「我來告訴你。我抓過青花魚。你出去……」

這就是老師幫人捕魚的方法。這是他們用來讓對方比較容易吞進知識的方法之一。先用一個問題引起對方的興趣，或者讓對方認為自己想要知道。以上面的例子來說，後面那種形式就是：「你想不想知道他們怎麼抓青花魚？」他暗示的答案就是「想。」如果對方說：「不想。」或是：「是啊！我知道他們怎麼抓青花魚。你搭一艘小船出去……」就會陷入僵局。但是沒有人會回答：「不想。」也很少有人想要知道老師提到的東西。一旦對方回答了，老師就會繼續說他的故事；他是被邀請來說故事的。但是它的確是一種強迫他人傾聽的技巧。

這種技巧的另一種方式是利用**「信不信由你」**引起對方的興趣，把學生引進教室的社會互動中。馬戲團在表演之前會先遊行。剛開始上課，老師先展示一個有趣的事實（即使跟課堂主題沒什麼相關），引起全班的好奇心：「你們知道嗎？」英文老師問學生：「**敢死隊**真的就是把命運孤注一擲的一群人。」學生很熟悉她的把戲，也想聽她說。她繼續說：「我引用的是H.W. Fowler那本**《現代英文用法字典》**，所有想要學好英文的人都應該熟讀這本書。Fowler博士提到敢死隊時是這麼說的：『敢死隊並不是透過隱喻，將一個抽象片語轉化成突襲隊，它本身就有具體的意涵；也只有透過誤解，才能領會孤注一擲機會等等的抽象感。Hope不是英文字，它是錯拼的荷蘭文hoop（相當於英文的heap）；敢死隊就是獻身或殉難的一群人，他們帶頭進攻的時候，犧牲了自己。Hope的拼法一旦固定，錯誤就難以避免了；但是記得它的原始意義是件好事。』」

她停了一下，然後繼續說：「好，我們來看看，我們剛剛討論文字用法的變化，對不對？這可以讓今天的課有一個很棒的起點。」這樣的教師已經學會吸收一堆有趣的片斷資訊，以激起外行人的好奇心。

作業

1. 針對在年度不同時間點與學生建立友誼的教師，進行比較觀察。透過這種方法檢驗以下通則：來自於宰制、從屬制度情境的初級團體態度，比較不會像建立那種情境定義之前那樣，對教師權威造成嚴重傷害。

2. 記錄一天中教室社會距離的變化。哪些事件可以解讀為學生想要縮短社會距離？距離受到威脅時，仔細觀察教師的行為。把你的分析結果拿給那位教師看，並觀察、記錄他的反應。

3. 比較二位任教同一科目之教師的教室程序，其中一個非常形式化，一個則否。評估這二班的學習結果。

4. 記錄教師「壓制」任性學生的做法。

5. 從社會距離的角度，探討教師如何運用學生的名字。教師的做法會影響學生的習慣用法嗎？

6. 探討教師如何挑戰含蓄的學生，以及學生如何恢復社會距離。

7. 針對知名壽險推銷員的技巧進行後續觀察。注意他如何使用緩衝措辭，並將反對意見轉變為自己的優勢。分析並加以詮釋。

8. 針對某位優秀教師進行類似的上述觀察。找出二者的差異與相似處。

9. 列出一群教師被要求回答困難問題時的反應。這些反應都是刻板印象嗎？

10. 分析以下教室情境：某位教師認為「沒有所謂的愚蠢問題。」另一位教師在處理類似問題時沒有耐心。比較這二者，並評估其學習成果。

11. 運用說服技巧，讓某位不認同的學生改變初衷。把對話記錄下

來。

12.檢視政治學或宗教課程的一般論證過程。透過社會學分析，比較其論證和說服策略。

13.觀察人們通常如何消除敵意、避免爭執。

14.舉例說明教師、牧師、推銷員等人所使用的鉤爪策略。

閱讀資料

Bogardus, E. S., "The Personality Clash and Social Distance," *Journal of Applied Sociology*, Vol. XI, No. 2, pp. 166-174.

Dawson, C. A., and Gettys, W. E., *An Introduction to Sociology*, pp. 307-311.

Macpherson, W., *The Psychology of Persuasion*.

Park, R. E., and Burgess, E. W., *An Introduction to the Science of Sociology*, Chapter V.

Park, R. E., "The Concept of Social Distance," *Journal of Applied Sociology*, Vol. VIII, No. 6, pp. 339-344.

Poole, W. C., "Distance in Sociology," *The American Journal of Sociology*, Vol. XXXIII, pp. 99-104.

第十八章　情境的定義

　　如果要了解學校的人類生活，最能派上用場的社會學概念就是情境定義。這個概念是由 W. I. Thomas 提出的。他的情境定義雖然略嫌鬆散，但仍然指出某些心靈、社會生活的真實面貌，也解釋了一些應該關注的現象。

　　嚴格來說，情境定義是一個過程。在這個過程中，個人探索某種情境的可能行為（尤其凸顯情境對行為所強加的限制），最後個人對該情境形成某種態度；或者，更明確地說，是在情境中形成某種態度。然而從另一個觀點來看，我們運用「**情境定義**」這個片語指稱經過定義的真實、具體情境，或者團體生活的某些心靈產物，而那些產物被視為許多情境定義的殘留物。幾個世代以來，人們過著某種共同團體生活，明確規劃出文化中最普遍、社會情境中本來就存在的行為限制。從他們的經驗中產生一種共識：在那些情境中什麼可行、什麼不可行。他們從這些定義情境中歸納出某些團體產物，進而形成團體的重要生活條件。我們不妨將這些團體產物視為情境定義。用純理論的角度來看，這些產物可以是社會習俗、道德觀、禁忌、集體表徵、團體態度、法律等。不過，這些事物唯有融入生活情境，個人才會受到影響；也就是說，影響之所以產生，純粹基於以下事實：當個人針對本身生活情境去形塑態度，就代表他受到某些既有情境定義的影響；只有個人開始察覺並同化那些既有的情境定義，才會受到影響。以我們所知道的團體產物（例如社會習俗、道德觀等）來說，它們是形塑個人情境定義的先決條件與必要元素。

　　如果從其他觀點來看，情境定義的鬆散性質便會顯現出來。情境

定義的確是一種個人透過行為、思維來探究、感受各種情境行為的過程，它具有高度主觀性，而且必須在每個人的心靈中重新得到理解。不過，某人可能深深影響另一個人的情境定義，我們習慣的說法是某人定義了另一個人的情境。事實上，他人的態度會對任何人的行為帶來最大限制，也是所有特定行為的最重要誘因。任何人都可能碰到一個未經定義的情境，此時他人態度就成為動態要素，導致他採取某種（而不是其他）方式來定義情境。因此，我們可以說，某人為另一個人定義某種情境。

在進一步剖析這個概念之前，我們先看看Thomas的說法：

> 在所有的自我決定行為之前，總是會有一個檢視、深思階段，我們可以稱之為情境定義。實際上，不僅具體行為有賴於情境定義，整體的生活方針與個人性格也逐漸依照這一系列的定義而發展⋯⋯。
>
> 家庭是最小的社會單位，也是主要的定義機構。從孩子可以自由活動的那一刻起，他們開始拉扯、撕東西、管閒事、到處找東西吃，父母親也開始用口語、其他手勢與壓力來定義情境：「安靜」，「坐好」，「擤一下鼻涕」，「注意一下你媽媽」，「對姊姊好一點」等等。這也是詩人Wordsworth指出的真正涵義：「牢房的陰影開始籠罩成長中的孩子。」孩子的願望與活動開始受到約束，慢慢地，家庭定義以及學校、主日學校與社區玩伴、正規的閱讀教學，以及非正式的認可、禁止手勢也紛紛發揮作用，這位成長中的孩子學會了社會規範[55]。

---

[55] Thomas, W. I.，《適應不良的女孩》（*The Unadjust Girl*），頁42之後 。（Little, Brown公司允許重印）

用行為主義來說明情境定義的過程，基本上是正確的。有人也許會從兩方面來改變上述過程的重點：(1)用更明確的事實敘述取代原子式概念：所有影響個體的情境都會構成某種整體性，而且整體性往往十分明確。(2)通常會容許學習情境定義的個體，從事明智的自我活動。

以行為主義來解釋情境定義，的確有可能產生自我行動。個人面對嚴謹社會架構的情境時，剛開始會盡量設法適應；無法根據本身目的適應的人，就會失敗，遭到淘汰；可以適應的就堅持下去，最後整合到個人的最終調適中。不過，有人認為這種形成情境定義的說法不盡然正確；因為過程中還包含心智成分，而且後續的動態重整，會將情境各部分組合成某種類型。簡單來說，在某些方面，有人認為以完形心理學來說明情境定義及其過程，會比行為主義好。

很顯然，孩童所須學習的情境定義事實上是文化的一部分，團體會傳達這些定義，並透過團體活動強加在兒童身上。當我們聚焦在個人尋求情境定義時的主體活動，或者個人願意將團體強加的情境定義予以同化，便會發現情境定義過程本身會轉化成其他要素。這些隱而不現的要素包含：

(1) 個人所察覺到的形貌。
(2) 指引行動的情境面向。
(3) 個體與情境互動時產生的態度或活動，以及受到情境影響的個人組織。

人類事務中，許多情境定義的重要性都來自於過程中所涉及的組合要素。某種情境一旦被視為某種特殊組合型態，往後就容易被視為那種型態，而且很難改變成其他型態。有人認為首次建立的型態會限

制其他型態的產生。習慣往往難以改變,部分事實是因為那些跟團體社會習俗背道而馳的其他行為,我們是看不到的;我們已經將情境改組,並且用其他組合型態來看待情境。型態的穩定性各有千秋,我們發現有些情境定義容易改變,有些則固著、抗拒改變。有些文化特別嚴密,可能是因為它們被組合成穩定的型態。進一步來說,心智的特性之一就是可以拆解原有的型態元件,讓它稍微脫離脈絡,再重組成各種類型,而我們發現,(相對來說)心智是不受束縛的。這種型態要素的產生,多少可以歸因於我們普遍缺乏能力去察覺周遭事務;我們看不到眼前的事物,看到的只是一種前景與背景或整體與局部的配置,所以外型不像是明確的實體。

　　引導行動的情境也是重要因素之一。當情境被納入一種特別的型態,我們會注意它的前景,忽略其背景。就構成情境定義的型態來說,前景往往最容易改變。我們把注意力跟行動擺在可以改變的事物,而不是無法改變的事物。當然,唯有如此我們才能真正了解自己,而且注意力法則也是一種心理衛生法則。因為情境而形成的態度或活動,則是第三項要素。我們認為態度就是行為或初始的行為,它來自個體心中的情境結構,以及個體與情境關係的並行結構。

　　個人勾勒情境定義的過程或者對情境形成的態度,似乎很接近Kohler的「閉合」概念。它的定義是:「在一個終點情境中,所有問題的過程不會受到時間的影響(雖然可以將這個概念運用在當下事件中),而(能量)分配的方式,會伴隨最低結構能量的方向而改變。」[56]情境定義中的固有態度,就像「答案與問題緊緊相隨」。「需要思考的問題,會引起一些組合歷程,而這些歷程並不完整,必須加以補足。因此,答案與問題「緊緊相隨」。好答案與好問題並非偶

---

56 引自Harry Helson,《完形心理學》(*The Psychology of Gestalt*),頁45。

然：兩者必須彼此搭配，就像鑰匙與鎖。一旦問題形式得到理解，就會突然出現「**契合**」（*Einschnappen*）；內在連結產生，顯示結構，型態也就組成了」[57]；這種方式跟態度、情境定義的連結一模一樣。

社會角色就像情境定義，會透過突發的契合出現在人們心中。在單純的社會裡，有的人總是祈禱，或者有的人會在特定場合酩酊大醉，不過，有時候在我們這種比較複雜的社會中，人們進入一個新團體，對於他人會對自己提出哪些要求相當沒有把握。面對全新的環境時，有誰不會坐立難安、手足無措？突然察覺到自己的角色時，又有誰不會豁然開朗？社會調適的問題就在於找到某種角色。情境定義決定一個人的角色，也設定了自我感受的範圍。出現在社會情境中的角色，如同所有情境中的態度，它跟組合歷程都符合「閉合」概念。

性格會隨著不斷適應而發展，以呼應一系列層次井然的情境定義。（我們的心理衝突多數來自於個人情境定義的斷裂、不一致。）情境與情境定義的演變過程，總是由簡單到複雜，它顯然偶爾會因為注意力法則而中斷（此時個人未必察覺複雜的整體結構分解成更單純的元件）。在現有的情境中，結構的成長可能來自於因應的適應改善。為了呼應型態改變的一般原則，人類情境會由混亂、令人困惑的零散要素與最基本結構，往更複雜、明確組織的結構發展。

情境定義是社會理論的重要成分，在進行深入討論前，我們認為情境定義對於如何詮釋學校的社會生活，影響重大。這可以從幾個方面來探討。首先，學校可以被視為一個強加既定情境定義的代理機構。教育的確是一種強迫年輕人接受安排的藝術；它將當下、經過團體認可的情境定義，強加在年輕人身上，以維持學校運作。因此，學校成為一個龐大的社會控制機構。它的功能之一就是透過長者界定的

57　同前，頁54。

社會情境，把長者的態度傳遞給年輕人。

　　這點仍然是我們的關注重點。學校的社會生活可以視為有待（或針對）學校人群定義的眾多情境。這些大量、多元的學校生活社會情境似乎可以從三方面來加以定義：

(1) 由教師或學生自行定義，或者由師生共同定義。
(2) 主要由教師依照當時校外的社會（或教師團體）標準來定義。
(3) 主要由學生依照當時校外的標準來定義。

事實上，情境可能會透過不同方式，由不同團體來定義，這會引起情境定義的衝突；我們可以把學校個人、團體衝突的整個過程，視為一種矛盾情境定義的衝突。學校管教的基本問題就是師生競相在學校生活中，建立自己的情境定義。

　　我們可以觀察到，個體在學校中會面對許多未經界定的情境。新教師面對一個完全未經界定的情境，從他的角度來說，他對那些理想的情境定義細節毫無概念。有經驗的教師接了新班級，同樣面對未經界定的情境，他的工作之一就是盡快將自己的情境定義強加在學生身上，以免其他定義有機可乘。學童同樣面對不熟悉的情境，有時候要花很長的時間才能知道學校的期望。

　　我們也許可以好好思考以下這個過程：有些人找到滿意的學校情境定義，把那些定義強加在別人身上，或者依照他人的定義進行調整。許多教師已經知道，應該要讓自己開心一點，以確保在開學前幾天或前幾週，能夠奠定並鞏固自己的優勢。教師佔上風時，會特別想要界定情境。在學生接受定義之前，師生會產生衝突，學生對教師會帶著敵意；如果問題發生在之前管教鬆散的學校，就會更嚴重。教師

所界定的情境在學生心中定型以前，他無法放鬆。開學前幾週，師生
情境定義的衝突一直很嚴重，之後學生的敵意慢慢減少；這多半來自
於兩個因素：一，學生開始接受、使用教師的情境定義，讓他可以忍
受教師的宰制；二，教師稍微軟化，剛好讓情境中出現友善態度。不
過這些友善態度必須來自於教師主導的情境定義；如果不是，就會產
生衝突，並且推翻掉辛苦建立的社會秩序。有一位教師對於上述做法
奉行不渝，以下是有關的描述：

　　我待過的四所學校都「惡名昭彰」。第一所學校「趕走某位老
師」。另一所學校警告最後一位女老師不要多管閒事。第三所學
校拆掉校長車子的輪胎，還把它藏了起來。第四所學校把校長鎖
在教室裡。我能夠進入第一所學校是因為我是郡裡唯一的男老
師，學區需要有人「管管孩子」。至於其他三所學校，是因為我
在第一所學校得到「管理者」的封號。

　　我當然希望在每所學校都有好表現，一方面是為了前途，一方
面是因為每個人都期望我有好表現。或許我已經感受到學校裡的
恐怖平衡狀態。無論如何，我渴望成功，但事實上我只是個小人
物，而且我知道如果老師無法主導，就會被宣告出局或者未來一
年都不好過，所以我特別用心處理學生的管教問題。沒錯，我很
害怕，每到一所新學校我都很害怕。我害怕的不是學生或即將面
臨的問題，而是整個新情境。所以開學前我都會思考很久、憂心
忡忡；終於開學了，我幾乎都採取霸道、無情的方式，就像掉進
陷阱裡的人急著求生。

　　第一週的前四天，除了盡快進行教學，我沒做什麼事。只是四
處閒晃，了解一下狀況。學生開始猜想我是一個魯蛇校長。但是
從第一週的禮拜五開始，我就已經蒐集到足夠資料，胸有成竹地

準備作戰了。接下來的四、五個禮拜，我比之前的老師更嚴苛。不管學生的學習方式、溫習狀況，我都不滿意。如果學生寫的 t 字沒有交叉，或報告沒有擺整齊，我就會開罵。我要他們做更多事，放學後留下來，給的分數又低，想盡辦法讓他們覺得我很難搞。

「現在給我聽好，」我常常這麼說：「班上有幾個同學好像不是來讀書的。現在我寧願你們這些傢伙不會再回學校，你們早晚會被趕走的。」我一點都不在乎班上有沒有這種學生，而且他們通常也待不久。

「還有，有些人看起來好像也不是來學校讀書的。我建議你們，如果不想就不要來學校。今年我不會出那些無聊作業。我們來這裡是要認真念書的。今年是 Bishop 老頭當家，可不是 Nelson 先生，我們一點都不想被這種人打擾。我們絕對不跟你們開玩笑，我建議你們現在就走。」

「當然，我們不想趕走任何人，只是不想再忍受了。如果你不改變學習態度，待在這裡的只是你的帽子和書而已。回家吧！我們不想看到你。如果你明天覺得自己不一樣了，就回來；如果沒有，就待在家吧！」

尤其對一些高年級男生來說，一開始就這麼一段長篇大論，他們的表情似乎都是：「哎呀！個子小，說話這麼衝！」不過，他們從來不會這麼說；如果真的這麼說，我的故事就完全不一樣了。至於管教，我對他們前幾週做的事情幾乎都有意見。我毫不留情地大吼大叫、冷嘲熱諷，而且一視同仁。通常我的尖銳腔調會讓一、兩個大男生掉下眼淚；逮到現行犯時，還會賞他們巴掌。我大膽、強悍又蠻橫，而且始終搞不懂他們為什麼受得了我。我常常在想，如果我下達命令，他們（或者只有一位學

生）不遵守，我該怎麼做？當然，我會趕他回家，不過我想他不會走。我心中從來不會回答這個問題，實務上也沒有碰過這種問題。我只是害怕，有一天我的虛張聲勢會被看穿，因為我實在不該打那個女生，也不該對一些大男生動手。

但是，我從來不會不講理或公報私仇，我也不會不分青紅皂白地動手；但只要抓到把柄，我就會馬上採取行動，直接拿犯錯者開刀。在學校我總是跟學生保持滿大的距離。因此，新學年度的第一週或接下來的幾週，學生會有充分時間交換看法，思考一下。他們認為我最嚴格、脾氣最差，是校內有史以來最變態的監工。如果他們夠勇敢，就會設法下手，不過我的堅持已經消磨掉他們的抗拒。此外，他們始終摸不清我的底細，或者下一步我會怎麼做。於是，我一開始不提供情境定義，後來才為他們重新定義，之後就放慢腳步，直到第二學期開學，此時情況變得相當民主（一種帶有控制色彩的民主）。聖誕節時，附近的人都說我其實不是壞蛋。到了年底，幾乎每個人都要我回去上課。（一位教師的生命史文件）

以上例子說明了我們之前所討論的技巧。然而，這位教師顯然在情境定義過程中添加過多的不愉快，他太激動了，所以無法得到最好的結果。要善用這些技巧，要靠穩定的性格，對學生提出一致的要求；同時假設其他學生會服從，不會自尋（或避免）煩惱；但是他對學校的社會生活，已經具備充分的洞察，能夠釐清哪些情境應該採取不愉快的方法。

同樣地，第一次上學、剛到一所新學校或剛升上新年級的學生，都會遇到一些先前經驗無法提供適當定義的情境。他們可能會自己找出跟同伴相處的定義，或者接受教師的情境定義。以下資料說明一個

有趣例子的來龍去脈：

　　我的表妹 Frances 坐在幼稚園學生圍成的圓圈中。這是她第一天上學。到目前為止一切都很好，她的老師 Lamb 小姐讓她覺得很自在。從 Frances 進入 Lamb 小姐教室的那一刻起，她就成為整個新情境（與新環境）的一部分，她小小身軀所承襲的過去整體經驗，始終制約或修正她的行為。對於這個事實，Frances 有所察覺，有些則無法察覺。Frances 掃視了一遍學生圈，看到她家隔壁的男孩 Dale。Dale 坐在附近，這就是眼前的情境或對象。Frances 運用之前使用過好幾次的方式來定義當下情境。眼前的 Dale 過去常跟她一起玩耍、說話。情境經過定義了，她現在想跟他玩、說話……。於是，Frances 走向他，開始交談。不過因為是新環境，她的動作顯得猶豫，說話有點吞吞吐吐。這時候老師介入了。顯然 Frances 的情境定義是錯的。一個小小的危機產生了。

　　「我該怎麼做？」Frances 問自己。「以前從來沒有人會阻止我跟 Dale 玩或說話。我要怎麼面對這個號稱老師的干擾者？她干擾了我習慣的做事方式。我該哭嗎？或者該笑？還是該生氣？」

　　……Frances 在想，這種事情也許常常發生在學校，她決定回到她的小紅椅上。這麼做不會引起不必要的麻煩。

　　Lamb 小姐接著過來跟 Frances 說話。她說在學校裡每個人都要有事做，而且必須待在座位上保持安靜，這樣大家才能夠把自己的事情做完。Lamb 小姐也很高興，因為 Frances 決定不去打擾別人，回到自己的座位。於是，老師設法為 Frances 重新定義情境，建立某種對立態度，以改變行動習慣或行為。

　　幾天之後，同樣的事情又發生了。不過，這次 Frances 發覺自己不但知道自己的定義與態度，也知道 Lamb 小姐的定義與

態度。她妥協了，沒有走過去和 Dale 說話，只是輕聲和 Dale 交談，也沒有離開座位。這一次老師和同學決定，如果 Frances 干擾到大家，就必須坐到角落去。這麼一來，另一個小危機產生了，類似的重新定義情境，引發同樣的對立態度。

現在 Frances 來到下一個階段，她和 Dale 竊竊私語，這為 Lamb 小姐帶來更多危機，她必須搞定這個新定義與新態度。最後，主要危機產生了，Frances 的竊竊私語使得全班必須從頭來過。Frances 深切體會學校定義中的孤僻行為，並同步修正她的態度。之後，Frances 好幾次主動不再享受竊竊私語的樂趣，禁止態度被整合到禁止習慣中，這個過程從意識範疇進入無意識範疇……。Frances 在學校行為表現良好，她自己也知道並設法維持那樣的表現。在她自己及他人的眼中，她就是一位校內的「好女孩」。（摘自〈教師問題的社會層面〉〔*The Social Aspect of Classroom Teachers' Problems*〕，Kenneth McGill，未出版手稿）

教育圈有一句至理名言：開學第一天或第一次班會，是整個學年的成敗關鍵。基於這個事實，有些教師在開學第一天就會頒布嚴格的班級行為規定。在這方面，Bagley 的著作是典型代表，他為開學第一天提供許多建議，如果仔細遵循，學生面對的就是一種界限明確、必須照做的情境，因此接受教師的情境定義幾乎已成定局。Bagley 聲稱：「教師通常都同意，越早建立常態慣例，結果越理想。」他相信最好在「第一天就嚴格規範所有的細節」。關於第一天的準備工作，他提供了鉅細靡遺的說明，其中大部分都是關於教師必須調整身體狀況，以便執行學校工作，備妥應該事先完成的教學計畫。教師必須檢查教室、了解學生背景；確定黑板擦乾淨了，粉筆與板擦準備妥當，而且書本、紙張、鉛筆、原子筆、墨水等數量足夠，隨時可以使用。

Bagley接著提出開學第一天的某些行為規定。由於他的所有建議幾乎都有助於師生關係，所以逐項引述如下：

1. 及早做好準備。

2. 檢查教室的情況是否良好；地板是否乾淨，桌上有沒有灰塵，衣櫃可不可以使用。除非狀況很糟糕，否則不要向校長或工友抱怨，自己搞定。

3. 檢查粉筆、板擦是否就位，或者指定的班長是否準備妥善。無論如何，要確定這些必備用品隨時可以使用——粉筆盒是開著的，板擦是乾淨的等等。

4. 在前面幾堂課，把所有事項都寫在黑板上。你的教學一定會把算術當做剛開始的作業之一；黑板上要提供足夠的算術例題給全班。

5. 對於早到的同學要親切問候，引導他們入座。許多成功的教師會要求學生在「第一聲鐘響」之前進到教室，以觀察跟平常上課的禮貌是否一樣（只要他們待在教室而不是操場的話）。無論你是不是會這樣做，你可以在第一天早上注意誰會在教室裡跑來跑去，或在座位間穿梭。

6. 找學生協助是好的做法，他們可以幫忙處理例行事務以及真正的教學工作。第一天早上，他們可以依照你的指示，擺好粉筆、板擦、寫上學生姓名的紙張、鉛筆等。

7. 鐘聲響起，學生排隊進教室的時候，所有事情應該就緒。教師應該指導學生依照進教室的順序，逐一到各排就座。排好座位後，如果有需要就要馬上調整。如果兩班一起上課，其中一班已經進到教室（就像各校都是每半年升級一次），就讓高年級坐上學期的位子。如果所有或多數學生都是新生，

儘快讓他們依指示就座，必要時加以調整，以適應不同尺寸的桌椅。這件事應該在短時間內完成。

8. 盡快依原訂計畫去處理帽子、圍巾問題。如果需要人手幫忙收集，就指定每排第一個或最後一個學生幫忙。從一開始就給予明確指示，而且要徹底嚴格執行。如果要學生經過衣櫃時順手把圍巾放好，你就要他們依指示排隊出去，再回到教室，經過衣櫃時把圍巾放好。你處理這件事的方式（只是例行事務的小小起點），會大大影響學生對你的第一印象。

9. 完成這件事之後，如果你想要來個開場白，這時候就是最佳時機。開場白要簡單扼要，避免語帶威脅、言不由衷或陳腔濫調。尤其要避免「花言巧語」。選一首學生都熟悉的歌，也是可以的，好好地帶著大家唱。除非法律、規章或社會觀感禁忌，也可以考慮祈禱儀式。

10. 在這些前置工作之後，要每位學生在紙條上寫下自己的名字，交給每一排的第一位同學；收的時候，把自己那張放在那疊紙的最下面，依序疊上去。每一排紙條都交到你手上時，就用橡皮筋綁起來，依序擺在你的桌上。這樣你就可以用最省事的方式，按照座位找出學生名字。

11. 所有這些事應該在短時間完成（當然不能超過二十分鐘），而且之後無論是兩班或三班，都要遵守這些流程。如果是兩班，可以把工作指定給高年級。如果兩班以上，就排除最低年級。第一次背誦課應該這樣開始。如果學生必須到長椅背誦，教師應該給予明確的動線指示，同時解釋所使用的手勢。學生離開長椅、回到座位的流程，你可能需要演練二、三遍才會滿意。第一天可能要花點時間演練，但一定要保留一點時間做更重要的事。如果全班都要到黑板前面，也要依

照預定動線演練幾遍。

12.〔有關未分級學校的分類。〕

13. 下課前幾分鐘，停止所有工作，讓學生演練行進動線。在大型的年級制學校裡，教師必須知道所有通往操場的路線，以便指定學生在適當地點集合。這件事應該事先徵詢校長或其他教師。

14. 指定幹部發放原子筆、寫字板、習字簿等，這些東西在前幾堂課就要先準備好。盡量找更多學生負責這些工作，讓每個人從一開始就承擔服務效率的責任。第一天上課時，花點時間訓練幹部了解這些職責。讓他們反覆練習傳遞、收齊物品，直到迅速、敏捷、井然有序為止。如果你想要把這些服務納入平時表現，一開始就要讓學生知道，並且說明第二週或第二個月初會做更動[58]。

　　對於熟悉某種學校管理哲學的人來說，或許最讓他印象深刻的就是非常嚴格的社會秩序；Bagley 認為學校適合建立這樣的社會秩序。但是，有人很喜歡這些說法的高度實用性，這種印象也因為過去幾千名教師與準教師坦承受益於 Bagley 的研究而得到強化。Bagley 簡潔、清楚地說明了開學時，嚴格教師所發展出來的一些基本原則。這些原則某種程度沒有錯，Bagley 的主張仍然具有代表性。然而，如果我們把這些原則當做構成某種學校社會情境定義的常態做法，它們就會有更多元的意義；一旦找出強迫學生接受特殊情境定義的做法，學生就會失去主動權，而教師取得完全的宰制。

　　遵守 Bagley 建議的教師提供一種不容模糊的情境，那種情境完全

58　Bagley, W.C.,《教室管理》（*Classroom management*），頁25-28。（Macmillan公司允許重印）

是經過設計、預先安排的，學生別無選擇，只能照單全收。教師已經仔細考慮所有因素，學生沒有必要、也沒有機會找出自己的方式。有人指出，Bagley整個論述的重點在於周詳地預先管理學校生活，學生沒有機會自主管理，這可能會導致脫序。教室一向是個新鮮的社會世界，也是一種專制、做作的社會世界，但是學生感受到自己正在進入一個不變的社會。他必須服從。

　　某些特別規定也許值得進一步探討。有關教室硬體準備以及教具分配的建議，只是為了避免學生即興發揮（那是不可取的）。Bagley建議許多教師應該要求學生在第一聲鐘響前馬上進教室就座，然後觀察上課禮節；至於那些認為過度嚴格的教師，至少要注意學生會不會在教室裡東奔西跑或在座位間穿梭。這麼做是為了避免學生可能因為某個刺激，在開學前就發展出自主的情境定義。演練例行事物有兩個目的：一是將學校情境（包含規則、限制以及機械化的例行工作）烙印在學生心裡；二是讓教師有機會說明一些不可能發生衝突的事項，以建立主導性。Bagley建議的幹部制度還有一種功能，就是讓教師偏愛的學生彼此合作；班級幹部事務演練，也可以讓學生加強教師情境定義的印象。（就像本書其他章節指出的，運用幹部可以讓教師保持不動，因此更容易掌控情境。）

　　在前面引述的討論中，專業教師的態度會毫不掩飾地顯示出來：「……如果你想要來個開場白，這時候就是最佳時機。開場白要簡單扼要，避免語帶威脅、言不由衷或陳腔濫調。尤其要避免**花言巧語**。」說這些話的人是教師！師生的往來，必須限制在即將面臨的事物；教師說話不能涉及與學生的私人互動。Bagley在此展現他對學校機構生活的完整了解；教師認為教室情境理當如此，而且根據這個觀點透過相關的言語、行動來定義情境，那會比較好；如果所有教室融洽關係的原則都必須用言語來表達，不但很困難，而且相當危險；一

段正確敘述會引發學生不必要的敵意,錯誤的說法也會造成衝突的情境定義。對於想要嚴格控管教室秩序的人來說,無疑這是金玉良言,不過有人認為這類建議令人遺憾。對於專業教師來說無須遺憾,事實上師生在教室裡都無法完全表達自我;教師說得少、說得乾脆、不心軟,是件好事。不過從比較廣泛的觀點來看,可能會對師生雙方都帶來令人遺憾的後果。

Bagley 或許是第一個承認以下說法的人:所有的明確規定在運用時必然有所侷限。教師各有千秋,某位教師認為有效的融洽關係,對另一位教師可能行不通。用古老方式嚴格管教學生的教師,可能不是優秀的莫里森方案(Morrison plan)教師;有效依賴善良本質與穩定性格的教師,不應該利用找碴技巧來增加成就感。與其提供一些普遍有用的特殊技術,或者試著在所有教師身上培養類似的人格特質,不如讓教師全盤了解學校生活周遭的社會過程,然後各自構思一套最能幫助自己的技術,以落實心目中的理想教育。

不過,只在開學第一天明確定義情境絕對不夠。如果教師要持續掌控教室的社會生活,他必須隨時更新他的情境定義,技術也得因應不斷變化的情勢。Bagley 和其他許多學者都建議,教室活動應該盡可能常規化、機械化。依據這個理論,教師在第一天就必須讓每件事依原先計畫進行,使得跟教師情境定義相反的主動生活無法發生,因此他必須盡量將這個步驟具體化,讓它成為慣例。這樣一來,年復一年,教師都可以維持絕對不變的控制,學生也永遠逃不出掌心。

然而,情境絕對不可能如此明確定義,教室流程也無法如此嚴格地常規化,好讓脫序現象不會發生;也就是說,學生不會找到跟教師情境定義相反的自發性情境定義。生命總有辦法從生活周遭的籬笆中找到缺口(這也是一種為了維持紀律而採取彈性技巧的說法)。教師面對這些衝突的情境定義,必須儘量找到自己最滿意的技巧,持續更

新自己的情境定義。衝突的情境定義，可能涉及教師的個人衝突，也可以用其他方式解決。Bagley談到教師的堅持特質時，附帶提到嚴格要求紀律者維持原先情境定義的技巧。這種技巧包括堅持與一致性，而堅持需要加倍的努力（所有這些有賴於穩定的原始性格）。茲摘錄如下：

　　想要創造一種井然有序的教室環境，就必須嚴格遵守每一項規定，不能鬆懈。如果學生不需思考、判斷，就能夠自動遵守秩序，良好紀律可說是達到了巔峰。也就是說，一個紀律良好的教室，已經擁有將良好秩序簡化成習慣的條件。不過建立習慣的法則需要堅定的信心。為了讓守秩序成為主動行為，教師必須立即記錄所有最細微的例外狀況，而且馬上修正。初期對於學生的健忘，可以稍微容忍；也就是說，建立秩序的例外狀況，應該透過簡單告誡來加以修正。不過不能再犯。「我不認為……」這種說法只能原諒一次。教育的職責就是訓練學生「思考」一些需要想法的事物；對於那些習慣性忘記規定的學生，應該採取比告誡更有效的方法來刺激他們的記憶。如果教師必須因為同樣的偏差行為而不斷警告、責備學生，就不是有效率的管教者。

　　我們不能過度強調這項原則的重要性。俗話說教師之所以無法成功「管教」學生，主要還是因為缺乏能力。無法管教的最常見原因是不能堅持。教師訂下某個規定，學生會用違規一、兩次來測試教師，或許他們只是一時忘記。有經驗的教師會姑且給一次機會，而且只有一次。但是，年輕又沒有經驗的教師會不斷警告，而且隨著次數增加，效果遞減；或者，更糟糕的是，他輕忽了這種做法偏離了既有的規定。這種潛藏的渾然不覺、「這次不算」，正是毀掉許多教師前途的暗礁。

「我該怎麼做？」關於這點，年輕教師一定會問：「如果我用盡所有能夠想到的方法，卻還是失敗，我該怎麼做？」沒有一個明確公式可以處理所有的特定案例，但是我可以提供一個一般建議：維持秩序。如果有必要，先把所有事情丟在一邊，直到恢復秩序。你如果無計可施，就把權威擴展到臨界點。向違規者施加一堆處罰，讓每次處罰的「刺痛感」加倍。如果沒有其他方法可以達到目的，就讓那些頑強分子精疲力竭。切記，你的人生成就得看你是否能夠徹底完成這項工作——這是最重要的指標。你有法律的支持，也有明智大眾觀感的支持。或者，如果法律牛步化、不完善，大眾觀感不明智，你還有正當性、正義，以及幾世代教師所累積的經驗可以幫忙。[59]

這段話就像Bagley的所有主張，很有道理。對於比較嚴格、主張強力壓制的教師來說，它是理想的表達。對於缺乏體制勇氣或經驗的教師來說，這段話也提供許多絕佳忠告，而且無疑地這些都受惠於Bagley的告誡。不過，忠告之所以好，只是因為它就只是忠告，提供者與接受者都不該按照字面意義來解讀。按照字面意義行事的教師，很快就發現自己陷入死胡同。我們不可能真的對每個犯錯者都加重處罰。就人類的具體情境來說，我們不可能正式審理每個違規。有人會質疑，從處理違規行為的實務觀點來看，教師表面上忘記規定會不會比無效的警告與處罰，帶來更嚴重的規定失效。

比較Bagley的專制維持情境定義模式，以及基於現代心理學與當代先進學校經驗的模式，便可以知道我們在邁向教育人性化這條路上進展了多少。嚴格紀律執行者只知道某種曲調；他剛開始的時候

59　Bagley, W.C.,《教室管理》（*Classroom management*），頁95-97。（Macmillan公司允許重印）

輕柔演奏，然後音量越來越高；我們現在知道差別所在了。我們不像Bagley那麼確定，性格鍛鍊向來都是教育目標之一，它會受到拒絕選擇以及強制培養良好習慣的影響。我們應該對更巧妙的控制有信心（此來自於控制人類性格的啟示），也應該設法灌輸學生良好的一般態度，而不是特定習慣。此刻我們不認為「學生一旦自動遵守紀律，不需思考或判斷，良好紀律就達到巔峰了。」我們之前的確認為，堅持加上不斷努力，是學校政策的基本方針；現在主要的做法是堅持，並透過深入了解與洞見來加以修訂、改正。儘管良好秩序可能是習慣性或多半無意識的，我們仍然不希望付出學生不經思考、判斷的代價。

正確地說，有關學校紀律的新規範仍然稀少，使得對教師的要求比過去多。新規範要求教師有更多的想像力、更多的理解，以及靈活、彈性的技巧。當然，啟發式管教對教師的要求，會比維持一個普魯士組織少；在舊有體制下，師生性格完全被扭曲，軟弱的教師傷心地想要維持一種不可能的秩序；強硬的教師雖然性格不同，一樣好不到哪裡去。但是對於高度控管的學校來說，一個簡單技巧就足以定義情境，如果學校想要維繫更有彈性的生活，就需要複雜的技巧。

在傳統、老派的學校裡，情境定義的互動情況大概是這樣子的。教師定義的情境一開始就建立了，它屬於一種嚴格的社會秩序，由教師宰制所有的社會生活。這種定義希望適用範圍是全面性的，不允許即興調整。學生很難產生自己的定義。但是學生的定義的確產生了，因為人類生活不可能被迫完全遵循嚴格社會秩序的要求。一旦發生這種情形，就必須搭配徹底壓制的做法。於是，學生的情境定義大概會被完全排除——就像從來沒有發生過，而教師的情境定義就會重新建立，或者擴大以搭配新的情境。這種針對學生的支配關係，被假設成性格塑造。毫不讓步的社會秩序迫使學生必須塑造一套「良好」習慣，而且假定這套習慣將伴隨終生。

　　以上是舊式技巧應該訂定的目標。在教室的真實人類情境中，這種技巧很難幸運達成上述目標。學生一定會設法擺脫教師，建立自己的社會秩序。於是，教師主導的社會過程和學生逼迫的社會過程之間，突然出現致命衝突。教師預先規劃、企圖建立的社會秩序，永遠不可能實現；那些規定無法涵蓋所有事項。在社會秩序的縫隙中，突然出現自發性的學生生活。漏洞一向存在，生命總會找出那個漏洞。當某個學生定義出現在被忽視的社會秩序角落，教師就必須訂立一個規則來掩飾那個學校情境階段。但是規則越多，有關適用場合就會有更多歧見；既然規範很多，當然就會有各種「規範律師」。於是，有人在堤壩挖洞，有人設法填補，二者不免有所衝突。師生定義往往是衝突的，而學生定義源自於教師制定的社會秩序漏洞；學生從來不曾完全接受以下的說法：教師主導的社會秩序是一種無法改變的生活事實，這使得衝突更為嚴重。要建立教師秩序，必然引起最低限度的不悅感。形成於社會結構細縫中的學生秩序，以及擴充教師權威以便掩飾的做法，都會跟難以降低的不悅感產生衝突，而且不悅感往往會轉變成敵意。這種衝突很容易惡化成為一種師生衝突團體關係。只要衝突團體存在，道德規範就會主導一切。衝突團體道德規範的本質在於傷害對方會得到讚賞，友善相處就是背叛。

　　要分析嚴格社會秩序對學生的影響，必須用很特別的方式來評鑑嚴格訓練如何塑造學生性格。首先，從當代心理學的觀點來看，習慣似乎的確不會憑空產生。如果要保持習慣，並且在個人生活管理中佔有一席之地，習慣就必須根據個人的一般態度形貌，也就是說，習慣必須與個人的深層性格密切連結。透過習慣培養來形塑性格，無法產生那種連結。就算有時候連結了（性格塑造方案要有效，往往必須要有連結），那也完全是個巧合。如果性格塑造者都是在巧合之下達到目標，那是沒有效率的。然而事實上，舊式學校的情況可能更糟糕，

因為師生衝突的確已經讓一些連結教師社會秩序的習慣，產生負面情感價值。於是學校強制建立的習慣價值，會因為二個因素而大大降低：第一，習慣所帶來的負面情感成分；第二，習慣跟個人的一般、深層態度形貌牴觸。的確，這樣的過程有時候（而且絕對不是很少）會持續下去，造反的學生會透過相反的良好態度，從憎恨的教師身上學到那些習慣。不過這些情況一定少之又少，遠遠比不上學生對抗學校的既有秩序、規避代理人的監督，養成終生違法的態度。

新式學校或許主張更理性的社會過程運作。對此我們最好保持懷疑的立場，因為人類歷史上想要依照規格書設計制度、改造人類本質的嘗試，幾乎都宣告失敗。那些計畫忽略了真正的因果機制運作，無法產生指定的人類特質，這是因為他們的理論根本不完整。然而，根據過去二十五年來的社會實驗，我們也許可以說，如果教師宰制不那麼嚴格，而且來自於個人領導——而不是制度化的社會、獨裁秩序，這些學校就會比專制學校更有助於人類的性格塑造。

在新式學校裡，社會過程的彈性與自主性比較大。它需要師生參考根據相關的需求、願望，共同找出情境定義。這個定義不是不變的，也不會產生嚴格的社會秩序；它會參考團體自主運作的態度與興趣，不斷定義與再定義，屬於一種逐步演進的情境。教師透過領導來掌控教室團體，將他們的注意力與能力引導到特定方向。這個過程之所以順利，是因為事實上學生對於那些知識的取得，已經擁有正向的態度形貌，而且，那些知識的確是學生團體參與社會生活時必須具備的。其中瑣碎或異常的情境定義，當然還是例外狀況，但是至少這個過程似乎一定是由團體或透過教師來規範個人，而不是教師直接進行。從性格演進的觀點來看，它的好處是性格會由於參與逐步擴展的團體生活而正常發展，不會因為聚焦於教師宰制問題的對立社會生活而扭曲性格。我們必須承認，這種說法或許過度理想、樂觀，而且就

算在最開明的新式學校，這種過程常常還是會有不同的形式。我們也必須承認，這種學校常常沒有辦法維持學業標準，而且有時候會因為疏於要求成就標準，而無法培養兒童的性格。然而，過去二十五年的一般做法，已經明顯擺脫更嚴格的學校管教，而且許多做法也在不降低標準的前提下完成了。

無論教師想要建立的紀律或想在學校樹立的社會秩序是哪一種，都需要許多定義情境的技巧。顯然不同教師會使用同樣的技巧，只是重點不同。定義情境或維持某種既有定義的重要技巧如下：規律化、處罰、發出聲明、儀式、教師由於參與教室情境而產生個人影響力，以及教師因為了解、運用心理學機制而產生個人影響力。我們之前已經討論過規律化議題。

以舊式思維來說，企圖維持嚴格紀律的教師最喜歡使用處罰。處罰可以找出一些令人厭惡的行為，並強迫犯錯者接受不舒服的感覺。處罰一旦奏效，就會藉由在某些脫序行為上強加某種禁忌，以定義情境。管理學校的實證心理學家認為，處罰基於快樂原則，可以對不良行為產生嚇阻作用。在更傳統的犯罪學裡，處罰必須足以超越受罰者進行禁忌行為所得到的任何樂趣。以行為主義心理學的反向制約來說，或許可以找出處罰的理論依據。這裡的難題跟行為的快樂主義理論及其控制一樣，行為本身往往來自於態度，而處罰不會影響態度。另一個難題是，處罰往往導致對抗態度，而且這種態度比處罰更能影響行為。然而，有經驗的教師知道處罰有時候行得通，而且在學校的動態社會情境中是必要的。處罰的價值似乎就在於它指出某種禁忌行為的事實。

另一個常常用來定義情境的技巧是發出聲明。教師會說：「在我們的學校可以做這件事。」或者「在我們班不能做那件事。」想要針對某個禁忌，以口語方式提出要求，或者指出某種情境改變，這個

技巧通常綽綽有餘。以學校或班級控制來說，幾乎每一位教師在接手那位個性軟弱（或隨和、廣受歡迎）的教師時，都發現自己必須靠這種方法才能明確地從他人掌控轉變為自己主導。學生說：「可是某某老師會讓我們上課時翻書……」老師回答：「今年你們碰到的可不是Nelson老先生，是老Smith，這完全是兩碼事。」

儀式常常被用來建立某種情境定義，而且讓它持續不變。於是有些師生關係形式被儀式化，好讓形式維持不變，而且相關的態度形貌也可以繼續存在於其他關係層面。這是Bagley主張慣例機械化的好處之一。另一種儀式運用方式是期望在選擇、表達形式化態度時，可以讓態度內化。（參見儀式那章）

一旦教師被認定為學校的正式社會組織，他的個人影響力可能會完全傾向維持那種社會秩序。學校的社會秩序已經成為教師擴充社會自我的一部分，他跟這個情境共生共存。因此教師的所有個人影響力，可能都跟維持教師情境定義有關；教師影響力包含所有微妙、受到忽視的個人成就與心靈啟迪（例如認真、性格以及個人勢力）。說得明確一點，教師的性情幾乎已經變形為維持教師宰制的工具。新教師慢慢熟悉師生定義的所有複雜教室社會情境，一旦嗅到學生想要用非正統方式來定義情境的蛛絲馬跡，他就會生氣。這就是制度化的性情。

我們探討教師定義情境的技巧時，不能不考慮技巧可能來自於不同的個人影響力。這個技巧並不來自於教師誠心認同學校教室的道德秩序，而是個人特質加上熟悉學校社會過程與學生性格學的趨勢。一些具備豐富人類本質基本知識的教師，已經用比較簡單的方式來運用這個技巧，有些則使用複雜但減少評斷意味的方式，而這些教師所接受的心理學與精神病學訓練，協助他們察覺暗示機制與自卑情結。

我們之前已經指出，學生知道在他們的目前文化中，許多情境定義就是學校社會經驗的直接或間接結果。我們也認為，學校最重要的功能

之一就是將情境定義傳遞給年輕人，讓他們有所察覺。這的確是性格教育的核心任務：引導學生體認我們當下文化中的社會情境，將情境系統化，以便採取行動，讓結果跟社會政策一致。我們很難透過指定作業或閱讀演講集，長期把情境定義強加給學生，因此必須利用學校生活的真實社會情境。有關兒童社會生活的利用少之又少，學校當局認為學生的社會生活很無聊（或更糟糕），寧願選擇壓制，並且透過告誡或其他手法，強迫培養某些性格特質。然而，孩童待在學校裡，對某些情境定義的確觀察得越來越仔細，這點或許應該稍微思考一下。

對教師來說，最難強迫學生接受的情境定義就是兒童的學校生活——尤其是兒童與教師的關係。因為我們之前已經在這個議題上討論很多，這裡只強調這種情境定義是教師費盡心思才把它深植在兒童的身上，在成人生活中很少看到類似的定義，所以如果只把它當成一種生活訓練，那就白忙一場了。服從教師，其實沒有辦法為兒童預備什麼，因為在他的未來世界中，教師並不存在。

兒童生活以外的情境定義含有更多自發性，因此在學校以外的生活——運動家精神與公平遊戲——比較容易找到類似定義。對於參加競賽遊戲的孩子來說，公平遊戲或運動家精神常常讓他們刻骨銘心。對那些正在練習玩遊戲的小男生來說，或許它就是無窮論辯、不斷責罵的結果。如果男孩遊戲團體的互動缺乏指導，發展出來的公平遊戲精神是非常有限的。一般來說，公平遊戲未必適用於非團體成員；它對其他團體成員、教師或不同性別的成員也不適用。那是一種坦率，不要花招。在這些限制中，這種情境定義卻跟男生的強烈、明確態度有關。對私立學校的男生（或一些競技為主的團體）來說，運動家精神會成為一種信仰；男生可以理解這種道德原則。

由於在我們的文化中，最重要的價值是屬性，學童當然應該利用在學期間，了解一些禁忌的相關屬性與運用。它可以提供孩子一種最

鮮明的情境。有一種罕見（也許是唯一）情境會讓師生共同全力捍衛社會秩序：團體中出現鼠輩。更罕見（而且總是不明確）的是學生發展出某些有關個人誠實的禁忌行為。事實上，學校生活的許多特徵反而讓學生培養出不誠實。學校情境要求學生尊敬教師，但這經常跟學生的真實感受以及學生在校外的看法相反。嚴格的評分制度重視成績，引誘學生作弊，而且這種情境特徵會因為師生的仇敵道德觀而更嚴重。這時，作弊會變成刺激的遊戲，學生嘗試後不會有什麼損失；即使上了大學，這種想法仍然常常存在。畢竟，如果重點只是累積一堆沒有意義的學分，那麼用什麼方法拿到有什麼差別？此外，教師為了餬口，說出自己也不相信的話，造成內心不誠實，一方面卻又訓誡學生，兩者之間存在極大的落差。

某些有關性別作用的情境定義，也是學校生活的重要部分。強迫兒童接受的最重要定義之一，就是異性戀定義。有時候這個過程是在自然、自發的情形下完成的。有的教師會在情人節安排男女雙方交換禮物的活動，他們的做法就是以正確方式來掌控社會過程。在單一性別團體中，有時候必須用比較嚴厲的方式來灌輸禁忌行為。在黑臉雜耍表演中，由於某些男孩扮演女性的角色，使得團體中確實出現一些性聯結；陽剛的男教師可以用直接了當的演講，清楚定義如何在男孩團體中適切表達情感，結果同性之間的來往越來越不公開，而且大部分完全消失。教師也想要把傳統道德觀禁忌強加在學生身上。強迫女生接受毫不退讓的貞潔禁忌。證據顯示，女學生童貞就是女教師對自己的高度要求。[60]此外，教師認為「少男少女初戀」是一種痴傻、徒勞無益的情感，無法搭配學業成就理想，導致學生只要對異性表達明顯興趣，就會被許多教師揶揄或處罰。

---

60 在大約75位女教師自選主題的短文中，約有四分之一是關於某位女生悖離傳統道德觀的經驗。這點似乎明顯暗示，對女教師來說，那是學校生活的核心問題之一。

作業

1. 持續觀察一個成功教師如何管理新班級。就情境定義的角度，描述並分析他的特殊行為。

2. 同樣持續研究一位差強人意的教師如何帶新班級。仔細分析並跟成功教師比較。

3. 連續幾天觀察並描述某位嚴厲教師如何「訓練」某位新手實習教師。

4. 探討有經驗的教師如何在某個不尋常事件打亂教室常規運作時，恢復教室的秩序。

5. 詢問師生雙方，教師應否允許學生爭取分數。請從情境定義的觀點，詮釋你的結果。

6. 以一週的時間探討某個年級制班級中，學生主導的情境定義以及教師的因應技巧。

7. 描述某個事件如何改變教室氣氛。分析並加以詮釋。

8. 敘述學生對於某位教師先嚴格、後寬鬆的態度轉變。同樣探討學生對於某位教師先寬鬆、後嚴格的態度轉變，然後將兩者加以比較。

9. 觀察教室中哪些事件會危及教師的主導性，他必須「採取某些行動」以免失控。觀察哪些做法有效，哪些無效，並加以詮釋。

10. 針對某所學校，撰寫一篇有關某個「性格塑造」方案的歷史。

11. 描述校內某個鼠輩導致危機的故事，並加以詮釋。

12. 探討學生對教師形成判斷的過程。詳述「試探教師」的過程。教師察覺的程度有多少？其中是否涉及洞悉教師的無意識動機？

13. 描述改變學校氣氛的單一事件。（引自 Clow）

14.描述某個成員影響班級態度的例子。（引自 Clow）

15.描述某事件改變某位教師社區地位的例子。（引自 Clow）

閱讀資料

Almack, J. C., and Lang, A. R., *The Beginning Teacher*, Chapters IV, V, and VI.

Bagley, W. C., *Classroom Management*.

Bagley, W. C., *School Discipline*.

Helson, Harry, *The Psychology of Gestalt*, pp. 45-54.

Monroe, Walter S., *Directing Learning in the High School*, Chapter XI.

Thomas, W. I., *The Unadjusted Girl*, pp. 42 ff. (See also Young, Kimball, *Source Book for Social Psychology*, pp. 47-53; Thomas, W. I., and Znaniecki, Florian, *The Polish Peasant in Europe and America*.)

Thomas, W. I., *The Behavior Pattern and the Situation, Publications of the American Sociological Society*, Vol. XXII, pp. 1-13.

第十九章　教室情境裡的態度與角色

　　所謂態度，就是個人與環境動態互動時所表現出來的一種行為傾向。當情境被定義之後，我們就知道我們的態度是什麼。接著我們會透過採取某種態度，以尋求定義情境。尋求某種態度就等於尋求某種情境定義。大多數人所身處的情境主要都是社會性的，而在這些情境中發展出來的態度可以稱為社會態度。因此，我們接下來的討論主要是社會態度，或者個人對於必然涉及他人的情境所採取的態度。以學校情境來說，它的社會性質尤其真實；如果無法體認這個事實，或許就可以證明許多教育學科作者忽略了這點，而教育改革方案從來不曾達到預期目標。

　　不過還是有一些非社會性反應、某些態度，間接成為社會影響力的一部分，我們先討論這些反應與態度。在師生的非社會性態度中，很重要的是師生對教室或學校硬體狀況的直覺反應。眾所皆知，教室的照明、通風、氣味、噪音，以及建築，都會對師生態度產生直接影響；但這些影響很少會直接轉化成行動；當然這些影響從來不會表現在行動中，因為當時的社會情境無法提供一種動機或模式；不過，那種影響力值得注意。教師常常覺得學生容易在雨天或天氣不佳的時候心浮氣躁。Dexter 曾經想要評估氣候對學生的影響，他的結論是，教師這種常識推論的確有完整的事實根據。那些負責維持自修室秩序，以及敏銳察覺學生無聊蹭腳的教師，不會不同意這樣的說法。笑容也是影響社會態度的重要因素。個人其他非社會性因素會影響他的態度；學生頑皮也是教師坐立難安的原因之一，而且在那些保存書面報告資料的學校裡，我們可以知道教師何時會偏頭痛。我們不想錯誤地

直接拿這些因素來解釋社會行為；對於逃避所有社會問題，把問題歸咎於硬體狀況的人，我們當然也不會協助或安慰他。我們只是必須指出，有關硬體狀況的直覺反應在整個情境中是重要的元素。或許它們談不上是最重要的元素。如果在一個下雨天，學生真的跟一個壞老師作對，那固然是重要事實，但還比不上他是壞老師的事實。雨落在好學生跟壞老師的身上，可能都會讓他們心浮氣躁，但是那種心浮氣躁會轉化成截然不同的社會行為。

　　討論態度議題時，對於稍有不同的一般態度，也必須加以探討。那就是兒童對教材的態度。雖然兒童所處社會情境的態度，主導了他對教材的態度，但只要教材跟個人無關，態度也必須跟個人無關。因此，孩子會因為喜歡教師而專心投入，或是想要勝過對手、逃避現實生活或彌補自卑情結，而去探索深奧知識，成為傑出人才；也有可能是為了取悅父母。這些都是社會態度。但是他把重心放在學校教材時，兒童的態度就必須跟個人無關。學生當時面對眼前理論情境所採取的立場，通常可以稱為記憶態度、問題解決態度或回憶態度。很少有哪一種態度會想要了解事物的內在奧祕。（當然，學生很可能對於跟個人有關的教材產生個人態度，例如對歷史的態度。）這些態度對於學生能否吸收教材非常重要。有時候教育人員心理學的錯誤就是只考慮他們的不變職責，而不是有關具體教材的動態變化態度。或許教育評量不應該測量心理功能的效率，而是態度的效果！我們不妨研究哪些社會態度會影響這些非社會態度，以便得到啟示，不過探討這個主題的人很少。多數教育人員認為，最能幫助學生對教材產生正向態度的社會系統，就是依照分數成績嚴格排名，將學生明確區分為成功、失敗二班，然後再各自分成小班。事實上，教師所期望的態度無法如願出現在大量學生身上，所以教師會透過其他與外在誘因填補這個社會結構。於是，所有有關動機的長篇大論都是無效的。

　　社會態度所針對的情境，是以他人為最主要因素。社會態度比非社會態度更多元、重要，而且一向都會制約（而非控制）非社會態度的表達。Fairs曾經指出，我們可以區分有意識與無意識態度、團體與個人態度，以及潛在與動態態度。我們可以找出所有這些真正出現在學校教室裡的態度。以前很少有人探索師生的無意識態度，但是這個任務絕對值回票價。當然，教師無意識態度對學生的深入影響，不會輸給那些有意識的想法。一部分原因是無意識態度滲透到教師的非口語態度，而學生正是優秀的實用心理學家。他們會判斷教師的一般行為，而教師的無意識態度可能比有意識的想法更明白展現。即使學生可能無法清楚掌握教師的無意識態度，它還是常常會影響學生的情境，使得學生透過增強或對立，發展出相對態度。教室裡的團體態度跟個人態度不同，它往往隱藏在偏見中，或是以集體表徵的形式出現。潛在態度不會要求行動；它們是次級習慣系統，有助於更廣泛、更多要求的動態態度。寫作能力是一種潛在態度，而抽菸慾望是一種動態態度。或許我們可以深切體會，學校的正式任務就是灌輸兒童某些被歸類為潛在態度的技能，像是閱讀、寫作與計算能力；對支配關係來說，最大的對手是兒童的動態態度，也就是他對遊戲、打架以及愛情的自發性興趣。

　　社會態度還有其他分類，一種來自初級團體情境，一種來自次級團體關係。就像我們在其他章節提到的，初級團體是那些親密、面對面、跟個人有關的團體，參與成員對它沒有什麼保留；次級團體容許或要求成員只參與一部分。以學校情境來說（特別是師生關係情境），它會產生初級團體與次級團體關係、態度的特殊混合現象。那種關係單靠初級或次級團體態度都不可能穩定，所以在不同時間點，會出現混合性態度、互補性態度，甚至對立性態度等組合。我們在其他章節曾經分析，在某個次級團體態度的發展初期，由於（不反對接

納權威的）友誼慢慢產生，權威態度開始軟化；我們也注意到許多教師無法在初級團體態度之後，及時建立次級團體態度。次級團體態度可能會因為初級團體態度在該結構中的後續發展而軟化，不過相反過程的心理代價更高，而且很少發生。

　　許多（如果不是多數的話）社會態度具有角色本質的特徵。角色是一種以真實或想像方式反思個體的社會態度。這種態度會激起另一種態度，也增添對另一種態度的領悟。（事實上，它可能連結到一個由連鎖態度組成的完整型態。）這個社會角色概念對於我們如何詮釋學校生活非常重要，或許值得深入討論。

　　詩人們一直都知道，人類本質有很大一部分是角色扮演。

> 全世界是一個舞台，
>
> 所有的男男女女只不過是演員，
>
> 他們有自己的上台與下台，
>
> 每個人一生中都扮演許多角色。

　　莎士比亞這麼說，他懷疑世界的真實性。

　　然而對科學家來說，角色的重要性比不上某個虛假符號，或人類行為、評價落差的標記；與其重視態度連結，不如強調了解他人態度會影響真實的行為。

　　有一群社會學家認為，社會角色概念是理解人性本質的核心，也是性格概念的基礎。Park 與 Burgess 的性格定義是：「所有決定個體在團體中所扮演角色的特質總合與組織。」這個定義有時候可以解讀為：「性格就是個人在所有隸屬團體中，扮演角色的總合與組織。」這個定義之所以重要，是因為它明確指出人類行為中的顯著要素，並且強調一項事實：社會行為會自然地區分為某些所謂的本分或角色單位。

角色源於意識範疇的兩極有機體：自我與他人、真實或想像，兩者的經驗是對立的。個人行動因此會受到整體情境的引導，而另一個極端的預設態度是整體情境的一部分。因此，個人在這種社會情境中的行為舉止，某種程度上是有意識地扮演某個本分。一般來說，如果另一個人不在場，這個行為就會不一樣，因此 Spencer 的直覺是對的，他的社會控制理論指出個人會因為他人在場而修正行為。

角色的特色在於個體參考整個情境後形成有機體；角色一旦在個體心中定型，就會對整個情境做出反應。這意味著對於他人態度有所洞察（無論正確與否）。這個洞察也許完全錯誤，也許不完整，但是角色扮演就是藉由想像的他人判斷來規範個人行為。在更複雜的情況中，還可能出現兩個或更多角色彼此關聯，以完成必須相互連結的行動（社會行動的本質是導向一個回應的客體）。或者，團體生活中可能出現一種隨著時間逐漸擴展的角色網絡，那些角色的關聯性很複雜，彼此的影響力很難捉摸，就連最敏銳的分析家都只能絕望地找到基本樣貌。

社會情境中的固有角色，就是更廣泛情境中的非社會態度。兩者都受到情境定義的影響。當我們用型態的角度觀察社會情境的多樣元素，深入分析情境引起個體緊繃的情形時，就該適當角色上場了。面對新團體的生活，第一印象總是混亂、片段的。但是當我們了解團體生活、清楚情境定義後，就可以承擔某個角色。當我們找到適當的角色，不安就消失了。

角色的時宜性（適當與否）跟它被接受的程度有關。撇開最原始、生物的觀點，個體絕對不會直接回應另一個個體；他會對一個有關他人真實程度不一的想像結果做出回應。理想的人類性格搭配，要靠兩種角色彼此呼應：個人自認為正在扮演的角色，以及他人想像的角色。當個人的自我角色概念完全呼應他人的想像結果，就會達到

完整的契合。我們不妨想像Ａ、Ｂ兩人在某個社會情境中碰面。以Ａ來說，我們必須知道他對Ｂ的了解，以及Ｂ在場時Ａ對自己角色的了解。如果兩個人一致，就符合（當下的社會）真實情況。涉及個體跟團體的時候，如果個體角色能符合團體標準——也就是團體的習俗民情、道德標準，以及團體生活所依據的基本情境定義，就會被接受；如果團體符合個體的角色概念，也會被接受。

　　個體與團體標準的落差來自於個體與團體的衝突現象。如果個體在團體生活中被指定扮演的角色，無法符合自己的角色概念，就會帶來心理衝突與精神異常行為。自卑情結會形成一種令人難以接受的角色，還有一種想要逃避的負向認同機制。很少有人能夠在現實中扮演理想的角色。我們對本身行為的了解也很難跟別人一致，而且程度也不同，我們的行為準則是虛構的故事而不是角色。虛構的故事指的是一種偽造、扭曲的角色，甚至跟他人的概念大相逕庭。就某種程度來說，我們的行為準則都是虛構的故事。如果詩人的願望實現了，那會是個悲慘世界。如果萬一有一天我們早上醒來，發現自己可以知道別人對我們的看法，恐怕很少有人願意活著度過這一天。Adler指出，每個人都有自己的基本生活謊言，讓自己可以忍受現實。但是如果生活有機體過度仰賴虛構的故事，不但不健康，還會導致自我隔絕行為。在極端的例子裡，我們常常發現虛構的故事，因為事實上個體的自我角色概念，經常受到頻繁、巨大的改變，但是外表行為卻看不出有任何改變。

　　角色一旦被接受，就會透過動態的闡述過程加以內化，並產生意義。在人生這部大戲中，每個人都寫下自己的台詞，隨時修正。檢視這個過程符合現實原則。角色一旦有了意義，就會成為存在的目標之一，也是判斷其他可能角色的指標。（我們可以把這個過程跟目的變成手段的另一種過程，視為既相同又相反，二者結合還可以恢復初始

的平衡。）內化的角色因此成為人格的主要驅力之一。這種角色不僅滲透到人格核心，也會逐漸外顯。再加上各種安排、習慣，以及經過測試的社會技巧，個體就可以盡量發揮他的角色。

但是個體可能接受或拒絕團體所賦予的角色。如果拒絕，團體還是不斷指定角色，拒絕的方式需要詳細說明。這種詳細說明的拒絕，就個人來說就是自卑情結。

這時我們或許可以預料，角色可能是有意識的，也可能是無意識的。透過習慣養成機制，長期建立的角色會從意識核心移除；這種角色當然容易被接受，而注意力就轉移到剛剛經過詳盡說明的細節，或是符合長期角色的新角色。要針對行為進行反思詮釋並不容易，因為行為往往來自於執行那些長期建立並滲透到人格基礎的角色，因此用意識來詮釋角色是不可能的。此外，無意識的角色可能來自一種行為組織，個體對此毫無（或只有一點）了解，但是那些角色還是成為人格的重要部分。（因此，對某些精神分析學者來說，認同是無意識地扮演另一個角色。）又或者，某個重要角色可能因為一些意識控制力遭到否定，或因為心理分析的壓抑機制作用而變成無意識，這種情況顯然比較常見。

社會心理學者已經提出很多理論，強調社會角色的重要性。在人格發展過程中，角色扮演和行為模式獲得都是必經過程。一個人會因為覺察到他人對自己的態度而意識到自己的人格；由於被視為一個人，他得到一個角色，並成為一個人。於是，他意識到他人就是具體化的角色，並將他人角色整合到自己的人格中，這個過程可以充分說明何謂模仿。在人格發展過程中，角色漸增與內化機制的重要性似乎毋庸置疑；行為主義者和心理分析學家都同意這些認同機制非常重要。

如果用社會角色概念去理解學校的社會生活，收穫會特別多。學

校是一種人為的社會秩序，它很難一方面透過教師與相關人為角色去維持秩序，一方面避免師生的傳統角色因為自發性角色危害既有秩序而被排除。師生的傳統與自發性角色值得分析一下。

教師專業能力的核心角色就是執行角色。教師代表既有的秩序；因此他隨時準備強制服從、堅持紀律。教師代表必須處理既有秩序；因此他得負責讓學生不受誘惑，回到有點乏味的例行性事務（包括獲得技能與資訊）。教師是權威的代表，他站在一個**無人能及**的獨斷位置。這些都是教師角色的構成要素。這種角色要求一種過度的執拗人格——甚至多數職業不會如此要求。我們可以預期，這種要求對人格會帶來深遠的影響，而且可以從內、外部來加以闡述。執行權威角色的細節，來自於微小處求完美；教師的聲音與表情開始形式化，不得不配合權威角色的需求。同樣地，教師內在必須適應教學狀況，好讓個人尊嚴能夠依賴教師角色；他認為自己不只是個教師，而且是**那樣的教師**。

雖然這種教師角色缺乏彈性，但是對個別教師或學生來說，只靠互補或甚至對立角色來快速改變，還算差強人意。因此，教師的臉上如果不慎透露出一種自抬身價的個人興趣、含蓄的親切，他的權威影響力就會降低。有的人會用教師角色去改變親切的成人、適度風趣的成人，以及如父般的個人。有關這種改變，以及對所有改變而言都一樣的角色，或許用例子來說明會更清楚。以下有關一天中某個活動的說明，是由一位具有反省能力的教師提供的。

我期待學校一天生活的開始，卻又有點擔心。教學意味著要花好幾小時的無聊時間，讓那些自以為是的小子學一些他們不想學的東西。所以我總是最後一秒鐘才出門上課。

今天早上我8:45離開家，心不甘情不願地比平常不早也不晚。

一出了門，教師的良心開始發酵，因為不想遲到，我加快腳步。每天這個時候，我都下決心第二天要提早一分鐘出門，但是第二天卻又從來不記得。我在轉角遇到 Jack B.，他是我那天第一堂課的學生。我心裡想應該等他還是繼續一個人走到學校。老師必須和藹可親，但也要和學生保持距離。他加快步伐，讓我沒得選擇。打招呼有點麻煩。我從來沒有把握可以做對。我開口說：「早安，Jack。」我自認為我的語調完美結合了部分熱誠、尊嚴與含蓄。我或許表現得稍微友善些（因為那個學生也展現了友善的態度）。

「教授早，今天好嗎？」

我回答：「遭透了。」他笑了，因為我這種習慣性的壞脾氣，被他正確地評斷為一種裝腔作勢，所以很有趣。

我們步伐一致了。我遲疑著要不要開始交談。走在稚氣的 Jack 身旁，我有一種憤世嫉俗與挫敗的感覺。我意識到自己兩肩下垂，這跟他的結實魁梧形成落差。我覺得自己年紀很大。我喜歡 Jack，因為他是一個優秀、坦率的男孩子，可是我跟他在一起總是不安。無疑地，他對我也有同樣感受，但我必須承認他比較沒有表現出來。

「你認為 Dempsey 有機會回來嗎？」Jack 問我。

我想了一會兒。我知道那件事的內幕，故弄玄虛一下。我說：「沒有，他沒有機會。要不是他們跟以前一樣大吵大鬧，連笨蛋都不會注意到誰在吵架。」他對那件事完全不清楚，所以我講得很有把握的樣子。我開始加油添醋。我對這個問我意見的孩子非常友善。但是我也謹慎面對，注意講話的內容，因為我知道半小時後我可能會在課堂上點他，然後發現他沒有預習功課。如果是那樣，我不想猶豫不決。我記得上個禮拜罵過 Jack，我們花了三

個下午待在補考自修室，而且他沒有用世界上最好的風度來接受處罰。我不知道他現在會不會想起那時的處罰。顯然他不恨我。他怎麼跟他的父母親描述我？或許友善沒有什麼不好，可以讓那個男孩知道我在教室外是人性化的。他毫無顧忌地繼續說：

「你知道嗎，我上禮拜六看了一部很棒的電影。是 Doug Fairbanks 主演的《佐羅的印記》（*The Mark of Zorro*），你一定要去看。」

我開始有點生氣。這真的太過分了。建議我應該去看電影！而且還是 Fairbanks ！但是如果我直接表達感覺就錯了。我冷冷地說：「謝謝你的建議。我不怎麼喜歡看電影，對 Douglas Fairbanks 更沒有興趣。」

這孩子有點退縮。我的整個語調太冷淡了。我突然覺得對他很抱歉。他畢竟只是想表達善意。或許我可以跟他開開玩笑，緩和一下氣氛。我繼續說：「噢，當然囉，我在你這個年紀的時候，也是到處留情，傷人家的心，我想我真的喜歡那些浪漫的東西。」我笑著說，想要讓自己看起來老上二十歲。當然，我必須讓他了解，所有這些東西絕對都是過去式了。我不會讓他有機會取笑我的。沒多久，顯然他沒有這個意思。他完全是消遣自己，相當自得其樂，所以箭靶不會轉向我。

他笑了笑，顯得有點難堪，但是又沾沾自喜。他說：「事情不是你想的那樣，我沒有女朋友。」

我問他：「沒有嗎？那麼那個為你傷心的小女生是誰？我好像有一天看到你們兩個人，而且你們看起來好像彼此很熟。當然啦，她可能是你的堂妹。」

這個男孩被打敗了，用我的優勢繼續窮追不捨似乎沒有意義。

我這時覺得自己非常友善。我突然了解，我勉強承認輸給這個男孩了。他會不會利用這個小小的友誼插曲？如果他真的這麼

做，怎麼辦？我可以很快讓他知道，學校發生的事情跟校外的事情不一樣。我們聊得很開心，互相開一些老套、彆扭的玩笑，然後一起到學校。這是我第一次感覺無拘無束。

我們進了學校，我決定先到行政辦公室。我不希望看起來跟這個男孩太親密。有些老師如果看到我們走在一起，也許會盯著看。我板著臉跟他道別：「我們待會見嘍！哈！哈！」我想這會讓Jack了解，我對任何事都會做好準備。Jack笑了笑，但不是因為我說的話。

放鬆了幾分鐘。不過我還是保持警戒。我漫不經心地和幾個朋友打招呼，其中有些屬於暫時的緊繃關係，彼此十分客套。我的信箱裡有張紙條。最近有個學生生病後逐漸恢復健康，他想知道有哪些作業可以補交。我坐在祕書的位子上寫東西。假裝在查閱教科書（其實那跟補作業完全無關，也跟其他事情沒有什麼關係）。但是我還是把書帶著，這樣看起來可以增加一點教學權威。我在寫東西的時候覺得自己是個重要人物，而且很有把握自認為是個有效率又認真的老師。

「嗯，我想這會讓他忙上一陣子了。」我這麼說。

我知道這樣做沒有用，而且這個男孩回學校上課之前，這應該是我知道的最後一件事，而且絕對沒人知道一位「好學學生」（Seventy student）[61] 應該在醫院補作業。祕書禮貌性地向我道謝。但是她的臉上帶著古怪表情，我想知道她的真正想法。我離開辦公室，往教室走去。

上課時間已經過了。有一、兩個遲到的學生急急忙忙地朝教室走去。讓他們趕吧，我不用趕。我是老師。我慢條斯理地爬上樓

---

61 譯者註：此或許跟1633年七十位猶太籍學者（the Seventy）負責編輯原始希臘版的舊約聖經 *Septuagint* 有關。

梯，在教室門口停下來。教室裡一片嘈雜聲！我應該跟他們討論
這件事。到了某個時候應該會安靜下來。如果沒有，怎麼辦？別
想這個問題了！有一度我對這件事不是這麼確定。我不想了。我
設法對自己的重要性擺出一副滿不在乎、不感興趣、毫無所悉的
樣子。我走進教室。有時候橡膠鞋跟是個缺點。它們不會宣告老
師來了。我不喜歡成為那種鬼鬼祟祟的老師，寧可身上掛著鈴
鐺，也不要一天到晚逮到學生做壞事。或許下一雙鞋子……。不
過那種鞋跟的確會嚴重干擾上課。這樣我的想法還是專業的。

　　三、四個男孩看到我了。我刻意站在門口的門框中。我聽說演
員也會這樣做。人們會注意門框裡的人。其他同學也看到我了。

　　「噓……」

　　我就知道。他們想用表現尊重來巴結我。我慢慢地看著全班。
我溫和地盯著每一個學生，對那些對手和可疑分子會花比較長的
時間。我慢慢移動眼光。我已經知道，慎重是最好的方法。它可
以讓他們有時間安靜下來，我也可以一步一步讓他們把注意力轉
移到課本上。當然，有些教科書主張一開始就要迎面痛擊，但是
我不相信他們的方法會比我的更能讓學生動起來。畢竟，學生活
動才是重點。我坐下來，調整一下姿勢。我不慌不忙，不能讓他
們認為我很緊張。我覺得很無聊，可以跟他們耗下去。我打開書
本，緊張的氣氛升高了。我第一次開口說話。

　　我嚴厲地丟出一個問題：「Henry，我們昨天上到哪裡？」

　　我當然知道上到哪裡，但是我要Henry回答。這已經是每天的
例行公事之一，學生也知道這只是一個小遊戲。可是如果Henry
回答不出來的話就慘了！

　　他油腔滑調地回答：「146頁，第20行。」

　　「嗯！」我翻到那頁。

「好，誰來翻譯一下⋯⋯。」我看了一圈，想找一個受害者。就是Jack了。我想他沒有預習。我也可以現在就處理那件事。

「Jack，翻吧！」

「老師，對不起，我今天沒有準備。」

「什麼？」我提高音調。我要給他一點教訓。跑去看《佐羅的印記》，卻沒有讀拉丁文！我看著他。嗯，好吧，畢竟他是個好孩子。我嘆了一口氣，向全班露出無能為力的表情，讓他們知道我已經對Jack絕望。他鬆了一口氣，一屁股坐了下來。我嘮叨地說：「你至少可以坐正吧！」我的聲音還帶著一股誇張的絕望。我用雙手抱著頭（還在表演失望的樣子）。

「誰可以翻第一句？」

有6隻手舉起來。Ivan的手勢比較誇張。他很希望被我叫到。這表示他只準備第一句。那很好，我應該第二句才叫他，然後等著欣賞他狼狽的樣子。奇怪的是，這樣的把戲以前玩過好幾次，但是Ivan還是搞不清楚狀況。那很好，我應該再來一次。Charles是個安靜、聰明的男孩，他正看著窗外。我不知道他這樣做是不是經過詳細的考慮。我決定叫Charles回答問題；我喊他的名字。我仔細端詳他，但試著不讓他發現。他的嘴角泛起淺淺笑容，急著開始回答。

「沒關係，Charles。」

他很失望，我給他一個表情，意思是：「怎麼樣，逮到你了吧？」我的笑容帶著一點諷刺。Charles也對我笑了笑，帶著點屈服與崇拜的味道。畢竟這是個遊戲。

「你告訴大家怎麼翻第一句，Harold。」全世界拉丁文最差的學生就是Harold。他從來連一句都沒翻對過。不過他很勇敢。他先用拉丁文讀一次，而且念得相當漂亮。接下來是翻譯：

「Casar-Labienus-mumble jumble-Horsemen-mountain-mumble battle。」

「噢，我的天啊！」我的滑稽絕望又出現了。「動詞在哪裡呀？」

「老師，我不知道。」Harold可能記不住任何拉丁文，不過他從來不會忘記老師這個字。

我有個靈感。我向Harold小心翼翼地解釋：「好，Harold，我仔細聽了你的句子。整體來說是正確的。不過，等等，這麼好的表現我不能就這樣帶過去，連一句最高級的讚美都沒有。我甚至可以這麼說，這是我聽過最好的翻譯之一，也是我的榮幸。是的，這位先生、男士與男孩，我拉丁文教學經驗雖然比你的年紀還多，但是，我這輩子真的從來、從來沒有聽過一句像你翻譯得那麼好的。可是你太小聲了，我怕其他同學沒聽到。Harold，為了不讓全班錯過這麼好的拉丁文翻譯，你可不可以把這個句子的翻譯重複一遍？就是課文的第一句，也就是我們今天唯一討論到的那句。」

Harold照做了，可是眼中帶著恨意。

「太棒了，」我說：「真是完美。一點都沒錯。那麼，Maurice，我希望你已經很專心了，因為我要你翻同樣那句，不過，你知道的，不是因為Harold翻得不完美，我只想知道你有沒有在聽。」

Maurice是全班最好的學生。他翻譯了。我沒怎麼聽。Maurice是可以信賴的。Harold開始在想一些更重要的事（或許是某一天想要對我做的事）。

「很好。」我很感激Maurice一直是個這麼好的學生。有時候他會相信那種沒有明說的謝意，只是不常發生。

「現在，Charles，你來翻第二句。」

Charles看起來有點畏縮。我用一種誇張的疑惑語氣嘲笑他：

「嗯，喂，這不是很奇怪嗎？你不知道第二句的翻譯。嗯，那麼這真是太糟糕了。你好像很清楚第一句，所以我判斷你一定知道整課的翻譯，想說待會再叫你比較好。我真的很抱歉。我跟你保證，我一點都不是故意的。」

Charles 低下了頭。我這個早上玩得可開心了！

「好吧，Ivan，你來翻這句。」

Ivan 翻完之後開始笑。我裝作沒看到。「繼續呀，Ivan，繼續。我沒有叫你停下來。你那句翻得很好，我想給你機會朗誦整篇文章。」我溫和地慫恿他。可是 Ivan 翻不下去了。

「好吧，Ivan。」我算是同意了：「這樣已經不錯了！」

後來我讓學生做更多的翻譯，不過大部分已經是例行公事。這時過了半小時。今天是寫作課。

「好了，我要收作文了。」

這時一陣作業搬動、折疊的聲音。我一個一個收。有一、兩個沒交，我一邊看著這些人，一邊在筆記本上假裝記東西。有個男孩很快地在紙上寫一些東西，然後折起來。我無意中看到了。我走近他，把那張紙拿起來，打開後發現他只寫了二句英文。我狠狠地瞪著他。我開始講話，但是想不出能夠表達我感受的強烈字眼。我又試了一次。顯然我想控制好自己，然後發表我的看法。

「因為你們這種表現，你們必須到懶人自修室報到，時間一個禮拜。Harold 和 Ivan 只要一天。Thurston，你下次就會變聰明了，別想耍我。」

學生排隊通過黑板，很快開始寫作業。我稍微可以喘口氣，看著窗外，想想其他事情。

接著我開始巡視，訂正每個學生的前二、三個句子；對於學生的愚蠢，我一個一個罵，也全班一起罵。

我聽到門外有喧鬧聲。校長來了！還有人跟著他。當然是一位家長。他們一起走進來。

「教授，你忙你的，我們只是到處看看，我們剛到沒多久。」

氣氛改變了。黑板上的粉筆字寫得更工整。我的態度也不一樣了。我變得有耐心，像父親般慈祥，又有效率。

我巡視各排，在每位學生旁邊停下來指出錯誤。這次我比之前更仔細、更冷靜。這個時候我不會罵學生，只會解釋，再加上一點好意提醒。

可憐的 Harold 有一點進步了。他耐心地查生字，然後寫下來。我不知道訪客懂不懂拉丁文。我跟 Harold 稍微解釋一下拉丁文的作文。

「嗯，你應該還不太了解吧！你現在恐怕得全部擦掉，重來一次。現在聽好，我會再告訴你一遍翻譯時要記住的重要事情。先找出英文句子的主詞。有時候用圖表去分析英文句子是不錯的點子。無論如何先找出主詞。把主詞翻出來，把它放在主格的位置。接著找動詞。找出它的單複數、人稱、時態、語氣和語態。接著翻譯動詞。確定正確的動詞主要變化形式，還要確定它跟主詞的人稱、單複數一致。看看句子有沒有直接受詞？如果有，就把受詞翻出來，放在直接受格的位置。再看看有沒有間接受詞？如果有，把它放在與格的位置。有形容詞嗎？它必須跟修飾的名詞一致。接下來，有沒有介係詞片語？要確定使用的介係詞是正確的，而且要搭配適當的受格。」

Harold 對這麼多的關切有點困惑。或許他不這麼覺得，或許他了然於胸。不管怎樣，他還是很有禮貌：「是的，老師。謝謝你，老師。」

Harold 其實一個字都不知道，不過我還是得應付他。不是我要

裝模作樣，而是他就在那裡，我不能在家長面前裝作沒看見。但是如果幫他寫作業，結果一樣糟糕，因為那些人可能會認為我好說話——我當然不是。我知道校長會私下告訴訪客（他的兒子之前很少被我教到）我向來就有凶悍難靶人的封號，而且他認為我有時候對學生很嚴格。但是家長無論如何是不會了解的；我從來沒有當過家長，但是多數的家長也沒有當過老師，這樣算是扯平了。讓家長看到他們永遠不會了解的事，是沒有用的。而且，我也不想在一個陌生人面前幼稚地大發脾氣。對男孩們來說那就很好了，而且在其他老師面前也不會難堪，但是不會有人想在一個真正的成人面前出糗。（杜撰的生命史文件）

從這個例子的來龍去脈中，我們可以看出角色的千變萬化，而且一定也有許多其他例子。可是，基本的角色仍然不變。它可以更尖銳、更軟化，或在某個時刻被視若無睹，不過教師一向都會意識到這點，不會讓其他角色真正干預其中。值得注意的是，其他成人在場時，青少年的古怪行為就消失了；教師的基本教學角色被迫受到限制，一些誇張做法多少是為了在場的觀眾。我們應該好好釐清教師基於學生考量所扮演的角色，以及基於啟發情境以外人士（也就是其他教師與家長）所扮演的角色。

學生所扮演的角色通常差異很大，而且未必都有明顯的核心特徵。在兒童的初級團體生活中，學生扮演的角色經常和教師在場時所需扮演的角色大不相同。因此，學童的表現經常會類似男性社會中的惡霸，但在女性面前卻謹慎、有禮。在每個遊戲團體中，幾乎都會出現領導者、小丑、欺善怕惡者、代罪羔羊，或是受信賴的幫派分子（相較於邊緣成員，或是候補進入幫派者）等角色。這些角色很容易就出現在教室中，不過都會經過某種變質；而且就像我們之前指出

的，這些角色向來都可能發生激烈變化。因此，領導者或許仍是領導者，不過他的領導方式必須因應（往往居於）優勢的教師，那些方式包括結盟、對立、競爭，或其他方法。小丑還是小丑，不過他的滑稽必須掩飾，它可以變得隱蔽，或者採取一種無辜姿態，表現得愚蠢笨拙。受信賴的幫派分子（忠貞的成員）可能不會扮演跟教師有關的角色。他必須避免跟教師扯上任何關係。至於代罪羔羊會受到教師的保護，並且可能因此而更像代罪羔羊。在遊戲團體中，學生很少（或完全不會）扮演跟教師有關的角色，例如好孩子、壞孩子、小幫手、代言人、諂媚者、告密者等。要特別注意的是，某些孩子扮演特定角色時，會得到公認的命令權。

　　履行傳統角色的教師，會設法限制教室的社會互動。他努力把學生的注意力引導到教材上。教室中完美的正常人格互動圖像，就是師生扮演傳統角色，也就是教師先在某一點施壓，然後換另一點，讓學生把注意力集中在例行事務上。「現在注意了，」教師說：「聽好喔！」「當華盛頓的父親問他是誰砍倒櫻桃樹，你認為他會說什麼？」「誰來說說看波士頓茶葉黨運動的故事？」教師藉此不斷激發學生的態度形貌——我們稱之為「注意力」，也就是學生對教材的態度會產生「某種知覺型態內外連結的獨特定義」。學生的注意力容易在枯燥單調的教材中偏離。一旦注意力偏離，社會互動的範圍就會擴大。教師的補救方式很像狗在趕一群羊。正常來說，教師能夠戰勝學生的偏離，把注意力導向主題。有時候所有努力會徒勞無功，就像學期結束準備放假的前一天，或者大型比賽的前一天，兒童的態度形貌被其他更有趣的事物深深吸引，遠遠勝過Beowulf這位古詩英雄或二項式定理；有時候學生的注意力被轉移到名人的鬥爭，而不是教材；如果管教問題遲遲無法解決，或者教師管教過度，這種情形當然會發生。（這也是為什麼學校人士會覺得：「說得越少，管教越好。」）這代表

正常學校社會過程的退化。

　　教師也許會用指定角色來控制學生。無論他們會不會這麼做，教師都會運用身分認同機制；他如果不了解其中的微妙過程，很可能會祈求諸神的暗示，以免傷害自己。（認同機制顯然是有意識的──事實上是自我察覺；它被當做一種特殊暗示──也就是角色，由某人強加在另一個人身上。）

　　最常用來察覺個人本質的認同機制是正向的認同機制。正向的認同機制是指個體以正向的方式，自我認同那些指定角色，而且充滿愉悅感。它的影響力有賴於角色的精神價值，以及衍生關係的重要性。個人對某個角色的反應會有正、負向，但是只要那是重要團體，角色就是重要的。一個人對角色的反應是正向的，他就會漸漸習慣，擴展並發揮那些角色。相反地，如果是負向，他就會遠離角色，極力對抗。所有人類生活可以視為一種變動、糾纏的社會角色，從這點來看，它就像一種情結，縱橫交錯的型態就像一張鮮活的波斯地毯。

　　正向認同機制所採用的方法，通常需要兩個步驟：第一，建立重要的關係，讓對方能夠認真看待指定的角色；第二，指定角色。人比較容易接受朋友（而不是敵人）的建議，更會受到建議代理人聲望的影響。如果某人想指定角色給別人，最好要有事實基礎，對方比較能夠接受、信賴。Mary Buell Sayles以及其他學者曾經解釋，教師進行家庭訪問的技巧，似乎大多仰賴這種機制。首先他們會跟對方建立友善的支持關係；接著挑出對方最好的特質或最有名的成就加以讚揚，結果整個人格通常會朝個體逐漸習慣的角色重組。這裡如果舉出許多例子可能會很花時間，也沒有必要，因為這樣的做法已經廣受運用，而且聯邦基金會（Commonwealth Fund）的出版品也有充分的說明。這種做法對私立學校的生活結構來說也很重要；它對私立學校的儀式以及反映賞罰制度的社會層級變化，影響頗大。體育活動在學校生活

中佔有一席之地，常常看到男孩先在運動場上展現特殊才能，受到肯定之後，他的人格開始根據新角色進行重組。因此，一個叛逆的猶太男孩可能會因為某個良師益友公開讚揚他是個「戰士」，變成社會的棟梁。教師運用這些認同機制已經有很長一段時間；這種做法行之有年，可以讓監控工作看起來像是一項特權，而不是任務。

然而，通常教師使用暗示機制的方式，會干擾他們對學生團體的控制。師生之間存在敵意時，教師的贊同認可就像是個負向的認同機制，而否定認可卻帶來正向的效果。某種程度上，下一章的「瘋狂Andy」就是一個例子[62]。在其他例子中，教師不懷好意的警告被學生當成贊同認可而大打折扣，反過來情形也一樣。以下是典型的例子：

> 我那個最爛的老師，讓我在教學上收穫最多。我在學校的行為表現很好——即使導師是這個差勁的老師。但是我們從來沒有注意到一項規定，它跟我們的傳統相反，而且不公平。那就是下課時間不能說話、走動。我跟同年級的男生一樣，下課時邊講話邊說笑。有一天老師從後門看著大家。第二天，他稍微訓話一頓，對全班說他一直以為我是個好孩子，但是看到我下課的表現，他判斷我是個壞孩子。我從他的話裡、從同學的仰慕眼神中，感覺自己是個不折不扣的壞蛋，而且我記得他還是我老師的那段日子，我走路時帶著點神氣活現。從此以後我做的許多事情，就是為了驗證他對我的看法。

要在學校運用這種認同機制，是有限度的——實際內容也是如此。限度來自於師生的社會距離會使認同過程更困難；此外，師生必

62　參見頁401。

須彼此調整自我的需求；這樣的調整會因為擴展社會角色、引起人際衝突而更棘手。如果贊同認可導致學生無法調整性格以符合教師的看法，可能會讓男孩或女孩陷入困境。對於培養學生某種特質的教師來說，或許還可以跟他和平共處，但是往往經歷理想角色的自我擴展，他可能會完全漠視其他學生的權利，這個時候教師就必須「殺殺他的銳氣」。

「殺殺一個男孩的銳氣」就是一種自我挫敗，也就是在某人身上強制加上他在某情境中的真實角色，並剝奪掉長期經歷、往往自以是的角色。雖然這種做法只是為了滿足教師的自尊要求，應該違反了教學道德，但毋庸置疑的是，如果加以善用，還是會有效的。合理、明智的運用如下：

有一位精神病學家一向以能夠跟男性青少年犯保持友好關係而聞名，他把成就主要歸功於自己針對友好關係發展出一套技巧。他在訪談前總是先進行一項身體檢查；這個做法使他成為一位醫生（馬上讓他跟法院員工有所不同），而且因為他要求男孩脫衣檢查，讓他可以確立親近關係。進一步，有時候他會請女祕書協助。他不斷向男孩保證：「沒關係，你只是小男生，沒有關係的。好，某某小姐是我的祕書，她必須在這裡做筆記，幫我的忙。你只是小男生，沒有關係的。」這種技巧足以解除幾乎所有男孩的武裝。在一些極端例子中，他不會馬上歸還男孩的衣物，但在對方赤身裸體時繼續訪談。他的看法是，小男孩光溜溜的時候是很難繼續目中無人的。

很多教師習慣運用負向認同機制，但是往往不了解它們的心理本質。封號就是一種負向認同機制，它會促使學生徹底改變封號，證明教師在其他方面是錯的。（在《西線無戰事》這本書裡[63]，Kantorek

---

[63] 譯者註：該書作者為 Erich Maria Remarque（1898-1970）；英文版出版於1929年，內容描述主角 Paul Bäumer 因為受到老師鼓勵而參加第一次世界大戰，是知名的德國文學作品。

主任以前教過的一位學生有機會徹底改變某種情境。他告訴對方：「Kantorek 老師，你這樣是非常、非常不恰當的！」這個例子或許可以證明封號的真正影響力。）所以同樣地，教師提出挑戰：「這對你來說太難了。」常常會比一句：「你提出的觀點很有趣。」更能激發學生的更多回應。然而，負向認同機制要成功，必須靠學生證明教師有錯，這常常會嚴重損害教師的聲望；也有可能因為加重學生的自卑感，使得學生遭受巨大、難以修復的傷害。

作業

1. 針對一個喜愛拉丁文的男孩進行個案研究。詳細分析這種喜好的動機情結。

2. 同樣詳細調查學生極端厭惡某個科目的背景因素。

3. 就某位學童可以接受、無法接受的角色，撰寫一篇生命史。

4. 撰寫一篇自省報告，說明一天中教學角色的變換。可能的話，再跟另一位觀察者的客觀敘述做比較。

5. 針對小型班級高年級或高中生最常扮演的角色，進行描述與分析。

6. 針對一位男孩或女孩進行個案研究；探討他得到某個新角色後的明顯人格變化。

7. 找出一位經常謹慎讚美學生的教師，設法詢問學生他對學生人格的影響。

8. 到一個教師運用挑戰技巧的班級旁聽。列出受到挑戰的學生名單。透過課外訪談，了解學生面對挑戰的想法。

9. 列出運用正、負向認同機制的各十位教師名單。另外請一個人

來評定他們的教學效率（績點或等級量表）。結果是什麼？

10. 探討某位教師「殺殺某位學生銳氣」時的師生行為。詳細描述那種行為，並分析其中的社會態度與角色。

11. 探討由一位教師、三十位學生組成的班級中，有關注意力改變、分心、頭部運動、眼球轉動，以及明顯外露的情感反應等現象。盡可能詳列並以座位表顯示學生的分布。將結果跟另一個小型班級做比較。

閱讀資料

Faris, Ellsworth, "The Concept of Social Attitudes," *Journal of Applied Sociology*, 1925, Vol. IX, pp. 404-409.

Faris, Ellsworth, *The Nature of Human Nature*, Publications of the American Sociological Society, Vol. XX, 1926.

Sayles, Mary Buell, *Three Problem Children*.

Sayles, Mary Buell, *The Problem Child at Home*.

Sayles, Mary Buell, *The Problem Child in School*.

Whitley, Robert L., "Interviewing the Problem Boy," *Journal of Educational Sociology*, Vol. V, No. 2, October, 1931, pp. 89-101; No. 3, November, 1931, pp. 140-152.

第二十章　學生─教師對立的聚焦點

　　不管在哪裡，教師總是對學生施壓，要他們一起往同一個方向前進。一般來說，教師只要瞥學生幾眼，就可以輕鬆控制整個教室情境。不過有時候教師未必獲勝，她發現每個施力點都遭到學生頑強抵抗。如此一來，教室互動成為一種性格的對抗。

　　這種性格的對抗可能會變成一種長期爭鬥[64]。在這個爭鬥裡，所有師生的潛在敵意會赤裸裸地浮現；師生之間缺乏社會緩衝，直接交手並互相仇視。學生的攻擊會讓教師陷入絕望，準備堅守最終、痛苦的立場。教師的攻擊往往不分青紅皂白、輕率愚蠢，把全班變成一個衝突團體。長期爭鬥涉及師生的整體性格，也備受關注。爭鬥往往是循環性的，一個事件接著另一個事件。這些戲劇性事件中的行為，可以從心理學的累積作用來解釋；它可能是因為緊繃狀況日趨嚴重，而緊繃來自於干擾事件。但是那些主要事件可能是連串發生的；整個過程朝向某個特殊意義發展。以下是有關長期爭鬥的絕佳描述：

　　　第一節點名後，鐘響了，我們排隊進去 Anderson 小姐的教室。
　　　她教我們英語與職業閱讀。Pete 是班上年齡最大的學生，也是班

---

64 E.K. Wickman 對於教室長期爭鬥的心理學意涵，有以下的敘述（取自於《兒童行為與教師態度》〔*Children's Behavior and Teachers' Attitude*〕，聯邦基金會出版，頁161-162）：
　「沮喪的個人會尋求滿足，以便從引發的緊繃、不滿中得到放鬆。要得到這種滿足，往往要攻擊麻煩製造者。以教室行為問題的挫敗者來說，就是行為不端兒童。教師只有得到滿足，才能恢復她的均衡。不幸的是，學生未必能夠提供這樣的滿足。學生也是人，也會對挫折有所反應。於是，一連串的沮喪、復仇、攻擊、反擊，經常發生，而且常常持續整學期。」
　這個敘述十分貼切，也需要補充一些社會學觀點。Simmel 認為長期爭鬥的動機是「一種社會仇恨的特殊現象，也就是說，仇恨某個團體成員不是因為個人動機，而是那個人對團體的存在構成威脅。」（聯邦基金會出版部允許重印）

長。所以，就在第一個早晨，他開始了第一回合：亂丟口袋裡的玉米粒。Anderson小姐的紅頭髮印證了一句老話：「紅頭髮，壞脾氣。」沒多久她就走到教室後方，抓著Pete的衣領，把他趕出教室。她帶他出去的身影消失時，全班都在竊笑；甚至等她再進門，學生還是笑個不停。她四下看了看，但只看到大家笑個不停，她知道除非用某種方式威脅大家，否則還是束手無策。結果大家放學後被留校二十分鐘，這也讓我們多了二十分鐘來捉弄她。

Raymond和Lee兩人是好朋友，只要一上課他們就想盡辦法作怪。Raymond在第一週座位就從後排換到前排，所以Lee落單了，不過這種情況沒有維持多久。Lee也想跟Raymond一樣耍手段，到前排坐。他開始跟著Anderson小姐在教室打轉，跟她要這要那，包括新鉛筆、一張紙、摺疊式小刀、原子筆或飲料等。Anderson小姐想要讓他難堪，所以總是拒絕，如果不是這樣，Lee可能很快就沒轍了。但是事實上她不讓他稱心如意，他反而可以緊追不捨。Anderson小姐在教室慌亂地繞，他跟在後面說個不停；她兩手搗著耳朵，像貓頭鷹般地尖聲回嘴（其實不知道她在跟誰說話），直到全班發出一陣笑聲。「走開！走開！我不要聽你說話！」Lee絕不會走開，他知道Anderson小姐很快就精疲力盡了；她突然發動攻勢，圓睜著眼，嘴角快要冒出白沫，氣急敗壞、結結巴巴地語無倫次，這時候Lee知道他贏了，就回到位子上。經過這種場景，她總是坐下來，盯著全班的頭頂——這時全班已經平息下來，安靜地做功課。這樣的情況會持續整整一個星期，直到Lee達到目的。沒錯，前排的位子從一開始就一定是他的，只是Anderson小姐還不夠寬容，同意給他位子。

現在Lee、Raymond和Pete三個人的座位，形成一個黃金三角，Pete坐在中央後排，Lee和Raymond坐在外圍前排。這樣的

排列方式深受男孩歡迎，甚至其他學生顯然都有同感。

我有一天因為「做壞事」被送到衣物間，當時天氣很冷，我必須動個不停以求保暖。電燈成為我的第一個玩具，之後我發現如果把電燈啪地開了又關，不會對外面造成干擾，我決定把大家的圍巾換個位置。之後我又掉換每個人口袋裡的手套，所有男生的帽子被放到女生的外套裡，有的還放在鞋筒裡，接下來我又沒事做了。這個時候Pete開始用他的腔調吹起口哨，我決定加入，不過晚了一點。Pete準備採取行動了，他又吹起口哨；老師一跑到教室後面，Lee就開始在前面吹。她冷冷看了Pete一眼，很快衝到Lee的桌子旁邊（她不知道是他吹的）。現在換Ray了，所以我聽到一個尖銳的口哨聲，還有急促的腳步聲：「現在不要吹了。聽到沒有？」我沒等Ray回答，就噘起嘴唇用力大吹特吹。接著一陣死寂。我不知道教室發生什麼事，不過我又聽到急促的腳步聲越來越近，接著是Pete的低沉聲音：「Anderson小姐，外頭走廊有一隻知更鳥。」這對我來說已經綽綽有餘，因為我知道自己在裡面代表了某樣東西。我不像所有人那樣偷溜到走廊另一頭，我待在原來的地方。我很想知道結果，因為我的心中清楚浮現一個畫面：「瘋狂Andie」氣極敗壞地咒罵著。當時學校還沒有裝捲式毛巾，但是她當然需要一條。就在那時，她那顫抖、黃蜂般的身體出現在走道，她伸長雙手一把抓住我——小心翼翼地站定雙腳，就像擔心我預知她那迅速、強力的撞擊；我也跟著站穩。我猛然一動，改變一下位置，身體下滑，跑到走廊另一端。我對她的話沒有什麼興趣，只想保持平衡，但是我還是稍微聽到她那刺耳的嘶吼聲，以及教室裡的笑聲，她喊著：「離開我的走廊！離開我的走廊！」聽起來很像在喊救命。

我下樓走到教室外面，繞著建築物走，等到鎮靜下來才上樓回

教室。我在想怎麼跟 Anderson 小姐再碰面。如果再走進她的教室，我可以想像她的冰冷眼神，但是顯然最好還是回去。誰知道校長會不會跑來，在走廊上逮住我！

我在門口站了好幾分鐘——實在沒辦法踏進那個門，因為我必須經過好長一段走道才能到達我的位子。這樣子行不通，因為我一定會讓幾分鐘前的騷動再次上演。我走進前門，經過老師的桌子，在我的位子上坐下來，拿出書本，開始用功。我沒有抬頭看任何人，所以一切相安無事。

有一陣子我很像個偽君子，對我來說，似乎詭異的是全班這麼多學生，老師竟然真的喜歡我；有一天，我最驚訝的是我已經慢慢變成老師的愛徒。同學們似乎不介意，因為在虛偽的外表下我還是跟以前一樣頑皮，但是擦黑板、發作業、送紙條到辦公室等等，都不是我要求去做的。

有一天事情發生了，我正在看書，對於老師、同學與我的拉鋸戰還不是很清楚。當時我在念書，頭都快垂到桌面了，有一雙深紅色的眼睛從下方瞪著我的臉，在我還不知道那是誰的時候，我聽出來是 Anderson 小姐的破嗓子，她在我耳邊沙啞地說（聲音卻又大到全班可以聽見）：「Betty，到樓下去找_____女士（也就是校長），請她馬上上來。」我站起來，看起來不可一世，然後走出教室，後頭 Anderson 小姐緊緊跟著。我們一到了走廊，她就對我說：「不要去找_____女士。妳只要下樓再回來就可以了。」我走出去再走回來，一進教室，她就把原來正在進行的背誦活動停下來，全班安靜，等著跟校長碰面。Anderson 小姐用一種非常狐疑的眼神看著我，強迫自己結結巴巴的說：「校長會來嗎？」我只能說：「是的，她會來。」這時要全班放我一馬、不要報仇，是過分了一點。到最後，全班聯合起來跟我作對，我再怎麼

努力還是無法突破僵局；所以我被孤立，只好和老師站在同一陣線。從此，我要擦黑板或發作業就沒那麼容易了。因此我反省自己，找機會跟那幫人和解。有一天機會來了。事情是這樣的：

　　我正在發紙張的時候，Lee對我說：「Betty，多給我幾張。我要捉弄一下老師。」我當然拒絕了，不過我多發給他那排幾張，讓他可以在那堆紙回傳前多拿一些。我迫不及待等著看好戲，接著有一張折好的紙從後面傳過來，每個人拿到的時候都會打開，竊笑一陣子，再丟給前面的人，然後轉頭跟旁邊同學很快地說一些悄悄話。那張紙傳到我這裡，我把它打開，裡頭寫著：

「被叮了！」

　　我把紙張再折起來，丟到老師桌上。Anderson小姐有個每隔一小時巡視教室一遍的怪癖，她會撿起地上的紙屑，然後丟到垃圾桶。她甚至經常神經兮兮地把沒有用過的紙撕碎，經過垃圾桶時再把它丟進去。

　　她站起來，走過她的桌子，撿起那張紙。所有眼睛都看著她，但是當她狐疑看著全班時，卻沒有人跟她對看。每個人都忙著自己的功課。但是許多人把頭從書本後方探出來，轉向隔壁那些想要保持冷靜卻做不到的同學。

　　我是第一個迎接她目光的人，她很驚訝地看著我，似乎真的沒想到我會這樣看著她，她令人啼笑皆非地笑了笑，大聲說：「但是不會痛。」我忍不住笑了出來，在我還沒有恢復鎮定之前，她站在我的桌子前面，眼神像要把我刺穿一樣，她篤定地說：「就是妳幹的。」

　　「我沒有！」

　　「是，就是妳幹的。讓我看看妳的筆記本！」她看了我的筆記本，沒找到證據，她繼續說：

「我還是認為是妳幹的。」

「如果妳這麼認為，妳最好再想一遍。」

這對我來說太過分了，可是我無法證明這件事不是我做的，所以她又說：「妳知道是誰幹的嗎？告訴我！如果妳知道是誰幹的，把知道的都告訴我，我不會問妳那個人是誰。」

「沒錯，我知道是誰。」

她走到教室前面，坐在一張高腳凳上——就像平常一副貓頭鷹的姿態，俯瞰全班。

全班鴉雀無聲，最後她把我叫到面前。她還是坐在凳子上。我站在她前面，準備聽訓，可是她說的話卻讓我失望了：「從妳回到學校以後，妳喜歡這所學校嗎？」

「是的。」

「妳會讀高中嗎？」

「我希望可以。」

「那很好，我也希望妳可以。」

她一直摸著我衣服前面的藍色絲質領帶，我看著她的臉，幾乎要笑出來，我轉身回到座位，走不到二呎，她就喊：「回來！回來！」

我照做了。

剛開始很激動，現在的她有點無聊，所以最後她說：「Betty，妳用什麼來捲頭髮？」

「什麼都沒有，我是自然捲。」

「哦，是嗎？真好看，我覺得妳是個很好的女孩子，可是我不覺得妳剛剛跟我講話很有禮貌，妳覺得呢？」

「對不起，Anderson 小姐。」這句「對不起」只是我的抗辯說法，因為我再怎麼說都沒有後悔的感覺。

　　我收到的成績單，上面是一排漂亮的紅色D。（一位大學生提供的自傳文件）

　　這個故事只不過是片斷的長期爭鬥，但是足以說明它的心理學意涵。同樣有趣的是，我們看到一位天真觀察者對於複雜團體結盟的理解。值得注意的是，有些教師發現自己每年不斷跟學生長期爭鬥。他們已經體認學校情境會引發學生的敵意行為，而教師性格會導致學生敵意。以上描述的顯然就是這麼一位教師。

　　鎮定、身心平衡的教師會學習如何避免長期爭鬥（保持身心平衡就是對抗學生的最佳保障）。有時候教師一開始就毫不留情地壓制學生──也就是從頭到尾都如此，在永久敵意尚未形成前先化解情境問題。有些教師已經找出一套特殊技巧可以壓制叛逆分子。例如，讓對方處在無法頂嘴的形勢，透過情境壓力來打垮他；讓他接受一堆莫名其妙的命令、措辭強烈的暗示、難堪的問題（學生必須回答）等等。有的教師會將初期的爭鬥情境轉化成友善支持關係。奏效的策略往往是否認學生所有行為──可能引起爭鬥──的重要性。這種策略屢試不爽，能夠讓教師避免許多衝突，但是有時候教師保持距離會成為爭鬥的焦點。以下例子就是如此：

我很擔心 Delbert

　　六個頂著鮮紅色頭髮的孩子在同一班──這種事可不是常常發生！鮮紅色有多醒目！其中一半是直髮，一半是波浪捲，不，有個男生捲得很漂亮。新班級忙著整理書籍、填寫入學單。老師坐在實驗室凳子上查看新教材，眼前是三十個剛放完暑假的男孩與女孩。她看著註冊單，發現許多熟悉的姓氏，猜想可能是以前學生的弟妹。這些名字勾起她的回憶，大部分回憶都是愉快、溫馨

的教室互動，有些充滿困惑，有些是痛苦的錯誤、缺乏理解，以及處理問題學生時不幸挫敗。

　　一部分註冊清單弄好了，老師掃視全班，想要找出家族樣貌的蛛絲馬跡。教室裡非常安靜，每個人都循規蹈矩——力求完美。讓今年成為「最好一年」的決心仍然不變。這種不尋常的安靜，既安祥又平和。這種情況也許可以繼續，但為什麼要期望不可能的事情？繼續？那邊就有一個孩子想盡辦法，展開無法避免的搗蛋、做白日夢。就是那個紅色捲髮男孩。他偷偷看著老師，找機會「耍一個小絕招」。老師注意著，又覺得好笑。這個紅髮小子難道不知道老師對這種第一天的同樣場景，早已見怪不怪？難道他不了解新生用各種方法「試探老師」，已經是老掉牙的故事嗎？

　　這是一個大好機會。他等不及老師對他的舉手准許發言，就高聲說：「妳還沒有告訴我們妳的名字，是某某小姐還是某某太太？」老師面無表情地把名字寫在黑板上，這時全班順著聲音去看是誰說的，也留意老師的反應，可是沒有什麼異樣，大家繼續做手邊的事。

　　這個男孩招數用盡，對那樣的結果感到失望，安分了好幾天。不過，他還是繼續尋找新題材，看看有沒有機會再度出擊（老師對這點是確定的）。對於下一波攻擊的明顯預兆，她靠的是感覺而不是親眼目睹。從書面作業很快可以發現，他的智商比一般學生高。他喜歡大家聽他背誦，討論時堅持只對老師講，而不是全班。他喜歡講一些雞毛蒜皮的事，等到最後老師介入，把討論拉回主題，他就用誇張的方式表達抗議，不過老師根本不在意。

　　這種情境對班級的影響最為特別。學生似乎兩邊都不挺，只是袖手旁觀：「這是你們的事，我們保持中立。妳打算怎麼做？」

　　老師覺得自己可以應付這個情境，決定不採取激烈手段；男孩

舉手想要發言，她常常視而不見，限制他這種引人注目的自我表達方式。當然她沒有辦法完全「制服」他，不過會密切注意他不斷用一些特殊舉動或聰明的說法來「擺脫束縛」，老師會在他還沒有採取行動前先發制人，或是對他偶爾的機智話語裝出一副興致盎然的樣子。其他同學繼續忽略這對師生的較勁。

Delbert 就是那位紅髮男孩，他發覺教室裡沒有機會讓他表現，決定晚點鐘響才進實驗室以引起注意。進門的時候，他自命不凡地左手拿著幾本書，右手提著公事包和一本裝得鼓鼓的筆記本，裡頭一疊打滿文字的紙從右肩「下方」突出來。他煞有其事地坐下來，超然地環顧四周，注意自己給人哪些印象。

一切事務如常運作，老師總是暗中阻止 Delbert 引人注意。不過，最近這些討厭的預兆已經稍微減少，所以老師開始受到鼓勵——設法說服自己那些方法有效。不過有一天，千載難逢的機會來了。那陣子班上一直在討論節食，而 Delbert 主動告訴別人，自己最近靠著節食減重了五十磅。這可是難得的第一手經驗，很難被別人忽視。老師認為剛好有這麼好的機會，可以讓 Delbert 分享他的故事；Delbert 表現很好，對課堂討論貢獻很多……但是，這只是前半部。這種自主權對 Delbert 產生什麼影響？事實證明，眾人矚目的快樂雖然短暫，對他來說已經是飄飄欲仙，他下定決心，要好好把握這個得來不易的機會。接下來幾個禮拜，他要堅持自己的優勢。老師基於自我防衛，必須提高警覺，才能讓 Delbert 利用小聰明凸顯自己的種種努力化為烏有。不過，現在看起來 Delbert 受到的影響更大。他對課業顯然失去興趣，忘記寫作業，過去六週的考試成績一塌糊塗。問題來了。校方要 Delbert 說明退步原因。這件事情由副校長及 Delbert「最喜歡的老師」接手——Delbert 在她的一門商業課程「幫了不少

忙」，她很需要Delbert的支援和配合。她了解Delbert的特殊個性，Delbert在她的課堂上也表現很好。Delbert「最喜歡的這位老師」找到第一位老師，參考她對Delbert特質、能力的診斷結果，提供一些很好的線索和資訊。星期四，成績出來了。星期五下課後，Delbert出現了，他說念高中時從來沒有收過不及格的通知單，從他的舉動來看，顯然他理所當然地認為自己如果完成所有拖欠的作業、通過測驗，老師就會撤銷先前的分數，然後給一個新分數。到了星期一早上，所有該交的功課都完成了，當天晚上以前也成功通過測驗。那位不認同嚴格把關的老師——尤其看到有人妨礙學生進步或改善時——非常樂意用所有方法，幫忙學生重新站起來。但是等到新成績正確登錄，那個自我感覺良好的傢伙離開教室後，她知道自己在這個特例中犯下錯誤，為她日後處理Delbert問題帶來很大的麻煩。他離開時那種洋洋自得的模樣，似乎是以勝利者的姿態宣布：「我就知道我可以讓妳了解我的真正價值，以及我那不容懷疑的能力。妳已經降低門檻一次，下次如果發生同樣情形，我當然希望妳比照辦理。」

這個男孩肯定是有能力的。那位老師從不同消息來源得知他的組織能力很強。經常有人提醒她，Delbert無論擔任青年遊樂券銷售比賽總籌或有效管理商業計畫，都有良好的表現。

有一天，同學們不斷要求：「讓Delbert朗讀自己的報告。」老師要這個傢伙上台報告，希望同學對他的一點信心可以激起他的榮譽感，讓他更能自我控制。只是事與願違，因為Delbert想討好的不是同學，而是老師。他找到的主題相當好，內容處理得很有技巧，廣受同學喜歡與欣賞，Delbert自己也很滿意。朗讀後他對自己的表現更志得意滿。放學後他留在學校閒晃，對老師說：「妳本來不會讓我讀那篇文章的。我早就知道妳不想讓我讀；但是

現在妳很高興，因為妳知道我是有天分的。唉呀！我將來要當一名演員，也想寫劇本。那是我的目標。有一天妳看到我成功，妳就會因為當初這樣對我而感到遺憾！」說完就突然轉身離開教室。

之後，Delbert的事情回歸平靜。老師在幾次課後討論中，試圖「挑釁」他，讓他知道演員必須接受良好教育（尤其演員的工作範圍也包含寫劇本）。不過，老師的努力並沒有帶來任何正面改善跡象。她還是得用各種招數綁住他，只不過難度越來越高。男孩受到更多限制，卻依然嘻皮笑臉，人也變得比較陰沉；有時候，他會在兩堂連課時，坐在位子上，用一種受到傷害的表情瞪著老師。老師知道在那種心情下要他專心課業是不可能的，所以就不理他；也因為坐在後排，他的怪異行為不會引起注意，也不會讓其他人分心。

這個時候Delbert對功課的態度開始有點漫不經心。他偶爾會寫作業，但總是自欺欺人，要老師相信「我是有能力的——等我準備好，我就做得到——每天拿這些小事來煩我是沒有用的。」他的排名自然往下掉，到了年底，成績亮起紅燈。

這個時候，老師受邀擔任「歡樂之夜」才藝競賽初賽的評審。她這才見識到Delbert的真正專長以及引以為傲的東西。Delbert不滿意自己的紅色亂髮，所以戴了一頂炫麗的紅色假髮，長長的捲髮蓋著他的頭，就像個光環。他穿了一件毛茸茸的淡紫色波浪雪紡衣服，前面是短的，後面拖著一把超大、粉白相間的精緻駝鳥羽毛扇。裸露的肩膀和脖子上，披著柔軟的混色絲巾。雖然他「盛裝演出」Julian Eltinge非常搶眼，不過這場小型喜劇乏善可陳，因為他太依賴他的小聰明以及密切相關的天賦能力。他的表演並未得到評審青睞。這就是Delbert的另外一面。他的確有天賦，可是超級自負似乎妨礙他的成就——包括嗜好和課業。

　　老師準備跟 Delbert 再次討論何以他對課業、本身，抱持令人遺憾、對抗到底的態度，但是老師長久以來極力避免、盡量拖延的危機，不但日益明顯，也更趨嚴重。

　　對於所有不喜歡的工作（例如打掃實驗室），Delbert 總是閃躲、逃避。有一天老師要他把解剖過的東西仔細包好，拿到機房燒掉。但是 Delbert 有所顧慮。他想拒絕，可是每個人都跟他說：「噢！去拿呀！快走吧！」Delbert 知道大家不同意，於是改變策略，開始懇求：「你怎麼可以堅持要我把這個噁心的東西拿到機房？那會傷害我的審美敏感性。你不是欣賞我的能力、我的藝術品味嗎？這些難道都不會影響你嗎？」老師不為所動，指著門口。Delbert 猶豫不決地把托盤舉在頭上，往門口走去，不過又轉過身子，再度向老師提出同樣請求。老師不理他。Delbert 又走向門口，但又第三次回頭，這次他跪在地上，高舉雙手，苦苦哀求老師重新考慮這個不可能的差事。

　　這對老師和同學來說太誇張了。全班樂不可支的時候，Delbert 帶著一盤碎肉逃之夭夭。

　　不幸的是，Delbert 把這件趣聞解讀為自己的聰明舉動。他沒有看到可笑的一面。現在依照他的想法，所有的阻礙減少了，一學期的所有爭論觀點也消失了。他心想：「啊哈！老師終於把我當聰明人了。從現在開始，她逃不出我的手掌心了。」

　　事情已經發展到令人無法忍受，結局很快就產生了。兩天之後，Delbert 的一場勝利使得他一向陰沉、受挫的情緒，轉為傲慢無禮。他斷然拒絕利用自修課完成作業，老師只好要他到校長辦公室報到，他也拒絕了。老師最後寫紙條給校長，要求把他調到別班。十分鐘內要求批准了。看起來 Delbert 沒戲唱了⋯⋯。

　　當然，老師不想承認自己沒有能力幫忙、掌控他；她不願意承

認她徹底失敗了。究竟問題出在她的情境分析還是處理方式？儘管不確定，她姑且相信他的反駁與對抗是認真的，所以避免用強硬方式。或許這就是難題所在。

之後她跟其他老師提起 Delbert，知道他在其他課的行為大同小異。他這學期兩科被當，兩科低空掠過。漠視課業的程度可以從沒有歸還教科書看得出來——即使知道返校後會被罰款。

Delbert 被調班的那天晚上，老師信箱裡收到一張紙條：「我願天譴降臨妳的頭上！小心！」（一位高中教師的自傳文件）

這位老師當時忽略了一個複雜因素：Delbert 事實上是個同性戀。（經過獨立調查後，這個推論得到證實）。如果他是個正常男孩，在團體中表現正常，這位老師會因為沒有及時處理而無法管理班級。在任何情形下，如果沒有經過精神病學家徹底檢查，大家能做的似乎有限。因此，如果教師的觀察正確，或許可以「制服」他，他也可以及早對她的課失去興趣。她終究得採取強勢作為，有一度她必須把他跟同學隔離，把他當做一個蠢蛋、搗亂分子（這是個孤注一擲的方法，但是教師經常被迫使用）。看起來唯一的可能解決辦法，就是一開始就採取激烈行動。如此教師可以保住面子，對學生也不會像最終結局那樣，造成更大的傷害。

我們從這個個案中也可以得到一些師生鬥智與幽默的省思。這是最重要的主題，可惜手邊的資料只能做粗略分析。這種機智幾乎就是一種傾向機智；也就是說，它具有個人目標，展現明顯的敵意。它是一種源自於敵對團體的典型幽默。小說家筆下的教師常常處理一些笨手笨腳、粗俗嘲諷的事情，而且我們必須承認，這類事情在學校裡是司空見慣的。學生會透過許多方式展現敵意，比方說巧妙的滑稽模仿、拿名字做文章，或者開老師的玩笑等。學校社會互動的單調背景

以及師生工作潛藏的緊張關係，似乎都會讓原本無趣的事情變得好玩許多，也因此有時候學校笑話不怎麼好笑。學生聽教師講笑話——即使是糟糕、教師本身就是嘲笑對象的笑話——發出笑聲，其實是被迫的；這似乎可以確認學生會服從教師，而不是因為教師的機智。在學校運用幽默不見得是一種武器；透過無傷大雅的幽默，可以化解雙方的緊張，或者當做一種調解技巧。

師生的爭鬥通常不會太久。它們可能會逐漸累積，導致某種危機而宣告終止；也就是說，「攤牌」會終止爭鬥，或者展開另一階段。爭鬥中的性格互動會越來越激烈，支持繼續爭鬥的社會安排也越來越不切實際；危機終於產生了，雙方動員、釋出所有的能量（或者向他人求援）；到最後不受束縛的力量所造成的混亂，變成一種新的情境定義。每個人都從危機中浮現新態度。Fairs認為：「在既有態度無法適用、原有對象無法滿足期望的情境中，就會出現危機。」教師一向比學生擁有更多社會資源，所以他往往想要逼學生「攤牌」，但學生卻想避免。幾乎每個教師都可以說出一個成功解決危機的故事。以下是一個典型例子：

George P. 是個難纏的男孩。他在自己的班上、運動場上、鎮上，都是個麻煩人物。

偶爾有人打他的小報告，而身為教育局長的我必須糾正他。因為這些都是小事，我只執行例行的管教。他雖然接受管教，卻告訴別人說我最好不要打他，因為他會反抗。

最後，更嚴重的過錯發生了，他知道一場真正的爭吵就要上演。我把他叫到辦公室，告訴他對方的指控。他馬上生氣了。

「你該不會真的要打我吧？」

「為什麼不會，George，我正想這麼做。」

　　我刻意走到桌子旁，拿出我的鞭子。他站著等在那裡。我向他走過去的時候，他「舉起拳頭」。我笑著問他：「這是什麼姿勢？你以為你是 Jack Dempsey 或 Gene Tunney 嗎[65]？你等我去拿相機，我要幫你拍照。」

　　「你不會打我的。」

　　「現在不要逗我笑。你總是作怪。身體彎下去。」

　　他「擺好姿勢」，我動手了。

　　第二天，他的父親在街上把我攔下來。

　　他問我：「你打我的孩子 George 是什麼意思？」

　　「P. 先生，你的兒子違反校規，他犯了錯，就得接受後果。」

　　「那麼我該揍你嗎？」

　　「你需要有人幫你，P. 先生。如果你準備要揍我，就告訴我。我很忙，再見。」

　　從此以後，George P. 變成很乖的男孩，我們也成為好朋友。（訪談一位教育局長）

　　我們不得不對以上成功運用幽默感的案例提出看法。顯然那是一種奚落，再加上老先生的冷靜果斷，讓事情得以落幕。

　　長期爭鬥經常會逐漸累積，導致某種危機，而且常常在危機中產生變化。長期爭鬥情境中的敵意也會不斷累積，然後就像靜電般堆疊在某些地方，其他地方則分布著相同、相斥的電荷；危機就像雷暴般狂掃電荷。仇恨越來越多，改變了情境的定義；這些敵意態度展現在危機中。危機之後的情境似乎有所改變，這是因為主觀的仇視指控已經消失，情境的定義方式也不同。

65　譯者註：此二人分別於1919-1926, 1926-1928年贏得美國重量級拳擊冠軍的寶座。

　　我們可以在教室的社會歷程中，找出有趣的調解機制。Simmel 認為調解「純粹是一種主觀上避免鬥爭的方法。」他進一步指出：「有效調解的心靈狀態，是一種想要結束鬥爭的基本態度，它跟客觀立場完全無關；從另一方面來說，這就像想要找人吵架，就算沒有真的發生，還是會引起鬥爭。」想要調解是「一種跟弱點或良好夥伴關係、社會道德觀或同儕感大不相同的因素。」妥協在本質上，是一種保留面子的做法，除非間接改變它的情境根源，否則不會影響衝突的基本態度；調解則直接針對引起衝突的態度。它通常只是展現友好態度，藉由引發他人類似態度來達到目標。它可能是主觀的，但是多多少少必須展現出來，依我的看法，它似乎主要展現在無關的讓步上。一個大班級裡，有兩個男孩在講話。老師注意到了，但沒有管他們；兩人繼續交談，老師開始明顯受到干擾。這時候一個男孩舉手問了一個不錯的問題。教師的情緒得到緩和，鬥爭也轉移了。在另一個例子裡，教師給一位年輕女學生低分，這個女生自視頗高。她挑釁地瞪著老師。老師停了一會兒，問她一個問題之後笑了。學生回答問題了，但還是很生氣。老師很快又問了另一個問題，臉上仍是笑意。這種注意力讓她開心，也不再生氣了。有一位聰明的訓導人員，奉命接管脫序的自修室。以下是他的開場白：「嗨，首先，各位男生們，我是來為你們服務的。」這種調解技巧似乎無傷大雅，也沒有讓步的意思。教師特別需要調解技巧，因為他們常常無法在基本原則上做出妥協。

　　發展出衝突社會學的優秀社會學家，可能都是在自己的教室裡找到適切的討論素材——這樣說應該不算極端。幾乎所有的古典社會學概念，都可以應用在教室生活、戰爭、長期爭鬥、訴訟、理想的衝突、勝利、調解、妥協、改變信仰、調適，以及同化。我們不見得可以目睹所有這些衝突——至少看到的不是衝突，但是社會學家必須學習看見社會脈絡的隱形世界。

　　很多教師難以接受這個觀點，因為他們認為師生關係基本上是建設性的，而衝突概念違背那樣的認知。這些教師可以在古典衝突哲學裡找到答案。衝突是一個建設性的過程，它所創造的東西跟它摧毀的一樣多。它可以統一，也可以分化；它是塑造團體最重要的因素之一。最有意義的關係常常以對立的合作為特色。衝突可以維護原本無法容忍的關係。衝突更是邁向和睦的方法。衝突是個人成長辯證法的根本要素。我們可以主張，衝突是學校生活的特色，它最能幫助學生為校外生活做好準備。學校需要的不是消弭衝突，而是建立最有利的衝突。

　　隨著師生開始熟悉學校社會歷程的整體網絡，他們會有所啟發，整個過程也變得更複雜。這就是為什麼新手教師會居於劣勢的原因之一；他的學生熟悉整個場域，比他更能夠真正對情境進行複雜的因應。但是教師很快就可以進入狀況（否則無法教學），因此總是由教師提出更複雜的學校情境定義。典型的運作是這樣的：教師熟悉整個型態後，馬上可以從學生姿態預知某種攻擊、某種暫時友好或結盟關係、某種欺騙意圖、想要表現幽默感、某種長期爭鬥、某種脫序暴動，或者校內可能發生的一千零一種事件。教師對情境的回應，來自於他對情境意義的覺察──就像某種長期、複雜社會過程的早期階段；他依據的不只是學生做了什麼，也包括他們打算做什麼。教師的做法通常是阻撓或轉移，或改變過程的方向。學生也得到相同的啟發。因此師生容易減少彼此的互動，只剩下一種姿態的對話；雙方不僅依照對方的完整行為來調整自己的行動，也參考本身經驗中的最初行為。值得一提的是，雙方所運用的這些個人姿態知識，都來自於個人對學校社會情境本質的基本概念。就某種程度來說，這種啟發的份量和本質也會受到個人基本取向的限制；因此，一個聰明的高中校長也許得到某種有限的啟發，讓他游刃有餘地進行操控，但是如果沒有

掌握教育的目的,種種努力就會只剩下個人的進展。總之,啟發雖然縮短了學校的社會過程,但也增加了深度與節奏,讓整個過程更為複雜。

作業

1. 撰寫一篇詳細記錄某對師生或教師與一群學生的長期爭鬥歷史。

2. 探討某位教師與學生們陷入長期爭鬥的性格。分析她使用的社會技巧,以了解爭鬥的起因。

3. 列舉一些身心平衡教師用來避免陷入長期爭鬥的技巧。

4. 描述以下的情境:某位教師對某位學生視若無睹,把他跟其他同學「隔離」。分析此情境中的人際互動。

5. 蒐集教師機智的實例,並加以詳細分析。針對你所認識的教師,將他們的典型幽默予以分類。探討其與教學效率的關係。

6. 舉出會讓你在課堂上開懷大笑的十件事,並分析原因。

7. 將教師依照單調程度排序。針對每位教師,找出會讓你在課堂上開懷大笑的五件事,並詮釋你的結果。找出一種方法,讓學生可以依照本身認為有趣的程度來給教師評分。

8. 研究女學生的「竊笑」現象,用一種理論來系統說明其原因及如何控制。

9. 敘述某個「攤牌」故事,以及後續的情境再定義。

10.敘述某位教師想要加速「攤牌」卻宣告失敗的故事。

11.舉出正確解讀「開場白」的例子,並說明它如何影響學校的社會歷程。

閱讀資料

Dawson, C. A., and Gettys, W. E., *An Introduction to Sociology*, Chapters VIII, IX, X, and XI.

Low, Barbara, *Psychoanalysis and Education.*

Park, R. E., and Burgess, E. W., *An Introduction to the Science of Sociology*, Chapters IX and X.

Staloup, B. F., "The Sociological Approach to Methods of Teaching and Learning," *The Journal of Educational Sociology*, Vol. V, No. 1, pp. 26-35.

Wickman, E. K., *Children's Behavior and Teachers, Attitudes.*

第二十一章　充斥種種要求的戰場

　　就是因為教師想要強迫學生學習，才會帶來不愉快，傷害了彼此的關係。我們已經將學校定義為人們會合進行教學、接受教學的場所。如果這個過程不是強制的，如果學生可以只學習有興趣的東西，可以用自己的方式學習，並且只學習願意的份量、喜歡的東西，如果良好秩序不是學習的必要條件，如果教師不必是監督者，而只是協助者與朋友的話，學校生活應該是愉快的。

　　然而，以上這些情況都跟事實相反。群體教學以及書本知識傳授，使得學習必須是強制的。學生必須學習許多他們不想學的東西，而且即使是原本有興趣的東西，還必須過度學習——直到令他們**作嘔**。教師必須是監督者。他們必須讓教室保持安靜，學生才能用功。這種要求系統是一種強迫學習的系統；安排某些任務，再依照學生完成的方式來評分；學生在社會機構中的進展，以及最後能否得到解放，都取決於他們工作表現所累積的良好成績。學生要完成多少工作才能拿到一個單位的「學分」，教師要為每個表現給分，師生角色無法彼此搭配。

　　有一項基本假設是，人類知識可以分成許多學科，而這些學科又可以再細分為分級完善的課程。每一門課包含一定份量的事實，學生必須從這些事實獲得明確的最低知識量，這門課才算表現良好。或者一門課可能包含一定份量的實習，一般來說，可以讓學生學到某種程度的技能。學生熟練與否會透過口試或筆試來「評分」。科目是為一般學生設計的。如果一門課所包含的事實份量——尤其「及格」分數的最低門檻——很多，就屬於高學術標準。相反的，如果門檻很低，

或者要求經常寬鬆，就是低學術標準。一般而言，高標準跟學生必須表現某種特定成就的份量是彼此呼應的。

我們可以批評所有這些現象，而且已經有人經常這麼做了。但這不是我們當下的目的。教育必須有內容，而且我們仍然必須引導學生吸收那些內容。目前我們採取的方法不夠好；它們往往無法達到目的，還會浪費時間、損害人格。不過教師已經思考許久，方法也有所改善。我們的目的並非批評或評斷，而是找出性格在學術標準中的糾葛關係。然而，我們不得不指出，細分的教材無法適用所有的人類知識，而且或許就連最重要的知識都不適合；它可能只適合學校的特定知識[66]。此外，知識分為各種學科，學科再分為不同課程，這種分類方式對學校以外的人士來說一定是武斷的；至於依照學生表現給分的系統，即使對最有經驗的教師來說，往往似乎毫無根據。

將教材組織成科目，預先決定學生必須學到的知識份量，以便某門課可以「及格」，這樣的必要性已經影響教育的內容。Clow說得好：

> 我們以目前學校課程的相關討論來當例子。拉丁文與代數始終都保有它們的地位，與其說學校當局尊崇傳統，倒不如說這些古老學科滿足了教師的第一要求，也就是一種詳細分級的科目內容；在這些科目中，教師指定明確的作業，學生的學習結果則依據統一標準來評分。由於教師必須處理很多、大規模班級的學生，他們會特別堅持這些要求。再以師範學校受到的批評為例，它們偏離共同學科的教學層面，轉而追求語文、數學、歷史與科學的進階研究。現在我們不必認為這種趨勢來自於師範學校想要模仿大學或者任何其他可恥目的。它只是因為事實上這些共同學

---

66 對於某些顛覆教材分成科目、上課時間分成背誦時段的前瞻性實驗做法，我們樂觀其成。我們認為這些實驗充滿希望，因為大家都知道，世界上很多令人印象深刻的無知，都來自零碎化知識。

科的專業層面──就像各國多數的教育科目一樣──其標準化的
程度，還沒有辦法符合教師的上述要求（而且或許永遠無法符
合）；純粹學業功課會進行得比較順利，學生也比較喜歡──因
為它已經具體化為授課內容[67]。

　　死氣沉沉的東西成為絕佳科目。尤其在學校的學習情境中，那些
教材最好教，學生也最好學。大量教材同樣不可或缺。多數教師寧可
教授巨著，也不要單薄的教材，這是因為教師的最終悲劇就是沒有東
西可以教。

　　教師對學業標準的關注過了頭。標準至上的態度情結以及設法維
持的企圖，往往主導他們的性格。在教師的心靈世界中，課業學習是
崇高的價值，也是生活的重心。所有人都將依照個人過去或當前的學
業成就來評斷。除了能夠併入科目、考試得以涵蓋的知識，其他知識
都不是知識。唯一值得做的就是努力改善學習。狂熱追求教室的盡善
盡美，成為教師最醒目的特徵。

　　要解釋教師這種特殊態度，會牽涉到許多因素。其中包括習慣的
心理因素以及伴隨的價值。教師習慣於教導、考試，想要學生加強、
擴大吸收教材。因此，根據這種單純的習慣，也許我們可以說明教學
所附帶的情緒價值觀，以及過程中所群聚的大量理性化。

　　另一個心理因素來自於教師因為長期執著於科目教材，導致觀點
扭曲。高度關注書本學問、疏忽人們賴以生存之重要規則（包括非口
語化與無法用口語表達者）的人，必然高估書本知識。某位教師的專
長是某種學科時，這種扭曲觀點最有可能發生。我如果這麼說似乎不
過分：也許學科專家一向有點瘋狂。

67　Clow, F.C.，《社會學原則在教育上的應用》（*Principles of Sociology with Educational Application*），
　　頁365。（Macmillan公司允許重印）

　　某些社會層面發展，會讓專業主義的心理效應更明顯。某些學科教師會依專業組成教派團體，互相鼓舞，擁戴其超越世俗的學科價值。每個教派都有自己的傳統與用語。「經典古籍代表敏捷。」「紳士代表思考能力，有能力去思考——」這些用語是否有效，取決於教師對這些價值的情緒涉入程度。最近有一位書評者說：「某些人認為，這本書一定會重創社會學。」沒錯，這個呼籲正確而簡潔，雖然多數的心理學家、政治學家以及經濟學家可能無動於衷，不過它對社會學家的影響不會完全沒有。

　　此外，教師開始信奉標準，是因為他的擴展性格開始涉及科目標準。由於學生尊敬教師深受嚴格評分的影響，學生也學會以符合體制的方式來評斷教師。至於教師在同儕中的地位（以及之後的晉升），有賴於盡忠職守地努力「提升學術成就水準」。

　　最能影響教師對標準所持態度的因素，就是事實上師生屬於不同團體，而且二者的學術標準互相衝突。教師在教師團體中的價值，取決於他對團體理想忠貞不渝。令人慚愧的是，它可能取決於他對敵人所造成的傷害，而且許多一文不值的教師仍然享有某種程度的尊敬——因為他在學生成績單上填上大量紅字。當然，教師團體之所以要求忠誠，不僅是因為它跟學生團體衝突，也因為成員多多少少會競相博取學生的青睞。在解釋標準對教師的意義時，還有一項要素是教師想要透過放寬標準進行不公平的競爭，把誇張投入當做這種潛在欲望的補救手段。這種動機在大學團體中往往十分明顯。以上種種因素都有助於塑造一位「勇敢迎戰」的英雄教師，而且每個教師都想成為一個在敵營陣地上作戰的人。

　　教師的日常談話顯示出心目中的保持學業標準。有一群教師休假時聚在一起，隨性地聊天。比方說，Marlow 的小女兒得了麻

疹。Brownley 買了輛新車。有人提到了標準。

「這些學生都只會無病呻吟。你如果把他們當了，他們也不會吃藥的。我把 Harrison 當了；如果有人該被當，那就是他了。他來找我，編了一個走霉運的謊話，我告訴他沒辦法改成績。他說他會被退學。我答應他去見院長，盡量幫點忙。我說服院長不要把他退學。現在這個男生連話都不跟我說了。」

其他老師不耐煩地聽著，因為每個人都有經驗想說。其中一位老師最為激動，眼睛閃閃發光，急著想跟別人分享。

「哎呀，有一次還有學生說要給我錢！他在布告欄看到他的名字非常驚訝，跑來我家問是不是真的。他承認自己罪有應得，不過又說這會毀掉他的人生，傷他老爸的心，一切都會搞砸。他要我行行好，更改他的成績。我反問他這是哪一種學業標準。他繼續講個不停，我就進去房子，當他的面把門關上。」

「沒錯。絕對不要讓他們進到家裡，否則會賴上一整天。」

「喔，第二天早上他又來了，就在我晤談時間剛開始的時候。他開始講同樣的故事，然後看了一下四周，語氣改變了。我忘記他當時是怎麼說的，他問我要多少錢才可以改成績？我搞懂他的意思後，我氣炸了，命令他滾出辦公室。我想我應該一開始就這麼做。」

另一位老師早就準備好要講他的故事。他叫嚷著說：「有個傢伙進來，要我寫下所有當他的理由。我寫了，他把這個東西拿到委員會，結果他們讓他留下來，延後給成績之類的東西。那只是其中一個小 case。他被當是因為期末考考了 59 分。」

「想必你不會有 59 分的期末考成績吧？」

「報告分數是我助理打的。」

在這群人中很少聽到不同的意見，因為他們本身就是許多廣大

社會規範的反對者，他們無法容忍團體裡有異議分子。如果有人被懷疑沒有堅持學術傳統，就會可憐兮兮地想要得到其他夥伴的認同。有一天，一位教授歷史「營養學分」課的老師，來到一位受敬重同事的辦公室。

「是這樣子的，」他說：「我只是必須向學生表明立場。我已經好好處罰過她們了。有幾個女生交出一模一樣的報告，我問她們怎麼回事，她們回答說因為是一起完成，所以應該沒問題。我告訴她們，我不懷疑她們說的話，但是我不允許這種事情發生。所以她們每個人得把二本書拿回去，然後寫出八頁的學期報告。有些人還沒有交，我告訴她們：『沒報告，沒成績。』這樣一來就把焦點轉移到時間上了。」

這類的對話在考試、期末時間特別頻繁。它們有兩個主要功能：紓解教師的內在壓力、維持教師團體的士氣。對於嚴格維持專業立場，教師的濫用程度勝於辯解——如果不是為了合理化的話。（對話紀錄）

多數學生理所當然認為課業要求是眼前比較重要的部分，他們會認真努力達到標準。強大的社會機制迫使學生完成教師交付的任務：包括教師權威、學生排名、家庭與其他同質機構的壓力。然而，如果學生不願聽命行事或無法完成交付的任務，就會反抗。反抗大多針對標準、分數，或者為了維持標準必須施加管教，而這種潛在意義被多數的學校教育研究者忽略了；由於無法了解這種意義，使得預期的改革大打折扣。

師生對分數一旦產生歧見，就會爆發反抗與仇恨，導致厭惡感。大學比中小學更有機會公開論辯，不過其實那種情況隨處可見。教師為了在某種情境中保護自己，避免耗費情緒，他們需要某些技巧來閃

躲或快速終止分數爭論。報告寫得很差的學生，或許無法了解自己的報告難登大雅之堂，加上情緒處理有問題，所以論辯或說服可能都沒有用。在論辯過程中也會失去某種東西，因為論辯往往是以扼要的形式進行，雙方情緒越來越高漲，師生更為疏遠。此外，如果教師沉著以對，不讓自己變得好鬥，讓學生發發牢騷是很好的做法。常態的做法是在討論中加入某種繁文縟節。為了強調教師權威，有一種行政策略是分數一旦送出，就不容更改。不管哪一種情形，教師都認為更改分數是糟糕的做法，因為只要更改一次分數，就會帶來幾倍的抱怨，而且或許還會火上加油。

學生承受沉重壓力時，就會以抄襲、作弊或剽竊之類的手段來結束這場遊戲。在多數大學裡，抄襲被認為是重大事件。大家始終爭執不休的是，更多學生作弊究竟是為了通過一門課或拿到高分。顯然多數學生偶爾會抄襲，有些則習慣性抄襲。東部某大學進行的一項學生調查研究估計，某些科目的抄襲人數高達三分之一。

教師認為考試作弊是一個道德議題。有時候還必須大費周章地向學生解釋自己的觀點。儘管那些年輕學生擁有高尚的品格，抄襲還是持續發生。有人不得不提出結論：師生的道德觀有所衝突。興趣不高的廣大團體支持教師的道德觀，禁止考試作弊。學生的道德觀則不禁止。即使是拒絕作弊的學生，也不會反對這種道德觀；甚至那些基於個人因素「誠實作答」的學生，也不會跟教師聯手揪出作弊者。有一所大學流傳一種「不名譽守則」，要求所有學生在安全的前提下彼此協助作弊。於是，這種守則強迫每個人去損害自己的利益。體認到道德標準的衝突之後，我們就必須用不同方式來評估抄襲問題的道德層面。

教師容易把反對作弊的規則，當做一種刑罰規範。如果有漏洞，就必需制定更嚴格的規則與更嚴重的處罰。東部一所知名大學在學生

考試手冊的封面上，列出以下規則：

紙筆考試的行為規範

規則 1. 學生座位必須從教室前排採直線式，間隔往後坐。左撇子的學生會被移到教室最右側的走道，並且面向後方。

規則 2. 學生不能在題目卷上寫字。所有其他文字（例如計算、打草稿等）必須寫在考試指定的同一份答案卷上。

規則 3. 所有跟考試無關的筆記、書本或紙張，要放在座位下方的地板上，或者由考場負責人指定放置地點。

規則 4. 所有考試書籍與問題要放在學生右側的扶手上，左側必須淨空。

規則 5. 無論任何理由，學生彼此不能交談。這包括借橡皮擦、鉛筆、問時間等。這條規則在所有學生離開考場前都適用。

這所大學舉行考試的時候，學校的慣例是盡可能召集更多監考人員。學生作弊一定會遭到審訊法庭的無情處罰。然而作弊情況還是層出不窮。是不是制度出了問題？

對作者來說，這樣的制度是荒謬的。它的基本假設是每個學生都不誠實，必須不斷監督才能讓他們誠實；這種假設不僅差辱學生的自尊心，也助長抄襲的風氣。這讓抄襲成為一種有趣的遊戲。教師的預防措施越多，學生為了抄襲就必須更足智多謀，抄襲變得不僅情有可原，而且是英勇的行為。人類的巧思無法設計出人類巧思無法規避的預防措施；抄襲成為師生的一場遊戲。學生吹噓自己「僥倖成功」，與他人分享經驗。教師也因為自己的偵探本事沾沾自喜；取得博士學位以及擁有學術著作的人，對於幾個哭哭啼啼大二學生的遭遇卻幸災樂禍。

因為基本理論是錯誤的，除了繼續尋找新理論，別無他法。或許我們可以了解，人類傾向於互相幫忙，以團體方式完成學術工作，而不是單打獨鬥。無論如何，或許考試需要人性化。這樣的改變無疑會傷害標準，但是人類生活不會受苦。此外，學習的價值也不會受損，因為考試所確保的學習成果屬於最基本、最低層次的價值。考試多半偏向鸚鵡式的模仿學習；這種學習不可取，不僅因為它一無是處，而且鸚鵡式的心理習性會阻礙深度學習。

不過，對多數教師來說，完全廢除考試的建議恐怕就像邀請大家登上一艘漂流在茫茫大海的船，沒有風帆，也沒有方向舵。另一種不那麼極端，而且常常奏效的補救方法，就是榮譽考試制度。在多數情況下，所謂的榮譽考試制度實際上只不過是學生自我管理。要推動這種制度，需要採取某種技巧，解決師生的道德觀衝突，並取代妥協道德觀。要讓榮譽制度發揮作用，必須在學生之間塑造、組織有效的公共輿論；然而如果學生認為整個考試、要求、給分都不公平，它就會很快瓦解。榮譽制度常常短期內運作良好，但幾年後普遍都煙消雲散，這或許是因為教師與行政人員不了解持續努力的必要性。要讓榮譽制度在高中或學院持續運作，制度內的所有師生都必須有所轉變。最好的例子莫過於校內連鎖態度所帶來的影響。大一學生對測驗和考試抱持傳統的心態，除非進行一場深度、廣度相當於當初榮譽考試運動的改變信仰戰役，否則生澀觀念會入侵，而且還會養成僵化的態度，導致不得不採取監考措施。想要採取榮譽制度的教師，必須深入鑽研改變信仰社會學。

相較於具有絕對優勢的紙筆測驗，還有一些手段可以讓學生得到比較好的成績。某所大學的學生對於「矇騙」與「握手」二種做法很有興趣。握手是比較溫和的一種，它只是想跟教學者建立某種私人關係，藉此影響分數。矇騙則大同小異，不過比較極端，當然也更不公

平。它包括各種嚇唬、諂媚與奉承，以及各種獲得教師青睞的做法。由於班級規模大，分數競爭激烈，學生可能運用一些奇招引起教師的注意，並且深植腦海。有一位學生總是可以拿到高分，但是他的知識學習顯然無法對應，有人問他怎麼辦到的。他回答：「是這樣的，我每堂課都出席，老師說的我都照單全收，然後就在下課前，我會問一個出乎意料的好問題。」他挑對了時間，也為平淡討論帶來最後一分鐘的小火花，教師當然心生感激。

有位學生提供以下的「矇騙」例子，其中一位非常遲鈍、缺乏技巧，另一位則是箇中好手。

大家指責女孩子用「握手」來跟老師套交情，雖然我對這點不太相信，但是我覺得男孩子在這種古老做法上同樣勝任。不過用的方式截然不同，而我認為長遠來說，女孩子會比較有效。

我舉出上禮拜看到的兩種方式。我在化學課碰到一個問題，但是忘了在課堂上問。於是我在下午四點鐘左右去他的辦公室。那時候辦公室裡還有一位很漂亮的金髮女同學。她問各種課程問題，她好奇化學家怎麼可能記住那麼多的東西，也希望自己能和化學家一樣聰明（顯然我們這位可敬的老師就是她口中的化學家），不久她問老師自己能不能及格。大概就在那個時候我決定放棄，交了作業就離開，讓她可以如願以償——雖然我確定我在場她也很自在。第二天她告訴別人她是如何矇騙某某教授，而且確信自己在那門課會拿到A。或許她真的會，誰知道！

禮拜二我參加數學期末考試。考試時間漫長又單調，因為我對這門課略有所知，我花了很多時間準備。老師似乎一點都不急，不久教室裡只剩下我、另外一個學生和老師。那個打算明年春天畢業的大四學生，在校成績不好。他直接去找老師，開門見山地

提出要求，希望老師手下留情。他不一定會過關。他沒有到處誇
耀他的矇騙手法。

　　值得一提的是，在那所大學裡，學生對「矇騙」與「握手」非常
忌諱，也因此嚴重影響師生的正常友善關係。多數學校可能存在這樣
的禁忌，使得教師在一般情形下所認識的學生，都是某種社會型態的
選擇，因此許多自認為了解學生心靈的教師，其實真正認識的只是有
限的局部。

　　最高明的矇騙者是那些矇騙時毫不知情，或是剛開始不知道，後
來才慢慢意識到的人。過度依賴這些做法的人，在成為教師的愛徒前
並沒有這樣的打算，Wickman 對這個現象的形成原因，已經說得很清
楚。比較機警、靈敏的學生同樣在不知情的情況下開始矇騙，不過很
多人透過知情讓矇騙技巧更高明。從社會心理學的角度來觀察這種矇
騙，相當有趣。想要了解它如何運作，必須先知道闡述屬於一種社會
過程，如果仔細評估這項事實的重要性，它將大幅改變原來的教育理
論。人不會對著空無的空氣解釋；人會對著人們解釋。有人解釋，有
人闡述，有人說明，也有人仔細觀察聽眾的反應以評估效果。不同姿
態的交互作用讓這個過程持續下去；群眾塑造出演說家。教師既然參
與闡述的社會過程，他需要某種臨時的贊同姿態。多數學生沒有什麼
反應，因為他們只有一小部分的性格涉入教室互動。但是教師可以從
每個班級的一些學生身上，找到那些徵兆，讓自己繼續教下去。這些
學生會在適當的地方以適當的方式回應教師。他們會讓教師知道是否
了解課程、是否同意他的觀點、他們欣賞某個笑話，以及下一個步驟
是什麼。對教師來說，這種學生必然會比沒有反應的同學具有更高的
個人價值。有時候反應靈敏的學生為了影響教師，會透過長期觀察教
師表情，知道自己可以施展哪些力量。如此一來，他們的「矇騙」就

屬於有意識的做法了。

　　課業要求、成績以及考試，讓師生始終處在激烈爭論的狀態。如果任何一方能夠了解對方如何受到體制的糾纏，這種敵意就可以稍微緩解。「制度」當然不是死板的，但是在辯證過程中，一方的自由行為似乎會對另一方的社會行為造成決定性的影響。教師如果被認定教學成效良好，並且贏得學生與同儕的長期尊敬（我們必須記得，教學是真正的領導），他就必須強迫學生學習。因此他必須堅持要求。學生如果被認定聰明、和善，也如成績單所顯示的勤奮向學，他就必須不計代價爭取成績。任何一方都不會因為責怪對方而得到好處，雙方都不自由。但是說這些，並不代表對自己課堂教學缺失心知肚明的教師不多。很多教師在理智上已經從課業標準中解脫出來。但是教育體系的一般架構依然維持現況，所以教師或學生頂多只能部分解脫。而在部分解脫的師生之間，產生一種令人費解的衝突。某位哲學教授所提供的故事，可以說明這些論點：

　　　　這幾年來我一直非常努力以普通人的角度來面對學生，在處理學生事情的時候，盡可能忽略教師的權威性，嘗試扮演普通人、活躍的哲學代言人角色，而不是哲學教師。我發現課業要求一直糾纏著我。所有事情裡面最麻煩的就是考試和打分數。

　　　　我討厭那些愚蠢的繁瑣手續；對我跟學生來說，我設法讓它成為一件慣例、毫無意義的事情。我自己做得很成功，對學生就不行了。我發現學生對成績、考試遊戲特別有興趣；那些注重現實的學生也常常提醒（我）這類的幼稚事情。偶爾我發現自己會跟一些學生因為以下問題發生激烈衝突：我是一個傳達訊息的普通人，還是以幫忙學生通過考試、拿到學分和成績為主要職責的教師。

　　　　我不贊成這樣的教學觀：一門大學科目包含許多必須學習的事

實，學習那些事實是學生生活中最嚴肅、重要的一部分。我寧可相信學生和我都想要了解世界、人類的某些面向，而我的職責就是和他們共同合作，找出一種哲學問題的理解。我試著引導學生討論、思考這些問題。我想要讓他們產生疑惑。我要幫助他們提出問題並找到答案。

我試著讓考試變成慣例。除非必要，我在班上不太會提到考試。我也不會向學生強調考試。考試都依照書面的間隔時間舉行。發下考卷、給報告打分數，然後發還給學生。如此而已。學生可以從教科書或筆記本找到正確答案。我不想知道細節。在這方面，我知道我的態度跟一些教師相同，我們對教學本質的概念是類似的。我之前的老師J教授也是這種想法。他也想幫助學生理解問題。他跟學生沒有社會界線，也從來不會把課堂變成小考課。他到期末才會考試，而考前他都會說：「這些報告打完分數之後就會還給你們。在成績方面，你們想說什麼就說，因為我不想讓你們覺得受到不當的壓迫。但是不要告訴我。我不想知道。有些好強的孩子到辦公室跟我討論成績時淚流滿面，但我還是不為所動。」我不覺得我在模仿J教授，不過看起來我已經認同他的態度了。

我很少想到考試，我壓根就討厭這個話題。我儘可能把考試跟教學（我自己和學生的推論）分開。上課時，我盡量避免照本宣科，或者一再重複某項作業重點可能變成考試的題材。我想做的是回答學生的問題。因此我上課時經常鼓勵學生問老師。不過這沒有用；學生關心的還是跟學業要求有關。我現在已經習慣對學生提出以下聲明：

「我希望在這門課回答各位的問題。如果我們可以用那些疑問當做討論的起點，那麼我們共同找出理解人類生活的學習歷程，

就會有很大的進展。我保證無論各位提出什麼問題，都不會是愚蠢問題，而且我不會拒絕對坦誠問題提供坦誠答案。」

「不過，為了更了解彼此，我必須告訴各位，我不會回答以下三類問題：第一，我不知道答案的問題。這種問題一定很多，但我已經盡力了，而且如果我在某方面仍然無知，還是幫不上忙的。第二，我不會回答任何教科書找得到答案的問題。你們可以自己讀。第三，我不會回答任何跟考試有關的耍花招問題。考試是必要之惡，我必須用考試來測試你對教材的精熟程度（特別是教科書）。但是我們的進展一點都不會因為考試的相關討論，或者彼此勾心鬥角想要陷害他人而有所延誤。」

「這會讓問題具備普遍的理性本質，而且所有問題都跟你對這門課的教材理解有關。這樣的問題應該很多。」

但是這樣的問題從來不多。這樣的問題出現時，我會鼓勵學生，隨著學期慢慢進行，我發現自發性的討論越來越頻繁。然而，學生的問題還是不多，貢獻程度也低。可是如果我放寬課業要求、考試問題的禁忌，學生就會提出一大堆問題。有時候在考試前，某位大膽學生試探性地問了一個有關測驗的問題。如果不回答，他可能會埋怨。但是回答了，可能會引來更多問題，學生想知道考試題型，哪些是重點，還有我會不會幫他們做重點整理等等一堆問題！我不想回答教科書上的問題，因為畢竟學生可以自己念。我也沒有辦法回答兩難問題，因為沒有人可以答得出來。一些勾心鬥角的問題，像是：「你要我們知道所有這些細節嗎？」「你真的相信考試可以公平測出學生的能力？」等等。整堂課都在討論這些無聊的考試問題。

學生還會要求各種學習協助：劃重點、時間規劃等。我可以輕鬆地搞定這些問題，但是最大的困難是考試本身。如果學生在考

試前一天左右到我的辦公室，我就知道他要我告訴他應該讀些什麼或者怎麼準備。

　　有時候學生還會提出明顯不合理的要求。有個年輕人特別要求我跟他下午碰面。他打算蹺掉我禮拜二早上八點的課，要我花一個小時告訴他禮拜四早上的考試內容。

　　考試即使結束，同一個可憐遊戲繼續進行。學生會帶著他們的答案來找我，想知道答案對不對。或者，他們會到我辦公室，花很多時間認真討論他們的成績。

　　我對學生有一點敵意，我也確信學生討厭這樣。我知道如果我認真看待整件事；如果我能夠讓自己坐下來，正經八百地討論他們下一次能否通過折磨的機率；如果我可以把考試當成遊戲，要他們全神貫注；如果我能夠做到以上這些，學生可能會更喜歡我。但是我確信（而且仍然覺得這種想法是合理的），教導學生通過考試的結果，就只是讓他們能夠通過考試。這正是我想要避免的。事實上，我對所有學生的成績都沒有興趣——雖然我很在乎學生在我的課堂上有沒有得到東西，對哲學問題是否擁有普遍的理解。

　　我知道學生在這方面比我還要現實。我一直想要猜測學生跟我的關係，是否就像師傅與學徒，我們的接觸就像一般人，重點在於傳遞理解。我的學生更清楚這點。我是給分數的人，也是學分的保管人。如果想要發揮友善的影響力，追求甜美和快活，我在他們競相取得學位的過程中，並不是一個善意的幫手，或者充其量只是個不講理的對手，他們痛恨我也許是合理的。我也知道學生跟我一樣完全陷入困境。對那些愚笨學生來說，情況更糟糕，因為他們連符合我的一般課堂要求都很困難。不過即使是優秀學生，也有充分理由對成績斤斤計較，而且他們認為師生關係是基

於分數和學分，而不是理解。（生命史文件）

　　上述衝突屬於一種介於制度領導與非制度領導之間的衝突。在學校的社會互動中，教師通常象徵典型、傳統的領導，也代表在制度架構內達成目標。學生往往想要打破這個架構。但在大學裡，情境常常相反，教師試著想要超越情境的學術定義，而學生被徹底同化到模範樣式中，想要將教師限制在傳統的交換管道中。為什麼會這樣？理由很清楚：學校的社會情境對學生施壓，要他們關心成績，而不是得到智慧。幾乎每一所大學和高中，都存在一堆僵化、脆弱的社會手段，往以上目的發展。院長設定標準，要求教師提報學生成績；兄弟會要求成績；榮譽性社團要求成績；體育部門也要求成績。但是這些體制做法無法有效促進學生真實學習。教師是巨大社會機器中的小卡榫，除了跟著機器轉動，能做的有限。教師服從制度的支配，也會從他跟學生的關係中找到最大樂趣。無論教師多有風度，他都必須接受這種給予、接受分數與學分的社會情境；他必須不斷設立學生的及格關卡，以一種不算厭惡但是堅定的立場，認真處理、討論這些事情，然後站在學生這邊，幫忙他們通過他所設立的關卡。

　　有些教師會用非常嚴肅的態度來看待這些事，他們認為考試對師生來說，就像一場烈火試煉。教師千方百計幫學生準備各種經過自己挑選的考試。他們不辭辛勞地規劃一場考試，以便適切檢測所有學生的成就，並讓成績適當分布。經過一段長時間，考試的日子終於到來，結果教師仍然比學生痛苦。如果要讓師生快樂共處，就必須調整體制情境所需要的人類力量。

　　整個小小世界的社會生活，環繞著考試、要求議題。教師的精明謹慎跟這個現象息息相關。教師一旦設定特殊要求，就會如水泥般固化成一成不變的道德命令。平常的事物很快就變成正確的事物。這也

就是為什麼教師很在意在他們建立的社會架構中，出現漏洞；他們知道這種小小的藉口或例外，這種看起來無傷大雅的小小特權，很快就會變成明文規定的正當性。有經驗的教師已經學會如何評估那些先例。種種要求都是人類倚賴的社會安排，它們會被固化成正當性；當它們成為阻擋人們去路的障礙，就會因為人類力量運轉而瓦解。

　　在高中與大學裡，有些科目是為了讓學生對環境中的某些客體具備良好態度。許多這類科目出現在社會系，而其理由至少有一部分是合理的。嚴格標準陣營反對這些科目，因為他們認為，教育的任務是告知；教育應該關注心靈的心智內容，而不是情緒有機體的動態學。這似乎是一種草率、片面的反對，它顯示一種狹隘的教育觀，因為傳遞態度時卻沒有同時傳遞給對象，那是不可能的，而且「態度科目」的貢獻應該跟任何其他科目一樣多，讓學生生活在一個更寬廣、結構更複雜的宇宙中。

　　還有一種針對態度科目的更嚴苛批評是，這些科目無法真正影響態度。這也許是真的，可是學業標準絕對會影響態度的傳遞。沒完沒了的考試、分數與學分，讓教師無法對學生發揮個人影響力。態度科目中的學業標準是荒謬的，我們要不是捨棄態度科目，就是要修正我們的學業標準概念。我們怎麼可能針對種族偏見中的自由打分數？或者，為了確保最後全班都能拿到分數，學生中有的自由表達個人完整意見，有的卑躬屈膝、敷衍了事地重複教師和教科書說過的話，這二種截然不同的行為，哪一種可以促成導致態度、意見改變的社會互動類型？

　　另一個支持態度科目的類似說法是，它們可以提供啟示。啟示其實很難傳遞，而且傳遞對師生來說，都必須是一種正面成就；這是啟示說法不受歡迎的重要原因，但是教師放棄它的真正原因是無法實際驗證。關心態度科目提供啟示的教師，沒有辦法進行客觀的測驗，他

的成績做不到適度分布，打出來的成績也不符合常態曲線。他也許會開一門「營養科目」，然後因為不公平競爭而被同事認定無效；或者開了一門莫名艱深的課，而學生不願意選的原因是兄弟會之家的一段毀謗傳聞。

　　測驗與標準是為了強制施行真實成就，並剔除遲鈍、懶惰者。不過幾乎所有學術測驗都無法如預期般將個體分類。總是有資質普通者矇混過關，資賦優異與勤奮的學生也可能跟遲鈍、懶惰者一起受罰。這幾年來，研究所瘋狂地努力訂定一些要求，讓笨蛋無法取得高階學位。進入學術王國前必須跨越的障礙，增加了好幾倍。或許適當哲學博士候選人類型的理想——只要它一直受到行政人員的珍視——不會完全無效。但是一旦理想變成規則，它就是一種正式要求；資質愚鈍者可以在形式上滿足要求，但卻缺乏一絲絲的愉快理解——那種理解是我們理應確保的。「驢橋定理」[68]（bridge of asses）是一個很好的考驗，但是我們最好也記得，驢子訓練師跟造橋師傅堅持不懈、聰明過人的程度，是一樣的。

　　雖然有時候教師可以從考試中得到樂趣，但學生就不是這樣，或許只有聰明的奇葩才是例外，這些人從來沒有挫敗的經驗，只是急著想要再度展現能力。不過教師的普遍看法是，即使是能力最強的學生，也常常會在考試那天問一些傻問題。（的確有些學生會透過一連串問題——例如解釋考試題目——來精進自己的答題技巧，他們會讓教師代勞一些考試的勞心工作。）許多學生在考試的時候陷入恐慌，無法回答一些最基本的問題，試卷答案也跟平常表現有落差（經驗

68　譯者註：這裡原指古希臘數學家歐幾里得（Euclid）《幾何原本》（*Elements*）中，有關「等腰三角形兩底角相等」命題的證明。據說中世紀大學用這個證明法作為學生數學能力的檢定門檻；也就是驢橋在此，愚者莫過的意思。另一說法則是該圖形像一個支架橋，只有步伐如驢子般穩健的學生，才能過橋。請參閱洪萬生，《此零非彼0：數學、文化、歷史與教育文集》（台北：臺灣商務印書館，2006），頁216-217。

法則允許 15% 的落差）。我們也不應該認為，這種經驗效應會很快消失。學生會對考試產生恐懼，這種考試情結可能使他們終其一生，在所有重要情境中繼續受到折磨。有一個例子是由於高中考試內容艱澀，一位年輕女生在某次大學入學考試時慘遭滑鐵盧，這種經驗讓她嚇到不敢讀大學，也導致某種衝突（不斷出現在夢中），甚至八年後仍然歷歷在目。不過，一項學校學習成果的適當評估顯示，好學生主要學到的是考試的作答藝術。

　　還有一些問題與困難有待思考。在社會流動那一章，我們討論過學校的選擇功能。學校掌握的選擇手段中，顯然學業要求是最重要的。我們相信學校的選擇功能的確是一種合法功能，但我們也主張放寬學業標準，以兼顧性格價值的重要性以及更好的學習類型。放寬學術標準或是以人性化的方法來強制實施，顯然目標都擺在校內其他測驗機制的發展。這種需求應該透過職業輔導領域開發——此有待專家投入——來加以滿足。

　　然而，一個真正的直覺是教育理論家已經把目光聚焦在教育的這種任務表現層面，把它當做教育系統中最邪惡的特色。我們必須尋找另一種教育。我們必須體認，只有理解的教育才能讓我們真正主宰我們的世界；理解教育，未必要從熟悉廣泛的事實、概念著手——吸收若干即可。最偉大的科學家不見得都是腦袋瓜裝著最多概念的人。有個雋語如此比較兩位當代政治家：「A 什麼都沒讀，但事事都懂；B 什麼都讀了，但什麼都不懂。」單調乏味、事實導向、不容質疑的教學，容易導致後者的學習。我們必須把目標擺在更生動的學習，重點在吸收而非記憶。

　　以上有關學業標準的所有看法，並不是反對明確、甚至標準化而刻板的教育內容。我們文化中有許多必要元素，是所有人必須吸收的。比方說，算術。我們也不能廢除困難的任務，因為明確任務的實

用性深植於心靈的建設。學術標準的要求方式才是重點。目前強制要求的模式是透過背誦、定期考試與學分成績系統，但是沒有用；它頂多強迫形成一種強調記憶的鸚鵡式重複事實，無法確保（也許甚至不贊成）真正吸收教材。這種方式採用某種人為、強迫的元素，針對學習的主觀現實，把重點擺在錯誤、客觀的符號上，這種做法會損害師生關係。最近一些運用成就測驗的主要優點，就是將這種人為元素從教室中排除。

作業

1. 邀請教師評論那些被認為課業標準寬鬆的教師，並加以分析。

2. 列出大學修過的所有考試科目，針對它們的精確性、結構性以及敏感性加以比較。哪些科目標準最高？哪些對你的態度影響最大？

3. 探討成功的考題。它們有哪些特色？再跟低劣的紙筆考試比較，並說明命題的技巧。

4. 記錄自己對於批改考卷或教室作業的省思，以確認所根據的真正評斷事實。特別注意決定某份邊緣考卷及格與否過程的連鎖想法。

5. 觀察人們的決定以及生命事件，以論述常識與書本知識的差異。盡可能清楚說明理論的差異。

6. 記錄專家教師在會議中的發言。注意他們的習慣用語、集體表徵，以及團體過程中他們如何支持扭曲的態度等等。

7. 針對一個觀點顯然不被扭曲的專家進行個案研究。探討專業主義的自由，可以歸因於性格的哪些因素？

8. 詳細記錄師生有關分數的爭論。分析本章討論的態度遊戲。比較不同教師面對或逃避分數爭論時所使用的技巧。

9. 觀察自己學校中的「矇騙」與「握手」情形。他們採取哪些技巧？這種行為有沒有什麼學生禁忌？

10. 針對一位原來沒有任何課業標準，但後來被迫制定的教師，完整寫下整個過程。分析其中的團體互動過程。

11. 針對一位因為嚴格評分而受到矚目的教師，進行個案研究。分析他與社會團體的關係。

12. 分析某所學校競相贏得學生青睞的過程。說明競爭的基礎、方法以及限制。探討成功、失敗競爭者的性格。

13. 記錄一群教師有關學業標準的日常對話。找出他們對於標準、分數、考試、失敗、抄襲、矇騙等的態度。

14. 針對一所學校的計畫性改革，寫下因為學生叛逆態度、教師管教態度而導致失敗的完整經過。

15. 撰寫某所學校的榮譽制度歷史。什麼原因讓它成功？失敗的原因又是什麼？

16. 針對一些考試作弊的學生進行個案研究。作弊的原因是什麼？他們如何合理化自己的做法？

17. 比較班上很多學生作弊與很少學生作弊的二位教師，並進一步分析與詮釋。

18. 針對一所抄襲已經成為遊戲的學校或班級，描述其社會氣氛，並仔細分析其中涉及的態度。

19. 針對一位試圖減少考試的教師，分析他與學生的關係。再將結果與另外一位非常重視考試的教師比較。那一種做法比較好？

> 20.針對一位長期害怕考試的學生進行個案研究，這位學生總會因
> 為考試而生活大亂，成績一落千丈。

閱讀資料

Dawson, C. A., and Gettys, W. E., *An Introduction to Sociology*, pp. 442-447.

Dewey, John, *Democracy and Education*.

Hart, J. K., *A Social Interpretation of Education*, Chapter XVIII.

Kilpatrick, W. H., *Foundations of Method*, Chapter XVII.

Peters, C. C., Foundations of Educational Sociology, Chapter VIII.

Rugg, H. O., and Schumaker, Ann, *The Child-Centered School*.

Thayer, V. T., *The Passing of the Recitation*.

第五篇

教學對教師的影響

第二十二章　職業型態的決定因素

教學造就了教師。教學就是一根回力棒，永遠不會回不到丟棒者的手中。對教學來說，或許的確施比受更有福，而且效果更好。從學生的角度來說，好的教學跟不好的教學差別很大，但是對教師卻絲毫沒有顯著影響。教學會對教學者帶來某些影響。具有自省能力的教師知道自己有所改變。客觀公正的教師觀察到學究說教的現象持續增加中。這就是我們的問題。

我們必須用正確的角度來檢視這個問題：教學對教師產生什麼影響？這個問題只是更大問題的一部分：所有職業對於從事該職業的人產生什麼影響？現在種姓制度與社會階層的差別，已經不是那麼明顯，而地域帶來的差異也漸漸減少，最能發揮人類標籤作用的就是職業。因此社會科學的一項重要任務，就是了解職業對個人內在產生的影響。這個問題幾乎沒人探討。我們知道有些職業會明顯扭曲從業者的性格，強迫它們符合職業型態——就像普羅克拉提斯之床（Procrustean bed）那樣，剔除非我族類[69]。教學絕對是唯一可以把從業者削切成大小適中，並根據喜好口味調味的職業。律師與合唱團女生屬於很快就能辨認的社會類型。在街上碰到政治人物時，我們可以認出他來。Henry Adams 曾經詳細說明參議員無法勝任其他職業的程度，參議員就只能擔任參議員；於是，職業的塑造作用對政治家、小人物來說，影響力是一樣的。醫生永遠是醫生，絕對無法完全跳脫他

---

69 譯者註：希臘神話中的人物 Procrustes 發明了一張床，要路人試躺。如果身長過長，就會被削去多餘部位；如果過矮，則會被酷刑強行拉長。由於 Procrustes 會隨機調整床的大小，所以受害者越來越多。因此，Procrustean bed 的意思就是強求一致。

的角色。業務人員生活在銷售型態的世界裡。傳道最大的成就是傳道者本身。也許沒有一個長期經歷的職業，不會在人們身上留下痕跡。教學當然不會比其他職業留下更平淡的標記——雖然很多人也許都可以辨識它。我們現階段的任務就是盡可能客觀、周詳地決定教學對教師的影響。

在我們了解任何專業成員的所屬職業類型之前，我們必須考慮四種因素的運作：(1)影響專業組成的選擇影響力，(2)專業成員必須一貫扮演的一套角色與態度，(3)個體因為社區對某專業的看法而受到影響，以及(4)職業中的創傷學習。

(1) 就第一種因素的運作來說，我們發現醫生彼此類似的原因之一是性格類型，醫學對這種性格的人特別有吸引力。同樣地，某種性格會被法律吸引，有些則被工程、神職等吸引。我們雖然找不到完全一致的例子，但是仍然可以在某個職業中找到充分數量的性格類型，驗證選擇作用足以影響專業族群組合的假設。

(2) 某些職業成員不斷陷入一些特殊社會情境中。這些情境基於專業，會要求成員做出某種回應（或透過回應讓需求得到最大滿足）。因此個體習慣性扮演某些角色，並展現某些態度，個體也容易扭曲其他社會情境，直到他的習慣性角色、態度符合某種型態為止（這就是一些過度勞累的滑稽演員經常提到的換工作笑話）。要訓練這樣的專業實務人員，通常得教他在某些場合該做什麼事、說什麼話；就像神職人員為破碎家庭提供宗教慰藉、教師指定作業、醫生進入病房，或者律師威脅要打官司一樣。在專業領域中，要求從業者長期應用社會技巧，會讓那些技巧成為最深刻的常規，久而久之就無法脫身。

(3) 個人扮演某些職業角色的社區實務經驗——社區對於該專業有意識、無意識的態度會予以深入檢視並加上某種程度的扭曲，這會

帶來某些主觀型態或刻板印象，使得社區認為個體歸屬某個職業團體的想法得到具體化。刻板印象有助於決定真正的職業類型，因為它會影響職業的選擇，也限制並指引從業者的社會經驗。個體想要擺脫刻板印象這件事——也許就像教學與神職，就是判斷適切職業類型的因素之一。

(4) 任何職業實務周遭的社會情境安排，都是為了處罰職業行為異常者，給予一些打擊或傷害。從社會組織的觀點來說，這些打擊或責罰是強迫對方順從社會規範的方法。由於心理震撼，這些方法可以在對方身上產生特別的效果。雖然這些效果不容易跟情境塑造區分，但似乎仍然值得一提。

影響某人選擇某個職業的決定因素，向來有點模糊，即使是單一職業的影響力，也需要深入研究。我們當下必須承認，我們沒有辦法描述社會影響力組合如何導致某些人選擇教學工作，某些人力不從心。我們也許可以嘗試用最普通的說法來回答這個問題，也就是簡要說明哪些條件決定職業選擇。一個行業的經濟地位，是決定選擇類型的最重要因素之一。這包括（立即與未來的）財務報酬、升遷機會（大概依序晉升，並構成一個生涯）以及經濟保障。單單經濟考量無法決定某職業能否吸引優秀員工，但卻是個體一般職業印象型態的重要成分，這是因為某些職業擁有一種「性格薪資」，其他職業則沒有。職業的社會地位同樣重要。這樣一來，我們必需考慮這個職業會進入哪些社會圈子，社區對這個職業的刻板印象是什麼；對女性來說，婚姻機會的問題不能等閒視之。工作本質也是吸引（或排斥）特定個體的條件。有些人把例行工作視為理所當然；有些人只想投入克服連續危機的職業。有的人對於模糊不以為意，但是有的人認為清楚明確勢在必行。有人把自我表達機會當做最重要的職業考量因素。也有人考慮某種職業所需的特殊訓練份量與種類。這會影響該專業的心

靈組成。比方說，選擇醫學專業的人經過一段時間的漫長、昂貴訓練，當然一定會有充分的耐心。

以上這些客觀考量決定某種職業是否具有吸引力。如果選擇是理性的，這些成分就會完整出現在人們心中，彼此制衡，而決定所有附加推論與細微證據的可靠性，也要符合邏輯。只是，選擇很少是理性的行為。當這些考量出現在人們心中，會受到一廂情願思考的扭曲，改而順從普遍的刻板印象，染上潮流色彩。最後決定選擇的是衝動邏輯。職業選擇比較可能受到家庭型態，以及職業類型理應符合階級傳統的左右，而不是待遇、機會與工作本質等理性考量。個人社會經驗也常常讓他偏好某種職業（那種偏好很少是有意識的）。當然，所有個人考量的本質並非都是不理性的；個人的特殊才能或明顯障礙常常影響他的選擇。然而這跟邏輯機制運作恰好相反，那些考量或許常常帶來蓄意錯誤的選擇——就像正確選擇一樣。

很少有人針對未來教師所看到的教職選擇類型，給予適度說明；本書作者不會假設自己比前輩處理得更好。眾所周知，教職的財務報酬不多是個事實；待遇微薄，多數教師升遷機會少，經濟保障也低。大多數作者的結論是，這種現象足以解釋何以教學專業無法如預期般吸引大量有才幹的人。然而也許有人好奇，單靠全面加薪是不是就可以讓大量湧進的資優者擠掉那些平庸者。不幸的是，教學專業的社會地位低落，導致被排除的幹才人數始終多於庸才。還有一種尤其傷人的信念也許是，社區普遍認為只有無法在其他領域立足的人才會當教師，教學是失敗區，也是「銷路不好的男性與嫁不出去的女性」的避難所。這種信念之所以更傷人，是因為它是事實。教學工作的本質充斥著難以忍受的大量慣例與稀少的自我表達機會，它可以同時預防、導致專業的最終傷害。一方面，教學是單調乏味的工作，加上社區對教師行為又有許多限制，恐怕會讓專業所需的活力四射、激勵人心者

卻步；因為大家都知道，這些個性鮮明的人對於純粹負面的道德觀不屑一顧，對於教師依照社區刻板印象行事也強烈反對。另一方面，教師工作被認為跟神職人員一樣是在提供庇護，此外，那些從日常生活戰場上撤退的人（他們往往備受尊重），可以在這裡找到避難所。不想在前線作戰的特質（可能跟內向性格有高相關），無疑會降低所有教師的教學能力，不過整體來看，它或許會傷害這個專業。

或許所有討論教職選擇決定因素的人，都犯了過度理性的毛病。選擇職業很少來自於嚴謹推理過程的結果。比較常見的是個人社會經驗促使他進入無法抗拒的教職——而且還沒考慮過它的優缺點。或許是與生俱來的性格需求，想要爭取某種管理位置，於是把教學當做職業目標。也有可能是某種訓練引起心靈某個部分的興趣，使得其他職業的吸引力大減，只剩下教職這項折衷選擇（例如缺乏天賦，所以不會考慮創作藝術）。也或許是某種訓練使個體認為應該可以進入其他專業（例如法律或醫學），但終究無法如願。（有一所中西部大學的學生提到，該校的慣例做法是將十五小時的教育訓練視為某種「保險單」。）或許年輕畢業生選擇教職，是因為他想要馬上有收入，而且起薪比他其他行業稍微高一些。

目前有關上述選擇因素決定教職人口組成的資料很少。我們知道教師大多是當地出生，主要來自郊區的下層中產階級家庭。他們相當年輕，大約三分之二的女教師和二分之一的男教師年齡都不到三十歲。以上這些事實談不上什麼遺憾或高興。我們應該知道的是心理特質，而不是八十萬名教師當地出生、主要來自郊區。這正是我們一無所知的東西。教師的平均智商有高有低。意願剖面圖的走向各有不同。探討教師族群的作者們似乎普遍同意，大多數教師的個人與心理特質是平凡的，在心智媒介層面或一般人中，出類拔萃的少之又少[70]。假設這個推論的確是有史以來的真實廣泛推論，顯然我們就可以指

出，教師專業面臨的任務之一，就是吸引優秀人才以逐漸取代平庸者。

　　工廠擁有場地，可以供應各種行業的套裝人力資源，每年教學專業都會接收大量柔順、不成熟的心靈。無論這些新人擁有哪些特質，基於當時的性格，他們的教學生活將會發展出不同結構。雖然他們熟悉浩瀚書海所傳授的教學知識，但是不知道怎麼教學。他們必須得到某些自我調整的訣竅——以求適應專業——之後，才知道怎麼教學，而個人學習的時間有長有短。這些新人把教學當做一份終身工作，他們準備好要學習如何教學；雖然還不清楚怎麼做，不過已經準備好接受教學的塑造。一旦完成教學的塑造，會是什麼面貌？他們的日常工作將會留下註記；其內容又是什麼？

　　教學對教師的影響，一部分來自於賦予教師某些角色，而那些角色將習慣與內在性格的架構、運用連結起來，形成了自我。我們的方法是描述教師最常遭遇的社會情境，然後進一步分析，了解教師特質如何在那些情境中產生。我們必須承認這種方法屬於一種實證性分析；它的原始、關鍵基礎，來自於作者的所見、所思、所為。驗證這種分析及其推論的唯一方法，就是其他作者經由同樣觀察所得到的判斷。雖然這種方法有點模糊、難以控制，卻是目前進行這類研究所能想到的唯一方法，我們在應用時將盡可能保持公正。如果有二種解釋，我們會予以併呈，讓讀者自行選擇。

　　除了零星一些支持者，多數有關教師職業的看法都不太友善。這點或許令人遺憾，但是當然意味深遠，因為表達這些負面看法的人大部分都當過教師；深思這個問題，也許我們可以從教師心靈的壓力與緊繃狀況得到啟示。針對教師行為舉止的不利批評，可以列出一長串

70　過去幾年來，東部一所知名大學的智力測驗一致顯示，教育學院大一新生的平均智商低於其他學院。女學生的平均數似乎又低於男學生。不過該結果經過教育學院嚴正駁斥而大幅修正。

的憎惡特質；他們認為這些特質來自於受到教學經驗影響的教師性格。首先，某種僵化、缺乏彈性的性格，被認為是教師的特色。年輕教師每天早上戴上項圈，把自己箍緊，一舉一動顯得生硬而拘謹，後來（根據批評者的說法）變成一個石膏模，最後無法脫困。也有人注意到教師的人際關係特色是含蓄，它在動態社會情境中屬於一種不完整的參與，缺乏自發性（以心理學術語來說的話），這點來自於個人偏好有限的局部，抑制了整體的反應。含蓄本身好像不足以阻絕魯莽的善意，但是快要成為真正教師的時候，就會加上一些醒目的障礙，阻止所有各種事物接觸面具背後的人，並找出受到抑制、隱藏的可能回應。在此必須同時提到尊嚴，只是教師尊嚴並非美國印地安人那種天生的尊嚴，它包含特別關注某個受限角色，以及所伴隨（儘管有限卻定義清楚）的地位。具有一定教學年資的教師，可能對世界上任何事物都無動於衷；這也是那些批評者的部分觀點。諸如教師的訓話態度、權威態度、平淡但堅決的口吻，都來自教室生活的孕育；教師就像一個完全不了解自己的耶和華，掌管兒童的瑣碎小事，而且據說教師會讓這些特質繼續存在他的人際關係中。有人認為——我們也很難否認——教師的心靈缺乏創意。即使是穿著，也受到職業態度的影響；這項規則就是教師如果沒辦法一本正經，也應該在舉止、言談以及穿著上力求保守。有些觀察者還提到其他特質：一套唇型、操心不已的外表、某種笑容、刻意平庸，以及陳腔濫調式的能言善道。有些觀察者指出，教師的特質是某種堅持方式，他必須花很多時間等待某件事情發生，而且還得很有尊嚴。有時候只有細微、含糊的徵兆，才會透露出所從事的行業。有時候就像一位語帶嘲諷的小說家說，一般人看不出書中某號人物其實就是教師。如果這些特質（或者構成教師主要圖像的必備特質）可以在一般教師身上找到，那是因為它們在今日的學校中還有殘餘價值。如果教師加入行業時缺乏這些特質，就必

須努力培養，否則會在學校中陣亡。至於大家對於這些特質在教職人員中的普遍、深入影響程度——就像一般人或只有心存詛咒的嘲諷者才能夠看得出來——可能就見仁見智了。不過，Henry Adams 曾經說過，沒有人能夠當了十年教師之後仍然可以找到其他工作，光這點就讓許多教師憂心忡忡。

以上敘述足以說服教師好好思考自己以及朋友的未來（如果不是現在的話）。但是在我們繼續分析之前，應該先看看事情的另一面，好好地停下來檢視一番。教學可以替一些人帶來愉悅感，對他們來說，教學是世界上最棒的職業。教師享受工作上的最大樂趣；社區尊重他，學生崇拜他。教學為一個願意自我犧牲的人（這樣的人有多少？）提供了絕佳機會，讓他感同身受地了解自己的天命；無論如何，比起那些投入更激烈行業的人，教師比較不會因為生活而敗壞名譽。我們也應該質問，哪一種職業的良心會比教師更嚴格。教學可以培養某些教師的耐心，而耐心、公平與含蓄所代表的只是紳士教養，絕對不是冷若冰霜。教學可以讓一些教師得到解放，在教學的前幾個月感受到快速的自我成長以及性格的拓展。我們說明這個面向的時候，也必須記錄他人具有建設性的中肯觀察：正是那些最嚴詞譴責教學的教師，從來不會想要轉換跑道；即使是最不滿意的教師，也很少自行離職。這幾點應該足以讓我們相信，有關教師的所有說法都是一體兩面，也或許教學在不同人的身上會產生極端不同的效果。但是不管教學為教師帶來的特質如何歸類，它們都代表了職業類型。此時我們的理論問題應該很明確了；想要說明教師專屬特質的起源，就必須顯示這些特質如何來自於生活情境對性格所產生的作用，可能的話，再顯示不同基本性格類型如何帶來不同結果。

在教師的社會關係中，最重要的是他與學生的教學關係。教師的性格組成會以這種關係為核心，而在適應這種關係需求的過程中，教

師的人格特質於焉產生。師生關係是一種特殊的宰制與服從關係，它非常不穩定，處於搖搖欲墜的均衡狀態；支持這種關係的力量未必來自於認可與當局的強勢，主要還是純粹的個人優勢。每個教師都是工作監督者，而工作監督者都是鐵石心腸；如果他天性善良，就會難以履行職責，但是如果不善良，就會因為樂在其中而鐵石心腸。這就像Simon Legree 扮演的那個不幸角色[71]，摧毀掉人性中最美好的成分。衝突存在於角色之中，因為師生的願望必定不一致，而且教師為了避免權威因為動機差異而遭受破壞，所以必須保護自己，於是引起更多衝突。只有臣屬的一方以零散的性格扮演下屬角色，宰制的一方完全參與其中，才會產生從屬現象。臣民只是以部分的時間、部分的自己來扮演該角色，但是君王是完整的君王。同樣地，學校裡的從屬者試圖透過關係抽離來保護自己，在把順從之橘（orange of conformity）歸還給教師前先啜飲一口。不過教師注定要反抗機械化的規則與服從。他的工作就是強制落實真正的服從。教師宰制學生時必須是好鬥的，這點非常令人遺憾，因為只有不逾越分際的宰制才能讓對方得以忍受。這種不可或缺的好鬥性，相對引發學生的敵意，損害師生互動的可能性。教師承受大部分的廣泛心理調適重擔，讓師生關係持續下去。

　　之前提到教師特質之一是性格上不知變通或缺乏彈性，這自然來自於師生關係。教師在學生面前必須保持一貫的姿態。他不能聽命於周遭的幼稚團體，但必須強迫對方適應他，因此教師進了教室，常常覺得自己必須拋開優雅、魅力，以及成為一個好人的藝術。教師不能接受學生發展出來的情境定義，他必須把自己的定義強加在學生身上。教師的角色是社會控制的代理人，也是兒童團體中受僱的成人團

71　譯者註：Simon Legree 是 H.B. Stowe（1811–1896）於1852年所著暢銷小說《黑奴籲天錄》（*Uncle Tom's Cabin*）中那位販賣、虐待黑奴的商人；該書深深影響美國後來的廢奴運動與內戰。

體代表，而這種角色要求教師找到某種姿態，就必須堅持下去；如果在成人道德觀管理事務上妥協，就等於背叛付他薪水的團體。個人與生涯總是摻雜混合，難以區分，對教師專業生涯來說，另一個最重要的必要性是維持紀律；比較簡單的方式是不斷提出同樣要求、讓自己的社會角色持續符合那些固定的要求，而不是經常變換角色，提出符合變換角色的要求──這些要求彼此並不一致。此外，如果有人必須為某個群體負責，改變角色是非常累人的一件事，因為他必須讓改變成為事實，讓整個團體清楚改變的所有意涵；這通常需要某種努力，用一套嶄新態度去組合所有團體成員，從教師的改變角色中找到線索；反應遲鈍的人總是在狀況外，缺乏社會理解力的人，永遠不知道教師是在開玩笑，或者看不出來教師不再開玩笑了；在這種嶄新心理調整的混亂過程中，教師宰制秩序是有風險的。所以，教師不能為了滿足個人衝動而經常改變角色。一旦改變，他就必須以顛覆中心思想的方式標識轉變、豎起指示牌、拿掉個人的低俗幽默，清楚讓人知道他現在在開玩笑。不過，吸引一般人注意力的能力，多半要靠快速轉變的社會角色；其轉變速度快到眼睛必須緊緊盯住，奧妙的程度也找不到一個現成名稱可以形容。

　　如果教室生活中教師所能扮演的角色很少，他就必須在一天內扮演每個角色許多次。如果教師想要跟學生進行不一致的活動，他就必須改變角色，而且只能從某個既有姿態快速轉換成另一個姿態。他想要明確宰制年輕人的生活，認為那些生活本來就需要徹底規範。這使得教師必須好鬥、不妥協與果斷。如果教師堅持這種態度，就會抹煞學生對教材的所有興趣，澆熄他參與教室社會生活的所有微薄意願──未來也不樂觀。教師如果長期如此，會被當做無賴、傻瓜，學生憎恨這位嚴格紀律執行者也是理所當然的。有時候，某位乏善可陳的教師剛好陷入這種情境。解決之道就是用其他一些未必不一致的角

色來改變這種權威角色;如此一來,原來的權威性得以掩飾,敵意不再出現。但是學生心中的權威印象必須不斷更新,後續則是長期的系列角色改變——迅速但不複雜。最後,學生團體清楚知道師生關係的限制與意涵。

　　某位聰明的朋友也許會下結論:「成功的教師知道如何迅速展現自信與謙虛。」(當時提出這個看法的作者,剛好沒有這個技巧,導致教學失敗——就像其他許多聰明教師一樣,大家都需要尊嚴。)因此有人會用一種不帶感情的口吻說:「我是你的老師。」這麼說話或許有點陰沉,也會帶來管教問題,師生雙方的情緒、人際關係當然都會受損。在這種反應還沒有結束的時候,有人說:「但是我是一個普通人,我想要當個好人。你們都是好人,我們共同度過一段快樂時光,不是嗎!」這就是第二種角色,如果就字面意義來看,它會帶來令人嚮往的歡樂感與危險的親切感。如果教師過度使用這個花招,就會因為成為學生團體成員而失去權威。他必須回復成第一種角色,用一種含有警告意味與成人尊嚴的語氣說:「但是我是老師。」這種事情每天在每個教室都發生上百次,它代表師生關係的進展、退卻節奏,以及教師性格的拓展和萎縮。當然,它的形式不會那麼明顯;也許只是一位非常缺乏技巧的教師想要用言語來表達。這種教師性格的變化以及學生心境跟著改變,通常會被簡化成只是姿態的對話。儘管習慣已經去除了可供辨識的特質、消耗掉了情緒,這種對話仍然是教室中最重要的社會過程。它不但是影響教師性格的關鍵因素,也是讓角色最容易轉換的說法。畢竟,如果教師在學校中已經學會交替使用極端方法,讓自己隨心所欲,那麼我們無須訝異,在他更親密的師生關係中,這應該屬於某種控制技巧。在每位教師的生活中,這些角色的心理權衡會產生一種重要的長期變化,而其結果並不令人意外;第一種權威角色吞滅了親切角色,或者佔據性格的大半部分,使得親切

角色無法滋長。

　　權威角色之所以變得非常形式化，一方面是因為心理學法則：經常重複會讓表現失去意義；二方面則因為這樣做有好處。軍人講話時帶著命令口吻，下達命令時最好是以一種平鋪直敘、不帶個人情感、不容懷疑、沒有爭議的語氣。這種語氣沒有弦外之音，只代表長官性格的一部分，要求下屬服從時，也只針對他們的部分性格。教師透過嘗試錯誤、模仿與練習，讓自己的命令形式化。他們也發展出一種解說的口吻，完全一本正經，像錄音機般機械化，重複說明一些自己早已索然無趣的事情。缺乏熱誠也有存在價值。因此自相矛盾的是，有時候最好的教師對自己的工作最沒有興趣，而其他教師最不關心自己的工作時，反而最能發揮潛力。但是所有這些事物都讓教師受到傷害，導致無法改變的一本正經與枯燥乏味。

　　常常有人指出，某種尊嚴是教師的特質。教師似乎發展出某種行為的自我要求方式，讓他們跟其他行業的人有所區隔。我們可以把這種方式稱為教師尊嚴。它有二個主要依據：一是社區以及社區對待教師的態度，一是教師工作的本質。（這兩個並非無關，因為社區態度取決於社區成人的學校經驗。）一位尚未定型的新教師，第一次到任教的社區會發生什麼事？假設有人從來不知道教學含有尊敬的成分。突然之間他發現自己成為學生奉承的對象，學生投其所好，同事也對他彬彬有禮。在社區裡，大家稱他為「教授」；生意人巴結他；一般民眾也對他恭敬順從。大家公開表示對他另眼看待，因為他是教師。他應該比其他普通人更值得信賴、更有道德感、更有學問。他擁有一種榮譽地位。這種尊嚴不是自己努力贏得的，所以沒有意義。在任何其他行業中，假設訓練與經驗相同，他可能是個卑微的僕人，但是如果他在其他專業中力爭上游，最後躋身上流社會，就會得到應有的殊榮而當之無愧。但是教師尊嚴不一樣，它太廉價了；只有心腸最好的

人才會重視尊嚴，這個時候的重點不是行業，而是人。有些年輕教師知道自己不值得尊敬，便會盡量適度避開。有些人隱約了解社區這種表面尊敬，只是教師刻板印象的一部分，它的反面就是潛在敵意，可以用嘲笑的方式取得平衡；有時候他們知道這種尊敬是剛強骨架的一部分——就像聖物[72]，使得教師脫離社會，無法表現得像一般人（這些反抗者反對教師尊嚴）。或許他們的反抗會給自己帶來災難，最後不得不跟尊嚴妥協。或許他們只會因為尊嚴被嘲諷而多出很多小傷口，但也因為組織結痂的過程而得到尊嚴。不過他們必須得到尊嚴，反抗者則無所謂——某種程度來說。其他人會接受教師尊嚴，然後充分利用它。教師尊嚴是一種奉承的角色，他們生活在尊嚴之中。如果他們注意到一般人對教師尊嚴的閒言閒語，就會更堅定地生活其中。

　　教師尊嚴的第二個依據是教師工作的本質。教師主要依靠權威角色過日子；他的生計賴此維繫。高度依賴單一角色過活的人，必須學習捍衛角色的最終意涵。尊嚴就是一種捍衛權威角色的方法。事實上因為角色而產生的尊嚴，特別容易受到打擊，所以更需要維繫。就客觀面來說，教室的尊嚴屬於一種誇大的關注（包括所有各種敬意與形式禮節）——由於教師佔據一個狹隘但定義明確的社會地位。就主觀面來說，首先，尊嚴是一種抑制，它會阻礙所有違背教師主要角色的行動。受到阻礙的往往是教師對於更細微、奧妙刺激的回應；教師必須自我消除他對人們參與無謂配角戲的警覺性。但是正因為這種小小的回應讓我們得以號稱（或者看起來像）人類，所以我們認為，一旦教師對尊嚴習以為常，他的人類特點就消失了。再說，由於教師必須在權威角色的各種層面，要求並獲得學生的尊敬，他就得發展出某些機制，化解他人對角色的所有攻擊。在這些機制中，或許大家常常看

72　參見Durkeim, Emile，《宗教生活的基本形式》（*Elementary Forms of Religious Life*）。

到拿著教鞭的人，身上有股一觸即發的怒氣。學習教學的人，必須重新修正他的憤怒反應。他必須學習何時生氣、如何勃然大怒。他必須學習教室社會互動的每個細節，掌握哪一種攻擊才會危及尊嚴。為了避免小錯惡化成大錯，他必須學會誇大；這點很容易，因為教師越習慣關注既有的秩序，那些過錯看起來就更嚴重。更重要的是他必須學會，當這些違規行為在他眼前發生，或者他必須為此負責，就等於對他的權威直接下戰帖。教師之所以暴躁不安，是因為這樣可以保住他們的飯碗。

　　如果教師藉由不尋常的個人力量或某些心理學的巧妙方法，就可以無須尊嚴，或者如果他不必扮演權威角色，而是強烈反抗，導致付出代價、毫無尊嚴，他仍然會堅持擁有別人強制賦予的尊嚴。雖然他避掉了多數教師的公然詆毀，保持尊嚴，或者把學生**交情**當做一種補償，當他知道學生把他跟其他教師比較，批評他沒有尊嚴或者不在乎學生是否尊敬他，還是會受到傷害。或者他發現，如果容忍那些他不在乎的學生犯錯，就會失去他所珍視少數學生的友誼。不過，最重要的是教師同儕所要求的尊嚴。對一位教師來說，值得重視的是其他教師，而且相較於同行中的聲望，學生的好評是一件小事，不值一提。教師被專業同化的分界點，就是他認定只有同儕才重要的那刻。依據教師規範，最大的錯誤莫過於舉止毫無尊嚴，而且違反規範的懲罰後果非常嚴重。事實上，更微妙的教師團體影響力在於它將傳統傳遞給新成員，並且提供仿效模式。

　　當一個人學會擔心失去尊嚴，就會成為一位教師。新手無法一夜之間變得很有尊嚴，或者單靠決心而成為經驗老道的教師。他必須學會不費吹灰之力地得到尊嚴，而且不會意識到自己被賦予尊嚴的事實；他必須很自然地抬高身價，但也擔心從雲端跌落。當事人對於擔心尊嚴喪失、尊嚴型態受到剛強習慣限制等心理過程，往往毫無所

悉。他很少知道自己正在得到尊嚴，而且即使已經擁有了，他也不知道。教師建立尊嚴的過程顯然是這樣的：若干不愉快經驗塑造出不安感或恐懼感，擔心如果情境失控了，結果會是什麼。這種恐懼感會徹底阻礙與學生的來往，也抑制了回應他人的可能性。兒童可能具有危險性的時候，教師不會喜歡他們；他甚至不信任他們。這種麻痺性格與行動限制，就是教師的姿態與尊嚴；它讓教師排除所有外在事物，直接針對涉及管教的行為核心。擁有這種尊嚴的教師喜歡「公事公辦」。當他習慣這麼做，根據有限的活動建立新的角色概念，就會得到尊嚴，成為一位教師。雖然教師總會因此重拾信心，雖然有時候信心會增加，但是行為限制仍然存在。同時應該注意的是，教師對學生必須一視同仁，造就出教師尊嚴，也代表師生之間的社會距離。

教師這種跟尊嚴有關的習慣性趨避平衡，無法避免內在衝突。教師容易一方面逃離非體制的接觸，但一方面又渴望有機會、有能力，過一種混亂、危險的生活。習以為常的責任慣例以及大家熟知的拘謹人際關係，就是他們的世界，對他們來說，世界就像一個避難所。因此有位教師回憶學年結束時，他一想到夏天又得接觸新學生，就會發抖。有些剛入門的演說家，發現自己成為教師後就喪失了原有的能力；他們的保護層越來越厚，自我展現與情緒表達——成功演說的靈魂——越來越困難；或許他們甚至自豪於不再「口若懸河」的事實，對於過去的傑出表現——社會表達習慣比較沒有限制——感到羞愧。「不要當個傻瓜」這個行為準則，對於教師以及其他扮演宰制角色的人來說，別具意義。然而這個準則也會導致麻痺無感，阻絕教師接觸他的純真夥伴，常常因為性格特質而感到孤立。

熱情與尊嚴無法並存。因此熱情是不好的做法。有一次，有一位校長在私立學校教師的地區會議上說：「有人說只要信奉道爾頓制

（Dalton plan）[73]，就是一位『進步主義』教師，一位熱衷者，我對這個說法非常不以為然。」Maugham再加上幾句經典文字：

> 是Winks造成這種普遍印象的，他們一致決定要給予譴責。他是高三導師，優柔寡斷，眼瞼下垂。以他的力氣來說，他的身高太高，動作慢吞吞又無精打采。給人一種懶散的印象，他的綽號再適合不過了。
>
> Winks說：「他熱情洋溢。」
>
> 熱情不容易培養。熱情跟紳士風度不搭。他們把救世軍跟漫天作響的喇叭、小鼓聯想在一起。熱情意味著改變。他們只要想到所有愉快的舊習慣迫在眉睫，就會起雞皮疙瘩。很少有人敢展望未來[74]。

有人不知道如何解釋教師心靈逐漸受到某種特殊枯萎病的影響，一點一滴吞噬掉創意應變的能力。有些人不會染上這種特有的專業疾病，但奇怪的是這些人少之又少。這場真實瘟疫侵襲許多教師，就連最善意的評論者都無法否認。那些非常了解年輕教師、一路觀察他們個人發展歷程與教學定位的人，常常會覺得痛心，因為這些教師的調適能力逐漸惡化。此外，很少有大學夏季班教師不會感慨學生缺乏靈活理解與討論的意願（這是教師的特質）。教師把學習當做一件可悲、嚴肅的事情，他們悲傷地比較冬、夏二班學生的巨大差異，就事

---

73 譯者註：Helen Parkhurst於1908年提倡道爾頓制，用意在矯正當時學校系統的弊病。該法強調學科與學習場所必須依據學童的能力與需求，進行自我驅策的學習計畫。這個方法應用在1919年創設於麻薩諸塞州道爾頓鎮的小型學校，並根據自由與合作二大原則進行實驗。
74 引自Somerset Maugham著，《人類的束縛》（*Of Human Bondage*），1917年版權，Double-day, Doran & Company, Inc., pp.58-59。

論事、理性判斷問題的比例，就會高出許多[75]。

　　有觀察家指出，教師進入這個行業後心智之所以逐漸退化，一定是因為年齡增加。或許年齡的確會讓某些人遲鈍，經驗當然也會訓練出創意。但是如果把教師墮落完全歸咎於年齡，那麼教師行業一定也可以吸引一種花期短暫的特殊心靈；如果是這樣，我們又得回到之前尚未解答的職業選擇問題。另一種解釋是所有行業都習慣使用制式方法，不斷灌輸從業者回應重複的社會情境。每個行業顯然都有一些不可避免、根深蒂固的社會表達常規，而強調這點，必然涉及整體的退化。尚未專業化的個人心理結構，必須具有彈性；某方面的專業訓練與特殊能力培養，幾乎都會讓人喪失某些調適能力。或許這就是為什麼老James會認為，許多既有的職業都「很狹隘」。至於一個行業裡，個人社會表達的刻板印象與窄化程度，要看實際的社會情境差異而定。比起醫生或律師必須面對的情境，教師的情境還是比較了無新意。或許教學在社會習性獲得方面，強迫獻身教職者的方式只不過嚴格了一點點，但是那是非常重要的一點點。教師過度關注工具學科，當然有助於解釋何以教師對藝術、科學的貢獻微不足道。以教學本質來說，教師必須針對那些學科，把多數時間拿來教導學生反覆練習，帶領他們開啟智慧之門。其他學生身心成熟時，可能可以自行使用那些工具，解開門鎖，進入知識殿堂。但是不幸地，教師向來必須坐在台階上，談談開門的方法；他必須教導其他人開門的技巧，而且他總會發現，當他完成任務後，往往已經沒有力量探索自己。此外，事實上教師必須面對一群態度、價值觀不成熟的人，自己也參與一部分的生活。這就像一位教師所說的：「無聊的不成熟心靈。」

---

75 某位聰明同事的名言，或許值得一提。這段話是教師圈子談論夏季班學生特性的許多事件之一：「冬季班學生與夏季班學生的差別是，當我走進冬季班的教室，我看著全班說：『早安』，但是吵鬧聲很大，聽不到我說話。當我對著夏季班學生說：『早安』，他們都拿出筆記記下來。」

教師面對種種例行性情境，於是發展出各種社會表達的例行性習慣，以求調適因應。這部分我們之前已經討論過。我們還沒有討論這些常規化反應，對於教師內在的經驗選擇類型有什麼影響。實際上，教師面對一個狹隘、複雜而且不斷變動的情境，在適應性方面他可能充分接受某種自由教育，但是在這個複雜的人類態度、活動網絡中，他被迫選擇一些影響自己管教的部分。教師可以仔細檢視這本不同的人類生活之書（其中包含許多模糊、曲折的章節），但是他有權只讀汙辱自己的部分。在教材方面，教師回應的可能性同樣有限。閱讀這本書的時候，他的目的一定不是反駁、理解，更不是表達內心感受，而只是回答一些最明顯的問題，避免犯下最愚蠢的錯誤。教師的選擇一定是管教越多越好、教材越少越好。我們曾經指出，如果教師讓自己在社會生活中獨立自主，他會因為擔心可能後果而產生局部麻痺的性格；這是一種自我挫折，來自於教師針對自己精心設計的一套防衛反應系統。我們也提到，教師的某種緊繃特質，來自於抑制個人主要反應過程中的隱約衝突——偏好一些必要但個人並不滿意的反應。這種緊繃特質會妨礙健全的創意過程。創意需要有所控制的動機；教師的動機如果太多，過度抑制的情形甚至會更嚴重。

　　評分態度也會妨礙改變，造成心理成長受阻。假設某人可以替另一個人的表現打分數，他必然對完美表現有非常明確的想法，他的評斷依據不是那個人內在的逐步探索，而只是受評者表現與完美表現的相似程度。這種完美屬於一種宣告完成的事物，因為除了撰寫廣告文案的作家，沒有什麼是超級完美的，所以教師不必再費心思考。然而教師心中要有一種完美表現，否則就不是非常正確的評分者。一個人當上教師之後，評分、給成績的習慣越來越重要。新手教師對評分很少有明確標準，常常掉以輕心。他雖然懷疑用數字評量代表學習過於主觀，但終究還是遵守。習慣、他人（尤其受評者）對分數的重視，

以及發展嚴格標準所帶來的地位感，都會改變教師的態度。當教師知道學生認為他「很好說話」，而且因為騙過教師而自鳴得意，他的地位感就受到影響了。（有時候學業標準時鬆時緊，會帶來一種循環交互作用。這些標準的改變會帶來學生態度的改變，而態度改變又會影響標準的鬆緊，這得看師生團體當時在循環中所佔的位置。）教師必須建立評分標準；他不但要認同這些標準，也要讓它們成為自己的一部分。

　　由於教師容易忽略學生的態度，使得創造力量消失殆盡。如同Burnham所說：「再一次，教師的個人意見來自個人經驗，並且因為每天重複而強化[76]，這很容易產生一種教訓態度，讓學習有如天方夜譚。依照這種心理型態，教師會因為渴望教學而無法學習；而且最讓他們厭煩的，或許是再次聽到自認為已經知道的東西。這種態度會阻礙教師學習，再加上普遍的批判態度，使得多數教師無法從發展教育學與發展心理學的教學中受益良多。」[77]目前 G. Stanley Hall 是極少數維持學習者態度、渴望向自己學生學習的教師之一，這當然不會跟他的心智創造力無關。

　　教師的一般適應能力，可能也會因為過度穩定的調適（一些簡單、沒有變化的節奏）而受損。也許教學唯一勝過其他行業的地方，就是這些不變的節奏，以及捆綁節奏毫不鬆動。例如課堂時數的節奏如此精確、毫無變化，使得有經驗的教師常常下課前就會有預感，不會因為鐘聲延遲而困惑。某位教師曾說，他在一所學校教了幾年書之後，日常生活變得十分規律，自己逐漸發展出一種時間機制，總會在

76　應該說強化作用是因為不允許挑戰而產生。牧師與教師永遠不會犯錯，因為跟他們爭辯是不被允許的。

77　Burnham, Wm. H.，《偉大教師與心理健康》（*Great Teachers and Mental Health*），p.211, New York, 1926。（D. Appleton & Company 允許引用）

下課前兩分鐘提醒他；這個時候，他會違反教育學原理，指定學生第二天的功課。他說有時候強迫自己一上課就指定功課，可能會不知道什麼時候快下課了，但是如果下課鐘聲慢了二、三分鐘，他一定會注意到。這當然是個極端例子，不過其他教師也會運用類似方式，只不過沒那麼厲害。於是，日常節奏有高潮、低潮，它的危機紓解了千篇一律、每節課自動轉換以及學校職責改變。每週節奏可以用禮拜一和禮拜五來代表，特別的日子會進行特別的任務。如果其中二天日常作息變化很大，教師就會依照每週的節奏作息（大學教師似乎的確如此）。教師每個月的節奏包括發薪日、小考、打分數，以及月底應該完成的任務。在某些社區，教師生活運作是從這個春天到隔年春天，因為那時候才會決定續聘、辭退名單，誰都無法預測自己會教哪一班。所有教師在教書的前幾年，都會算算自己教了多久。種種的瑣碎教學習慣（通常可以解讀為展現核心、關鍵角色）被組合成生活形式，成為這些基本節奏的一部分，這也部分說明了習慣的意義；即使在最細微的地方違反節奏，都會讓整個局勢失控。這種極端的規律化幾乎等同於刻板印象。因此某人會說，有一天早上他沒有時間好好地看看報紙、抽抽雪茄，所以整天心情低落。外在事物結構連結了基本簡單節奏，它跟個人基本動機有密切的關係；那種關係也可能來自於外在事物進行內部修正，而時間藉此為所有的生活安排添加意義。日常生活節奏與習慣連結，而習慣會受到基本動機的修正、扭轉，直到展現出那些動機，因此習慣可以說明多數現有社會秩序的正當性與義務性。早期我們以為石頭上的苔蘚就是麵包，這種觀念會讓苔蘚成為麵包。

　　我們曾經提到恐懼與教師心靈之非創造性的關係，我們也在其他章節指出安全願望的某些心理機制——必然的恐懼促使機制發揮作用。我們似乎應該深入分析這種基於恐懼、具有優勢的安全動機，會

對教師生活產生哪些影響。熟識教師的人都可以一眼看出，在教師的生活裡，安全比其他價值更受青睞。這種安全偏好——不管是因為與生俱來的特質（導致選擇教學而非其他更有冒險性的行業）或教學條件——造成一種早熟、嚴格的保守主義。教師碰面、自由聊天的時候，可以聽到有關職位以及某人想要掌控的話題；也可以聽到某人揚言要霸佔東西。如果是一群大學教師在聊天，會聽到學術自由的話題（儘管他們常常大放厥詞，但是還是可以感受到經過掩飾的恐懼）。資深教師長期以來步步為營，不再魯莽，否則日子就難過了。知道這種安全感動機的力量，可以讓教師了解彼此各懷鬼胎；當然，教師的以下想法不算言過其實：教師之間的許多爭執，多半是因為有人認為對方要讓他工作不保。

教師的生活環境，足以成為許多恐懼以及後續安全感宰制的基礎。教師掌控學生時，經常受到學生的威脅，而且除了缺乏效率，還有許多因素會讓他丟掉飯碗。教學的職業風險高，也沒有補償法案保障。教師對於終身職的不安全感，大大影響了教師生活的本質。這種普遍的不安全感，明顯在教師身上產生一種非常常見的社會型態：「警告者」。有位受訪教師提到他跟這種人打交道的經驗：

　　關於教學，有一件事情我很快就注意到了，那就是無論到哪裡，我都必須跟一堆「警告者」集團作戰。這些人看我是新來的，就會給我意見，讓我不至於看錯人。他們會說一些「小心 Smith」，「不要相信 Jones」，「離 Robinson 越遠越好」，「Johnson 會在背後捅你一刀」，「注意 Brown 這個傢伙」，「打死都不要相信 Thompson」之類的話。一副神祕兮兮的樣子，還說是大方地「給我一點情報」。我一向都不要這樣的情報，但是我幾乎都會得到，而且真的得到的時候，卻又毫無意義。有時候他們暗示要

大爆校長的內幕，揭曉後卻是無關痛癢。有時候他們會大膽地告訴某位老師有人「要對付你」或「搶你的飯碗」，但是細節卻很少。他們都說是基於友情，不過它的本位特質路人皆知。這些警告者從他們的做法中得到大量自我滿足，也要求被警告者能相對地自我屈就。在學校系統中，這些警告者很少是重要人物，或許是他們的過度猜疑立場不斷給自己惹來麻煩；很顯然那種警告也是一種自我匱乏的補償作用。有時候這些警告代表自己對行政單位不滿，有時候則是想讓新人在派系、內訌之中正確地選邊站。總之，我發覺自己在忽視警告者這方面做得很好。如果真的照他們的建議去做，幾乎都會給自己惹來麻煩。（生命史文件）

毫無疑問地，這些打小報告、自認為情報販子的人，對於教師的苦日子貢獻良多。

奇怪的是，安全感動機往往不足以讓教師累積大量存款。一般人認為，跟同樣收入等級的商人比起來，教師的存款比較少。我們很確定的是，教師的存款很少夠用。儲蓄偏低的基本原因，似乎包括高標準的生活模式、往往比其他類似收入的行業更常旅行與參觀，再加上漫長暑假無法抵擋誘惑，把冬天的積蓄都花光了。此外，除非教師行為反常或採取非傳統教學模式，否則一定可以在月初領到支票。因此，受到控制的不是花費，而是行為。教師總是在安全欲望與生活標準之間飽受折磨。

有些觀察家提到教師逐漸養成不近人情的習慣，到最後無法跟同事進行更微妙的人際互動。除了之前討論的某些事物，教師必須生產人類物質成果的事實，有效助長不近人情習慣的養成。這是師生保持特殊距離的必備條件，學生頂多是教師的教學素材，最糟糕的則是教師達成個人目的的工具。另一個造成性格分裂的類似原因是，教師被

迫反覆陳述一些非常基本、連自己都沒有興趣的東西，而反覆次數也多到連原有的意義都蕩然無存。教師的某一部分是模擬留聲機，另一部分則是旁觀的嘲笑者。他必須壓抑成人的正常心理過程，從孩子的角度思考、說話；結果無可避免地，他在兩個世界都吃了閉門羹。如果 Thornton Wilder[78] 從來沒有當過教師，他恐怕不知道自由表達心中完整想法是多麼奢侈的事。極度內向的人無法成為好教師，因為他們習慣有話直說或者絕口不提。不近人情、講話難聽的另一個原因是，事實上教師跟全體學生相處時，很少會說出好聽的話。在課堂上，教師眼睛掃一遍就會看到兩、三個學生興致高昂，還有一大群頂多是無動於衷。班上一定會有惹人厭的傢伙，就算教師視若無睹，還是會影響他的態度。比方說，Laura Baker 總是不屑地看著他。Stanley Brown 還在為上次考試被當賭氣。昨天他才非把 George Adams 趕出教室不可。Rosie Allen 這門課會被當掉；她坐在位置上瞪著別人，不知道老師在上什麼。所有被當的學生都是可能的敵人。至於 Johnny Jukes，他的大腦灰白質有問題，食物攝取又不夠，一直是班上的頭疼人物。教師最好小心翼翼，注意再注意。他在這個團體中必須謹言慎行。

　　我們前面提過某些形塑教師的必要情境，這些情境規則會強迫教師扮演某些角色，這些角色會對教師性格造成深遠影響。至於創傷學習是職業類型的決定因素之一，以及打擊對教師性格的影響，這二者的關聯性有待思考。我們在想，教師如果做出錯誤的選擇，在可怕懲罰的狀況下，學習與學習者受到的打擊會是什麼。學者經常探討打擊所引發的病理學效果，但是這些效果很少被當做學習來探討，也沒有研究它們跟社會組織的適當關係。然而，在涉及改變性格的學習中，打擊經常扮演主要角色，而施加打擊是社會團體依照規格打造成員所

78　譯者註：Thornton Wilder（1897-1975）為美國知名劇作家，曾三次贏得普立茲獎，也是唯一在小說、戲劇類都得到此殊榮的人。其生平及著作可參考http://www.tcnj.edu/~wilder/。

使用的主要方法。因此，創傷學習在社會學、心理學中，都很重要。

創傷學習不容易跟其他類型的學習截然劃分，然而它的特色仍然足以辨認。創傷學習會伴隨習慣養成持續進行，它也許是效果法則的特例；實驗室步驟中也常常運用輕微的懲罰。創傷學習會經由社會制約，伴隨正常的性格塑造持續進行，我們之前已經討論過，輕微的打擊會形塑教師的性格。在危機情境中，創傷學習儘管伴隨性格的改變持續進行，但是它代表性格對於最突發、最激烈危機的反應。我們有充分的理由認為，創傷學習跟一般學習不一樣，因為人對於輕微打擊與嚴重打擊的反應差別很大。專家學者的確已經從心理學、精神病理學的角度探討打擊效果，但是這些效果在性格、社會組織上的意義，或許還有待釐清。

對教師來說，創傷經驗總是跟丟掉飯碗有關（尤其是突然、意外地丟掉飯碗）。班級失控、跟同事口角，或許都會帶來創傷。生活中有各種輕微打擊，我們應該用創傷學習概念所提供的新啟示，重新檢視之前提到的透過教學情境形塑性格。當然，每個人理解打擊事件而不傷害性格的能力，大不相同。

教師經歷的這些打擊可能會導致輕微的性格分裂（在歇斯底里的人身上更明顯），它們有點像戰爭恐懼症，跟不斷重複的創傷經驗有關。分裂很可能持續一段時間，而且導致衝突惡化，因為它讓個體不必面對衝突、做出回應，又可以間接讓衝突產生效果。無論最後如何調適，心靈長期牽掛這些危機，歷經幾個月、甚至幾年，種種回應煞費苦心，永無止境。這時候往往會產生一種詭異的分歧調適。一方面，個體拒絕承擔打擊事件以及個人行為引起打擊事件的責任。一再強辯的目的只有一個：「那不是我的錯」，「那是最特殊的情況」，「我是代罪羔羊」等等。這種強辯常常帶著有意、無意拒絕正確評估情境的意味，為了讓保存顏面合理化，個體要求將釐清責任排除在意

識之外。另一方面,個體表現得又好像完全接受責任歸屬——完全不知道這跟他刻意堅持自己沒有錯是不一致的。他不斷採取預防措施,企圖避免不幸事件一再發生,對於保護之前受到威脅的事物則過度關心。當然,這代表矛盾心理的另一種反應。同樣地,個體也許會堅持在某種程度瓦解的社會世界中,他的地位仍然屹立不搖,對於沉浸在自己沒完沒了的行為,只能解讀為失去地位的補償作用。教師無情對待學生,大多屬於一種基於恐懼的補償本質,而且可以從痛苦的管教經驗中找到蛛絲馬跡。

　　打擊同樣會出現跟行為主義特殊制約作用幾乎一樣的結果,而行為機制很少受到廣泛關聯背景的影響,因此如果特定刺激出現在高度矛盾的情況中,那些作用就容易被引發出來。軍人只要聽到刺激性的聲響,可能就會引發他們之前學到的某些正向行為類型。同樣地,教師對於某些刺激會有激烈的反應。有一次,某位教師發現桌上有一張校長寫的字條,要他第二天打電話到辦公室。他依指示打過去,結果被立刻解聘。從此以後,他只要接到指示要打電話給學校高層,就會非常恐懼,雖然事實上他的行為沒有再被指責,這種反應也不會快速緩解。

　　改變信仰是指性格中的態度運作組織突然改變,它可能來自某次打擊經驗。創傷經驗會重新界定情境。發生這種狀況的時候,我們或許可以說它是一種主要態度的改變;它可能是以矛盾對立雙方互換立場的形式出現。創傷可能造成道德規範徹底轉變,或者大幅改變做法;轉變立場對那些因為善待學生而受到打擊的教師來說,是司空見慣的。改變信仰總會涉及團體忠誠度的改變。

　　最可能受到原始創傷學習控制的人,是自我中心者以及其他適應不良的非服從者。這些人要不是不了解社會的強制性,就是自認為可以凌駕它們,因此會嘗到苦果。有些人道德徹底敗壞,而且如果因此

導致社會世界瓦解，他們的下場往往最慘。不受歡迎的人格特質多半
不會因為創傷經驗而得到補救，反而會變本加厲；這些都是特別痛苦
的經驗，而且受害的正是最沒有能力吸取經驗的人。教學界的愚蠢小
人物，每年都被排斥，每年都重新續約，他們的性格受到許多創傷的
磨損。

　　另一種輕微的創傷學習來自價值體系衝突。個人生活系統中必須
強烈捍衛的中心思想，沒有得到應有的重視。教師生活中一再發生的
危機（例如科系之間的爭執）會以價值為核心，形成暫時的性格結
構，然後再予以保護、不受攻擊。這種暫時的性格結構會在神經系統
留下痕跡，也因此這種作戰結構比較容易在第二次危機發生時發揮作
用；那些痕跡也許的確會擴展到為性格定調。人必須經常為自己重視
的東西作戰。這種機制對教師生活來說很重要。在管教方面，有經驗
的教師會比新手更努力作戰，而且樂在其中。比起一般教師，系主任
更會為本系的特權而奮勇作戰，同時在偵測陰謀方面擁有更敏銳的嗅
覺。只要研究過衝突團體社會心理學的人，都知道這些不足為奇，也
不是什麼新鮮事。

　　要找出個體生活情境中的緊繃點，解析夢境是一種絕佳技巧。如
果是這樣，教師的夢應該可以顯示如何受到學校情境壓力與緊張的影
響。這對於反覆出現的夢或是不同教師做類似的夢來說，更是真實。
想要針對這個主題徹底探討，我們必須檢視一群教師的完整夢境生
活，不過這裡我們只挑選一些有關學校情境的經典夢境。以下是一位
二十六歲男性教師反覆出現的夢境。他以絕佳管教技巧聞名，在許多
學生難以駕馭的學校都得到肯定。

　　夢境如下：

　　每一年的第一個月都會發生可怕的衝突，這種感覺讓我很痛

苦，印象又深刻，我總是會作夢。它是這樣子的：

　　時間是早上。正式宣布上課的九點鐘聲還沒有響。有些學生在大樓裡逗留、玩耍，有些在外頭做類似的事。一切看起來都很好。有好幾分鐘，我低著頭專心做事。

　　最後，教室的喧鬧聲引起我的注意。受到打擾後，我很快抬起頭來，驚訝地發現一大一小二個男孩扭打在一起。我大聲命令他們停下來。他們雖然不情願，也照辦了。這時候有些女孩開始在走廊上來來回回地吵鬧。這簡直是造反。我要他們回到自己的座位。他們照辦了，但我從他們的表情可以知道他們不想回去。空氣中瀰漫著反抗的味道。這時候坐在角落的男生正在互相丟課本。我很驚訝，他們哪裡不對勁？在室內丟東西是完全違反規定的，而且這些男生一向都很乖。其中一個名叫 Alfred Davis 的男生非常調皮，老是跟我作對。反應遲鈍的 Bernice Keller，帶著一群女生在座位之間跑來跑去。我對男生大叫，但是他們不理我。我對著他們大吼，如果找不到事做，最好過來幫我洗黑板。他們聽出這句話的命令意味——這是正確的解讀，於是皺起眉頭，開始做正事。

　　操場傳來一陣騷動。我從窗戶看到男生在搶鞦韆。我走到外面，靠近他們時，男生還在吵。我跟他們說話、打他們，他們都不理我。我嚇呆了。不管用看的、用說的、用動作或老師在場，都沒有用。我注意到有些女生在車陣前方的馬路上跑來跑去。我叫她們，但是沒有用。我火冒三丈地向她們走過去。這些女孩子沿著路跑掉了。我不是小孩子，我不會去追她們。我感到挫折，這個時候學校鐘聲響起，總之，已經過了九點了。

　　教室裡一片混亂。那些被我留在座位上的女生在教室裡衝來衝去，把桌椅弄得東倒西歪。黑板旁的男生拿著粉筆、板擦互丟。

我到的時候他們還丟到我身上。我一衝過去，他們就閃開。這真可怕，太可怕了！

但是外面的學生哪裡去了？他們為什麼不進來？他們沒有聽到鐘聲嗎？那些男生停止打鬥，板著臉看著教室，我該怎麼辦？我能怎麼辦？他們不理老師，也不理鐘聲。我想把他們趕走，他們也不回家。女生們挑釁地站在馬路對面。我會跟學校董事會討論這件事。學生們嘲笑我，甚至藐視董事會！接著我會用武力來解決。我走進教室，拿了一根棍子。他們跟著我進去。看到棍子後多少安靜了一點。最後都回到座位上了。

我對他們訓話，他們邊聽邊笑。開始上課後，衝突還是不斷發生。我離開桌子跟棍子，去幫一位舉手的學生。教室另一頭傳來笑聲，而且越來越大聲。啊哈！他們又在搞蛋了。我抓著棍子，揮了幾次後，秩序恢復了。但是沒有用，我無論轉到什麼方向，都要用到棍子。我的動作沒有辦法快速到可以有效維持秩序。我應該向董事會求助。我失敗了！但是不會，我不會失敗的！我加倍努力。學生開始把桌子大卸八塊、拆下窗框，這樣他們手上也有棍子了。我躲到桌子後面用力敲打，希望維持秩序。他們根本不管，全校集中火力，拿著棍子圍攻我。我臉色發白，又很害怕，我向他們求和，希望結束這一切。他們開始……不過都沒有碰到我，因為我冒著冷汗醒過來了。在黑暗中，部分夢境與一些臉孔在我眼前浮現、淡出。我回想起一些學生：好學生、「老師的親信」、我的校外朋友，或者校內一些比較熟（但沒出現在夢中）的學生。Vernon Hart、Lucille Ollinger、Harold Childers，以及 Oscar Olson 都跟這件事無關。他們躲在角落，面無表情地瞪著我。他們是中立的，不會偏袒哪一邊。上帝保佑他們！將來我一定要對他們好一點。夢還是很真實。我開始計畫明天要怎麼做才

能夠跟他們扯平，恢復秩序。我給自己縱容事情發生找藉口。我覺得不對勁，頭又痛，或者這件事情不會再發生了。嗯，如果不能控制他們，我就乾脆消失，逃離這個國家。

然後我完全清醒了，我不知道萬一發生這樣的事情，該怎麼辦。我決定不要使用嚴厲手段來管教他們。嗯，如果真的發生，他們就再也看不到我了。大概一個小時後，我又睡著了。然而，這個夢糾纏我好幾天。

這個夢出現在我教書的第一年，當時我嚇壞了。我想這一定是個壞預兆。不過什麼事都沒發生。那年只有一個紅髮小傢伙敢跟我頂嘴。學期結束時，學校要我留下來，給我加薪；接下來那幾年，我把這個夢當成一個好兆頭，預告那一年將會一切順利。（自傳文件）

這個夢明顯透露出一種恐懼，它來自於長期的自卑情結，擔心情況失控。教師清醒時拒絕面對這種恐懼，所以不得不出現在夢中。但是它已經深植在心靈生活中，每年夢中都會出現所有同樣的細節。這位教師的精力、行動以及嚴格管教，都可以解讀為補償這種潛藏的恐懼，以及所代表的自卑情結。有趣的是，教室裡常見的社交、衝突關係、聯盟、中立等，已經讓教師留下深刻印象，所以即使在夢中，這些情形都沒有減弱。

我把這個故事念給一班選修教育社會學的學生聽，也把上述解讀作為夢境的源起說明。第二天班上一個年輕人提供了以下的夢：

那是秋季班開學的第一天。我下定決心，要把一些夏天的想法付諸實現。其中最主要的是我必須成為恩威並濟的老師。方法就是必須完成所有的工作，而且事前要經過詳細評估。

當然，大家都想要有一個好的開始，並確保使用恰當的方法。不能有人說話，也不能離開座位。如果剛報到的大一學生發出一丁點牢騷，我就會以最嚴厲的態度對付他們。至於那些剛剛升上大四的學生——嗯！他們大三時的表現倒是相當符合那個年級，但是今年不一樣了。

我一直希望擺脫去年負責課前集會的工作，不過那種樂趣顯然只有我能享受。九點上課鐘響前，許多「跟著人家上學」的學生進到教室找好座位，高興等待新學期的開始。

鐘響了。

學生馬上回應集合的要求。就像一群興奮的牛湧進教室。鐘聲慢慢響起，我用極盡挖苦的語氣對他們說：「暑假已經結束。所以，如果各位親愛的年輕人還記得自己已經又回到學校，而且可以安靜下來的話，我有幾件事情要宣布。」

開始說話的時候，我的神奇聲音引起一陣突如其來的安靜。但是語氣停頓時，混亂就開始了。每個人的喉嚨似乎都爆發出作戰似的吶喊聲，無視於我的存在，所有人開始為所欲為。

在我決定下一步之前，一陣地獄般的騷動把我從夢中吵醒。

這個夢顯然不像前一個那麼有意思，它透露出年輕教師如何努力解決教學問題，也就是決定採取獨裁方式。這個夢出現在特殊的時間點，無疑來自前一天的強烈暗示，不過這無法完全抹煞夢的重要性，因為如果教師沒有既定的立場，就很難在低度暗示的情況下作出這個夢。我們或許可以合理推測，前一天的流程只不過觸動某種情結，而夢境是觸動的結果。這位年輕教師自認為在某種情況下不會過於嚴格、「喜歡吹牛」，對學生會和顏悅色；在社會表達方面，他幾乎可以說是輕鬆活潑——慢慢會跟教學態度一致。一年的失敗教學經驗，

讓他決定成為獨裁的教師。第一次為何出現這種擔憂害怕、搖擺不定的欲望，似乎在這份文件中展露無疑。這個夢也非常有啟示性，顯示出這位年輕教師心目中的「獨裁」行為。

接下來的探討顯示，想要詮釋教學情境如何影響教師性格，解析夢境會有莫大助益。幾乎所有我們接觸過（有些是在最偶然情況下）的教師，都可以提供一、二個夢，而這份清單很快就累積成好幾十個。教師對夢境的看法很少完全是負面的。當然，清單中只是一些未經掩飾的教學夢境，這代表只有比較單純的問題才能透過夢境顯示出來。我們不可能徹底分析這些夢，因此最好選擇最簡單、客觀的詮釋類型。基本的假設是，夢境涉及教師在有意識生活中通常不會面對的事物。因此這些夢代表重複的創傷經驗、問題陳述，或許還有解決方法、表達抑制的恐懼與焦慮、實現願望機制之類的東西。我們很清楚，運用更主觀的方法來進行徹底分析，會透露出更多訊息，但也會因為範圍擴大而無法完成。以下是這些夢境題材的總整理。

有關管教的夢非常普遍。這種夢常常具有刻板印象，而且反覆出現。它的類型千變萬化。在某些例子裡，教師離職幾個月、甚至幾年後，這種夢還會繼續出現。

出現頻率次高的是監督的夢。典型的夢境如下：

這個夢發生在去年的夏天，當時我在 Richmond 實習。那時候我自認為是教古代史——我連高中都沒學過那門課。而且我超怕局長的。

作夢的那天晚上，我沒有備課就早早上床了，我調了鬧鐘，以便隔天早一點起床備課。我夢到鬧鐘沒響，結果醒來後只來得及在上課前趕到學校——完全沒有備課。我走進教室，決定讓學生自習十五分鐘，自己也可以備課。局長走進來的時候，我根本沒

時間做這個決定。我驚慌失措，苦惱不已。我打開書本，絕望地設法念上幾句，讓自己可以問一些問題。我開始問一些跟古代史毫不相干的問題。局長聽了幾分鐘後站起來，用一種輕蔑的眼光，上場代勞。這時候我醒來了。

至於這個夢帶來最不舒服的感受，就不用說了。

有關局長的這些夢，顯然代表對於恐懼或憂慮的輕微壓抑。作夢者陷入的情境，是一些常常重複出現，某種不道德或禁忌的行為。有一位教師夢到局長逮到他上課批評美國參戰，然後婉轉地責備他。另一位教師夢到兩位局長抓到他和女高中生跳舞。其他人則夢到上課遲到被抓包。這些夢都顯示監督是重大的壓力來源。

在一些例子裡，上課遲到可以解讀為教師透過逃避教學來實現願望，在其他例子中則只是單純的恐懼，反覆出現在夢中，成為一種特色。還有一些例子比較複雜，例如教師在上課途中迷路了；這跟教學情境中某種不愉快的奇特來源有關。恐懼的夢同樣反映出追求完美的社會機制，而教室脫序的威脅透過這個機制，強迫教師守時。

有些夢跟溝通有關。這些夢透露出教師想要與人溝通的壓力，語言溝通以及突破溝通形貌的難度，造成幾乎難以跨越的障礙，讓教師覺得對話是沒有用的。這對教師心靈來說是一個重要線索。

另一種常見的夢是教師念課文時「忘了念到哪裡」，或者無法「找到段落位置」。有一位教師經常做這樣的夢。這顯然代表一種不被認可的恐懼。

還有一種可以清楚定義為經營管理之夢，代表學校主管對於適當設施、用品的憂慮。有趣的是，受訪者離開教職三十年後還記得這個夢。其他的夢也可以做類似的解讀。

以下夢境可以用一些例子來說明：因為分數而發生爭執、跟一位

高中女生約會、一個同性戀夢境、想對所有學生嚴守公平原則，以及耳聾（代表擔心耳聾）。許多夢則是跟同事競爭、反抗主管，或者擔心工作不保。

作者相信這只是冰山一角，要進一步探討教師的夢境，需要更主觀的技巧，更完整分析每個夢境，更深入了解教師的性格，這樣或許未來會更有收穫。即使針對目前的夢境清單進行最粗淺的分析，似乎可以找出教學情境中的重大壓力、緊張來源。評估暗示的影響程度時，研究人員必須謹慎，因為事實一再證明，夢的形式與內涵很容易受到它的影響。

教師的幻想生活也透露出他們對教師職業進行調適的本質。這些幻想有時候純粹是補償性質，因為教材跟教師的學校生活毫不相關；以英文教師來說，典型的常見例子是改考卷時，出神地想像自己闖進了**大西洋雜誌社**（the *Atlantic*）。許多教師打算轉行，接受市場考驗，成為大眾矚目的焦點；我們必須把那些轉行計畫視為同一類別，因為他們很少是認真的，也幾乎不會根據現實進行調適。然而，教師的幻想跟教室日常問題有關。班上有一個喜歡惹事的小男生，教師總是幻想他會乖乖坐在位子上，但是從來不會成真。或者，另一位教師對於善良本性的假設過了頭；教師可能長期幻想自己爭辯贏了同事，但是兩人可能從來沒有爭辯過。有時候，一些文采普通的教師開始寫作時，筆下的英雄會跟自己高度雷同，滿足寫作願望的特質畢露無遺。一位有高度性需求的教師，在他那些無法實現的夢中，總有一個可愛的年輕女孩被自己迷惑得神魂顛倒；在他的許多短篇故事中，同樣主題一再出現：一個年齡、性格特質與自己相同的年輕人，邂逅一位十幾歲的女孩子；兩人很快成為知己。在這個例子中，故事的情節與對話常常一模一樣。另一位教師因為性格缺陷、身材矮小，使得教學成效不好；在他的故事中，他化身為袖珍身材軍官，戰無不勝、攻

無不克。其他類似這些滿足自我幻想的方式，也可以透過閱讀書籍。只是，要找出一種模式相當困難。

　　有關教師的性緊繃（特別是女性教師），已經有許多專家進行討論，也累積了一些文獻。業餘精神病理家提出各式各樣的說法。教職生涯的確迫使許多女性無法找到歸宿，加上道德秩序的束縛緊纏不放，即使是合理追求，也常常宣告失敗。不過，保持單身以及業餘精神病理學家挑釁地認為女性教師因為未婚而變得不快樂，神經質且飽受折磨，二者之間並沒有對應關係。未婚教師的生命史似乎依循一種相當明確的模式。找到伴侶的希望延續了好幾年，並未停止。但是到了關鍵期就死心了。有位受訪者認為，當一個女性教師幫自己買了一顆鑽戒，就代表心如止水。關鍵期是單身念頭萌芽的潛伏時期。這段期間會發生許多極端、可悲的事情。女性教師很容易陷入情網，可能會對一丁點或完全不存在的挑撥，表現出最明顯的善意。如果缺乏情人關注，極盡敷衍的客套話可能會被誇大、扭曲，以符合那種型態。於是有人費盡心思，密謀欺騙醫生或牙醫開立證明。同樣可悲的是，女性教師會錯誤解讀一些最常見的說法。這個時期充滿了最緊繃的衝突，無法解決問題被當做還沒有想到；這些尊貴的女子有時候會設法從身邊二十幾歲年輕女孩身上學習——或可憐兮兮地記錄——性誘惑的技巧。或許找到伴侶的這種希望很難消失（但會逐漸消失），而且之後還需要一點點刺激來加以維持。

　　過了關鍵時期，單身女性教師的適應逐漸確定。其中有些常見的調適形式。有的女子會因為忽略男性而變得孤僻、刻薄。有的分手後仍然保持想像中的愛情生活，依舊多情——這也許是她的期望——直到某個高齡。有的完全放棄婚姻，接受單身並安排好自己的生活；如果能夠跟家人（或視她為家庭一分子的近親）住在一起，就會比較容易適應。還有一種「獨立、年輕的單身女孩」調適，她們的學術成就

各有不同，也伴隨不同程度的衝突。有的調適是從學生身上間接得到滿足。至於同性戀，有的因為根深蒂固，有的不得已退而求其次，這二者跟許多其他調適都具有病態的本質。

在單身女性的世界中，的確缺乏男性的價值，有時候這種缺乏顯然令人遺憾。這在某些年輕女性教師身上尤其可以看得出來（這種特殊性可以在許多明顯區隔的團體中觀察到），她們為了排遣寂寞，會替一些沒有生命的東西命名。她們用命名來妝點世界——尤其是那些每天使用、被認為也許具有某些特質的物品。於是有一輛名字叫做John的車子，一個叫作Johnson先生的菸灰缸，以及一支稱為Wright先生的墨水筆等等。重要的是，多數都是男性的名字。對性的渴望，以及世代以來伴隨的性別隔離，真實存在，它們高度影響年輕女性教師在教學專業上的適應。然而，是否有人能夠延續這個方向提出更深入的解釋，令人懷疑。單身教師有時候看起來一副可憐樣，也有人正確判斷那是一種挫折感。但是，男性教師也一樣；而且他們可以自由結婚。帶來挫折感的也許是教學本身，也許是教師生活。無疑地，單身者的性挫敗會影響性格，但是這種影響會以一種改善性格扭曲的形式出現。而且，對於制度化宰制必要性中所隱含的個人挫敗來說，女性教師處在一個相當有利的位置，她跟許多兒童有所連結，可以為自己的性生活找到一種美好的昇華。因此，她的主要性格困境可以從教師行業強加在她身上的社會情境中，找出因果關係。

第二十三章　教師型態；教師刻板印象等

　　教學必然會在所有教師身上塑造出相同的性格特色，這種假設是不正確的。不同教師對於不同學校生活條件的人格調適，會像他們的性格那樣差異很大。形形色色的教師中，有些「天生就是這塊料」，有些是後天造成；這兩種各有不同的等級。「天賦型的教師」顯然包括兩種：一種儘管犯了錯，但是他的熱情足以度過難關；一種則藉由堅持、克制來避免犯錯。有些問題教師的性格顯然扭曲，調適的結果反而脫離現實。有些教師雖然接近現實，但卻抱持完全負面的態度；有些同樣務實導向，但是通常會以正面態度因應。此外，在逃離現實的過程中，正負面的態度同時並存。特別的是，優秀教師的確有好幾種。教學技巧也要搭配不同性格，這點非常重要。

　　Edward Eggleston 曾經描述二種似乎完全對立，但效果同樣顯著的教學技巧。摘錄如下：

> 　　或許沒有二位教師會像 Story 法官、Greenleaf 教授那樣被相提並論，二人能力相同但想法殊異，要學生背誦的方式更是南轅北轍。以 Greenleaf 教授來說，他的裝扮和外型像律師，上課嚴格而敏銳，他會試探學生的反應是否靈活，不接受半吊子的答案或含混的一般說法，要的是準確的回答；他對懶惰的人毫不留情，在評論課文時，總是使用最簡潔有力的話語來傳達觀念。他說出來的話，似乎就宣告某種限制法令，禁止學生胡思亂想。上課打混的學生擔心他緊迫盯人，因為他們知道他的考試一定可以測出學生的實力——他們的花招騙不了他。另一方面，Story 法官的專

長是講課，不是提問；是傳達訊息而不是確認學生真正擁有多少
知識量。在多數情況下，他的問題會暗示答案。比方說，他先敘
述某些情況下的兩種法律程序，然後問學生：「你會採取前一種
做法還是寧願用後一種？」學生會回答：「我寧願採取後一種。」
學生或許連課文都沒看。這位丹麥籍的善良教授會說：「你說對
了，就連 Mansfield 伯爵的答案也不會比你更正確[79]。」究竟是他
心腸太軟，捨不得逼問學生，還是認為時間這樣打發比較好，我
們不得而知；不過沒有一個學生會害怕背誦，因為他毫不在意進
度。這位法官的講課方式，比較像個熱心人士，而不是專業教
師……。他擁有罕見的天賦、溝通的能力，而且最重要的，他樂
於傳達知識[80]。

依照 Eggleston 的描述，Story 法官的其他特質同樣符合這種類
型。他讓笨蛋學生樂於受苦，對於反應慢或理解力不足的學生從來不
會失去耐心。書本對他來說，不是知識的總和與成分，而是教學旅遊
的起點。有人認為他的教學雖然缺乏系統性，但卻全心投入教學。

有人好奇，如果 Story 法官必須依照傳統方式堅持學業標準，否
則工作不保的話，會發生什麼狀況？他的教學型態如何對抗一板一眼
的大型學校機器？毫無疑問地，最好、最快樂，以及教學最讓學生懷
念的就是這種教師，但是似乎可以確定，如果他不能自由教學，就不
能展現效果了。遵循一般教學模式的教師，對於那種教師應該少點苛
責，因為既要修正自己的教學，又不失去所有的原來價值，是非常

79 譯者註：Lord Mansfield 為十八世紀英國最高法院的大法官，對於「人道法」（law of humanity）
投入甚多。他跟 William Murray 在 1772 年的判決，對於英國廢奴運動發揮了關鍵作用。
80 Eggleston, Edward，載於 Wm Matthews 主編，《人與書的時光》（*Hours With Men and Books*）。
（Scott, Foresman and Company 允許重印）

困難的。兩種似乎對立的教學技巧，呼應兩種對立的性格。一種是
正式、詳細規定的訓練與背誦技巧，它屬於一般常見的教學類型。一
種則是師生即興創作技巧。正式訓練技巧首重教材，把它視為主要價
值。就事實的傳達來說，這種技巧最有效。但是即興創作技巧涉及教
師與班級的自由、變化互動，它將性格交換擺在教材價值之前。在正
式的班級教學中很少涉及性格；個人的性格與興趣容易受到限縮。但
在非正式的課堂上，教師會激發學生的興趣，以最正向的態度來看待
學習。修 Story 法官的課必然是一種建設性的經驗，它也許常常會對學
生日後的性格成長，帶來深遠影響。Story 法官的教學技巧最適合用來
傳遞態度和激發興趣，也許也可以喚醒學生深思的欲望以及伴隨的發展
理解。我們可以把二種對比的性格調適，當做內向、外向的特色。內向
型的教師依計畫行事，非常客觀；他不擅長即興教學，因為他要花很長
時間才能開竅，而且回答問題之前必須徹底想清楚，所以他說話很慢。
外向型的教師總是熱情洋溢；他很快就對一門課失去興趣，然後輕鬆
地轉移到另一門課，所以他不會死守教科書，而是某段旅遊的起點。

　　此外，還有一些差異無法用內、外向性格對比來解釋清楚。內
向的 Story 法官讓笨蛋學生樂於受苦，他可能跟學生保持某種友好關
係。就我們之前提到的多數職業特性來說，Story 法官的免疫力一部
分要靠團體凝聚力以及自我滿足技巧，讓他在學生敷衍功課的時候，
不會受到傷害（Story 法官已經從其他地方得到令人羨慕的認同）。
這些人對於教學的反應是完全愉快的，這也許得靠意識中的某種選擇
模式，讓他們忽視一些被迫注意的不愉快事物，然後馬上忘記。這種
情形不盡然屬於外向的特質。有些外向型教師不像 Story 法官那麼有
智慧，他們必須經歷痛苦的自我訓練，將想法限定在合理範圍內。還
有一些外向型教師雖然有能力，但是性格不夠開放，一旦受到限制，
可能會對工作採取非常消極的態度。有關決定教學態度以及教學培養

出哪一種特質形貌，順從意願是另一個重要因素。接受世界現狀的人（順便提一下，這些通常都是外向型的人）會發展出比較有利的特質；不願順從的人發展出不同的性格樣貌。在這方面，多數教師顯示的是混合（而非單一）類型。

教師依據教學所進行的性格調適，會因年級、科目而不同。教授家政、商業經營，以及實務類科的教師，由於應用場域不是一般教室情境，不會因為進行無用的教學而產生壓力，讓自己受傷慘重，所以很難培養出職業特質。有人說：「古籍經典造就教師。」如果是這樣，那是訓練需求和教學壓力造成的。英語教師會碰到特殊的問題，並進行特殊的調適；要他們做到角色抽離，或許比其他教師更困難。（要了解英語教師經常面對的壓力，或許可以從他們在密蘇里州一場研討會所演唱的歌曲中體會一二：「我們不是神經質，也不會一成不變。」）學術騙子們教導一些並不存在、無法傳授或者自己也不了解的學科，一定得發展出特殊教學技巧，並進行特殊的性格調適（他們最常使用的技倆就是誇大其詞、喋喋不休、喜怒無常等）。教師與行政人員的性格調適，略有不同。行政工作耗時而繁瑣，看起來好像會降低心理內涵及其品質，但是也許可以透過廣泛人際接觸而得到補救。比起其他教師，小鎮的局長被迫遵循比較嚴格的性格模式，他也因此會有偏見。私立學校教師應該會比公立學校教師更快發展出教學性格（尤其寄宿型的私立學校）；這是因為他們比較沒有機會抽離角色。至於成功教師與不成功教師的性格，差異相當大。

不同職業的人，心理作用素材與思考內涵差異很大。然而，心理過程可以相互參考，而且容易在各行各業中自我複製。隨處可見各種生涯、獎賞、競爭、「政治學」、正確與錯誤的做事方式。即使在監獄裡的人也可以「功成名就」。生活環境中的心理作用產物，被稱為生活組織[81]。人們在決定職業類型時，職業生活組織是重要的決定因

素。以下文獻充分說明一位偏遠學校教師的生活組織：

　　Wise 先生當時在中西部某大學上暑期班。他必須加修幾學分的
教學法，才能申請比較好的職缺。沒錯，Wise 先生是一位教師。
噢，他跟其他教師不太一樣，但的確是個教師。他有三年的成功
教學經驗，也是一個大三學生，因此，他不僅是實務教育人員，
也是專業人士——不僅了解現場，也熟悉教育理論。

　　在這場教學遊戲中，這個暑期班的出席情況相當重要。只要高
中畢業就可以拿到教師執照。之後就能夠任教。只是那不怎麼
像是個教職——那所偏遠小學在 Podunk 附近，全校只有一位教
師——但是你終究找到工作，接著就有教學經驗了。**經驗**是關鍵
所在，也是神奇的字眼，它是開啟100種好工作之門的鑰匙。無
論如何，教職介紹所跟師範院校的教授是這麼告訴你的。

　　好了，你找到工作，也教了一年。你去上暑期班，最後拿到
一張比較好的執照。之後你在一個小鎮找到工作。啊，在鎮上
教書！你等的就是這個時刻！你修了更多暑期課程。後來成為一
位校長——也許是高中校長！你又修了一些暑期課程。拿到一個
學位了！之後你離開辦公室，進入現場，擔任一個小鎮的教育局
長。但是你一定不會滿足的。你**必須**擁有碩士學位。所以你請了
一年的假，或者加修更多暑期課程，取得了**碩士學位**。一切辛苦
有了代價，你被挑中進入大型學校服務。於是你輕而易舉地進入

81 Park所定義的生活組織如下：「尤其在生活組織中，可以用這種心智元素來代表。也許也可以用以下說法來表達：個體對自己有一種想法，而這種自我想法以及他在社會中所扮演的角色，跟他的性格密不可分。」Park, Robert, E. 著，《Sumner, Thomas and Znaniecki的社會學方法》(*The Sociological Methods of William Graham Sumner and of William I. Thomas and Florian Znaniecki*)。載於Stuart A. Rice主編，《社會科學方法》(*Methods in Social Science*)，頁170，University of Chicago Press, Chicago, 1931。

大學任教——也許學到的不多，不過自己也沒什麼損失。接著你可以在名字後面放上一排文字，讓人印象深刻（特別是學校董事會成員、高中生，以及其他像你一樣的人）。於是，你開始有了知名度——**這輩子就定型了！**對了，如果用對方法，你可能可以進入一所學校，服務許多年後領到一筆退休金。或者，如果政治手腕高明，你就可以在師範學院當個講師。不過無論如何，當你拿到碩士學位時，「差不多已經爬到世界巔峰了」。

這就是 Wise 先生的願景。（未出版手稿，載於 Kenneth McGill 著〈餐廳裡的教師〉〔*The School Teacher in a Restaurant*〕）

暑期班、幾個小時的課程、資格、推薦、成功經驗、專業訓練、「政治學」、證書、調往更大的市鎮、教職介紹所——以上這些對經驗老道的教師來說，再熟悉不過了！教師的心靈早已徹底習慣這些價值世界！這份文件同樣引發許多有關廣泛專業組織的問題。

選擇某些職業的人，扮演一些高度符合職業的角色。其他人認為這些角色就是該職業的特色，當他們想到某個角色，就會聯想到另一個。人們扮演那些角色的經驗，會以想像建構的形式留存下來，它跟某些職業類型中的個人外表或行為有關。這些想像的建構就是刻板印象。當刻板印象已經在某些職業團體成員的社區經驗中形成，而且成員一致扮演某些角色，社區人士就很容易用既有的刻板印象去組織該職業成員的所有經驗；他們對於符合刻板印象的行為比較遲鈍，卻對推翻刻板印象正確性的事實非常敏感。刻板印象一旦建立，就會自我增強；它會以一種完美循環論辯，證明本身的正確性。刻板印象一旦普及，就會藉由社會接觸在個體之間流傳，而且隸屬刻板印象團體新成員的首次天真經驗，很容易受到扭曲。刻板印象顯然是看得見的事物。Lippmann 有技巧地稱它「大腦中的圖像」。有些刻板印象具有非

常明確的視覺意象；有些只不過是能夠認出但無法複製。

　　許多社會互動要靠刻板印象。親密朋友間的互動多半不受刻板印象影響，天真的經驗也是如此，因為在他的社會世界中，典範並不存在。但是很多社會互動多多少少會因為明確的刻板印象而改變，而刻板印象有時候會在某個團體中廣為流傳（這是它的最佳運用方式），有時候則是我們對某些人或某些階級人士的建構。會發生這種情形，是因為在許多關係類型中，我們不會直接回應他人，但是在我們的心中，總會對他進行某種程度的真實建構。這樣一來就會產生某些後果；更重要的一點是，不管個體在我們眼前的行為有多穩定，都不能視為他在別人面前的標準（除非我們充分認識他，不會受到任何刻板印象干擾，而且呈現在我們面前的他，同樣不含偏見）。由於我們會以自己的想像方式去建構對方，使得提供給對方的行為可能性受到限制；類化個體行為的謬誤，說明了社會生活中的許多驚奇，以及某些不可預測的人類本質。比方說，某個年輕人愛慕、認定完美的未婚妻，在某個夜晚受到誘惑。某個粗魯的老闆可能因為一個不尋常的方法而變得和善。英國首相Disraeli之所以能夠說服維多利亞女王，是因為他把對方當做平常人。人們如果能夠視他人如一般人，盡量擺脫傳統限制或對方應該如何被對待的刻板印象，似乎就可以有所收穫。在優劣勢關係中，刻板印象的影響特別嚴重，因為雙方幾乎都一致認定，因為那種關係已經定型，人只不過是刻板化關係的一種擴充。

　　Stuart Rice設計出一種以統計方法說明刻板印象存在的技術，並且測量它們如何導致偏頗的個人判斷。他的設計大多運用職業刻板印象，這也是重點所在。繼Stuart Rice首度實驗之後，Kenneth McGill進行類似的教師刻板印象實驗[82]。他準備十張尺寸相當的照片，一起

82　參見McGill, Kenneth，《學校教師的刻板印象》（*The School-Teacher Stereotype*），《教育社會學期刊》（*Journal of Educational Sociology*），Vol. 9, June, 1931, pp.642-651。

貼在一張大紙板上。其中男、女各五張。在五張女性照片中，有三位是教師，另外兩位之所以被挑中是因為她們被認為符合教師的刻板印象。在設計實驗者的眼中，她們「看起來像教師」，而實驗的重點是在他人眼中是否也像教師。接著，McGill把這些照片拿給Nebraska大學的學生看，要求他們指出照片人物的職業，而且說出理由。其中特別注意的是，要把任何有關這些人真正職業的暗示全部剔除。為了保持條件一致，指導語會念給每一組受試者聽。

　　實驗結果非常肯定。其中一張女性教師照片在138名學生中，有86名指出她是教師；我們可以理解，這個結果不是因為她被認為符合某種真實職業類型，而是符合普遍的刻板印象。另外一張照片在137名學生中，有69名指出她是教師。下表呈現實驗的結果。表中編號3、5、9是教師。表中的男性人物辨識已經予以刪除。

表 1

職業	照片編號以及特定職業指認次數				
	1	3	5	7	9
教師	14	32	86	23	69
家庭主婦	15	3	4	36	20
辦公室員工	11	33	11	16	5
音樂家	36	3		13	3
護士	1	3	15	7	13
女性業務員	6	16	2	3	3
女演員	12	1		13	1
歌手	18			2	
學生	7	3	1	6	
畫家	4	7		2	2
女性商人		6	1		7

傭人	2	10	1		
社工		4		2	5
作家	1	4	2	2	
神職人員			6	1	1
母親		2	1		4
社交名媛	2	1		3	
農婦		1	2		2
美容師		1		2	
教會工作人員			2		
律師			2		
圖書館員			2		
罪犯	1				
接線生					1
女服務生					1
	130	130	138	131	137

　　雖然我們可以對這份資料進行更仔細的處理，但是單靠編號5、7、9底下的一堆指認數據，就應該足以讓讀者相信，教師刻板印象的確存在。這也是相當有力的證據，這些刻板印象呈現出可觀的一致性，集中指認教師的區塊，正是實驗設計者事前決定的位置。那些實驗設計者眼中「看起來像教師」的人，在受試者眼中也像教師。

　　學生們也被要求說明何以認定照片人物屬於某種特定職業。以下表格是經過彙整的理由：

表2

指認的線索	\[照片編號\] 1	3	5	7	9	提到的次數
一般臉部表情						
嚴厲、不苟言笑、保守	1	2	10	2	5	20
有決心、堅定、不變的	1	2	4	1	7	15
聰明、有才幹	1	1	3	1	2	8
嚴肅、有耐心、絕望的		2	2		3	7
細心、有同情心、鎮靜的	1	2	2	1		6
拘謹、整齊、整潔		1	3	1		5
勤奮、有啟發性		2	3			5
疲倦的、單調的、厭惡的			3	1	1	5
領導型、有魄力、不允許干擾			1		3	4
緊張、壓抑	1	1		1		3
吹毛求疵			2		1	3
不善交際、難相處		1	1			2
優雅的	1			1		2
苦行者			1			1
類似神職人員					1	1
自以為是			1			1
隨波逐流			1			1
愛吃醋			1			1

特殊的臉部表情

嘴巴

有決心、堅定、不變的		4	6	2	6	18
嚴厲、冷酷		2	2		2	6
壓抑		1	2		1	4
和善、愉悅、體貼的		1			1	2
有話直說					1	1

眼睛

有決心、堅定、不變的		2	3	1	4	10
銳利、醒目的		1	2		3	6
直接的		1	1		2	4
朦朧的、不切實際	1	1	1			3
和善、體貼的		1	1		1	3
壓抑的		1	1	1	2	4
別想鑽漏洞		1				1

下巴

四四方方					3	3

　　解讀這類資料必須非常小心。我們很容易貿然、表象地根據資料做出結論。然而，我們可以主張，這個實驗證明某人或更多人可能選出符合教師刻板印象的照片，同樣會被其他人指認。學生的理由暗示了教師刻板印象特色的性質或表情。不過，我們不能錯誤地下結論說，照片中的特質使得學生能夠辨認誰是教師；因為以心理學角度來看，更有可能是學生先進行辨認，而因為照片符合一種普遍形貌，所以能夠完成辨認，之後才察覺到那些特質。這種解讀似乎比較可信，

因為事實上Rice的實驗顯示，辨認就是有關個人特質某種刻板印象的偏頗判斷。也許刻板印象的必備要件是，一旦經過分析就會失去它的特色；整體不等於部分的總和。這個結論是有事實根據的，學生指認符合教師刻板印象明顯特色的集中情形，並不會勝過其他職業；第5行的指認分散情形跟1、3行差不多。至於表2的主要啟示是，那些特質被投射到我們所認定的教師臉龐上。

　　這個實驗能夠完成，是基於同樣的實徵性啟示，我們可以下結論：教師刻板印象有兩種。目前討論的是比較普遍的那種。我們在其他章節指出，那種刻板印象是社區與教師相處經驗的保留作用——一種敵意的重新運作結果；它是一種諷刺。另一種刻板印象則是自我犧牲、溫和、友善、覥腆低調、工作過度、薪資偏低，但始終保持耐性，而且總是為了學校「慷慨付出她的時間與金錢」。這是一種友善經驗的重新運作結果；它是一種理想化的教師。然而，決定這些刻板印象形式的時候，不應該忽略對立刻板印象類型的作用。這兩種刻板印象可能同時存在於同一個心靈中，而且在判斷某位教師的立場時會彼此互補。我們可以認為，討人喜歡的刻板印象代表社區對於理想教師的看法，而令人厭惡的刻板印象代表一般人對於真實教師的看法。學校為第二種刻板印象所傳達的那些理想，提供一個方便的貯藏庫。

　　某種程度上，教師被迫待在刻板印象所設定的行為界限中。奇怪的是，教師行為一旦違反刻板印象，竟然很容易就引起社區的道德撻伐，但事實的確如此[83]。教師被禁錮在刻板印象中。這裡我們比較關心的不是刻板印象，而是它對教師的影響。由於長期受到刻板印象的束縛，教師逐漸不習慣自由。有人在私立學校教了幾年，學校規定（聘僱合約也註明）教師不能在學生面前抽菸。幾年來他痛恨這個規定，

83　每一所學校的經營都會發生醜聞。在多數情況下，醜聞本質上並不存在於教師的行為，而是他的行為與普遍刻板印象的落差。

但總是儘量遵守。到最後這條規定不再造成困擾。有一天，他站在學校門口跟一個從商的朋友講話。對方遞給他一根菸。他平淡地回答：「現在不可以，謝謝。」

「為什麼？」朋友問。

「我不能在這裡抽菸。這裡有學生。」

「嗯，有什麼差別嗎？」

「我不能在學生面前抽菸。」教師說。

「這樣的話，」朋友又說了：「我很確定我不可能成為教師。我沒有辦法忍受這些規定。」不過，習慣已經讓那位教師無法察覺，事實上這個規定構成了一種限制。當教師內化了束縛自己的規定，就已經成為一位不折不扣的教師。其他行業也有其他規定，也對行為提出不同的限制。在此我們的目的不是決定哪些限制最重要。重點是在任何職業中，除非能夠讓順從成為自己的一部分，否則就無法得到自由。對他來說，當順從成為最自然的一件事——而且不經思考，他就自由了，因為自由只是一種視覺假象——我們無法看到周遭設下的限制。

但是另一個決定因素是教師是否想要逃離那種職業角色、擺脫刻板印象，以普通人的立場——而不是教師——去影響別人。每個教師都希望在行業的要求下，保留一部分的自我。有一位年輕的拉丁文教師，忍受課堂裡的機械訓練，在自修室值班時不得不回答學生有關拉丁文的問題。但是有一天，有個過度熱情、又有點遲鈍的學生，在校園裡向他走過來——當時他沒有課，要他聽一段範例。他突然對學生發飆：「你為什麼不在課堂上問？你把我當什麼了？」學生把他當什麼，再明顯不過了；他就是聽學生說明範例的人，他就是教學關係的擴展。這類事情常常發生。心腸更好的教師顯然會隨時隨地滿足所有的要求，但是當社區、學校對他太太提出要求時，他反而暴跳如雷。有位商科女教師一整年來，教學認真，脾氣又好，有一年夏天，她因

為某個冬季班學生要求她提供專業意見而生氣；她解釋她在意的不是時間，而是對方企圖強迫她回歸教學角色。

教師不僅保護自己，不讓教學角色入侵個人性格的其他部分，有時候也會努力破除刻板印象，不讓自己跟其他人隔離，而且留給同伴一個重要人物的印象。此時教師的處境幾乎就跟傳教士一樣；有些傳教士設法跳脫刻板印象，成為樂觀活潑、陽剛味十足的「硬漢」。有一次，某位老師跟一個生意人講話。老師說：「真該死。」對方嚇了一跳，開玩笑地說：「哇！嚇死我了。學校老師不應該這麼說話的。」有位老師想要跨越年齡界限，要一些年輕朋友直接稱呼他的名字。但是沒有成功。有一位年輕人這麼說：「我幹嘛這麼做，我如果直接叫White老師的名字，那就等於走到我老爸身邊跟他說黃色笑話。」然而，這個例子裡的二人年齡相差不多。被囚禁在刻板印象中極力想要擺脫的人，不斷發出「我是一個普通人」的呼聲。只是很少有人聽到、理解或相信。教師就像黑人和女性，永遠無法進入白人男性的世界，他們必須維持偏袒——除非其他人的世界跟他們一樣受到排擠。教師的偏見跟黑人的偏見同樣難以挑戰。不僅教師如此，教育本身也因為教師被排擠而受到傷害。理論學者可以繼續為這種傾斜、偏差的教育惋惜，但是視覺假象如何培養一個健全的男孩？

教師對本身行業的態度，是決定行業如何影響他們的關鍵。我們之前已經指出，順從的意願以及樂意接受現況，可以讓教師對教學有比較正面的調適。然而事實上，很多教師對自己的行業極度不滿；年輕教師尤其如此。有位年輕教師（26歲）描述了自己跟朋友們的態度：「每當結束冬天的教學，在每一年夏天回到夏季學校，都會碰到老朋友，然後解釋自己為什麼還在教書的同樣戲碼，就會上演一遍。每個人都吹噓有人找他做生意，但又解釋剛開始沒辦法賺到一樣多的錢，所以決定再教一年，多存點錢。每一個人最後都會說：『好吧，

我就再教一年，但是我很確定第二年你會發現我換工作了。』有時候有人暗示某人想要爭取大好機會——它的依據往往是人壽保險公司的傳單。不過，每一年都會聽到同樣老掉牙的故事。」不過事實上，商業界起薪低，加上教師在教學生涯中開始逐步爬升的事實，這些年輕教師很難真正徹底落實他們的計畫。

有時候，教師在成為教師的時候會下定決心想要反抗。年輕教師很害怕自己如果繼續教下去，就會跟他們的老同事同一個模樣。Van Druten很會挖苦人，以下是他跟一位年輕教師的對話：

「我的天呀，Terry，他們都是那個樣子嗎？」

「大部分是，多多少少啦。也許Simmon稍微糟糕一點。」

「你以後也會那個樣子嗎？」

「希望不會。我就害怕會那樣，我怕繼續教下去，就會變成那個樣子。幾乎每個人都那樣。」

「我知道，但是你不會一直是老師的。」

「你怎麼知道？」

「喔，但是你不會的。你知道你不會。你也知道那只是你的一個暫時工作。」

「他們都這麼說過。」

「對啊，但是你會去劍橋。或者當個作家。」

「我想他們大多也這麼說。」

「Terry，真的好恐怖。究竟是什麼讓他們變成那個樣子？什麼原因……讓他們身上充滿迂腐學究的跋扈、做作味道？」

「我不知道。也許是因為有了權力。再加上老規矩是這樣。他們只跟男生還有其他老師講話。永遠都想到尊嚴和職位。我敢說Simmon以前不是這麼一個討厭的傢伙。當然，他現在糟透了，

也是個自以為是的偽君子，但是……」[84]

　　教師習慣於幫同儕打氣，這樣可以為他的教師道德觀提供一種次級團體支持。在研討會場合，教師有機會遇到面臨同樣教學問題的同儕，而交換意見的結果通常對大家都有幫助。不過有時候研討會也會帶來痛苦經驗：拒絕認同其他教師。有位教師看到其他同儕之後，極力撇清自己跟他們都是教師。

　　我以前是教法文的。我猜，一個男人教法文特別糟糕，因為當他參加研討會，就會在那群同樣教法文的男性教師中，找到很多魯蛇。所以，當我看著滿屋子的法文教師，知道自己是其中一位，我總是嚇呆了，世界已經把我跟他們歸在同一類，而且如果我一直待在這行，就會跟他們一樣。有了這種經驗，我總會沮喪好幾天。

　　對於開會我能拖就拖。不過最後還是得去，因為必須填一張表格才能證明有出席。我最後找到房間，走了進去，以下就是我看到的情況。

　　一個邋遢的小個子男士正在朗讀一份報告。他熱切地告訴聽眾如何教法文發音。他詳細說明學習法文的自然方法。他提到教學目標。我好像在哪裡聽過這些東西？mutatis mutandis 這個拉丁片語我還會聽幾遍？他演講時非常激動——比我這個聽眾還激動。我看了一下四周。都是去年的同一批人。偶爾有一張新面孔；新面孔看起來不像舊面孔那樣死氣沉沉。我在想自己參加這個會議多少年了，我想知道自己在新人眼中是什麼模樣。我隨意

84　Van Druten, Carl, *Young Woodley*, p.172。（Simon and Schuster允許重印）

觀察了一下狀況。有一些可憐兮兮的女性，也有一些非常嬌柔的男性。有個跛腳的傢伙一度想要抓我的手。他滿懷希望地對著我笑，我假裝沒看到。

他們的聲音從遠處傳來——還在討論教學目標。有個女老師找到一個能讓學生分辨aigu和grave重音的聰明方法。她邊說邊笑，坐下來的時候還在笑。她心裡就是這樣想的，不是嗎？就好像我會在乎她或aigu重音的樣子。

我在思考，這些人跟死人一樣。心靈一旦凋零，身體還能活多久？

從另一個角度來說，我也想到這是一座骨骸堂。我認為，這是真正的往生者之家。它是絕望的埋葬地。所有這些教師都曾經有過雄心壯志與光明的未來。女人要結婚、愛人與被愛、生兒育女。無法成功的理由再清楚不過了。男人在這個小小地獄中，跟所有這些失去靈魂的女性來往，他們有過什麼夢想？教那些無聊又自以為是的年輕人法文？我懷疑，不過這也許是這些男人想做的；我確定自己不知道他們想做什麼，我也不太在乎。不過那不公平；這裡所有人的臉上都有挫敗的表情。

我大膽走出會議室，希望沒有人發現我才進來沒多久。我若無其事地看著手錶，假裝還要赴約。（一位男教師的自傳文件）

以上痛苦故事是作者被歸類為教師後產生激烈反應的事件。他拒絕教師認同的方式是表達出厭惡整個行業的感受，但是也包涵一種真正的恐懼，擔心自己成為類似的團體成員。教師對於教學的態度受到以下事實的制約：許多教師與社區認為教學就是一個失敗區。即使是一些勇敢駁斥這種概念的教師，有時候還是會背棄自己的想法，過度崇拜、尊敬生意人以及其他「真正做事的人」。

教師對於其他教師的態度，顯然代表職業的特色，也會影響新教師的性格調適。特別有趣的是教師對行政人員（其責任是指導、監督員工）的矛盾、對立態度。教師對行政人員的態度是矛盾的。表面上看起來忠心耿耿，但是關係高度緊繃，有時候又接近諂媚。教師對行政人員經常心存感激，因為那些人保住了他們的飯碗（或許最坦率的感激就是「愉快期待得到好處」）。這種態度也會出現在行政人員身上，他們非常重視忠誠度。行政人員的忠誠態度是合理的，因為學校主管必須為部屬行為負責，因此他必須要求部屬尊重他的個人願望。忠誠度和它的反義字各有許多名稱。不合作的教師通常對局長不忠誠。行政人員為了帶領部屬，創造出所謂的「專業倫理」，有人懷疑實際上它就是忠誠——只不過換了一個名稱。所以教師總是服從上級，甚至在一些制度中幾近卑微。不過服從的背後是一種潛在的反抗（有時候會浮上檯面）。於是，跟局長因為細故發生一些難以想像的「口角」，所有學校的人事每年變動，而且陰謀論接著上場，要讓行政主管下台。但是不宣示效忠的教師必須謹言慎行，接觸可能的背叛者時要小心翼翼，密謀詭計之前要關上所有的窗戶。表達不滿時總是戰戰兢兢，這點部分是因為說話時過度謹慎，這也是大家認定的教師特色之一。大膽直言的人受到許多人崇拜，但是很少會長期待在同一個職位。

教師與行政人員的心理運作方式截然不同。行政人員的心智、口語能力或許比不上受過同樣訓練的教師，但是他們的想法雖然有所侷限，卻更貼近現實。在解釋這些差異時，必須納入社會選擇要件以及情境塑造理論。某種程度上，我們可以用古典的空談者與執行者對照，來思考能幹的教師與行政人員。如果大家都知道空談者不會是偉大的執行者，那麼執行者也不會是空談者，一定是情境基本管理中的某個東西造成這個結果。偉大的藝術家不會空談藝術，而是加以實

踐；偉大的科學家不會一直空談概念，而是加以運用。大學教授是世界上最了不起的空談者，卻連執行者的邊都沾不上。或許所有人都可以依照所處世界的組織形貌複雜程度來系列排序；它可能跟形貌穩定性的順序大致相反。同樣地，簡單、穩定的形貌相對容易取得。於是，執行者的世界被許多簡單的形貌環繞，要找到他們很容易。執行者知道如何操控環境，但不認為有什麼值得討論。由於空談者的世界比較複雜、不穩定，也由於他們很難將細微、複雜的形貌具體化，他們惡名昭彰，屬於拖延、散漫的執行者。行政工作的需求，挑出了執行者；而且因為運用時受到限制，行政人員必須成為執行者。許多人介於兩者之間，他們的天賦可能傾向任何一邊；也許因為不斷被迫說明細微的形貌，他們成為理論家；或者因為面對滿足新情境多重面貌的壓力，他們成為行政人員。

　　行政人員與理論家的心理狀態明顯不同。雙方要理解彼此，常常很困難。行政人員呈現一項簡單任務的方式，會讓對方以為他的心力終將耗盡，而理論家則感到疑惑與困擾（這種技巧可以用 Arnold Bennett 在其小說 *Clayhanger* 中的父子關係來說明）。理論家的做法是在達成決策前，必須進行永無止盡的討論，過程中充滿眾多、迂迴的複雜性，讓習慣於實用主義、絕佳機會的行政人員感到疑惑，有點失去耐性。

　　坦白說，我們不想譴責行政人員的心理狀態。那是一種可觀社會效用的非凡天賦，它往往應該得到更多的回報。高層次的執行能力更是如此——因為擁有者可以操控複雜的人們。行政人員可以在失衡性格可能瓦解的情況下承擔重任。他可以抵抗沒完沒了的瑣碎攻擊。

　　我們可以預期，當過教師的執行者會運用同一套曾經證明有效的教室技巧來掌控低階教師。同樣地，低階教師也會想出相同的控制方法來讓學生控制教師。有位年輕的實習教師宣稱他的督導絕對沒辦法

逮到他沒有備課，因為督導的行為總會洩露非預期訪視的玄機。在預計實地訪視的那幾個早上，督導不會跟這位年輕新手打招呼；但在其他天則會客套地交談。如此一來，督導以一種高度說教的態度，在出擊前先用社會距離讓自己變得冷酷。許多教師夥伴想要知道行政主管偏好的做法，然後先行提出，這種現象也出現在教室中；這樣的行為在學生團體中就是「欺騙」。我們必須指出，這種行政手腕如果變質為行政決策，就會有問題。

　　多數行政人員已經知道教師團體很難應付。部分原因是教師在教室裡已經習慣自己的方式，部分原因則是他對行政的態度往往自相矛盾。對一個行政新手來說，即使是最微不足道的錯誤，都足以讓他失去全體教師的支持。尤其困難的情況是前任主管很受歡迎，或者在職權上允許通融。在這種情況下，新主管說明時必須謹慎、明確，確認新做法不會被誤解。全面改變可能比逐步改變更難，因為在緩慢過程中，行政主管可以帶領團隊共同前進。但是任何改變都會有一、兩個成員帶頭反對；從此這些人就被隔離在主流之外，他們的堅持就像海陸交接地帶的堅硬岩石一般。有些行政人員學會使用最靈巧的禮遇、意願技巧來進行討論。行政人員如果隨時傾聽部屬的想法，或者將做法問題交給他們討論處理，就可以經常為自己培養一群非常熱情的教師；理由很簡單，每個成員之所以熱情，是因為他覺得自己的確是行政的靠山。但是如果教師與行政人員的確有不同意見，這種技巧可能會引起非常嚴重的爭執。團體成員產生嚴重歧見時，高明的主管就會設法擱置，等大家情緒平息後才做決定。但是有的主管會犯下大錯，先提出某件事情讓教師討論，然後讓事情浮上檯面，當他做出決定時，卻沒有考慮教師的願望與意見。難以想像的是，有些主管愚蠢到達成決議後才來進行討論。如果行政人員期望透過教師參與討論學校事務來得到最大的助益，就必須讓教師完全自由思考。多數主管對於

經由討論吸取眾人智慧的興趣，還比不上保持教師的幽默感；有時候高明的主管會將這種討論技巧發揮得淋漓盡致，他允許聰明的教師掌握主管沒有說出口的想法，然後再反射到主管身上，而主管和拍馬屁的教師經常無法完全了解這個過程。有的主管也會利用偏頗的事實陳述來操控情境；不過這種方式很危險。此外，最理想的討論方式是讓每個成員表達自己的觀點，覺得自己正在參與最後的決定，但又允許主管保留最後裁量權。在教師和行政人員之間，看起來教師賦予行政人員很多操控空間；這種技巧跟那種依賴成性的女子不一樣，她要最狡猾、複雜的諂媚者提出很多建議。

　　另外一個永遠討論不完的議題是教師與同事的關係，只是這裡沒有辦法進行完整的討論。教師是一種封閉團體，也是一種宰制團體——擁有宰制團體的道德觀；然而他們彼此對立，因而互不來往；教師的刻板印象減少了，卻無法讓彼此更加親近、相互陪伴；工作上的密切聯繫，使得他們必須頻繁接觸，但是情境的限制又讓他們無法完全親近。以上是教師關係中比較重要的面向。

　　教師團體要求所有成員完全忠誠。就像某位行政人員說的，全體教師如同執政內閣，所有成員必須同進退。成員之間如果有——他們一定會有——不同意見，團體道德觀就會要求局外人不可以干預。有一種「制度行為」規範，會對成員施加最嚴苛的限制；這種規範既精細又微妙，這裡無法詳細討論。不過倒可以思考它的大概樣貌。比方說，教師不能在學生面前說同事的壞話，不允許學生批評其他教師。不過這條規則對行政人員來說常常會有例外情形，應用時也有所限制。這種規範的理由是如果某位教師同情學生跟同事發生歧見，就會逐一打破彼此支援的圈子，而教師宰制必須依賴這些圈子。教師如果以學生意見作為判斷同事的基礎，不只缺乏倫理，也不是好的策略——因為學生對教師的看法最不可靠；那些看法不盡然是事實，也

幾乎反映出對於教師做法一知半解；而且，所有判斷都站在學生的立場，這會跟教師截然不同。大家都知道，行政人員有時候會利用某些學生當線民，偵察下屬的行為；以團體內部道德觀來說，這種做法會遭到非議，以常識角度來說，如果某人的地位要靠那些重大發現的確認與回報，可能會帶來只回報卻沒有確認的造假結果。

　　目前絕對沒有一個令人滿意的倫理公式可以規範行業成員。教師應該完全服從行政人員嗎？如果答案是否定的（本書作者強烈主張不應該如此），校內如何確保做法一致？教師與行政人員產生不可避免的歧見時，應該用哪些倫理規範來處理？如果最後關係破裂，建議的倫理規範是什麼？（這時非常需要慣例。）以次級行政主管來說，優先考量的是行政忠誠度或教師團體忠誠度？（舉例來說，院長應該站在教師那邊還是行政人員那邊？）

　　教師之間的對立，既敏感又常常很激烈。競爭的戰利品是職位、加薪，以及有賴上司提拔。教育被視為一個學習特定事實的過程，教師的對立常常因為有權傳授某些教材給學生而造成激烈衝突。教材以及傳授方式的對立，也會因為各階段教師都堅持學生尚未做好準備，而引起大家的注意。此時會產生一種跨學科的道德觀，以改善情境固有的對立狀況。在進步取向的學校中，對立通常跟啟動新措施、行政策略有關。在高度穩定的學校中，嚴重的對立來自於加強現狀。許多人看到紀律遭到破壞；每個人都快速行動，以便主導改善計畫。所有人都在場，爭相提出最恰當、中肯的論點；每個人都想要讓自己與眾不同，證明自己的確已經妥善處理這位特殊的冒犯者。在這樣一個穩定學校中的所有成員都會密切注意，找出違反規定的新藉口，然後加油添醋地引起主管的注意。如果團體中很多人違規，告訴主管誰該完全為此負責（例如班級或自修室），絕對沒什麼了不起，但是能否警覺到有人違反一般規定，往往真的可以當做一般效率的判斷標準。加

強現狀成為一種生活方式，也得到某種哲學的支持。一個喜歡硬碰硬鬥的執行者說：「準備迎面一擊，就是我的座右銘。」他很清楚這種姿態可以給自己帶來很多好處，也覺得那是一個很勇敢的想法。在穩定的學校中，這樣的對立會越來越嚴重。有時候，教師會非正式、半開玩笑地計算學生所有的優缺點。不同的團體流行各種獲得地位的手段。以大學教師來說，最受歡迎的姿態就是寬闊的胸襟。一群年輕社會學家在聊天，大多吹噓自己對於種族偏見議題採取完全獨立自主的立場。從另一個層面來說，那其實是漠視批判心靈的一種美化說法。

　　基於驕傲感以及設法捍衛本身職位，穩定學校裡的教師對於自己可能獲得職位所附帶的特權，相當嫉妒。有關權限的爭執經常會讓某位教師脫離團體；每次有新的爭執，就會產生新的敵友結盟關係。有時候比較嚴重的管教問題沒有處理，是因為大家對於誰有權力執行爭執不下。以下有關教師口角的敘述，出現在 Young Woodley 的書中：

　　　Plunkett 很快地把 Riley 送到保健室，把女清潔工送到女舍監那裡，然後就直接去校長室。Ratecliffe 被叫來開會時，暴跳如雷[85]。Riley 是他管轄宿舍的住宿生，雖然這件事很丟人，但不管怎麼說他還是成員之一，而且事實上犯罪地點是在 Plunkett 的教室，但是站在 Ratecliff 的角度，他還是無法原諒 Plunkett 沒有先來找他。他怪 Plunkett 直接去找校長，這不僅打破規矩，而且是一種針對個人的侮辱與挑釁做法。他發現自己幾乎都在為 Riley 講話。他去找 Simmons 和 Blakeney，要他們聯手譴責 Plunkett 的做法。大家都認為違規必須處罰；Riley 很難不被開除。不過這件事情的處理技巧在教師休息室引起兩派意見。接下來會是重新洗

85　譯者註：有趣的是，此處的人名Plunk，有「一記重擊」的意思，Rate則有「責罵」的意味，似乎跟本段所描述的人物性格有所呼應。

牌，聯盟也再次重組；過去的世仇發現彼此在這個事件上站在同
一陣線。Simmons和Plunkett上學期因為界限事件結為莫逆，現
在卻成為冷漠的敵人。未來幾週內，還會發生其他事情，需要進
一步重新調適，但是這種狀況持續的話，情緒就會高漲。[86]

　　對立讓教師產生隔閡，他們一直渴望跟同行交換心得，於是大家
聚在一起，成為教師俱樂部的特色。不過缺乏自發、真誠的參與，形
式化的尊敬儀式、說話謹慎，以及不斷關注自尊與特權──以上這些
事物造成教師俱樂部令人大失所望。有一位觀察家如此形容：「一群
教授聚在一起，每個人都只想聽自己講出來的話，然後安靜地坐在一
旁，思考他下一句要說什麼。沒有人在聽別人想說什麼。每個人只是
看著別人，偶爾禮貌性地點點頭。但是他真的是在找機會提出自己的
看法。」用詞犀利的Henry Adams指出教師俱樂部的特色如下：

　　大學俱樂部的特色就是遭遇同樣的失敗命運。美國好幾十個最
有學問、最令人欣賞，也最善於社交的人在劍橋聚會，他們所形
成的社會沙漠[87]，足以餓死一隻北極熊。最活躍、最受歡迎的成員
包括James Russell Lowell、Francis J. Child、Louis Agassiz跟他的
兒子Alexander、Gurney、John Fiske、William James，還有十幾
個人，他們在倫敦或巴黎過得很愉快；這些知名學者想盡辦法擺
脫身分，讓自己像是劍橋、波士頓的當地人，但是俱樂部還是稱
呼他們教授，而他們也必須是教授。這些聰明絕頂的學者渴望友

86　Van Druten, Carl, *Young Woodley*, p.116。（Simon and Schuster允許重印）

87　譯者註：此處social desert似有多重意義。desert意指沙漠的荒蕪、不毛，比喻教授空談而不事
　　生產；該詞亦有政治哲學「社會應得（賞罰）」的意涵，與desert拉丁文「為……而獻身」以及
　　「依職務而應得」類似，似暗諷教師之付出與酬賞無法對等；此外，desert也有放棄、逃跑的意
　　思，呼應了教師與社會隔離，困居一隅的狀態。

誼，也因為需要友誼而受罪。俱樂部就是一個避談職責的教師會議。

「為什麼教師想要分享有關教學的看法？」對這個問題，我們恐怕不容易給出一個滿意的答案。有時候分享看法的確被認為有助於專業的蓬勃與未來發展。從某個觀點來說，教師持續關注教學，會讓人充滿希望，因為塑造年輕人的工作是最好的內在興趣之一。這種說法當然沒有錯，而且掌握世代命運的教師，有權利討論他們的工作。但部分原因也來自於教師不願意表達教學以外的想法，這預告了教師的心靈視野會形成不良的窄化現象。如果教師想要了解兒童，必須熟悉孩童心理世界的價值；如果要維持自己的心理健康，他也得堅守成人世界。許多年輕教師被迫加入一群生活、呼吸、作夢都環繞著教學，三餐也以教學為佐料的教師之後，就會經歷一種個人貶抑的過程，有時候稱為「性格的墮落」。這種墮落是因為年輕教師從一個廣泛、充滿刺激的人際範疇，轉變到更為狹隘的關注場域；他們對於微妙、難以達到的個人滿足，沒有信心——只能退回到原點，內心悲傷，渴望回到過去——再用一種最冷酷無情、明顯憤世忌俗的外表加以掩飾；這些現象應該都跟性格墮落有關。教師離開輝煌的大學世界，走進比較乏味的教學世界時，性格墮落就產生了。產生性格墮落的另一個階段，是教師離開——有時候是剛進入——研究所的時候。這時候就是教師盡量分享教學想法的極限，他們即使過度沉迷，也不會招來更換面紙的惡意批評[88]。

然而，Bagley提出來的理由最恰當，他建議教師培養同業精神，向內尋求教師團體的支持與鼓勵。

---

88 譯者註：這裡諷刺教師聚會時，濫情地沉迷於互訴委屈，涕淚縱橫，忽略了應有的專業成長。

從另一方面來說，同伴之間的擬情交流會不斷強調同業精神──它是教師所擁有最無價的東西，也最容易消失在早期教學生涯中。無論碰到什麼危險，他都應該努力保持同業精神。他應該持續將工作視為一種專業服務，自己則是提供服務殊榮的新手。保持同業精神最好的方法是自由結合志同道合的心靈。任何一種強制性的社會服務任務，如果沒有受到強烈抨擊，一定是一份枯燥、令人灰心的工作。在許多城市裡，我們可能很難看到教師定期聚會（不一定會公然宣布），以培養同業精神，保持工作熱忱。在這些聚會中，悲觀、不滿現狀、以教職為恥、上課不斷看壁鐘而且一心等待發薪日的教師們，都應該被嚴格剔除。對新手教師來說，最幸運的就是被某個公會接納──儘管那些公會未必知道自己就是公會──在公會裡他會找到真正激勵他的慰藉、真正有效的建議，以及真正鼓舞他的理想主義。此外，他也會得到應有的讚美（但不至於得意忘形）與譴責（但不至於一蹶不振）。但最重要的是，他可以從這種交流中知道，這些嘗試與困擾不全是他一個人的，很多問題都來自於職業的固有本質，而且最安全、穩健的做法是把它們當做日常工作的問題──必須嚴肅審慎探討，再用冷靜的判斷加以解決。[89]

Bagley已經在以上言之成理、引起共鳴的段落中，極盡高明地為教師內部團體提供論述。本書作者同意Bagley的所有主張──如果教師分享看法的數量有所限制，而且不至於耗盡整個社會經驗的話。教師的確應該跟一些因為工作而遊蕩在成人、兒童世界之間的人交談，也只有在這樣的團體中，他才能對自己的作為有擬情的理解。但

---

89 Bagley, W.C.，《教室管理》（*Classroom Management*），頁100起。（The Macmillan Company允許重印）

是持續分享看法會變得枯燥乏味，無助於心靈的滋養。教師必須隸屬
於本身教師性格不會加入的許多其他團體，而那些團體必須用教學來
爭奪他的心──就像他太太的決心一樣。那些其他團體當然應該在數
量、投注時間方面，勝過教師團體。教師在教室忙了一天後，以下一
些（不是全部，因為教師不必是個半吊子）活動應該可以引起他的注
意，例如建造小屋、教會工作、文學作品或審美造詣、跟教學無關的
自我陶冶、照顧及訓練子女的自我約束、追求愛情、計畫管理訓練、
持續關注公共利益問題、不斷積極參與社區事務與社區衝突等。這些
活動是最棒的預防針，可以避免教師淪為區區某種職業類型。如果教
師設法依循合理的教室常規明智模式，即使他全心投入社會過程的主
流，也不必擔心教學工作受到批評。或許目前只有少數社區允許教師
自由沉迷在這些活動而不加以批評、干涉。如果真的如此──事實當
然是這樣，教學專業的下一個任務就隱約浮現了：不斷從教學周遭的
社會框架中突圍。這不僅是個人自由的奮鬥，也是全體教師的奮鬥；
這關係到所有教育的最初、最終目的，因為唯有健全的教師才能教育
健全的學生。

　　觀察新手教師的性格變化，有助於我們了解職業形塑的過程。由
於教學帶來的性格適應很快發生，但是它的真正本質可能會誤導研究
結果，以為它跟前幾週的教學經驗無關。以下文件以新手教師與資深
教師對話的形式呈現，說明了某些令人訝異，卻也是典型的態度改變：

開學前

　　「我會喜歡教書的，我是個理想主義者。我相信我的這門課對
這些年輕學生來說很重要，而且我會把我所知道的都教給他們。
教學應該是有趣的。」

　　「你可能會發現教學其實不好玩。」他的朋友回答：「你必須重

複講一些很基本的東西，你的熱情可能沒辦法永遠持續，那些東西對你來說也沒有意義。當你發現自己和學生產生敵對關係，你的理想主義可能就會受到無情的打擊。也就是說，如果你讓自己陷入這種關係的話。」

教學一週後

「我喜歡教書。站在學生面前扮演聖人的角色，真是太棒了。這種感覺讓我原來的自我得到大大的滿足。」

「喜歡教書是件好事。」

教學六週後

「今天早上我做了一件事，你告訴我這樣做對不對。我一想到跟班上那群學生講話、看到那些蠢蛋臉孔，就煩死了。我費盡心思要給他們好好上一門課，但他們聽都不想聽。我告訴你，這下子把我惹毛了。班上有幾個傢伙得重修這門課，他們就只想來搗蛋。事情是這樣子的，今天早上我轉身過去寫黑板的時候，有人打了一個很大的呵欠。我雖然不知道是誰，但我想是其中的一個。」

「嗯，我真的抓狂了，我轉過身來，要給他們一點顏色瞧瞧。我問他們對以下情況有什麼想法：有個傢伙到 Hansen's 買了一盒五磅的糖果，付了錢，卻把糖果留在店裡，然後他跟每個人炫耀他在店裡有一盒五磅的糖果。我告訴那個傢伙，這就像有人進了大學，付出好不容易才存到的學費，卻從來不想學東西。」

「還有就是那個吵雜聲。我告訴他們，如果再有人發出這種聲音，我就會嚴厲處罰。我告訴他們我會把他趕出去，而且當掉他。我說：『上帝保佑他不要被我逮到。』你覺得我這樣做對

嗎？」

「不對。你是在跟全班作對。你已經沒有自信了。你威脅他們，而威脅就是一種挑戰。我的看法是老師永遠不應該威脅學生。老師應該找到犯錯的人，必要的話就處罰他。但是你永遠不可以跟全班作對。老師應該運用策略來避免作對。老師永遠不應該威脅全班。這樣一定會天下大亂的。」

教學三個月後

「嗯，跟你討論之後，我已經學會一種人性管理的基本原則。要對方合作，就得了解對方。現在我想說的是，我相信老師可以透過開口要求、願意全力幫忙，來讓學生合作。我想我現在比較了解了。你就是要大膽跟他們合作，讓事情上軌道。」

（摘錄、彙整自一份與新手教師對話的紀錄）

我們可以從這份文件得到以下資訊：

(1) 初期的教學角色是愉快的，在適應教學的過程中會產生自我膨脹；之後因為學生的敵對態度、察覺教學角色受制，引起失望與自我挫折。

(2) 學生不合作、不斷重複教學內容，導致教師逐漸失去熱忱。

(3) 教師因為多次重複教學而失去耐性的事實，使得他不滿意學生的表現。

(4) 教師必須訓練學生的自發性。

(5) 受到資深同事的影響，新手教師漸漸掌握教學規範，並願意服從。

(6) 陷入教師行業中一些便宜行事、符合邏輯的常規。

有經驗跟沒經驗的教師在性格方面，有以下明顯差異：

1. 剛開始教學的教師，在工作上會有高度的自我膨脹情形，但是有經驗的教師也許恰好相反。

2. 越有經驗的教師，越痛恨制度入侵私人性格。

3. 對新手教師來說，管教比較會是一個問題——雖然本身未必如此認為。

4. 新進教師對於師生關係比較具有理想性。

5. 新進教師比較不會受到社會表達習慣的限制。也就是說，他比較會跟學生交談、時間比較長、比較親密，也比較會說明自己的立場。

6. 在新進教師眼中，學生的重要性更像是一般人。至於指導、管理角色的扭曲影響力，比較不明顯。

7. 年輕教師比較不會涉入對立的同事關係。他對同事的強烈對立態度，屬於一種後期調適，這個過程通常大概需要十年。

8. 行政角色在初期就會影響教師，但是剛開始的時候這些效果有利於一般的社會調適，包括去除幼稚舉動的表情、處理情境問題更加果斷。這種去除表情後來會變成不動聲色，而由於預判情境經驗的增加，果斷會變成彈性。

9. 初期的愉悅教學角色，會延續到教學習慣定型為止。這段期間，教學工作幾乎就等於整個意識內涵，而教師關注的也差不多就是這些。隨著習慣逐漸定型，它們會從意識中退出，教學滿意程度下降，不滿意升高。如果分析不滿意的起因，慣例化是其中主要原因。

10.忠誠對象從學生團體轉變成為教師團體，這個過程會在幾個月內慢慢發生。

探討年輕教師如何進行教學實習，特別值回票價。在預備訓練結

束之前，他們的職業態度可能早就很明確了。在幾個禮拜的強制學習期間，敏感的年輕教師雖然受到本身基本態度信念的限制，還是可以得到難忘的知識。這些經驗如果同步進行社會洞察教學，就可以大幅提升價值。此外，教師行業之所以保守，部分原因來自於有經驗教師對新手教師的態度施加壓力，然而他們願意跟新手討論，就是一種重要功能。因此有人建議，實習機構指派開明、具有革新想法的教師來指引年輕人；他們的功能就是為新手教師指出學校社會世界的重大事件，協助新手教師塑造前瞻而不過度保守的態度。

教師的退化現象同樣值得科學探究。這可以透過教師的轉行或退休來說明。以教材的心理內容來說，似乎有快速凋零的現象，因此幾個月前才離開學校的教師，竟然想不起來最後上課說了些什麼。教學所依據的複雜心理調適，很快就消失殆盡；不穩定的教學性格均衡也搖搖欲墜。William James退休大概兩年以後，朋友問他是否還能教書。他回答：「沒辦法，我現在連我以前怎麼能夠教書都不知道。」

作業

1. 將你的高中同學依照智力、社會適應力以及決心來排名。說明他們的職業選擇。教師屬於哪一種類型？
2. 從職業選擇與形塑的角度，針對律師、醫生、商人或傳教士進行個案研究。
3. 比較同一所大學中，教育學院與其他學院學生所有可測量特質的差異（可能的話，也包括身體特質）。
4. 針對某個「教師家族」撰寫個案史。分析影響成員職業選擇的社會影響力。

5. 找出十位曾經想要當教師，但是後來改變心意的人。他們的理由是什麼？證明這些理由與行業選擇的關係。

6. 深入研究當代小說中的教師，並詳細詮釋。

7. 探討一位（你認為是典型）單身教師的所有社會關係範疇，並用它來檢視本文。

8. 如果你當過教師，寫下第一年的教學歷史。藉由內省以及別人的看法，確認性格有哪些改變，並證明它們與個人經驗的關係。

9. 針對一位密友在大學最後一年以及教書第一年的情況，撰寫一份客觀的研究報告。請特別注意上述的性格改變。

10.分析一位年輕女教師任教第一年的私人信件。說明上述的態度改變。

11.針對某位教師因為教學導致性格產生正向改變，進行個案研究。將它跟另一位消極改變的教師進行比較。如何解釋其差異？

12.列出十位你最熟悉的教師。針對他們社會性格中最顯著的特質製作一份清單，並與本文的分析進行對照。

13.說服幾位教師分享最不愉快的教學經驗，並盡可能說明這些經驗如何影響他們的性格。

14.徹底研究某位教師的生活慣例。

15.將某位「注定成為老師」的性格與另一位缺乏天賦的教師性格加以比較。

16.將一群教師的班級行為跟一般大學生作比較。如何解釋其差異？

17.比較有經驗的教師跟沒經驗的教師，在影響管教的教室事件觀察能力上有何差別。這跟職業特色的發展有什麼關聯？

18. 仔細研究一位新進教師如何舉行考試、在黑板上寫下問題、觀察學生寫作、發還報告、解釋成績等等。以教師工作對其性格的影響來說，以上研究可以提供什麼啟示？

19. 請一群教師討論他們主要的恐懼有哪些。這跟職業的影響力有什麼關係？

20. 針對某位「警告者」進行個案研究。

21. 追蹤某位教師處理學生問題時的客觀性有哪些變化。

22. 盡可能蒐集更多教師的夢境，然後加以分類、詮釋，並以此檢視本文。

23. 深入探討某位單身教師的夢境。

24. 研究教師們的幻想生活。

25. 針對某位問題教師進行個案研究，說明他在初期如何無法適應，以及教學經驗對他產生哪些影響。

26. 能不能在你的生活周遭，找到一些符合 Story 法官與 Greenleaf 教授類型的教師？每種類型各描述一位，並說明它跟特殊事件的關係。

27. 從生活層面探討背誦訓練類型中，各種態度的交互作用，並跟更為迂迴類型的背誦作比較。分析各種類型對教師性格的影響。在資訊溝通、思想啟發方面，那一種比較有效？

28. 針對不同學科教師的性格進行比較研究，而且所下的結論必須像事實那樣經過驗證。

29. 請幾位培訓中的教師擬出可能的生涯規劃（包括計畫、希望及企圖心）。然後跟一群類似人數、有經驗教師的真實生涯作比較。

30.描述自己對於教師的一般印象。

31.列出所有你聽說過有關不稱職教師的做法,然後加以分類、分析。

32.說明自己的經驗故事跟教師刻板印象的關係。

33.找出在某些場合不願承認教師身分的年輕男、女教師。詢問其理由。

34.進行一個類似McGill先生的實驗,並將實驗結果作對照。

35.找到一些事件,顯示學校規則如何內化成為教師性格的一部分。

36.找到一些事件,顯示某位教師如何持續對抗學校的某些規定。

37.研究某位年輕教師如何對抗他的行業,並分析他有哪些不滿。

38.研究某位行業適應良好的教師性格。分析其適應技巧。

39.深入研究某位教師如何避免職業類型中的可惡特質。他採取哪些預防措施來對抗教師的自以為是?可能的話,針對其他教師進行類似研究,然後擴大你的預防措施清單。

40.清楚描述在你的教學生涯中,你會運用哪些預防措施來對抗教師的自以為是?

41.「教師必須絕對忠誠」。你在什麼時間、什麼情況下聽到這樣的說法?頻率有多高?描述這句話的所有意涵。

42.研究一位成功的高中校長,如何善用技巧處理教師問題。

43.探討如何運用討論學校措施來維持教師士氣。舉例說明討論的正用與誤用。

44.取得學生對某位教師的評語。把它跟同事的稱讚做比較。說明哪些稱讚最可信;相反地,哪些是假的?

45.描述一群教師如何在強化現狀方面彼此競爭。哪些論點競爭得最激烈？優秀的成功競爭者擁有哪些個人特質？

46.就你所知，記錄一群教師的取得地位機制。

47.完整而詳細地記錄一場學校口角的發展始末。

48.記錄教師如何分享看法。詮釋它對每位教師的意義。

49.針對某位飽受「性格墮落」之苦的年輕教師，進行個案研究。

50.描述並分析一群教師的事務會議。誰在主導？會議中出現哪些專業態度（以及對立）？用什麼手段爭取支持？衍生出哪些友好關係與敵對關係？

51.研究Burnham所寫的《偉大教師與心理健康》（*Great Teacher and Mental Health*）。什麼樣的人格特質與社會技巧讓他們無法成為教師？在另一個完全不同的學校中，教師這個職業會帶來比較少的傷害嗎？

52.一個社會集團就是一個婚姻團體。追蹤分析一百位教師的婚姻。有多少人的配偶也是教師？教師是否明顯形成一個不同的社會集團？

建議閱讀

Bogardus, E. S., "The Occupational Attitude," *Journal of Applied Sociology*, Vol. VIII, pp. 172-176.

Burnham, W. H., *Great Teachers and Mental Health*.

Herrick, Robert, *Chimes*.

Hughes, E. C., "Personality Types and the Division of Labor," *The American Journal of Sociology*, March, 1928, pp. 754-768.

Maugham, *somerset, Of Human Bondage*.

Miller, G. F., *Letters From a Hard-Boiled Teacher to His Half-Baked Son*.

Patton, C. H., and Field, W. T., *Eight O'Clock Chapel*, Chapters IV and V.

Scott, Eleanor, *War Among Ladies*.

Selver, Paul, *Schooling*.

Whitridge, Arnold, *Doctor Arnold of Rugby*.

Wright, H. P., *The Young Man and Teaching*.

第六篇

結論與建議

第二十四章　制度無法運作的主要理由

我有個牧師朋友，他很喜歡以下這個故事：

「不久前的一個早上，我在街上走著。有個外型體面的男人走過來，跟著我一起走。

「『我是魔鬼。』他這麼告訴我。

「『嗯，我一直對你很好奇，很高興終於見到你了。今天早上你有什麼打算？』

「『哦，就跟平常一樣。我想破壞人們的好事。』」

「我們聊得很高興，因為我從來就不討厭魔鬼，還跟他走了一段路。出乎意料地，我發現這個魔鬼是個和藹可親、能言善道的先生。過了一會兒，我們都注意到前面有個男人，渾身上下一副剛想到好點子的樣子。那個人突然停下來，臉上發光，用手興奮地敲著頭，之後很快走開，趕著去實現他的好點子。我想到這讓我至少取得暫時的優勢，我對魔鬼說：『現在有人想到一個點子，而且我敢說那是個好點子。你是反對這點的。你打算怎麼做？』

「『這還不簡單，』魔鬼回答：『我會讓它按部就班。』」

點子一旦按部就班進入社會系統，就會發生變化。耶穌基督的倫理觀普遍適用而且具有彈性，不過還是受到教會的壓制。一旦針對某個社會原則建立一套制度，原則就墮落成為教條。但是點子能夠成為事實之前，必須按部就班地加以組織；完全缺乏規劃的點子無法長久存活。少了機制，點子就會煙消雲散，但有了機制，點子卻被曲解。這是大自然潮起潮落的一部分，也是社會中的生存原則。

制度的非正式起源來自於習俗；它們是「習俗中的正規傾向」。Sumner的經典說法是：「制度包含一個概念和一個結構。」結構的定義是「讓一群公職人員在某些關鍵時刻，以預定的方式彼此合作」。如果結構變得過於複雜或僵化，或者職責的點子已經從那些人的心靈中逐漸消失，我們就會說這個制度已經受到形式主義的戕害。在社會學文獻裡，有關形式主義的客觀實體，有各種指涉內涵；Cooley提到六種名稱：制式主義、形式主義、傳統主義、因循主義、儀式主義，以及官僚主義。就像Cooley說的，我們很難察覺機制運作逾越了分際；最好的規範或許就是Cooley的說法：一旦機制阻礙成長與適應，就代表機制運作逾越了分際。

學校運作一向必須如同一個受到動態關係束縛的性格組織；這個事實跟學校是鮮活的有機體或者死氣沉沉沒有關係。但是在社會組織的片段生活中，人們會超越職務；可以將職務具體化，但也可以毀掉職務；一開始他們是一般人，後來變成了職務。但是在死氣沉沉的組織中，職務反而超越了人。在鮮活的組織中，人的份量往往超過工作，而且他的手肘跟肩膀老是把制服撐破。在死氣沉沉的組織中，他在辦公室裡嘰嘰喳喳，就像葫蘆瓢裡的一顆種子。一旦人員關心職務特權的程度勝過工作的人類價值，就是形式主義。

每個社會結構與思想體系必然隨著歲月老舊，而且所有東西都會消失；在衰老過程中，所有東西變得越來越形式化。在社會有機體中，某個老化面向就是溝通失調，它是一種「過度使用語言器官」，再加上缺乏真正的溝通，廢話越來越多，無法進行溝通所需要的內在接觸。這個現象可能也經常發生在個體的生命週期中，而且會跟心靈僵化同步發展。但是這種溝通斷裂在世代交替時最為明顯。有關責任的溝通很容易，也可以很快找到人來履行責任，困難在於溝通某種使命。因此，我們常常觀察到傳遞給新一代的不是有關職責運作的生活

洞察，而是有關責任的無用資訊。

形式主義的特徵之一是方法與目的的差別日益模糊。人類發展的一般過程是將目的轉變為方法，這也許有助於性格與社會健全成長。我們的成就本身有不同等級，我們轉換等級的時候，就會重新調整標準。但是另一種相反的做法是將方法轉變為目的；方法一開始是廣大整體中的次級整體，但是廣大整體慢慢消失，只剩下局部。接下來局部反而成為整體。人是一個笨小孩，他能了解課業中的所有局部，但是無法了解整體。在教學上，只要教師過度強調本身學科的固有價值，上述情形就會發生。此外，當學習只是為了學校、學習既枯燥又被切割成事實、兒童成為方法而知識成為目的，同樣情形也會發生。

Cooley指出，就心靈層面來說，形式主義是很廉價的，這就是為什麼負荷過重的教師會被它吸引。教學情境的必要性也可能迫使教師採取例行性的教學方法——即使是懷抱高度教育理想的教師。教師必須在教室裡做點事，而例行性教學是最簡單的。通常教師必須教導明確的東西給學生，這樣教師比較能夠根據明確（但也許不重要）的事實來規劃課程。此外，任何體制中的教師都必須訂定標準，因此要他將他的工作擴大成為整體並不困難；他的任務之一就是不讓懶惰學生輕鬆取得學分。一旦這種最簡單的方法變質為自我合理化的道德命令，形式主義就佔據了學校。

社會系統公職人員對於初級團體的態度，會導致另一種社會退化，它的特徵也是適應不良的機制與功能。此時，制度團體某種程度成為一個自我滿足的小圈圈，而且管理制度是基於自己的利益，而不是它的社會功能。我們很難知道這種制式主義什麼時候會變質，因為它的某些形式可能非常有助於在履行社會功能時激發鬥志。以加拿大皇家騎警隊的**團隊精神**來說，它一部分必然來自於成員彼此熟悉、團結一致的事實。但是官僚主義如果缺乏必須面對的危機，就不容易讓

彼此熟悉的成員找到一種純粹的好處，超過這個臨界點，顯然就是損
失了。

　　典型的大型學校充斥著這種制式主義。教師自認為是利益不容侵
犯的封閉團體；學生只能接受教師選擇傳授的東西，除此無他；如果
有人企圖把學校交給外來者控制或規範，所有教師就會群起攻之。另
一種制式主義會在一些提供較少協助的成員中形成，他們發展出圈內
人態度以及某種團體意識，將教師與學生排除在外。以下有關某個大
學聘僱人員的插曲，說明了這種官僚主義態度。這個插曲由一位中西
部大學的教授提供：

　　　　我當時待在大學圖書館的期刊室。有個女子向服務人員走過
　　來，提出一個特別要求。
　　　　「我想把過期的 *Harper* 雜誌拿走一下子。」
　　　　服務人員說：「很抱歉，不可以。」
　　　　他們討論了一陣子。最後服務人員問女子在大學擔任什麼正式
　　工作。原來她是附近一個行政單位的職員。
　　　　「喔，你就拿走吧！只要是行政單位的人開口，我們都會答應
　　的。但是我有一度還以為妳是老師！」

　　令人難以置信的是，有助於設立大學目的的方式，竟然是幫職員
自由取得雜誌，而不是讓教師容易取得。

　　學校裡的這種制式主義，就像政治的賄賂。它來自同一個根源。
社會及法律假定這些人員會依據公共服務與法定職責（次級團體規
範）行事，但實際上他們考量的卻是自己朋友、熟人的小團體。情誼
增長的同時，法定職責也受到傷害。這也是為什麼接受賄賂的政客很
難被趕下台，因為他的確是個好夥伴，就像俗話所說：「如果你認識

這個人的話。」制度化的教師也處在同樣情境。他的初級團體道德已
經凌駕於次級團體，但是次級團體才是教師應該服務的對象。教師與
政客的區別在於他們所處理的是大眾的信賴本質。政客處理金錢。教
師處理兒童。政客竊取金錢。教師竊取性格價值。

　　這種制式主義在學校中也很常見；這些癌細胞似的初級團體在壞
死組織中蓬勃發展，了解運作功能則消失無蹤。學校更容易產生這種
制式主義，因為師生關係充滿大量的宰制與順從。宰制的事實阻礙了
師生的真正溝通。許多試圖跟學生建立真實、重要溝通管道的教師都
知道，師生雙方都豎起了高牆。如果教師因為師生的一般敵意，無法
站在共通的人性立場接觸學生（或是不敢接觸），那麼教師在教室中
只能回頭求助形式主義以及教學專業初級團體的情誼和認可。教師與
社區隔絕，也使得他們在社會上彼此協助，為教師打造出教學行業。

　　以目前整個研究的證據來說，如果我們認定學校在培養性格方面
一片荒蕪，似乎並不是不合理。學校的確存在人際互動，但是它會受
到限制，讓成效大打折扣。對於普通學校裡的普通學生、最優秀的教
師來說，他們沒有任何機會可以進行完整、不受強迫、不受束縛的自
我表達，持續個人的成長。我們必須考量學校社會情境中所有成員的
性格，因為我們不可能在培養學生良好性格之餘，不讓教師擁有類似
的機會；也不可能把學生從當下桎梏中解放出來，卻不同步解放教師。

　　我們在前一章提過，學校是一個社會有機體，是一種建立在專斷
原則上的人為社會秩序，而且處在一種危險的均衡狀態。就我們研究
形式主義的立場來說，這些論述呈現一種嶄新的相互關係。學校是一
個有機體，它的部分組織已經壞死；從這些壞死組織，我們感受到人
為的意涵；也因為這些壞死組織，我們必須採取專斷的管理。由於某
些關係了無生機，這種傳統秩序的人為意涵以及伴隨的專制，常常引
起學生反抗，教師必須不斷鎮壓。學校的正規、人為社會秩序，無法

為正常的性格發展提供適當環境；這也是學生造反的原因：他們想要生存。Cooley寫下一段話：「同樣地，學校的管教如果只是形式，沒有加入學者的興趣與善意，我們相當確定學校會製造出任性的男孩與女孩，因為無論他們最需要、個人認為最重要的是什麼，都習以為常地主張要跟體系對立。」

凡此種種都跟個人領導訓練相去甚遠。真正的領導是無意識、非正式的；它的高度私人性質是因為它來自於人，而不是辦公室。它是一種宰制者本身無法避免——而且很可能不在計畫中——的宰制；這種宰制來自於宰制者的心靈比追隨者更複雜、更早做好準備，也更大膽。這種經過訓練的合作，可以讓領導者與追隨者完全投入；學校缺少這樣的合作。在正規的領導中，領導者的領導是因為他擔任某個職位——而且因為這個職位被迫成為一個單純的正式領導者，也取得學校中的自然領導地位。

學校需要一種自然的社會秩序。這裡指的不是混亂或失控的社會秩序，而是師生在變化情境中為自己想出來的社會秩序。這種秩序本來就存在於相關人員的性格中，它來自於自發、無法避免、真誠的性格互動。學校的功能就是幫助個體從眼前的社會素材中，按部就班地組織個人生活。但是現在這個過程被校外團體掌控，學校的影響力少之又少。如果學校要在學生生命中真正扮演舉足輕重的角色，就必須允許學生在校內外同樣自由。

作業

1. 舉例說明公職人員的初級團體態度，如何導致學校社會系統方法無法適度發揮功能。

2. 追溯某個學校衰退、重生的循環歷程。
3. 藉由個案討論，說明教師教學方法中的形式主義與鐵石心腸的職業型態二者之間，有何關聯。
4. 記錄教師的日常談話片段，如何反映「學校主要為教師而存在」此一信念。

建議閱讀

Cooley, C. H., *Social Organization*.

Hart, J. K., *A Social Interpretation of Education*, Chapter XI.

Ross, E. A., *Principles of Sociology*.

Thomas, W. I., *Suggestions of Modern Science Concerning Education*. (With Jennings, H. S., Watson, J. B., and Meyer, Adolph.)

第二十五章　建議

　　診斷社會弊端比消除弊端更容易。批評體制中的禍害，遠比提出補救之道輕鬆。批評也可能更符合科學，因為它可能根據既有的事實，而補救措施大多是未知、尚未嘗試的。然而我們的學校社會重建任務非常重要，而且迫在眉睫。

　　我們在此認為，教育目標應該擺在培養兒童健全性格；讓兒童經歷一連串環環相扣的社會情境，而每個情境都可以產生一些自然成就，並根據特定兒童的年齡、文化水準與適應複雜性、範圍，形成某些態度。

　　不過那只是一個公式。公式無法解決問題，但是可以指出可能的解決方向。我們來看看這個公式代表什麼意義。

　　所有教育都來自於兒童的社會情境經驗。兒童的性格形塑於他在邁向成人過程中，所經歷的種種情境適應。真正的學校影響力來自於以下事實：讓學生面對一些不同類型的社會情境，並強迫他們適應。這就是為什麼學校的社會系統方法很少按照計畫實施；被納入學校體系之各種技巧手段的意義，必須參考它們在學生團體面對整體情境時的角色。我們必需洞察學校整體情境的本質；否則前輩們的計畫必然失敗。這種洞察必須多多參考教育過程的研究，而教育過程就是一種性格互動作用。教育的實務做法是選擇某些教育目的，接著規劃教育系統和學校教育來達成那些目的。除非那種做法來自教育的社會過程研究，否則一定失敗，原因在於，選擇方法時不了解因果機制，不但派不上用場，就連目的都是錯誤的——除非是以歸納方式來達成目的；不知道教育是什麼，討論教育目的是沒有意義的。

　　當前現場實務仍然深信，教育必須灌輸特定的習慣。這種教育無中生有，也是為何無效的原因。因為我們不相信習慣是人類生活的基本動力。我們認為，人類行為來自於個體與面對情境之間，一種複雜微妙、自我導向、自我規範的動態互換過程。在這個互換系統中產生的緊繃點，就是行動的來源。因此，除非習慣聯結有機體的一般動態形貌，否則是沒有意義的，也不能產生行為，而這種態度形貌是個體、環境之間的互換作用。

　　行為被認為是整個有機體的一種反應，它來自於有機體與所面對整個情境的關係。兒童時期的知覺世界從眼前的簡單情境開始，它的調適直接、不複雜，接著面對一連串環環相扣、日益複雜的情境，使得適應必須透過更迂迴、多變的行為才能完成。在這樣的系統中，舊式的特定習慣很難存在——除非它們成為有助於其他性格養成的工具，或者可以針對一般傾向加以改善、適應。

　　這種論點跟一般的研究發現非常吻合，我們常常可以觀察到，如果習慣跟個人組織的主要取向不一致，就會很難形成，但如果打破習慣，就會容易許多。要強制培養習慣不能無中生有；必須建立在既有的連鎖態度系統上。在習慣訓練的轉移上，更新的論點也可以作為另一種態度的基礎。教育工作者勉強放棄以下的想法：將某種訓練的有效元素沿用到其他情境。但是有關特定習慣轉移的許多試驗顯示，事實上習慣並沒有轉移。長期以來英文報告力求簡潔的習慣，顯然不會增加數學報告的簡潔度。然而，如果我們將性格發展視為一種日趨複雜的調適——基於獲得更高層次的洞察、產生新的知覺形貌或改善新的行為類型，可能就會發生轉移。人類並不是一堆堆的特定習慣，如果有人如此看待，那就是人為作用，結局一定是無法適度控制本身行為。在自然情況下，憑空強加的特定習慣無法（或很難）轉移，這是因為那些習慣在新情境中很容易解體，而且事實上可能一開始就像多

餘的行李被丟棄了。然而，如果我們先想到的是個人發展過程，特定習慣只是過程的產物；如果我們把教育視為培養洞察和理解，其根據來自於形成新形貌、增加一般觀念以及累積部分事實；如果我們把生命成長視為因應日趨複雜的洞察，達到逐步複雜的層次，那麼我們認為那種轉移是自然而且無法避免的。教導兒童整潔、勤奮，以及擦亮鞋子的習慣，他還是原來的兒童，但是當他不再認為該不該咬妹妹是個道德問題，就再也不是原來的他了。所有讓人變得更複雜的事物，一定會讓人對任何情境做出更複雜的回應。

因此，我們必須對教育進行安排，讓孩子針對自己文化團體中可能遭遇的生活情境，培養適應的態度。唯有讓孩童面對真實情境，這種態度教育才能進行。教育中的情境必須分級漸進，使得學生的年齡越大、待在學校的時間越久，他的社會情境跟成人生活情境的契合程度也越高。以下兩種方法可以提供這類的訓練。

學校可以嘗試複製生活本身的情境類型。只要可行，它似乎是最好的方法，就現有的學校教育系統來說，這種方法應該可以成功培養性格[90]。這就是「活動」方法，一般學校想要掌握學生性格，會透過參與活動來達成。許多人增加活動的參與，可以評估個體如何逐步跟上學校的社會過程。男孩進入高中或預備學校之後，可以自行支配自己的所有時間。第一年，他參加一些活動，開始對一些事情產生興趣，願意放棄自己的一點時間，並承擔一些責任；他在社會過程中稍微受到糾纏。到大四的時候，他的休閒時間很可能消失無蹤，生活無故完全受到控制；他的時間被分配到不同的團體與「活動」，而且這些團

---

90 這種未經計畫、直接的訓練，也必須為當今許多學校系統的失敗負責。任何學校所進行的最重要訓練，就是這一種。即使在最形式化的學校，孩童所形成的態度也會符合周遭的真實世界，而不是理論與形式世界。令人遺憾的是，一般學校的社會世界沒什麼價值（經常是負面價值），只是一種生活的預備。有趣的是，某位保守的犯罪學家指出，我們認為教育（學校教育）最棒的地方在於，沒有確切證據顯示教育會增加犯罪。

體與活動都有權對他提出要求。個體涉入團體與活動的程度，就是評估活動成功與否的指標。某些作者指出，此時會相對產生過度安排的危機。顯然個人對於外在規範的忍受程度（不至於造成不良後果），差異很大。

然而，學校及活動能夠限縮的社會情境數量畢竟有限。學校也不可能複製出複雜的情境或任何廣泛的情境。因此，直接教育必須加以補充。

第二種方法是將現有或未來的社會情境，間接傳達給學生。如果這種方式只強調心智層面，除了證明教師的教誨任務，對學生來說沒有什麼價值。但是如果這種方式可以讓學生主動參與，或許還會有所收穫。如果學校希望提供學生更複雜的生活狀態，這種訓練顯然是唯一方法。它的實務困難是一般教師對於生活缺乏完整、公正的見解——如此才能使訓練值回票價。如果學校試用這種技巧幾次以後，發現毫無價值，學校可能必須自我限制，只教授一些基本技能以及部分訓練，以滿足當代生活中一些基本、相當簡單的社會情境，把適應更複雜生活情況的任務留給學生，用他們的課後時間或離開學校之後來完成。我們可能需要兩所學校，一所學習事實和技能，一所討論個人如何針對社區進行調適[91]。後者的訓練很可能會依循前者。

無論使用什麼方法，由於教育在任何情形下都屬於一種內在成就，學校必須引導兒童用自己的方式，找出每個情境的解決之道。兒童的這種相對自由，最終應該導向一種學校管教本質的新概念。它會大幅消除目前的支配與控制結構。學校必須停止扮演機器的角色，努力實現它成為社會有機體的天命。

如果有人認為在這樣的系統下兒童會得到自由，顯然不正確。他

91　參見 Hart, J.K.，《北方之光》（*Light from the North*）。

們會生活在一個自然的社會秩序中,而且很容易就接受這種情境的領導,但是不會得到自由;這是因為我們認為這種領導其實最具有強制性,部分原因則是兒童樂於承受。兒童很少受到明顯、外在的束縛。他們應該會感受到社會情境壓力。(它是一種溫和但無法抗拒的壓力——而非習慣,會讓成人依照常規過日子)。它來自於個人所處社會情境的自我需求。在兒童團體中,這種壓力會使個體在系列階層的初級團體中,往下一個等級前進。兒童之間的這種壓力非常強大,如果善加引導,依照可行方向達成目標,所有教師就不必擔心管教問題。無論最高或最低層次的心靈,都會欣然回應這種壓力。但是它跟學究的宰制、從屬壓力不一樣。

透過社會情境進行教育工作,唯有在自然的社會秩序中才會帶來良好結果。想要建構這樣的社會系統,或者為它收集一些素材,讓它們彼此接觸,以便自我建立一種社會秩序,我們就必須放棄目前學校中的制度化宰制與從屬。宰制也許仍然存在,但是具有非強迫、非正式的特質,它是非正式、非制度化、「自然」領導的結果。需要強調的是,無論用新手法修補現有的學校,或者只為了建立新秩序而破壞舊的機械化社會秩序,都會徒勞無功。透過分級情境進行教育工作,沒有辦法像新方法那樣運作。它必須依據不同形式進行性格互動,才能完成。

教育的再造成為教學人員的問題。我們所需要的教師,必須善用非制度領導,與學生互動時不需要設下障礙,而且必須依教師意願,讓他們自由處理學校的社會秩序。如果我們能找對人,他們就可以很快加以修正;這裡所謂找對人,並非主張好老師必然造就好學校——因為他做不到,但是自由的好老師不可能造就出同樣的壞學校。我們必須找到比現有教師更堅強、獨立的教師。有了這種陽剛氣息的教師,他們就可以讓任何教育系統發揮作用;一個教育系統如果不讓學

生接觸強大、具有鼓舞力量的心靈，是無法成功的；任何系統只要這麼做，就會成功[92]。這是教育改革問題的核心。要求教師嘗試不同的事情，成果有限，這是因為如果教師本身不改變，就無法嘗試任何不同的事情，重點在於成為與眾不同的人。

所有這些很容易就可以看出來，用說的也很容易。這些其實以前都說過了，常常聽到就會變成陳腔濫調。我們該問的問題是如何讓那些具備堅強、珍貴性格的人，願意選擇教學；這個問題有一部分是指如何提供機會，讓教師培養那樣的性格。通常答案是提供較好的待遇，因為好的待遇可以吸引更多優秀的人。教師需要更好的待遇毋庸置疑，但是較好的待遇就能夠吸引頂尖人才進入教學行業，令人懷疑。

依照作者的看法，教師地位的低落似乎一部分來自於不相干的競爭。我們好像應該開始把所有跟教學功能缺乏直接相關的限制，從教師身上拿掉。這些行為限制嚇走那些教學專業所需要的坦誠、直率人士。跟教師功能無關的要求，到最後都是有害的，因為它們會帶來不相干的競爭。在這種無謂的競爭中，具有堅強特質的人很可能只想保持冷漠。堅強性格的人在競爭時，不可能用莫須有的東西來擊敗懦弱者；這就是為何許多有能力、具有良好性格的人決定不要從事教職，以及為何許多性格軟弱的人把教學當做庇護所，以逃避強者的競爭。

有人認為，只有拿掉教師身上的限制，他們才能展現令人滿意的進展。我們會從另一個角度來討論這些限制。我們必須指出，某些做法似乎可以吸引一些活力十足、能幹稱職的人進入教師行業，藉此改善教師的教學。從前許多能幹的人，先擔任教師再轉職到其他行業。最近這些人被擋在門外，主要理由是現有的專業訓練標準。有人質疑，這些墊

92　我們之前有關學校社會互動的道德分析，似乎也是這樣的結論。即使是在最嚴格的學校，最令人滿意的人際交往是透過最有力、正面的特質建立起來的。但是如果這種交往發生在比較不嚴密的社會架構中，甚至會更有價值。

腳石教師的活力，無法彌補不足的教學技巧知識。如果可以找到允許他們加入的方式——但避免一堆真正的無能者混進來，便可以為教師陣容增添能幹的新手（如果屬於暫時措施的話）。不讓已婚女性擔任教學工作無疑也是一個錯誤。我們似乎可以確定，已婚女性的身心狀況比未婚者更健康、更符合標準，如果排除她們，會是學校的損失。

　　也許有人想知道，校內有哪些做法可以促進學生接觸那些激勵人心、活力十足但身分不是教師的人。如果能夠安排學生跟外在世界的領導者深入接觸（可能的話每天接觸），對於教育的性格發展目標會大有助益，而那些領導者涵蓋了商業界與協會、運動界以及學術界。我們可以想像一個類似強制服役的龐大招募系統，但不同的是它屬於一種特殊榮譽，想要溝通、招募的對象是社區裡的優秀男女，勉強他（她）們對下一代克盡職責。在這樣的系統下，教師軍團只是一個大概陣容，再透過社區進行替換補充。如果只是找這些人來演講，不會有任何收穫，也最徒勞無功；他們必須持續、密切接觸社區的年輕人。對於這種非正式的補充學校人力資源，或許最容易著手的就是找一些特別有興趣、非常適任的人，負責兒童的特殊課外活動。如果社區能夠負責一定份量的教學工作，也許可以幫助一些受賦稅所苦的偏鄉地區擺脫困境，他們就可以馬上提高教師待遇並降低賦稅。這不是在為業餘愛好者辯解。我們的想法是，我們必須提供管道，讓兒童與社區的傑出人士進行個人互動，學校或許就能以這種方式重新安排課程，達成目標。

　　然而，我們或許最後都會認同以下做法：所有教學都由專業人員擔任。我們假設可以招募活力十足的人到學校服務。問題是：「我們如何讓他們保持活力？」

　　顯而易見的是，教師必須在教學上擁有自由，而且要有某種規範可以管理教師如何運用教學自由，以及社區人士如何企圖干預自由。

具有前瞻思維的人，一定可以不受泛泛之談的影響，我們也必須找到某種方式，確保教師職務上的言論自由。不過，如果教師隸屬某個偏激團體，他把教學技巧當做散播教條的工具（雖然教師完全有權隸屬任何偏激團體），顯然是不道德的。期望社區支持學校推廣那些跟社區輿論相悖的教條，會是一種奢望。能夠從社區輿論中得到解放的教育，必須間接、不動聲色地進行，否則會前功盡棄。然而，我們還是可以訂定某種學術自由規範，讓教師在發揮教學功能時受到保障，但也避免濫用自由。

教師在校外當然必須是自由的。教師必須如常人般得到社區的接納，跟其他成員一樣一視同仁；他們不能因為是老師而得到（或失去）地位。然而，大家卻不了解，除非各地所有教師一致反對差別待遇，否則這種理想是不可能達成的。但是如果每位教師都堅持十年內被當做普通人（而不是教師），牢不可破的刻板印象或許就可以打破。如果教師從明天起就跟所處的社區進行辯論、奮戰不懈，堅持自己有權像別人那樣在安息日打高爾夫球、在街上抽菸、咒罵停車場的管理員，並把拉保險的一腳踢出前門，如果這些訴求都迎來同樣的訕笑：「當老師的不可以那樣」，那麼教師行業的社會地位也許在短短幾年內就可以改變。只是這些事情不可能發生。

然而我們缺乏合理的理由要求教師為社區提供克制美德的例子。負面的美德不能透過教師的例子強加在年輕人身上。這樣的意象讓人非常反感，得到的反應一定跟期望背道而馳。眼前有更多討人喜歡的邪惡例子，那些模範人物比美德的專業實踐者更有聲望。不過，如果教師擁有一種完全正面的道德，一種社會理想主義與行為道德，而不是自我壓抑，那種道德就會因為它的傳染力而被群起仿效。

有關教師與社區的關係，我們有以下提醒。教師在接觸所處的社區之前，必須先拋開教師行業中普遍存在的矯情理智主義；這種主義

並不積極主動或具有創意，它依賴的多半不是人們真正擁有的智慧，而是不曾擁有的無知。教師必須限制自己參加派系的分享聚會，尋求廣大社區提供的關鍵接觸。在這些接觸中，他們必須不斷對抗對方把他當做教師（而非一般人）的做法。然而，教師必須培養一種平靜、謙遜的個人主義，無論怎樣過日子，都要依循自己的見解，少去關注傳統對於教師行業態度的限制。但身為專業人士，教師必須妥協；他們必須修正自己的心智、學門偏見，知道國家命運不能依賴Johnny Jones學會多少代數，而且Johnny Jones能學的頂多只有那些，差不多一年後連原來會的可能都忘了。

　　以下提出一些最務實的建議，而現有學校的社會情境需要做一點小小改變。首先是建立學生的人事業務。主管單位應該規劃調適局（Bureaus of adjustment），由稱職的心理學家或精神病醫師統籌指揮。這項人事業務應該依循社工模式，而不是企業模式，而且應該強調學生的心理與社會調適。不要過度在意學生的異常行為，把重點放在如何解決性格發展的正常問題上，效果就會顯現出來。因此，這種做法對於品格教育來說會是一種很有價值的輔助做法。只有專家確認兒童調適不良，高度謹慎地提出考量兒童利益的分析意見，並等到這些意見更為確定之後，心理分析技巧或其他探索性格的工具才能發揮它的最大價值[93]。然而，我們應該可以廣泛運用心理分析程序，找出性格的基本驅力，以及如何根據這些基本驅力進一步發展性格（經由專家建議或分析技巧確認）。目前品格訓練專家所提倡的技巧，主要包括規勸與自我暗示。顯然想要透過特質評估與非指導性的自我教導系統來重新打造品格，必然會產生一種非常脆弱的組織。學校系統中每個兒童都必須進行完整的個案研究，這種資訊必須加以彙整，略掉隱私細

93　有關「精神病特質大規模調查」的合理、有力批判，請參考Thomas W.I. 的《美國兒童》（*The Child in America*），頁163-5。

節，讓所有教師都可取得。這些個案研究應該由專家負責，但是理想上，在人事業務具有真正價值的學校系統中，每位教師都應該是一個實務的心理學家。人事局屬於更進一步的社會機構，（如果不至於過度形式化的話）它或許可以經由理解，向教師宣傳控制的技巧，以便實質影響學校的整個社會組織。

第二個重要建議是教師的精神病學研究。多數學校振興方案都會因為教師抵制而失敗。我們通常認為這種抵制是一個可以善加利用的好機會。教師對於本身遭遇問題的常識性理解，會比多數理論家的胡說八道更貼近現實。教師大可堅持所有教育改革方案都由他們啟動，而且方案必須根據（並納入）他們的常識性洞察。然而許多教師的教學會受到個人問題的影響。這只不過是合乎常情，因為現有的秩序奠基在教師的現有性格，而現有性格來自於他對目前秩序的適應，教師不願意也沒有能力加以改變。教師人事工作——讓教師更能成功對抗本身的內在惡魔——可能會對學校的社會世界帶來重大改變。顯然某種精神病學服務可以造福教師，而且不必長期勞心勞力。唯有正常、快樂、身心均衡的教師，才能既不痛苦，又有建設性地執行管教工作。贊成教師精神病學的最有力論述也許就是，適應不良的教師會將性格問題傳遞給學生。比方說，具有強烈自卑情結的教師，會在教室裡將自己的自卑情結傳播給學生。性態度不健全的教師，會讓學生產生類似的失調。如果心理學家能用更恰當、穩健的方式，協助教師安排他的生活——這正是教師人事工作應該做的，就可以馬上在學生身上看到明顯的效果。學校再造必須從教師開始，如果方案沒有納入教師的個人更新，想要壓制舊有秩序的消極抵制，是不可能的。

另一種更為表象的人事工作也許同樣很有價值，它的目標不在於重新調整教師性格，而是就其性格安排適當的位置。某些教師適合待在系統中的某些位置，而工作與人員的良好連結未必需要指引；學校

人事方案之一就是把教師安排到正確的位置[94]。另一項任務是在校內外提供一種社會方案，讓教師團體可以跟社區進行良性接觸，讓教師開心，並促進個人成長。這種人事工作同樣有助於教師對職位更有安全感。進一步來說，它可以減少教師與行政人員的差異（這種差異會造成教學天賦大量流失）。人事局的另一項合法功能是累積教師性格類型的相關資訊，找出哪一種性格最適合教學、哪一種容易失敗，這些資訊對行政人員來說價值很高。

最後一項建議是有關教師的訓練。教師的訓練應該著重教師離開訓練機構後所面對的任務。教師最重要的任務是處理教室的動態社會情境。情境是由師生共同建構的，教師的目標應該是以提升兒童性格價值的方式，來處理那種情境。因此，教師訓練的核心應該是設法讓教師洞察社會現實──也就是學校──的本質。這往往就是教師透過經驗所提供的基本法則，從實際生活中學到東西；這也是為什麼教育實務採取保守主義的另一個理由。未來的教師在學期間學到所有的嶄新教育理論，但是他們必須從那些勤奮踏實的資深教師身上，學習如何教學。但是如果理論真的能夠轉化成實務，理論家必須學習透過教室社會動力學來進行轉化。唯有如此，經驗才能有助於理解，讓改變事物成為可能。在這個任務上，我們一直努力跨出一小步。

建議閱讀

Charters, W. W., and Waples, D., *The Commonwealth Study of Teacher Training*.
Counts, George S., *The American Road to Culture*, Chapter XI.

94　人事局的功能也可以跟大型教學專業組織聯結，這個組織負責教師評估與安置，因此不會產生推薦與人員安排問題。（這個做法可以取代經由代理機構進行教師安置的棘手、昂貴過程。）這種大型教學組織如果健全發展，可能可以讓教師的終身職位更有保障。

Porter, M. P., *The Teacher in the New School*.

Ross, E. A., *Principles of Sociology*.

Washburne, C., and Stearns, M. M., *Better Schools*.

現代名著譯叢

教學社會學

2018年8月初版　　　　　　　　　　　　定價：新臺幣680元
有著作權・翻印必究
Printed in Taiwan.

著　　　者	Willard Waller	
譯　　　者	白　亦　方	
	薛　雅　慈	
	陳　伯　璋	
叢書編輯	張　　　擎	
內文排版	極翔企業有限公司	
封面設計	沈　佳　德	
編輯主任	陳　逸　華	

出　版　者	聯經出版事業股份有限公司	總　編　輯	胡　金　倫
地　　　址	新北市汐止區大同路一段369號1樓	總　經　理	陳　芝　宇
編輯部地址	新北市汐止區大同路一段369號1樓	社　　　長	羅　國　俊
叢書主編電話	(02)86925588轉5321	發　行　人	林　載　爵
台北聯經書房	台 北 市 新 生 南 路 三 段 9 4 號		
電　　　話	(02)23620308		
台中分公司	台 中 市 北 區 崇 德 路 一 段 1 9 8 號		
暨門市電話	(04)22312023		
台中電子信箱	e-mail：linking2@ms42.hinet.net		
郵 政 劃 撥 帳 戶 第 0 1 0 0 5 5 9 - 3 號			
郵 撥 電 話	(02)23620308		
印　刷　者	世 和 印 製 企 業 有 限 公 司		
總　經　銷	聯 合 發 行 股 份 有 限 公 司		
發　行　所	新北市新店區寶橋路235巷6弄6號2樓		
電　　　話	(02)29178022		

行政院新聞局出版事業登記證局版臺業字第0130號

國家圖書館出版品預行編目資料

教學社會學/ Willard Waller著 . 白亦方、蘇雅慈、陳伯璋譯 .
初版 . 新北市 . 聯經 . 2018年8月（民107年）. 536面 . 14.8×21公分
（現代名著譯叢）
譯自：The sociology of teaching
ISBN　978-957-08-5140-3（平裝）

1.教育社會學

520.16   107009752